晚清文化史

WANQING WENHUASHI

时代出版传媒股份有限公司
安徽文艺出版社

作者简介：

汪林茂，浙江大学历史系教授，博士生导师

中国历代文化史书系

# 晚清文化史 修订版

WANQING WENHUASHI

汪林茂 / 著

时代出版传媒股份有限公司
安徽文艺出版社

图书在版编目(CIP)数据

晚清文化史/ 汪林茂著. —修订本.—合肥:安徽文艺出版社,
2016.11
　ISBN 978-7-5396-5739-4

　Ⅰ.①晚… Ⅱ.①汪… Ⅲ.①文化史-研究-中国-清后期 Ⅳ.①K252.03

中国版本图书馆 CIP 数据核字(2016)第 107997 号

| 出 版 人:朱寒冬 | 总 策 划:朱寒冬 |
| --- | --- |
| 责任编辑:张 磊 | 装帧设计:徐 睿 |

出版发行:时代出版传媒股份有限公司　www.press-mart.com
　　　　　安徽文艺出版社　www.awpub.com
地　　址:合肥市翡翠路 1118 号　邮政编码:230071
营 销 部:(0551)63533889
印　　制:合肥创新印务有限公司　(0551)64456946

开本:710×1010　1/16　印张:28　字数:400 千字
版次:2016 年 11 月第 1 版　2016 年 11 月第 1 次印刷
定价:58.00 元

(如发现印装质量问题,影响阅读,请与出版社联系调换)
版权所有,侵权必究

绪论 / 001

# 第一章　世界的发现与近代文化的萌发 / 001

## 一、一统"天下"的裂变 / 001
1. 儒家一统的"天下" / 001
2. "天下"的裂变 / 007

## 二、走出"天下" / 010
1. 经学的衰变 / 010
2. 经典的虚化和经学的异化 / 017
3. 走出经学 / 022
4. "格物"之学的独立 / 027
5. 重整知识和观念体系 / 034

## 三、世界的发现 / 040
1. "千古创局"下的探究 / 040
2. 走出华夏中心主义的锢蔽 / 046

## 四、"经世致用"原则下的"师夷"活动 / 051
1. 发现"长技" / 051
2. "师夷"的蠕动 / 054
3. 开启新方向 / 060

# 第二章　"力""富""学"的发现——近代文化的初兴 / 066

## 一、"采西学"以"自强"与"中本西末" / 066
1. "采西学"以"自强" / 066
2. "本"与"末"的文化界定 / 072
3. 规律下的近代文化扩展 / 080

## 二、"力"的发现与追求 / 084

1. "兵势"的发现与寻觅 / 084
2. "制器之器"的引进 / 090
3. 呼唤"机械之天下" / 095

## 三、"富"的发现与伦理观念的变迁 / 099

1. "富"的发现与追求 / 099
2. 工商"立国"和"富民" / 105
3. 伦理观念的更新 / 113

## 四、"学"的发现和新知识的传播 / 117

1. 近代之"学"的发现 / 117
2. 西学知识的引进和传播 / 124
3. 知识体系的更新 / 137

## 五、社会文化的新气象 / 141

1. "洋"的渗透浸润 / 141
2. 社会观念的变迁 / 145

# 第三章 "民""智"的发现——近代文化的发展 / 155

## 一、"兴西学"潮流下的"中西会通" / 155

1. "天下移风" / 155
2. "公理"的探求 / 159
3. "中西会通" / 167

## 二、"民"的发现和"民权"的张扬 / 177

1. "民"的发现 / 177
2. "民权"的张扬 / 182

### 三、"智"的发现和近代知识体系的提出 / 191

    1."智"的发现和崇尚 / 191

    2.近代知识体系的形成和提出 / 195

    3.由"学"而"智"的理路 / 200

### 四、"开民智"口号下的文化启蒙运动 / 207

    1."开民智"为"第一义" / 207

    2.兴办近代教育 / 210

    3.创办报刊 / 215

    4.西书翻译 / 219

    5.文字语言改革 / 224

    6.文学的俗化 / 234

### 五、新文化的架构 / 240

    1."再立堂构" / 240

    2.近代教育体制的雏形 / 242

    3.大众传播机制的初建 / 243

    4.近代科学研究体制的探索 / 247

    5.新文字语言体系的成形 / 251

    6.新文学体系的建构 / 252

## 第四章　建设民族新文化 / 254

### 一、近代文化方向的确立和"中西会通"的深化 / 254

    1."若厉"到"若膻"的急速转换 / 254

    2.西学的泛漫扩张 / 260

    3.新文化运动的深化 / 265

    4."中西会通"以"造就新世界" / 271

## 二、民族主义——祖国主义——国民主义 / 277

1. 整合国族：民族主义 / 277
2. "知有国家"：祖国主义 / 286
3. 权利与义务：国民主义 / 295

## 三、启蒙的深化与意义世界的更新 / 303

1. 留意"新民之道" / 303
2. "人人能识字" / 306
3. "开通社会智识" / 311
4. 冶铸"国民新灵魂" / 323
5. 意义世界的更新 / 331

## 四、近代政治文化凯歌行进 / 339

1. "政治之本原"的更替 / 339
2. 尊重人权原则 / 344
3. 主权在民原则 / 346
4. 分权原则 / 349
5. 法治原则 / 352

## 五、民族新学术的初建 / 356

1. 理性的学术 / 356
2. 以科学为内核的学术 / 363
3. 民族的新学术 / 367
4. 近代学术体制的初建 / 377

## 六、文化世俗化与民族新文化体系的初建 / 388

1. 文化建设的世俗化方向 / 388
2. 世俗化教育体制的形成 / 399
3. 大众传播体系的建设 / 403
4. 文学艺术的世俗化 / 410

后记 / 427

# 绪　　论

　　中国文化史这条绵延悠长的大江河,晚清70余年是它从崇山峻岭、内陆原野冲向蔚蓝大海的路途中关键性的阶段。比起前此的数千年路程,它虽时间较短,却是曲曲弯弯,波澜迭起,水流湍急,壮观而又多变。

　　说它关键,是因为在中国文化数千年发展史上,晚清时期——1840年以后——是一个承前启后的大转折历史阶段,即文化从传统跃入现代的转折期。正是在这一时期,在如潮水般席卷而来的西方文化的冲击下,在政治动力的驱动下,传统文化在人们充满怨恨的声讨声中加速没落,而来自西方的近代文化则因了中国人满怀期盼的人工"移植"努力,而加快在中国出现并成长。但无论是否是人工的作用,近代文化——从价值观念、知识系统到人的社会实践活动及其表现,正是在晚清时期在中国产生并发展起来的。从量的角度看,只要我们略作回顾便可以看到,那些被我们称作是"现代性"(或曰"近代性")的新事物、新观念,除了当时世界上还没有出现过的以外,还有什么没有在晚清中国登台亮相呢?从质的角度看,近代文化(从有形的到无形的)正是在晚清时期积累、构建,并初步成型、初具规模和形态,打造成"麻雀虽'嫩',五脏俱全"的体系的。当今中国恢宏的现代文化大厦,正是在此基础建立并发展起来的——从精神文化到物质文化,或已在晚清显现雏形,或已在晚清萌芽破土。正是在这个意义上,我们的确可以说:"没有晚清,何来五四?"[①]当然更不会有现代。而所谓壮观、多变,是指晚清中国的近代文化确实是领域宽广,丰富多彩,变动剧烈,气象万千。短短70余年时间的晚清文化运动,几乎浓缩了数百年西方文化史的内容,席卷了各个文化领域,多色彩、多声音、多变

---

[①] 王德威:《被压抑的现代性:没有晚清,何来五四?》,《学人》第10辑,江苏文艺出版社,1996年9月。

幻,已不是"乱哄哄你方唱罢我登场",而是甲未唱罢,乙甚至丙、丁都争着登场,热闹喧嚣,奔跑跳跃,浮光掠影般地走过了西方数百年文化史历程,着实令人目不暇接,眼花缭乱。但无论是浓缩,或是浮光掠影,它总是按照历史的规律向前发展的,从而使整个历史进程呈现出阶段性:

第一阶段(19世纪初至19世纪50年代末),是近代文化的萌发阶段。不管人们是否同意资本主义萌芽说,可以确定的是,至嘉、道年间(19世纪初),传统社会的内在动力已经把中国文化推进到了近代社会的大门。作为那个时代的文化最集中表现的传统学术,其内部正在悄悄地发生着裂变,经学已被其中的异己分子撕开了一道裂口,那些对现实社会危机焦虑不安的士大夫急急忙忙地探寻着学术"致用"(救世)之路,探寻着能致国家富强的新"义理",亦即探寻学术告别"昨天"走向"明天"的路径,从而使中国文化步步向近代逼近。但同样可以确定的是,直到鸦片战争爆发时,中国人也没有找到最终突破中世纪壁垒的门径。然而历史已不能再等待。就在中国人以慢吞吞的速度徘徊于中世纪与近代之间时,已不耐烦了的英国人驾着战舰打上门来,不仅给清帝国的君臣们狠狠的一击,给中国人以从未有过的奇耻大辱之刺痛感,同时也向中国人展示了一个全新的世界。中国人由此发现了"天朝"以外不同于"天下"的世界。这里所说的不仅仅是地理学意义上的"世界",更是具有划分文化时代的"近代"意义上的"世界",观念意义上打破"天下"、华夏中心主义锢蔽的"世界",是代表着近代文化发展方向的"世界"。因此,发现世界也就意味着中国人找到了最终突破中世纪而走向近代文化的门径。尽管这一路径的发现和方向的调整并非自觉的,尽管这是一条走出中世纪的"旁门斜径",但是其结果的确是使中国人由此提前迈向近代文化。

第二阶段(19世纪60年代至甲午战争前),是近代文化的初兴阶段。所谓"旁门斜径",亦即中国文化向近代发展,主要的并不是主体自觉的结果,而是外在的刺激和推动。因而中国人首先发现并进入的并不是近代文化的正门——文化主体的近代自觉和文化本体的发展,而是它的边缘。这一特征在60年代以后表现得尤其明显。即第二次鸦片战争后,在数千年未有之"变局"、数千年未有之"强敌"的强力震撼之下，一些士大夫的价值观念悄悄地发生了变化——不再是以（政治上的）朝廷、以（伦理上的）"求仁"，而是以国家及国家富强作为最高的目标追求。相应地，他们提出了以国家富强为视角的"中学为体，西学为用"文化方针。在这一方针的指导下，在探寻富强之术的过程中，中国人先后从西方文明体系中发现了超乎中国人想象的"力"——包括"无坚不摧"的"兵势"、"事半功倍"的"制器之器"等，发现了能救国家于贫弱、有利"民生"的"富"——即近代意义的"末富""富商""富民"，发现了内涵博厚深邃的"学"——向客观世界"求物事之理"的知识体系，并努力引进和传播这一知识体系。这些发现，意味着中国人以引进的方式启动了文化的近代化历程，开始了不自觉的近代文化运动。

第三阶段（甲午战后至1900年），是近代文化的发展阶段，自觉的文化运动时期。所谓不自觉的文化运动，主要是指甲午前的文化运动之主体是封建士大夫营垒中的洋务派，其根本立场决定了他们不可能自觉、主动地去进行近代文化运动，他们只是在文明规律的牵引下，以类似于剥笋的由外而内的程序，不经意地启动了近代文化运动。至甲午战后，从文化运动的主体说，那些已达到近代文化初步觉悟的青年士子取代了洋务派的地位，充任近代文化启蒙的承担者，自觉、主动、积极地开展了以"中西会通"为方针的"兴西学"活动，并着手构建中国的近代文化——"新学"，从而将中国近代文化推进到发展阶段；从运动的内容说，这一时期随着文化运动的深入，启蒙主义者外受西方榜样、内受同光年间社会观念及关系变化趋势的推导，发现了"民"的重要地位和作用，开始自觉地将文化运动指向个体。可以说，所谓发现"民"、肯定"民"的地位，是戊戌启蒙主义者们以一种曲折的方式肯定人的价值，而"民权论"则只是肯定人的价值的外在表现，或者说是呼唤人的价值的第一篇章；所谓发现"智"，则是对人的理性本质的肯定和呼唤；而"开民智"口号及活动的开展，很大程度上是在人文主义指导下的近代文化启蒙运动的推进，实质上是对人的理性自觉的期盼，对人的解放问题的初步探索。而作为这一时期发现和张扬"民"与"智"、文化启蒙运动深入开展的外显成果,则是新知识体系的初步形成和近代文化体制雏形的架构。

第四阶段(1901年至1911年),是近代文化进一步发展和民族新文化建设时期。

庚子事变以后,试图阻扼中国近代文化运动的顽固势力基本丧失了话语权,而戊戌维新运动以来所积聚的近代文化势能则迸发出空前的活力,不仅将近代文化运动大大向前推进了一大步,更是完全确立了中国文化的近代方向。所谓文化的近代方向,即在前阶段"民权论"的基础上,启蒙主义者进一步发现了"国民",并且将国民主义推为这一时期的核心观念。这个核心观念的政治诉求为祖国主义(建设民族的国家),而以民族主义为思想武器。这一组观念既适应当时中国国情,也主导了近代文化运动的进一步发展。文化运动的主体,是那些知识结构、思想观念和政治理想全新的新型知识分子;文化运动的方式,则是比戊戌时期更为深化和成熟的"中西会通",它继续前此的文化运动的方向,即学习和引进先进的西方文化,同时也致力于保存和发扬民族文化的精粹部分,以构筑民族新文化;文化运动的内容,则是本着"国民主义"这一核心观念,致力于国民的文化启蒙(打造新观念和普及新知识)活动,以及知识和观念的传播机制、创造机制(学术体制)的建设,世俗化文化事业(包括教育、语言文字、文学艺术、传播媒介等)的建设,在此基础上,构建民族新文化体系。这一过程,不自觉地把近代文化运动导向关注"人"、解放"人"的目标。可以说,20世纪初真正可称之为新文化运动和新文化建设的时代。没有它,就不会有中华民国的问世,也不会有数年之后的五四新文化运动及其所开启的现代文化运动。

如前所述,晚清70余年几乎浓缩了西方数百年文化历史过程,因而内容相当丰富,可以说丰富得有些"拥挤"。但纵观整个"拥挤"的晚清文化运动,仍能够看出有四条主线贯穿整个过程。

这里需要说明,我之所以说是以下四条主线贯穿整个文化运动的过程,是基于我对文化的认识:文化是由外显的人的社会实践活动(包括行为活动和思维活动),居于中间层起着基础或曰支持作用的知识系统,作为核心发挥了指导、驱动或限制作用的价值观念这样三个层次构成的人的能力体系。文化史作为人作用于自然物的方式、状态及其不断递进的人的能力演进过程,是一个从价值观念经由知识体系到人的社会实践活动的、生生不息地做由内向外推移、又由外向内反馈的同时性运动的体系。同时,作为后发外生型的晚清中国近代文化,又有其不同于早发内生文化类型及文化史的特点,即它主要是在外部危机胁迫下强行启动,并引进西方已有成果而向前推进的。因此,晚清近代文化运动便由这四条主线所构成:

其一,引进并融会西方文化的过程。这又主要表现为中国人不断发现近代的历程。

近代中国后发外生型的特点,决定了晚清的文化运动不是像西方国家近代文化发展历史那样主要是内在因素日积月累的过程,而是以学习和引进西方文化为主要方式开展的近代文化运动,即不断地向外发现—消化—实践、再发现—再消化—再实践的过程。而且就像"发现"这个词一样,与它的近义词"创造"相比较,具有被动的意味。晚清的近代文化发展历史不是像西方国家文化史那样不断地主动向前探索并创新的过程,而是在不间断的危机催促下,在外国"老师"的教导下,悟一步再走一步或跳一步的过程。所以晚清文化史就是一个不断发现的过程。

1840年的第一次鸦片战争,面对不知来路的敌人和难以想象的武器,清朝君臣们几乎是在懵懵然中拒敌鏖战,又在懵懵然中战败求和,"天朝上国"骤然从天上摔到了地上。中国人不得不平心静气地总结经验和教训,开始明白,战争失败的原因是对"海外事"的闭塞、蒙昧。于是战后中国知识界形成了一股"知夷事""悉夷情"的热潮。魏源、徐继畬等思想家编写了《海国图志》《瀛寰志略》等著作,通过译自西方的新式地图,以及各国地理、历史的介绍,给中国人带来了近代地理知识的灌输,以及世界观念的启蒙。中国人开始突破传统的以"天朝"为中心的"天下"

意识,发现了"天朝"以外的世界,产生近代意义的世界和国际观念。更重要的是,中国文化运动自此有了比较之榜样,发现之源头。

1860年,清政府在东南战场和北京城外,几乎同时遭到了洋枪洋炮武装的太平军和英法联军的毁灭性打击。清朝君臣们普遍认识到,中国已面临从未有过的"大变局",并且追根寻源,认为"变局"的根源就是西方武器"瞬息千里""工力百倍""无坚不摧"的"兵势"之"力",于是便把购买代表这种"力"的外洋枪炮列为"救时"和"自强"之"第一要务"。洋务派由此便把自己拴到了近代文明规律的牵引绳上,其后就不能不接受其牵引和教导。首先是,为了自造枪炮而引进了"制器之器",创办起军事工业企业,从而把魔力无穷的大机器工业引进了中国。在此基础上,中国人又看到了"制器之器"所具有的超越"兵势"的工业文明之"力",即"民生日用"产品的制造和市场意识等。中国人开始了近代工业文明的自觉。

近代工业文明的引进,又引导中国人发现了其中蕴含的"富",以及实现国家"富强"的途径。不仅洋务派们把注意力和活动重点都转向了"求富",创办那些并不直接为朝廷提供自强"利器"的矿山、电报、纺织厂、轮船局等民生日用企业,而且也引诱了那些高官、富绅、巨贾,或堂堂皇皇、或隐姓埋名、或独资、或合伙地向这些求利事业投资。更重要的是,发展工商业被洋务派作为"有所不能废"的"治天下国家"之策。启蒙理路又合乎逻辑地推出了"富强"论更深的内核:"富民"。这实质上是向人们指示了一个与强化封建统治相反的资本家阶级的文化发展方向。

在这个过程中,热心洋务的人士不再把西方的自然科学称为"艺"或"技",而是称为"学",认识到这个西来的"学"是火器、机器等件的知识基础,进而又认识到它是一个结构完整、内容丰富的学问体系。说明中国人已经发现,除了传统的专言人伦之"道"的经学外,还有一个对于中国更为"有用"、应该"急为讲求"的"求物事之理"的学问体系。于是,引进西方学术成为当时朝野有识之士的共识。冯桂芬代表这一趋势,将这个学问体系称之为"西学",并提出了"采西学"的主张。"采西学"活动在

19世纪60年代后开始兴盛,洋务派开展了设立译书机构、创办洋务学堂等越来越开放、积极的引进西学的活动。这些活动给包括洋务派自己在内的中国人带来了直接的近代知识与观念的启蒙。

甲午战败的教训,西方经验的启示,以及对同光以来社会变化的感悟,使中国人发现了"民"是国家富强的根本,从而推动文化运动由外在的文化客体("力""富""学"等)指向内在的文化主体("人")。启蒙主义者提出了"兴民权"主张,旨在提高"民"的政治地位,也可以说是以曲折的方式肯定人的价值;提出了"开民智"主张,旨在使"民"摆脱蒙昧,达到理性的自觉。启蒙主义者在力图搭建君与民共主国政的政治架构之同时,也搭建一个近代知识体系和近代文化体系。

庚子以后,更为严重的民族危机使20世纪初的近代文化运动以不可逆的汹涌气势向前奔突。危机下的中国人在进一步的向西方探寻中,发现了国族观念、国家观念是应对危机的思想武器,而国民观念是解决国家、民族问题的根本。于是,启蒙主义者提出了"祖国主义"以强化国人的国家意识,提出"民族主义"以构建国人的国族意识,提出了以"国民主义"作为文化运动的核心观念。在这组观念的指导下,文化启蒙围绕着"主权在民"的中心开展;政治文化向着构建民族的、民权的国家奔跑;文化建设向着民族的、融会中西的、世俗化的文化体系进行。

在这样的冲突、融会、发现、消化和实践的螺旋式过程中,中国文化一步一步地向现代方向前行。

其二,价值观念变迁的过程。

价值观念是文化体系的最核心部分。文化的演进在本质上是价值体系的演进,是价值观念在社会要求的推动下不断地更新,并不断地推动着整个文化体系变革活动的历史。

数千年来,在儒家文化框架内,中国人一直是以"仁""善"等伦理准则作为最高价值追求。但嘉、道以来的中国社会内部危机,尤其是1840年以后的外来威胁,迫使中国人从关注人的道德善恶移向关乎国家存亡盛衰的政治问题,并把国家"富强"确立为最高价值准则。自此,"富强"

成为整个近代中国人的最高价值追求。但有关如何使国家富强的具体价值目标，则屡有革新。两次鸦片战争中军事上的惨败，使中国人看到了"兵势"之"强"的重要，于是"兵势"之"强"（"自强""求强"）成为当时有识之士追求的价值目标，开展了学习外国"坚船利炮"、引进欧美的"制器之器"，以及译介西方声光化电之学的活动。随着"求强"活动的深入开展，"制器"业内在的"富"被有识之士发现并置于"强"的前端，成为最高价值目标，有识之士开始把"求利""商富""民富"等观念视为天经地义，从为"浚饷源"而设厂制造，到为"殖财养民""富在民生"而"重商"，孜孜"求富"的活动依次开展。当"民生""商"被作为"本"而进入中国人的价值视野时，价值指向也就进一步往文化的根本问题伸展。尤其是甲午战败，促使许多志在救国的中国人形成这一共识：西方国家之所以富强，中国之所以贫弱，根本在于民是否有权，于是趋新志士将"民权"确立为文化运动的价值目标，开展了建立以"民权"政治制度为中心的改革活动和旨在"智民"的"开民智"活动。当然，这一时期趋新志士追求的"民权"，离"人权"范畴尚有较大的差距，它实质上只是国家富强目标落实于政治领域的一种表述；但也要看到，从追求国家的"强"与"富"到追求"民"的"富"与"权"，毕竟是文化运动在向肯定个体价值的方向前进。而且，当"民"的政治权利问题被悬为文化运动之时，作为"权利"之基础的"平等"便很快显山露水，成为 20 世纪初中国近代文化运动的价值取向。尽管这一时期文化运动的重心并无多大变化，但非常明显的是，当"平等"被确立为价值取向后，文化运动的触角便进一步指向更深处，即在政治问题上，体现一国之民人人平等的"国民""国民政治""国民主义"等概念成为权威性的话语，国民的平等参政权成为当时几乎是举国上下共同认可的原则，因而体现这一原则、即为保障国民平等的议会、宪法、三权分立等制度设置也得到大多数人的拥护。文化建设活动也以"平等"为准则。教育以及各项文化事业都在向世俗化方向发展。中国文化正是在这一时期渐渐地从以群体为本位向个体为本位转型。五四新文化运动中"人"的解放口号，正是 20 世纪初提出的"平等"原则的逻辑发展。从追求国家"富强",到以"人"的解放为指向的价值观念变迁过程,正是文化革新由表层深入至本质的过程。

其三,知识系统更新的过程。

人类知识积累与创造的历史,是文化史的重要内容。每一个时代的人们都会在社会实际的召唤下,在一定的价值观念的指导下,在对旧有知识做扬弃或承继的同时,也进行着新知识的创造、传播或引进的活动,并且使知识转化、落实为社会实践活动,不断产生出有形、无形的人类文化成果。

传统的知识系统基本上是在以儒学为主干的经、史、子、集四部类之内。到清代中期,中国人不仅不认为这个知识系统落后于世界,反而常常以此傲视群"夷"。当两次鸦片战争"华夏"为"夷"所败后,知识落后的事实才被士大夫中的有识者所承认、所正视;但对于西方知识的认识和引进,则是一个不断提升的过程。19世纪40到50年代,一些士大夫震于"夷人"船之坚炮之利,开始重视并探究附着于夷人船、炮之上的"技"。"技"只能说是知识系统中的表层部分,但中国人一旦将"夷人"之"技"作为自己知识系统中应有的内容,原本的一元知识体系也就变为多元,"半部《论语》治天下"的格言失效了。而且,中国人由此打开了进入西方近代知识体系的一扇门户。所以19世纪60年代后,在新的战败耻辱的刺激下,中国人进一步放宽视野,看到西方人的知识并不限于船炮之"技",在"技"的后面存在着一个绝不浅陋的学问体系——"西学",于是开始了"采西学"的过程。尽管出于政治和伦理上的敏感与警惕,这一时期士大夫们对"西学"——西方近代知识的学习和引进被限制在"用"或"末"的范围,但西方近代科学知识(从制造技术到基础理论)也正是通过"用"或"末"的途径渐成体系地传入中国的。甲午战争后,中国人的旧知识体系在更大的民族危机和耻辱面前遭到了更进一步的拷问,知识问题上的"体""用"原则从根本上被动摇了。经学已被康有为们用"考"的形式、"伪"的名义掏空、丢弃;之所以还留下一具躯壳,是因为当时的中国更大规模、更深入地吸纳西学还需要有所"托",还需要借助"中学"来吸纳"西学"、阐释"西学"。正是在这样的背景下,更大量、更深层次的西学知识输入中国。所谓更深层次,即中国人所要吸纳的已不只是实用性的知识,知识探求的范围已指向"学术之本原"(包括近代科学精神、科学方法和思维方式等)、"政教之条理"(包括近代政治思想和理论、法权观念、伦理学说等)。至20世纪初,中国进入近代文化建设时期,重要的已不是知识更新的数量和深度,而是致力于新知识体系的建设。如近代科学不仅体系化、制度化,取得了知识上的绝对权威地位,而且在向信仰化的方向推进;吸纳西学知识已不需要借助于中学,相反,经学等中学要接受西方近代科学的审视和评判,并且被各科、各目的近代知识分割肢解;近代知识分类体系的架构已基本形成,并且已自觉运用这一新架构去整合中、西学知识;学术已基本摆脱它的政治、伦理功能,成为知识创造或再创造机制;近代知识传播机制——新式教育机构和传播媒介(包括报刊社、出版社、图书馆、各种社会教育机构)等已初步建立。至此,中国的近代知识体系基本建成。

其四,社会实践活动不断提升的过程。

人的社会实践活动(行为活动和思维活动)是人类直接施加在自然物之上的烙印,承载或表现着一定时代的价值观念和知识系统,体现着人的本质、力量及尺度,是文化发展的可见的尺度和确证。所以,一部文化史很大程度上是人的社会实践活动所表达的历史。即在人的价值观念、知识系统不断进步的推动下,人类不断地提升自己认识大自然和社会、驾驭大自然和社会的活动之水平。

在传统的农业社会中,中国人的行为活动和思维活动受到小农生产方式的限制,社会实践活动长期停滞在牛耕马拉、手摇纺车的水平线上。鸦片战争打开了中国人的视野,透过枪炮兵舰看到了以蒸汽机为代表的近代机器工业生产方式。尽管当时的士大夫们所需要的只是提高军事能力的枪炮兵舰,但引进了枪炮兵舰,也就必然地把枪炮兵舰所自产生的大机器生产方式也带进了中国。因此,在"制器"规律的引导下,中国人由追求"兵势"进而追求并建立"一夫可抵百夫之力,工省而价廉"[①]"事半而功倍,巧捷异常,而其利无穷"[②]的大机器工业。中国由农业社会开始向工业社会转变,社会管理体制(包括社会组织、社会制度等)自然面临变革要求。从19世纪70年代后,王韬等人提出"君民共主"思想,19世纪末康、梁维新派提出君主立宪制政治方案,至20世纪初君主立宪制度开始付诸实践,孙中山等革命派则选择"地球上最文明"的共和制度,试图建立最先进的社会管理体制。在中国人行为活动不断提升的过程中,中国人的思维活动也在同时提升。如:对近代科学由疑惧、抵制到接受、欢迎,甚至树为信仰;对近代工商业由鄙薄为"末",到极力推崇、且视之为国家富强之根本;对君主由绝对顺从、顶礼膜拜,到要与之平分权利,甚至要废除之;对纲常伦理从自觉遵从到质疑之,以至要冲破、废弃之;对平等、权利、自由等观念由视之为荒谬,到视之为天经地义,并奉为信条,等等。

晚清中国人行为活动、思维活动不断提升的过程,完整地、立体地表征着晚清文化从传统向近代转型的过程。

晚清文化是中国文化史乃至整个人类文化史的组成部分,它的转型体现了人类文化发展的总趋势、总规律;但晚清近代文化运动发生的空间(东方国家)、时间(19世纪中叶以后)和历史背景(中国遭受外国侵略和控制)等都有其特殊性,因而晚清的近代文化运动具有自己的特点。主要是:

第一,中国文化也曾经循着正常的前进道路和文化发展规律,一步一步地从中世纪向近代走近,只是走的速度太慢。1840年,文化上领先一个时代的西方打败了中国,以此中国文化再也不可能在正常的道路上按

---

① 两广总督张之洞奏,中国史学会主编:《中国近代史资料丛刊·洋务运动》(七),上海人民出版社1957年版,第501页。
② 王韬:《兴利》,楚流等选注:《弢园文录外编》,辽宁人民出版社1994年版,第67页。

照文化发展的一般规律向前行进。如同社会现代化理论一样,中国的近代文化运动也属于后发外生型,即中国文化跨入近代的动力,主要的并不是来自中国社会内部的近代性因素的积累及其所形成的社会内部文化发展要求的推动,而是外部势力的冲击与挑战,刺激了清朝上层统治者(主要是士大夫和士人群体),借助已有的文化资源(如挑战中世纪蒙昧的经世致用——中体西用思想、已接近近代的学术研究成果等),由上层统治者掀起了自上而下的文化近代化运动。换个角度说,当1840年中国大门突然被西方坚船利炮撞开时,中国人在面临民族生死存亡威胁的同时,也际遇新文化启蒙的机会。在这种冲击与响应结合、威胁与机会并存的条件下开展的近代文化运动,必定是引进型的文化运动。所以整部中国近代文化史,在很大程度上是从士大夫到知识分子为主要推动力量,从不自觉到自觉的仿效、学习和引进西方文化的过程。

第二,所谓中国的近代文化运动不是内生型的,是因为直到晚清近代文化运动开展之时,文化主体也没有达到近代文化自觉的程度;但另一方面,因文化落后所导致的民族生存危机,又逼迫中国人将文化步步推向前进。所以,中国的近代文化运动对中国人来说,是找水救火,而不是锦上添花;文化发展的动力不是人的自我发展的需要,而是外在的政治功利的鞭策;在近代文化运动过程中,文化变革多为人们出自政治动机的选择和刻意的模仿,而不是瓜熟蒂落式的自然发展。这就使中国近代文化的发展表现出非常强烈的功利性特征,即文化发展始终依附于政治、服从政治的需要,而没有(更准确地说是不可能)静下心来,深入地对远离生活平面的文化本体进行思考,文化运动可谓是走马观花,或者说是浮光掠影,导致晚清的近代文化运动肤浅粗疏,有广度但欠深度,有速度却多又半生不熟。

第三,正因为中国近代文化运动的动力主要是政治性的功利要求,在很大程度上是出自政治功利的文化选择,因此中国近代文化的发展的路径,就不是像西方国家那样:从14—16世纪实现人的觉醒的文艺复兴运动,16世纪后的科学革命,18世纪后的产业革命,17、18世纪开展主权在民的文化启蒙运动,17世纪后进行资产阶级革命运动,19世纪资产阶级为扩大权利而倡导自由主义等,由人的解放开其端,导向政治上国家和民族的独立和解放,完全是一个由内而外、厚积薄发的过程。中国近代文化运动的路径则是一个由外而内的类似于层层剥笋的过程:19世纪40、50年代由发现世界而发现"近代";19世纪60年代后,中国人从采择西方文化外层的"力"——"富"为开端,发起了近代文化运动;19世纪90年代中期后,中国人的眼光投向政治文化,开展了以"兴民权"为中心的近代文化运动;20世纪初的近代文化运动则是以"国民"为中心,关注"民"的权利、平等问题,文化运动的触角已伸向文化的主体——"人"。即由追求国家的富强开其端,逐渐指向人的解放的目标。在程序上走了一条与西方近代文化运动基本相反的路径。

第四,正因为中国近代文化运动的路径不同于西方,始终以追求国家的富强为首位,以民族危机牵引下的政治潮流为主导,较少考虑文化主体的需要。在近代中国严重的民族危机刺激下,救国救民的政治潮流疾速奋进;疾速奋进的政治潮流又推动着中国近代文化运动呈跳跃式地向前发展——引进西方科学技术、文化教育和资本主义市场经济的工作还不充分,时代潮流又提出了"民权"政治问题;中国人对"民权"政治的内涵还没有来得及深入了解,"共和立宪"与"君主立宪"的政治形式争论已吸引了多数人的注意力;待到共和政治失败,人们才回过头来,开始做人的解放的工作。而且在短短的70余年时间里,世界上曾有过的各种主义、各种学说都先后涌入中国,说得上是杂然并存,济济一堂。但这些学说中,有的只是在中国文化历史舞台上做一匆匆亮相,有的只是念了几句台词,有的也只是稍稍表演了一番便很快谢幕。角色更迭之快,令人目不暇接。新文化运动如暴风骤雨,来得迅速,走得也迅速,成绩不尽如人意。

第五,所谓欠深度、半生不熟、成绩不尽如人意等等,这里有两层意思:第一,这些评价话语的背后没有直接表达出来的一层意思——中国的近代文化运动还是达到一定的深度、有一定的成熟度、获得一定成绩的。这主要是文化客体的改造与建设方面。如本书中所述,工业文明的引进、生活习俗的变迁、政治文明(主要是制度文明)的建设、近代教育体制的形成、民族新学术体系的建成、大众传播机构(包括新闻机构、出版社、图书馆等)的兴起、文学艺术的世俗化等等。第二,并不是说晚清近代文化运动在文化主体(个体的"人")方面没有触及、毫无成绩。因为,近代文化运动有其自身的规律,也有其自身必然性的本质内容要求。中国近代文化运动虽然有着不同于西方的特点,但在其中的内在规律和本质内容要求的引导下,必然会回归到近代文化运动一般规律的轨道上、回归到近代文化的本质上来的。从另一角度说,当由外而内的文化运动行进到一定程度或者说文化运动的成果达到一定的积累时,文化运动的程序会必然地转到由内而外的轨道上来。所以,随着近代性文化客体(文化事物)出现后,在观念文化方面便先后产生了世界观念、大机器工业观念、市场意识、科学观念,直至民族主义观念、国家观念、民权观念、平等观念、新伦理观念等,近代文化运动的触角已开始触及文化主体——个体的"人"。实际上已使中国的近代文化运动回归到人的自觉和解放这一近代文化的本质内容上,合乎逻辑地向五四新文化运动接近。

# 第一章　世界的发现与近代文化的萌发

近代以前的中国人一直是生活在"天下",而不是"世界"上。"天下"与"世界"是两个具有不同本质内容的概念:"世界"是一个有客观实在内容的地理、政治概念;"天下"在很大程度上是一个从意识到意识,即从"修身"到"天下归仁"的伦理体系。"世界"与"天下"更是两种文化体系的代表或高度概括:"世界"体现了科学、开放、交融,在近代也体现了进步;"天下"则是对以伦理为本位的儒家文化的高度概括,在18和19世纪时,它所体现的是蒙昧、保守、自我封闭和远离现实的玄思,它所代表的是一个罗网式的伦理和政治秩序。至清代中叶,当"天下"几近耗尽生命时,中国人做了种种走出"天下"的探索和努力。也就在这时,战争使"世界"降临中国,也引导中国人发现了世界,并且努力地去探索世界,寻求先进,这成为中国人发现和走向近代的开端,即文化转型的发轫。

## 一、一统"天下"的裂变

### 1. 儒家一统的"天下"

以历史悠久、博大深厚、连绵数千年而著称于世界的中国文化,曾经历了先秦时期的百花竞放、群星璀璨。至秦汉时期,政治上归于皇权专制,文化上也一统于儒家的以"仁"为归的"天下"。自此,儒家文化便成了"天下"的基本内容,"天下"则成为儒家文化的最高象征,或者说是儒家文化的全部追求。因为,一个归于"仁"与"平",即后来曾国藩所描述的"君臣父子、上下尊卑,秩然如冠履之不可倒置"[①]的名教"天下",这正是儒家学说中的最高境界。

---

[①] 曾国藩:《讨粤匪檄》,彭靖等校:《曾国藩全集·诗文》,岳麓书社1986年版,第232页。

从秦汉以后,中国人在这个以"仁"为本质内容的"天下"生活了两千年。应当承认,儒家文化构筑的这个"天下"在当初还是符合社会实际、贴近社会实际的,称得上是一个至善至美的价值体系。因为,一个如同马铃薯般分散的小农社会,很需要用一个用道德的经纬编织起来的网络来建立和强化社会的控制。社会的需要就是观念存在的合理性,所以大儒董仲舒可以高瞻远瞩地展望道:"天不变,道亦不变。"

"天"(客观世界)不变是不可能的,但"道"(维系"天下"的根本原则和精神)在中国的确是两千多年基本未变。直到清代中叶,这个自秦汉时期即已形成的、以儒学为主干、以纲常伦理为核心内容的"道"也没有发生根本性的变化,它所维系的"天下"依然孜孜追求道德世界的"平"与"仁",它们所代表的儒家文化的基本结构依然是围绕着"天下归仁"这一核心而结成。它主要包括以下部分:

(1)价值系统:价值系统是文化的核心,一定的价值系统代表了一种文化的根本精神。中国自秦汉以来就是一个十分分散的小农社会。这个社会要生存、要发展、要建立和维持一定的秩序——一个归于"仁"的"天下",除了政治上需要高度的专制统治外,还必须依靠具有非常强的向心凝聚力的文化精神来维系,由此决定了中国传统文化价值系统的主要内容:

第一,中国文化中被树为最高理想目标的是"内圣外王",即通过道德修养达到个人成仁成圣,然后由内推向外,由"格物、致知、诚意、正心、修身",进而达到"齐家、治国、平天下",即"天下归仁"的目的。这一以泯灭个性为前提的、向心性与罗网式的辐射性互动的"天下归仁"格局,把人都锁闭于封建伦理的网罗中,使其受到最严密的控制。

第二,归于"仁"的"天下"秩序,必然地要求人们以追求人与自然、人与人之间的和谐关系作为价值目标。关于人与自然的关系,儒家主张"天人合一",使人与自然融为一体。于是自然就不是作为人的认识对象(客体)而存在。关于人与人、人与社会之间的关系,儒家所提倡的是"中庸",即不狂不狷、不偏不倚、无过无不及的处世态度。这就要求人们牺牲独立自主的人格和个体价值,使人与人、人与社会始终处于和谐的道德关系中。

第三,所谓"天下归仁"在本质上是要在中国社会建立起完善的道德关系和秩序,因此它必然要求这个社会的一切都要以伦理为本位。其表现有三:一是非常重视人伦关系,一切人与人的关系都被视为伦理关系,而不是契约关系;二是把道德需要作为人的最高需要;三是把道德准则作为衡量一切政治活动、经济活动、社会活动,甚至国与国之间的交往活动、自然界运动等等的价值尺度。道德评判是最高、最后的评判,重人治而忽视法治、"重本抑末"、"重义轻利"等原则便由此而产生。

可以说,这些正是"天下"的根本精神。

(2)知识系统:在中国传统时代,"天下归仁"的根本需要,规定了知识系统的主导方向。中国古代早就有"知(智)"这一范畴。在儒家的"三达德"——"君子"的三种基本品德"智、仁、勇"中,"仁"是根本,"智""勇"服从于"仁"。因此儒家经典《大学》提出的"八条目"中,"格物""致知"虽被排在最前面,但是它所体现的并不是把知识本身当作目的的近代致知精神。第一,正如"八条目"所排列的,"格物""致知"(获取知识)只是被作为"诚意、正心",及至"修身、齐家、治国、平天下"即道德实践的手段。第二,"格物""致知"并不是向外在客观世界考察、实验以及对物质运动及其规律做探究的近代科学活动,而是向内在的主观世界求知的道德体认过程——它所"格"的有时虽也指向自然世界的"物",但"行有伦理,副天地也"[①],即自然世界的"物"也是伦理体系的组成部分;而且,其认识过程也是从主观到主观,即通过内省直觉,"格"除物欲,达到对"天理""良知"的内在体验,以践履纲常伦理。

在这种认知框架下,人们的求知方向就不会指向客观世界。两千多年来,中国人的知识积累和发展,其主流一直是朝着"学以致道"——"天

---

① 董仲舒:《春秋繁露·卷十三·人副天数第五十六》,中华书局1995年版,第443页。

下归仁"的方向。

可以从以下三个方面看：

第一，图书是人类知识的结晶。图书分类则代表着一定时代里对知识的分门别类、体系组合，以及对这个知识体系的认识和把握。中国从西晋直至晚清，一直是采用四部分类法，即经部、史部、子部、集部。这四部代表着当时中国人的知识结构及知识水平：集合了传统政治和伦理学说的经部，是这个知识体系的主干，其内容包括儒家经典以及对儒家经典做阐释、解读和发挥的经学；史部、集部则是通过王朝兴衰史的形式，通过诗、文等文学形式，表现或表述儒家经典的思想内容，服务并服从于经部；包括各类(今人所说的)社会科学、自然科学的子部则是经学的附庸或曰补充，服从于经部。经学涵盖一切，也统摄一切，其他学科都没有独立的地位。因此，这是一个以儒家经典为核心的一元知识体系。

第二，学术是更高层次的梳理知识或曰创造知识的活动。时至1843年，任职翰林院的曾国藩还一再说明：读书人治学之道有三："义理之学""考据之学""词章之学"。三者中，"义理之学最大"，考据、词章均依附于义理。[①] 也就是说，传统文化中创造知识的活动仅此三类：根据儒家经典探究仁义道德的学问，致力于儒家经籍的训诂和考订的学问，表达或宣扬儒家思想的诗、文之学。

第三，教育承担着传播知识的功能，也代表着一定时代和社会知识的广度和深度。中国传统教育是以追求"修身、齐家、治国、平天下"为目标，以科举考试为杠杆。围绕这一目标，儿童5岁或6岁即"破蒙"读书，先读《百家姓》《三字经》《千字文》，次读《大学》《中庸》《论语》《孟子》，继读《诗经》《书经》《易经》《礼记》《左传》《纲鉴易知录》等，再练写八股文、试帖诗。几乎全部是儒家伦理道德方面的知识灌输和思想教育，以至"四书五经读毕，问其如何讲解，茫然不知也。……问中外之大势，家国

---

① 曾国藩：《致澄弟温弟沅弟季弟》，邓云生校：《曾国藩全集·家书》(一)，岳麓书社1985年版，第55页。

之情形,则懵然不晓也;问以天文地理之事,亚欧非澳之名,漠然不知所对也。如此教法,又何怪民智之不开乎"①!

总之,追求"天下归仁"目标的关于主观世界方面的知识非常周密发达,而客观世界方面的知识却非常贫乏。

(3)能力体系:即人们行为活动和思维活动的能力,是人类直接施加在自然物之上的烙印,是文化发展的可见的尺度和确证。它主要表现为三个方面:

关于驾驭大自然的能力方面,直到19世纪中叶,中国的社会生产仍然徘徊在小农社会阶段,社会经济基本上是以一家一户为单位的小农经济。这种三五口人,几亩薄田的生产方式,生产能力极为有限,农业生产技术长期停滞,农业生产工具近千年没有根本性的改进。商贸活动受到严格控制,市场狭小,发育也很不健全,对内、对外贸易都很不发达。在西方已开展工业革命之时,中国的手工业主要的仍然是家庭手工业,上规模的作坊、工场很少,生产技术仍然停留在手摇纺车阶段。显然,这样低下的驾驭大自然的能力(生产力)水平已远远落后于西方,落后于人口日益增长的速度。

关于驾驭社会的能力,主要体现为一定时期的各种制度。传统中国是个小农社会。小农社会的分散性决定了它必须以各种强制性的社会关系的规定来维系。作为个人,他必须通过遵循仁、义、礼、智、信等道德规范,实现"修身",以消融独立人格。个人在人格上首先是从属于家庭。在家庭这个以血缘关系维系的社会基本单元中,有一套以维护父权家长制为核心的所谓"父义、母慈、兄友、弟恭、子孝"等道德信条,其目的是为了实现"齐家"。而家又是宗族的一部分。在宗族中是按照宗法关系的原则,以自然血缘关系来确定人们的社会关系和社会地位,形成一个长幼尊卑等级严格的次序结构。宗族在传统国家发挥着社会控制的功能。它不仅以自然血缘关系建构起稳固的社会秩序,而且还以严格的"礼"规范

---

① 《开民智法》,《大公报》1907年7月21日。

人们的所有活动。它又是国家政治的起点,因为家体制的放大是国的体制("家天下""家国一体"),父权家长制的放大则是国家的"无限君主制"(君主专制),于是家庭中父子关系的"孝"被延伸到君臣、君民关系的"忠"上。皇帝的威权是绝对的,拥有立法、司法、行政、军事等国家的一切权力。皇帝依靠庞大的官僚机构对全国行使统治权。这个官僚机构既不对国家负责,也不对某一机构负责,而完全听命于皇帝。

所谓认识自然和社会的能力,即人们通过观念形式反映和把握客体的水平。它表现为各种观念形态。传统中国人的观念形态是小农经济、宗法社会、专制政治的产物,人们对自然和社会的认识活动被置于以"仁"为本质的"天下"框架中。其内容包括:

哲学观念:占统治地位的是程朱理学(道学)。程朱理学把形而上的"理"看作是世界的本原,并且认为"理"先于万事万物而存在,是万事万物永恒的主宰。在人性论上,程朱认为"性"是"天理"的体现。在认识论上,程朱提出的"格物致知""即物穷理"说,是主张通过具体事物去认识先验的、主观世界的"天理"。这个客观唯心主义的哲学体系,束缚了人的精神世界,也阻碍了人们对客观世界的认知。

政治观念:在小农经济、宗法社会结构和专制政治的制约下,中国人把国看成是家的放大,因此只有"天下"框架下的"朝廷"观念,而缺乏主权基础上的近代国家观念。与此相联系,对家族尊长的绝对服从观念("孝")被扩大为对君主的绝对服从观念("忠"),并衍生为盲目崇尚权威、迷信并依赖权威的社会政治心理。而对权威的崇尚和迷信,以及对道德教化作用的过分强调,又导致人们只强调"德治""人治"而缺乏法治观念。

经济观念:在"重本轻末""重义轻利"的价值观指导下,以商为贱,以逐利为耻,以"安贫乐道"为美德,排斥竞争,崇尚"耕读",这些都是传统社会的中国人非常正统的观念。用马克斯·韦伯的话说,中国人缺乏一种以赚钱为"天职"的精神。[①] 他们在经济上所追求的目标有二：一是以朝廷为本位的"富国"目标，二是小农经济基础上的平均主义。

道德观念：按照"天下归仁"原则，基于凝聚小农社会的需要，儒家为中国社会制定了一整套严厉而缜密的道德规范，如：父慈、子孝、兄良、弟悌、夫义、妇听、长惠、幼顺、君仁、臣忠等。其总目标是要把每个人都置于以"仁"为原则的"天下"网罗中。并且表现出这样三个倾向：其一是压抑个性，主张以泯灭个性为代价的个人道德的自我完善为起点，推己及人，甚至屈己伸人，以求得整个社会的井然秩序；二是否认竞争，提倡"不争""温良恭俭让"，力求保守现状；三是非功利主义，否认追求现世利益的合理性，甚至使人的正常欲望（"人欲"）与道德准则（"天理"）形成互不相容的对立。

科学观念：在中国传统社会里，只有研究人伦道德的经学才称得上是"学"，因此，社会轻自然，斥技艺，科学技术被鄙视为"雕虫小技"和微不足道的"末务"，一直没有独立的学术地位和受尊重的社会地位，更没有学科意义上的部门分类。虽也产生过一些出色的技术，却缺乏科学理论和科学实验。所以，中国人对自然的认识一直是模糊、粗浅或似是而非的。

这就是传统中国的"天下"及其结构，从物质到精神，都处于儒家一统的伦理网罗之下，生存于小农经济基础之上，延续两千年而基本不变。

## 2. "天下"的裂变

的确，这个以"仁"为本质内容的儒家文化基本结构，两千年来一直坚持不变。但就在历代儒者将"道"推向登峰造极的境地、将名教"天下"营造得完满周密至极之时，它原先附着的客观世界经过千余年的发展却已是面目全非。到明朝中叶以后，在普遍成熟的小农经济基础上，商品经济进一步发展。城镇商业繁荣，地域性商帮（徽商、晋商、江右商、闽商、

---

[①] 黄宪起、张晓玲译：《文明的历史脚步——韦伯文集》，上海三联书店1986年版，第94页。

吴越商等)遍布全国各地,一些地方还出现了商业资本支配生产的现象。在丝绸、冶铁、制瓷等行业,出现了代表资本主义萌芽的手工业作坊和工场。在这些新经济因素的风化作用下,传统政治、观念赖以生存的小农经济基座出现了裂缝。传统政治的合理性开始遭到质疑,支撑着它的理论体系的漏洞越来越多。但令人难以容忍的是,社会的文化体系却坚持原地踏步,离客观实际越来越远。"天下"依然是两千年前的那个儒家"天下",但文化与社会实际的脱离是不可能长久存在的。就在那些正统儒者试图用"天下"死死地牢笼住社会之时,儒家文化的庙堂之外出现了受到社会现实支持甚至怂恿的、冲击"天下"秩序的文化潜流。它主要表现在:

第一,从个性张扬到民主思想萌芽。明朝末年以后,随着社会生活领域中逾越礼教范围的倾向日益明显并推广,观念形态出现了一股以自然人性("人欲")打破义理人性("天理")的思潮。文学领域直接表达了这一意向,一些文学家在"独抒性灵,不拘格套"①的文学思想指导下,写出了不少像《肉蒲团》《绣榻野史》《金瓶梅》及"三言二拍"等宣扬"尊情抑理"、挑战"理欲之辨"、张扬个性的小说,表现了当时社会自我意识或主体意识的觉醒。一些思想家则从更深层次的哲学层面上张扬人的主体意识、自我意识。尤其是王学左派的李贽,公然倡论:"人必有私"②,"富与贵是人之所欲",主张"天下之民,各遂其生,各获其所愿"③。至清初,进步思想家王夫之、黄宗羲、顾炎武、唐甄,更是将思想批判的矛头指向君主专制,直斥专制君主为"独夫""民贼",提出了抑制君权的主张。清中叶的戴震,公开指责程朱理学是"以理杀人",认为饮食男女、好利恶害这些"欲"是人的"血气之自然",是合理的,因此主张"体民之情""遂民之欲"。④ 张扬个性,肯定"私"和"欲",批判专制政治,这是对构筑"天下"秩

---

① 袁宏道:《序小修诗》,钱伯城笺校:《袁宏道集笺校》,上海古籍出版社1981年版,第187页。
② 李贽:《德业儒臣后论》,《藏书》第三册,中华书局1959年版,第529页。
③ 李贽:《明灯道古录上》,《李氏文集》卷十八,中华书局1975年版。
④ 戴震:《孟子字义疏证》,汤志钧点校:《戴震集》,上海古籍出版社1980年版,第285、350页。

序的"仁"的准则的否定。而且,这也成为近代民主思想的一个本土资源。

第二,科学理性的启蒙。明末,一些士大夫从西来的传教士那里接受了西方文艺复兴时期的天文学、数学、地理学、生物学、物理学等方面的知识,并且加以传播。对当时中国知识界更有意义的是,他们从中得到了科学理性的启蒙教育。其中最重要的是:一是"返本蹠实"[1]"窥测暨核"[2]的精神,即注重实际而不是原理,注重对物质实例的描述而不是从"虚玄"到"幻妄"的观念推求。至清初,学者们又将这一精神概括为:"实事求是""无徵不信""言必证实"。它既表现为对自然界的实证研究活动,如明末清初一些学者本着对西方科学的"质测"之学的推崇,开展了对数学、天文学、物理学、地理学、医学等方面的研究,也被推广运用到古籍整理和研究中注重"本证""旁证"的考据学领域。二是科学方法,即李之藻所说的西方自然科学当中"其所以然之理"[3],以及徐光启所说的"欲使人人能自绣鸳鸯"的"金针"。[4] 其中最早被中国人重视和掌握的"金针",是几何学中的"数理",即形式逻辑推理方法。它的影响不仅及于自然科学研究——梅文鼎等科学家即运用形式逻辑推理方法研究数学等自然科学,也及于哲学等领域——如戴震著《孟子字义疏证》,就是运用形式逻辑的推理方法构筑他的哲学体系,并且将它推广运用于考据学中。这种"寓通几于质测"[5],而非先验的"天理",即观念产生于对实证的考察和研究的科学精神,"探原穷委,步步推明"[6],而不是先立一"理"以穷物的科学方法,的确是对"天理"一统的"天下"极大的撞击。而且,这些科学精

---

[1] 徐光启:《刻同文算指序》,《徐光启集》上册,中华书局1963年版,第80页。
[2] 李之藻:《请译西洋历法等书疏》,徐宗泽:《明清间耶稣会士译著提要》,中华书局1989年版,第252页。
[3] 李之藻:《请译西洋历法等书疏》,徐宗泽:《明清间耶稣会士译著提要》,中华书局1989年版,第252页。
[4] 徐光启:《几何原本杂议》,《徐光启集》上册,中华书局1963年版,第78页。
[5] 方以智:《物理小识·自序》,康熙刻本。
[6] 李之藻:《译寰有诠序》,徐宗泽:《明清间耶稣会士译著提要》,中华书局1989年版,第200页。

神和方法,从明末清初依附于经学流传下来,成为近代迎接西学大潮的一个本土学术基础。

第三,实学潮流。明朝中叶以后,日益加重的内忧外患促使许多士人关心国计民生,研究实用之学。从明中叶罗钦顺、王廷相倡导"经世宰物"之学,泰州学派提倡"百姓日用"之学,实学潮流开始兴起;至明末东林党、复社、幾社诸君子提倡"治国"的"有用之学",实学潮流成形;而清初五子(黄宗羲、王夫之、顾炎武、颜元、傅山)揭出"实事求是"旗帜,使实学走向高潮。这个逐渐高涨的实学潮流,在价值观上对程朱理学以修身养性为本的准则是根本上的否定,代之而确立的是对国计民生"实用"与否的价值准则;在学术内容上,实学潮流突破了经学一元的体系,表现出"博"和"实"的特点。所谓"博",即顾炎武所说的"博学于文","凡天文、地理、兵农、水土及一代典章之故,不可不熟究"①,即学术应当以整个社会为研究对象。所谓"实",即学问能致用于社会实际。如朱舜水所说,"为学当有实功,有实用"②,以社会实际问题作为学术的主要内容,实际上是要使学术告别性理空谈而适应时代和社会变化,它必然会使思想渐离"天下"而建构新的体系。

张扬个性、科学理性和主张学术面向社会实际,正是儒家一统下的以"仁"为本质的"天下"出现裂变的强烈征兆。

## 二、走出"天下"

### 1. 经学的衰变

传统时代,儒家经典绝对地代表着真理,垄断着知识和思想资源。研究经典的经学是中国学术的主体,当然也主导着中国文化,因而在很大程度上,在中国延续数千年的一统"天下",是由儒家学术编织而成的,也是

---

① 顾炎武:《亭林余集·三朝纪事阙文序》,《顾亭林诗文集》,中华书局1983年版,第155页。

② 朱之瑜:《答问四·答小宅生顺问六十一条》,《朱舜水集》卷十一,中华书局1981年版,第406页。

由儒家学术维系支撑的。正因为如此,那个时代中国文化的任何变动,必然地是从学术开始的;换个角度说,在那个时代,学术上的任何变动都会引起整个文化领域的动荡。

总结上节所述,所谓"天下",也就是以"仁"为本质内容的伦理秩序。它所需要的,是深入探讨主观世界的学术来支持。儒家经学正是这样一种学术——它以探究"仁"为指导思想,以论述伦理教化为主要内容,以"天下归仁"为终极追求,是一个阐扬世界观、价值观,打造人生信仰的学术体系。尤其是儒学完成形态的宋学(理学),更是以"天理"——以纲常伦理为核心的精神本体作为宇宙本原,学术活动的目的只是从既存的经书和观念中"发明"先验的"已知之理",它从根本上排斥对客观世界的深入研究。因为对客观世界的深入探讨,必然会导致从根本上推翻"天下"体系及其秩序存在的合理性。正因为如此,追求"天下归仁"的历代统治者都十分尊崇儒学——理学。至清代,统治者对理学更是推崇备至,几至宗教化,不仅将程朱尊之于庙堂之上而顶礼膜拜,规定科举考试要以朱熹《四书集注》为本而描摹推阐,而且康熙皇帝明确要求士子:"理学之书,为立身根本,不可不学,不可不行。"[①]

但理学登上庙堂的结果却加速了它的僵化和衰落过程。这一学派本身就存在的言"理"近于玄虚、释经多猜度臆说、高谈"性理"却空疏无实的学风,越来越受到士人们的指责。而且,其论证纲常伦理合理、永恒和普世价值的努力,却因缺乏相应的学术功力的支持而难以完全奏效。鉴于此,经学家们由虚返实,纷纷回归原典,从事讲求实证的汉学研究,使汉学势力大张,至乾嘉时期达到了"如日中天"的地步,以至于经学史上出现了"乾嘉学派"这一名词。这些汉学家力主从无根空论回到经典原文,学术研究从猜度臆说转变为立足实证,这在学风上是一个进步。但汉学家们所崇尚的实证,是运用考据学方法,只从古老的儒家经典一字一句之

---

[①] 中国第一历史档案馆整理:《康熙起居注》五十四年十一月十七日己酉,中华书局1984年版,第2222页。

中向"先圣"求证"天下"理论。从观念的角度说,它是使学术更加归依"先圣"。而且,汉学越是往精深的路上走,就越是暴露出其本身的学术弊端。因此,就在汉学"如日中天"之时,学术界对汉学的批评也达到高潮,且言辞激烈,纷纷指责汉学舍本求末,烦琐破碎,毛举细故,饾饤驳杂,厚古薄今,"述而不作",拘泥于经书的一字一句而失却意义,死守汉儒传统而没有思想;只在纸上与古人争训诂形声,严重脱离社会现实。所以,尽管汉学研究也受到统治者的鼓励和扶持,但也和理学一样,越来越遭士人们的唾弃。

我们可以发现,无论是理学还是汉学,学术门户虽然不一,但学术的目标所向却很一致,即都是围绕着"成仁成圣"——"天下"秩序这一中心,从古老的经典中向"先圣"求教,向先验的原则求证,而不是向客观世界求知;致力于对人的主观世界做纯理论的探讨,对丰富多彩、鲜活多变的社会现实却置之不理。而学术的生命力在于它能紧密结合社会实际,向未知的客观事物求知,且要有充实而常新的内容。空洞无物的学术、只向古人求证的研究再深入、再精细,也不会有生命力,而且必然会被淘汰。更何况,当历史进入嘉道年间时,深刻的社会危机已降临中国:吏治败坏,财政拮据,政事积弊丛生,农民造反四起,"衰世"的阴影笼罩了整个社会。在龚自珍笔下,社会危机之严重已到了"岌岌乎皆不可以支月日,奚暇问年岁"的地步,"天下"危矣!

正如"盛世"需要学术来点缀太平一样,"衰世"更需要学术来拯溺救焚。所不同的是,"盛世"所需要的是维护现存的种种秩序的学术,而"衰世"所需要的是突破现状,创新、前进的学术。维持现状的学术总是向已死的"先圣"和经典求教、求证,而欲打破现状的学术则必须面向鲜活的时代,在批判现实的基础上,向当下的客观世界求得新知和新理。这种欲打破现状的学术致力方向一旦产生,学术领域中必然会出现革新与保守的分裂,且形成两军对垒之势:是用学术将社会硬阻压在名教"天下",还是因势利导,以学术研究为社会前进寻求知识支持并重组观念世界?

需要说明的是,在那个时代,经学几乎是学术的全部,经学就是真理的解说者,是知识和思想资源、理论权威的拥有者,任何义理的阐述,都必须根据儒家经典。因此当旧的经学所拥有的真理和知识已无法应付社会危机时,那些不安于现状的思想家也只能仍以经学的形式、经学家的身份,通过重新诠释经典,寻求新的真理,发掘新的知识和思想资源,以重组知识体系和观念世界。他们所提出的口号也只能是古老的"通经致用"。

"通经致用"从字面上看,是要求士人精通并掌握儒家经典,以应用于社会实际。但它在实际上所强调的是"致用"而不是"通经"。因为就"通经"而言,传统的两大经学流派(理学和汉学)对儒家经典之精通已达到深得"奥义""无微不至"的程度。而经学一旦强调"致用",对经典所注重的就不会是陈旧的本义,而必然产生出溢出经典字句以外能"致用"于当下社会的新义,经典及经学的价值指向就不会拘泥于固守"德性"范围,而必然会指向认知新知识、打造新观念的方向。

实际上,就在乾嘉年间汉学"如日中天"、但即将西下之际,汉学家戴震就已开辟了一条"由训诂通义理",即"由字以通其辞,由辞以通其道"①的"通经致用"道路,试图以考据手段从古老经典中寻绎出符合当下萌芽状态的新社会关系、新思想观念的"新义理"。例如他通过疏证《孟子》中的"性""道""天道""仁义礼智"等字义的方式,进行"义理"创新,抨击程朱理学"以理杀人",提出了"欲出于性""理存乎欲"的新义理观,主张"体民之情,遂民之欲"。② 这实际上是把经学研究导向与儒家经典内在精神相反的方向。这是汉学变异的开端。

从乾嘉至嘉道年间,在新的社会、文化发展要求的召唤下,戴震开创的皖派,以及继皖派之后的扬州学派的汉学家们(如赵翼、王念孙、王引之、洪亮吉、凌廷堪、焦循、阮元、汪中、凌曙、俞正燮等)沿着戴震开启的由琐碎趋于综合、由考古转向通今、由"唯汉是真"转向追求"致用"、从专注考证进至寻求义理的学术方向继续向前。他们所从事的仍然是经学研

---

① 江藩:《国朝汉学师承记》,中华书局1983年版,第88页。
② 戴震:《孟子字义疏证》,汤志钧点校:《戴震集》,上海古籍出版社1980年版,第329、275页。

究,所运用的学术手段仍是汉学家惯用的训诂、考据方法,但他们所表现出的是冲击"天下"的进步趋势。这主要表现在:

在学术方法上,他们以梁启超后来称誉的"科学精神"[①],否定了道学家抽象、玄虚的治学偏向,告别了"凡古必真,凡汉皆好"的纯汉学研究的僵化学风,以实证取代虚妄,重新把思想依据追溯到古代经典中,并运用归纳、演绎方法和历史语言学的验证手段,对汉人、宋人的说经重加考订验证,进而对经典做出新的符合时代要求的诠释,提出新的观念。例如:清代皖派经学的重要代表程瑶田的治经,打破了从书本到书本的研究模式,在名物考证中强调"陈言相因,不如目验"[②]。以实地考察以至实验与文献考证相结合的方法,探求古代名物制度,写成《九谷考》《释虫小记》《释草小记》《释宫小记》等成就超越前人的论著。曾从戴震学治经的朴学大师王念孙,治经不尚墨守,重在求是。其校勘《淮南子》,援引经传,旁采众说,详加考证,就古声以求古义,订正文字讹误900多处,而且还采用归纳法从这些误例中得出古书"致误之由",总结字句错误的经验、古书误例的规律,被后人用作校勘其他古书的通例,具有广泛的学术意义和深远影响。被称为"一代经师、学界山斗"的阮元则比较注重基础研究,长于归纳。其具体方法是从文献中把相关记载一一罗列出来,宁繁勿漏,由此形成较系统的能反映事物全貌的材料,然后加以条分缕析,从中总结出规律性的东西,较好地做到有证有据,每论证一个问题,必记其始末,穷极隐微,详其原委,力图更好地达到全面系统探源析流的目的。阮元的《孟子论仁论》《论语论仁论》就是运用归纳的方法,将散见于各书中孔子、孟子谈"仁"的语句,集中在一起,从中找出共同之处,客观地将孔孟思想的原貌呈现出来,以纠正后来各家说法的歪曲与不实,使世人明白古理的真正面貌,不致被宋儒虚妄空谈、曲意附会的义理所束缚。后来梁启

---

① 梁启超:《清代学术概论》第17节,朱维铮校注:《梁启超论清学史二种》,复旦大学出版社1985年版。

② 程瑶田:《释虫小记·螟蛉果蠃异闻记》,《程瑶田全集》第3册,黄山书社2008年版,第280页。

超把这些汉学家的治学方法归纳为注意、虚己、立说、搜证、断案、推论等六个步骤,定性为"科学的研究法",并且认为"此种研究精神,实近世科学所赖以成立"①。也就是说,这些汉学家在治经实践中使用的学术方法,实际上是使思想界渐渐走出经学思维,把学术以及文化渐渐向近代方向引导。

在学术观念上和治学方向上,他们主张"经学之道,亦因乎时"②,且应有用于世,"而耻为无用之学"。于是"适于今""有用于世"成为学术的价值目标,治学所向便从古书移向现实需要,从求"成仁成圣"的义理转向求有用于社会治理的义理,"古今制度沿革,民生利病之事"都是他们"博问而切究之"③的对象。乾嘉时期,一些汉学家在社会危机的召唤下,沿用汉学的以考据"发明故训"的学术手段,从经典中发掘出能重整当代社会道德与社会秩序的新义理,并取得了令人瞩目的成就。他们通过博搜广讨、精细考据而提出的新义理,并不是用于个人闭门修身养性,也不是虚转一圈后仍然回到古代经书,就像皖派汉学家程瑶田一样,对"格物致知"这句儒家名言也作了新的解读:"物者何?意、身、心、家、国、天下也","格者,举其物而欲贯通于其理;致知者,能贯通于物之理矣"。④这就把儒家传统的"格物致知"学术活动从封闭的经学世界指向了社会实际,从形上性理之学的旧范式,转向发掘经典中具有现实意义的社会制度、行为文化。许多汉学家都在朝着这一方向努力。其中最有代表性的如被时人誉为"通儒"的焦循,以易学思想和方法诠释《孟子》,著《孟子正义》。在这部代表作中,焦循认为"饮食男女"是人性所本有,也为"物性"所本有,是合理的,但"物"(禽兽)对于现实世界中的声、色、食、嗅只有

---

① 梁启超:《清代学术概论》,朱维铮校注:《梁启超论清学史二种》,复旦大学出版社1985年版,第29页。
② 焦循:《与刘端临教谕书》,《雕菰楼集》卷十三,丛书集成本。
③ 汪中:《与朱武曹书》,《述学》卷六,光绪间伍氏刊本。
④ 程瑶田:《论学小记·诚意义述》卷中,《程瑶田全集》第1册,黄山书社2008年版,第30页。

简单的"知",而人能"知知",所以人通过"先觉者"的教化,能达到"性善"①,即后天的教化能使人向善。同时因为人的知识可以识时宜("变通"),能够"以己之心通乎人之心,则仁也。知其不宜变而之乎宜,则义也",即人能"仁义","故性善"。② 也就是人之性善是可以通过"变通"来实现的。于是,人性的善就不是内向的"高谈心性""辨别理欲"等功夫的作用,而是外在的作为实存经验中的具体行事——教化与变革活动的结果。阮元既强调训诂考据的功夫,也致力于圣贤义理的探索;既坚持学术的求实求是方向,又着意将学术与"用世"相结合。所著《论语论仁论》《孟子论仁论》《论语解》等,通过对"仁"字广征博引的考析,指出,所谓的"仁",乃"此一人与彼一人相偶,……必人与人相偶,而仁乃见也"。于是"仁"被作为实用于人际关系的一个范畴,处理人际关系的一个原则。而且阮元还认为:"凡仁,必于身所行者验之而始见。"③这就使"仁学"脱离玄虚缥缈的境地而具有实践性和现实性意义。所著《性命古训》《复性辨》《塔性说》等,意在对"性命观"做出新的阐释。在对"性"字详加考订之后,批判了宋儒有关"性命"的玄虚之说,认为"情发于性","欲生于情,在性之内","情"和"欲"既合于古训,又非"善恶之恶"。但他也认为"性必须节,不节则性中之情欲纵矣",因此"须治以礼"。④ 这就使儒家的"性命说"去虚就实,从道学家倡导的闭门修身养性活动,转变为具有"治道"与"日用"之实践意义的"礼治"活动。更引人注目的是,这在当时得到学界较普遍赞同,成为不少汉学家较集中致力的一个方向,即"通经致用"旗帜下的"以礼代理"学术活动。其中成就最突出的是被时人誉为"一代之礼宗"的凌廷堪,他认为:宋儒言"理"、言"道"皆虚空无实,义理"必缘礼而著见,而制礼者以之";道德"必借礼为依归,而行礼者以之"。由此

---

① 焦循:《告子章句上》,《孟子正义》卷二十二,第 738—739 页;焦循:《性善解三》,《雕菰楼集》卷九,第 127—128 页。
② 焦循:《性犹杞柳章》,《孟子正义》卷二十二,中华书局 1987 年版,第 735 页。
③ 阮元:《论语论仁论》,《揅经室集》上册,中华书局 1993 年版,第 176 页。
④ 阮元:《性命古训》,《揅经室集》上册,中华书局 1993 年版,第 228、226 页。

他提出了"以礼代理"主张。① 通过精研《仪礼》，反复爬梳，归纳条理，发明义例，从儒家原典《仪礼》所载的各种繁文缛节中，概括礼制义例八大类，著成《礼经释例》，试图以具体可见、可操作、可践履的礼制取代"虚理"，调整社会关系，救治各种社会弊端。正如《清儒学案》编者评论的，这些汉学家之意在于"推阐古圣贤训世之意，务在切于日用，使人人可以身体力行"②。

经学家们的"通经致用"，所研究的仍然是古代经典，但面对危机重重的社会、躁动不安的思想界，他们不得不把社会实际问题作为经学研究的价值指向，结果却使经学走向与其相悖的方向：从形式上说，经学家们为了重整社会秩序，力图使经学脱离宋明理学形上思辨的哲学形态而走向社会实践形态，建立经典与社会实际结合，思想理论与政治、道德实践结合的体系，这样一来，经典就必须接受社会实际的检验。而一旦把经典推向社会实际，经典与现实社会的不适甚至相悖也就日益彰显。从内容说，为了回应时代和社会的要求，经学家们运用汉学手段，努力要从经典中发掘新的义理。必须注意到，"义理"早在程朱时就已完成，且已被朝廷尊于庙堂之上，而从戴震以来的经学家们仍执着地要重新寻求义理，实际上是要寻求不同于传统或曰传统思想库所没有的、与当下社会相契合的新义理。而这类"遂欲达情"的新义理，已达到传统的最边缘，儒家正统的思想学说遭遇挑战，"天下"秩序受到质疑。因此，这股由过度"征实"向寻求"义理"转换的趋势，已不是传统时代一再重复的学术研究重点的转换，而是冲撞传统壁垒的探索。

### 2. 经典的虚化和经学的异化

从戴震到焦循、阮元等汉学家的治学活动，我们可以看到自乾嘉年间即已开其端的学术趋势：旧的经义已无法应对时变，经学家们越来越急迫而大胆地要从经典中发掘新义理。但几千年前的经典中能用于当代的思

---

① 凌廷堪：《复礼中》，《校礼堂文集》卷四，中华书局1998年版，第30页。
② 《仪征学案》上，徐世昌编：《清儒学案》（三），中国书店1990年影印本，第283页。

想资源毕竟很有限,有限的经典无法交出无限的解释。在古经典几近枯竭之时,学者们再也无法优游于经典的字里行间,固守于"先贤"的故训旧说,释经日渐随意且自由,越来越成为一种学术趋势和风气。

实际上,面对不断变迁之社会现实的高频率拷问,以及来自汉学内部"考证""辨伪"之类的自我揭短冲击,数千年以来一直被视为神圣不可侵犯的儒家经典及经学,其权威性受到越来越大的挑战。儒家经典已不再那么神圣。乾嘉年间思想敏锐的章学诚否认历史上曾有过"经",提出了"六经皆史"主张,把儒家六经都归入"先王之政典"①,它与诸子、古人文集等著作一样,"皆是史学,六经特圣人取此六种之史以垂训者耳"②。这样,经和子、集一样,就全都被归入宽泛意义上的"史"的范围之内。他又说:"夫子述六经以训后世,亦谓先圣先王之道不可见,六经即其器之可见者也;后人不见先王,当据可守之器,而思不可见之道。"③"六经"被章学诚当作有迹可循的研究古代史的史料。在章学诚等经学家这里,儒家"六经"的"圣"化地位被否定了,不再是顶礼膜拜的对象。就经学而言,面对不断变化着的社会,一些经学家提出治学应"以日新为要"④。从汉学院派到扬州学派,都尝试过经学创新的努力。王念孙就主张:"说经者期于得经意而已。前人传注不皆合于经,则择其合经者从之。其皆不合,则以己意逆经意,而参之他经,证以成训。虽别为之说,亦无不可。"⑤这里的"以己意逆经意"和"别为之说,亦无不可",实际上表达的是"六经注我"的学术思想。

当经学被推移演变到这一步时,尖锐的矛盾迫使它必须实行进一步的革新——为追求"致用"而随意释经的学术趋势日益显明。但汉学有汉学释经的"经义"范围,治学必须受本派家法的约束,说经的随意性毕

---

① 章学诚:《易教上》,叶瑛校注:《文史通义校注》,中华书局1985年版,第1页。
② 章学诚:《报孙渊如书》,叶瑛校注:《文史通义校注》,中华书局1985年版,第4页。
③ 章学诚:《原道中》,叶瑛校注:《文史通义校注》,中华书局1985年版,第131页。
④ 焦循:《焦理堂家训》,见《国粹学报》第1年第5期(1905年6月),撰录门。
⑤ 王引之:《经义述闻·序》,江苏古籍出版社1985年版。

竟要受到很大的限制；经学已跟不上时代和社会的需要，但寻求"致用"之学的活动又不能丢掉"通经"这个前提。汉学途尽技穷，要继续挖掘经典的资源，就必须改换角度，这就给了今文经学派冒头的机会。

今文经学兴起于西汉年间。这个学派有两个显明的特点：一是关怀现实政治，援经以议政是它常有的功能。二是注重"微言大义"，随意释经，而少受羁束，所要表达的可以是契合当代的思想。这种学术特点和风格，很适合乾嘉以后急于探讨致用"义理"的清儒们的需要。所以乾隆末年，当戴震从汉学营垒开辟一条由考据、训诂寻求新"义理"的道路时，他的好友——常州人庄存与——则跳出了非宋即汉的界域，致力于复兴能更自由释经的今文经学，欲"于语言文字之外"寻求义理，[1]从而使沉潜于地下的今文经学又显现于学界。此后，庄存与的外孙刘逢禄，师承外祖之学，专攻"能救万世之乱"[2]的《公羊传》，对"张三世""通三统"诸说做了系统的笺释，彰显了今文经学作为应变求发展的政治哲学的历史价值，树起了今文经学大旗。

但从庄存与至刘逢禄、宋翔凤，还只是从学术意义上确立了与宋学、与古文经学相对峙的经学门户，而进一步把公羊学从学术引向现实社会，即从"通经"引向"致用"的，是龚自珍和魏源。

龚、魏都是在嘉道年间师从刘逢禄学"公羊春秋"的。他们之所以抛弃"虫鱼学"（龚自珍称他原来所从事的考据学为"虫鱼学"）、"心性迂谈"之学（魏源称他原来所从事的理学为"心性迂谈"），而以公羊学为自己的治经方向，是因为公羊学可以"以经术为治术"，"能以《周易》决疑，以《洪范》占变，以《春秋》断事，以礼乐服制兴教化，以《周官》致太平，以《禹贡》行河，以三百五篇当谏书，以出使专对"[3]，即"通经致用"，可以从古老经书中发掘出能致用于社会的实用价值，或曰工具价值。他们并不

---

[1] 阮元：《庄方耕宗伯说经序》，见《味经斋遗书》卷首，道光庄绥甲宝研堂刊本。
[2] 刘逢禄：《释内事例上》，《刘礼部集》卷四，光绪壬辰年刻本。
[3] 魏源：《默觚上·学篇十》，中华书局编辑部编：《魏源集》，中华书局1983年版，第24页。

是从学术本身,而是着眼于现实社会的"用"去治经,即所谓"研诸经,讨诸史,揆诸时务","一代之治,即一代之学也"。① 是"时务"、时代的需要推动他们选择了今文经学。正因为如此,他们虽然站到了今文经学旗帜下,但他们对经学的学派门户和家法并不是那么谨严,而且还不时从别的学派那里汲取有用的东西,认为"读书者实事求是,……非汉非宋,亦惟其是而已矣"②。"求是"被列为治经的唯一原则,应"时需"的"大义"是检讨经典及经学的价值标准所在。因而他们不是以一板一眼的态度,拘泥于经典的一字一句,所注重并强调的是经典字句间的"微言大义"。因为他们认为,经典中最为重要的并不是形之于书面上的文章语句,而是隐藏在那些字词语句后面的"义理"。后世经学家们所要做的,应当是从经典内"先圣"的片言只语("微言")当中探寻并发挥出有用的"大义"。亦即龚自珍所说的:"考之孤文只义之仅存,而得之乎出没隐显之间,由是又欲竟其用,径援其文,以大救俾当世。"③这实际上是把"微言大义"——探求新"义理"的重要性置于经典文本之前,其结果必然是经典的权威性、经典的真理意义从经典文本转移到了"大义"及"大义"的阐释者身上,真理与权威也就从一元变成多元。与此相关联,他们也更注重并强调经学的"致用"性。以"道存乎实用"为原则,④经学的成果必须"验诸治",接受"实用"与否的检验,所以他们对公羊学也是有选择地吸收。从内容说,他们主要选择的,一是公羊学说中的"三世""三统"历史哲学,强调"三世""三统"说是社会发展的普遍法则,适用于观察和说明一切古今大小历史阶段。二是主张"应时而当变",呼吁改革:"一祖之法无不敝,

---

① 龚自珍:《乙丙之际著议第六》,王佩诤校:《龚自珍全集》,上海古籍出版社1999年版,第4页。

② 龚自珍:《与江子屏笺》,王佩诤校:《龚自珍全集》,上海古籍出版社1999年版,第346、347页。

③ 龚自珍:《春秋决事比自序》,王佩诤校:《龚自珍全集》,上海古籍出版社1999年版,第233页。

④ 魏源:《皇朝经世文编五例》,中华书局编辑部编:《魏源集》,中华书局1983年版,第158页。

千夫之议无不靡,与其赠来者以劲改革,孰若自改革!"三是引《公羊传》义例批评时政,将论学与议政融为一体。如抨击专制君主"一夫为刚,万夫为柔"①。批评封建专制对人才以"百不才督之、缚之,以至于戮之"的政策。② 而以"实用"于当下社会与否作为考量经典、经学的标尺,其结果必然是进一步彰显经典的不合时宜性,或者说是要让千年木乃伊去见阳光。经典文本的权威性动摇了。而且,对经典及经学之实用性的强调,必然导致释经的自由和随意,甚至造成对经典文本的曲解。试举几个龚自珍、魏源运用公羊手法治经的实例:

龚自珍在解释《论语》中"齐之以礼"句时说:"齐者何?齐贫富也。"这实际上是以曲解经义的办法为他的"平均"主张寻找经典依据,且从中推导出"大不相齐,即至丧天下"说。③

又如在论及晋国的里克弑其君之子奚齐,又弑其君卓子,而《春秋》中记载此事仅曰"书晋杀其大夫里克,称国以杀,不去官,不去氏"之事例时,龚自珍推论说,这正说明《春秋》对里克及其行为是"再三恩原之",因为"二幼君之立也本不正,大夫惟不忘正,不从君于昏"④。由此对"君为臣纲"说提出质疑,一种新的君臣(民)关系说呼之欲出。

甚至从经典的章节排列先后次序上,发挥出有意义的议论。如魏源在评论《诗经》时说,《诗经》中的《云汉》《车攻》(两篇的主要内容均为赞美周宣王因忧患而发愤图强)等之所以被编排在《常武》《江汉》等篇之前,是因为圣人要激发人们的忧患意识,"人心所以违寐而之觉也",以图

---

① 龚自珍:《古史钩沉论一》,《龚自珍全集》,上海人民出版社1975年版,第20页。
② 龚自珍:《乙丙之际箸议第九》,《龚自珍全集》,上海人民出版社1975年版,第6页。
③ 龚自珍:《语录》《平均篇》,王佩诤校:《龚自珍全集》,上海古籍出版社1999年版,第421、78页。
④ 龚自珍:《春秋决事比答问第一》,王佩诤校:《龚自珍全集》,上海古籍出版社1999年版,第57页。

富强。①

这种治经方法在学术上是经不起推敲的牵强附会;但从当时的思想意义上说,这种响应时代和社会的召唤,口诵经书却又拒绝"泥乎经史",不把经典作为顶礼膜拜、唯命是从的偶像,而只是当作可以任意解释并使用的工具、可以随时发掘出新"义"的经学,其意义已远远超出了"通经致用"。因为经典和经学的实用化、工具化,必然使经典削弱了甚至失去了作为信仰和思想体系的价值和意义。因而今文经学告别古文经学和宋学,实际上是否定了经典的严肃性和传统"真理"的权威性,并对经典做出别样的不同于传统的解释,进而提出适应时代和社会变化的新"义理"。这是晚清儒家道术裂变、信仰危机的开端。数十年后,章太炎以经学大师的立场批评龚自珍、魏源的学术是"乱越无条理",不顾"师法","杂糅瞀乱,直是不古不今非汉非宋之学也"。② 从纯学术的角度而言,这个批评固然不错;但从文化史的角度说,在那个中国文化亟须撞开"天下"壁垒、寻求出路的时代,死守"师法"意味着保守现状,"乱越"经学进而提出新"义理"才符合中国文化开辟新路的需要。

经学家们试图通过重新诠释经典,阐发新的思想学说("义理"),以服务于现实社会。而当"通经"的学术指向不是回归经典而是向外指向现实社会之"用"时,传统学术的自我封闭圆圈也就出现了一个裂口。而且这个裂口只会越来越大,即不断变化着的现实社会之"用"引导着学术渐行渐远地疏离经典和经学。

### 3. 走出经学

就经学范围而言,公羊学派释经的随意性已被推到经学可容忍的极限。在公羊学派那里,皇皇经典遭到曲解、割裂,成为可随意使用的等同于刀锯斧凿一类的工具。于是,儒家经典不仅被庸俗化了,经典的权威性

---

① 魏源:《海国图志序》,中华书局编辑部编:《魏源集》,中华书局1983年版,第207页。
② 《章太炎先生论订书》,支伟成编:《清代朴学大师列传》卷首,岳麓书社1998年版,第4页。

和真理性也从根本上被动摇了,而且,由"通经"而"致用"的应然逻辑和体系的完整性也出现了裂缝。在这样的趋势下,人们很容易由此得出结论:"致用"不一定要"通经"。更何况,经典与现实的不适正日益彰显,疏离经典而直接向客观世界求得"义理",是必然趋势。

这个趋势的历史背景是,18 世纪末以后的中国社会危机和文化困境,都映衬了儒家经典及经学的拘迂陈腐,促使学者们对学术研究的内容及价值体系重新做深入的思考。史学大师章学诚较早地从哲学层面上阐述了他的观点,强烈反对学术研究根据于先验的"道",指出:"夫天下岂有离器言道,离形存影者哉?彼舍天下事物、人伦日用,而守六籍以言道,则固不可与言夫道也。"①也就是说,经典并不是不可丢弃的,学术可以超越"六籍",但必须根据于"天下事物、人伦日用"。

另一著名学者许宗彦则更明确地批评了传统学术只埋头"搜索故籍",作"迂远难行之论",因为数千年前的儒家经典与现实社会的不适、甚至相悖正日益彰显,用经典之言丈量现实的学术思路已走不通。所以他直言不讳地指出,经典对于当代现实社会问题来说,已是"无一可用":

> 三代去今久远,书籍散亡,典章制度诚有不可考实者,自西汉之儒,已不免望文为说,况又二千载下乎?昔孔子学三代之礼,其去夏、殷,远者千余年,近才数百年,而已叹文献不足,无以征其言,至轩、农、唐、虞之礼,孔子固未尝言,且未尝学也。则使孔子生于今世,其所学者不过由明溯宋而止耳,当不远追三代,为无征之言,而施诸当世无一可用也。②

经典距今太遥远了,即使是孔子再世,也不会要求人们远追数千年前"无一可用"的"无征之言"。

---

① 章学诚:《原道中》,叶瑛校注:《文史通义校注》,中华书局 1985 年版,第 132 页。
② 许宗彦:《寄答陈恭甫同年书》,《鉴止水斋集》卷十,嘉庆二十四年德清许氏家刻本。

持这个看法的绝不只是许宗彦。随着对儒家经典持怀疑、厌倦态度的人逐渐增多,学者们对经学研究的兴趣和严肃认真的态度也逐渐淡漠以至消失,经典及经学对学术的垄断地位动摇了,学术不再以经学为唯一,知识、思想的来源不再仅限于儒家经典。学者们越来越不耐烦于日显暮气的经学研究,纷纷向经典及经学以外寻求学术新路,所表现出的是一种转型时代所需的弃旧图新、疏离经典而向外突破的进步趋势。

学者们之所以会疏离圣人经典,是因为世俗社会开始厌弃圣人经典及其学说;另一方面则是学术发展的要求,因为学术只有挣脱神圣状态(执着"圣经"、追求"内圣"境界)的束缚,才有可能面向现实社会及客观事物;而只有把世俗社会的国计民生之实学收入学术研究的范围,从以"求仁"为根本,转向以"救时""富强"的实功实效为追求,学术才有进一步发展的动力和空间。我们从包世臣的学术活动中可以看到这一趋势。

包世臣自幼受父教,攻读经书,好为"八比六韵"。"比及成童,见百为废弛,贿赂公行,吏治污而民气郁,殆将有变,思将禁暴除乱,于是学兵家;又见民生日蹙,一被水旱,则道殣相望,思所以劝农厚生,于是学农家;又见齐民跬步即陷非辜,而奸民趋之若鹜,而常得自全,思所以饬邪禁非,于是学法家。既已求三家之学于古,而饥驱奔走数十年,验之人情地势,殊不相远。"[①]可见,包世臣不是以"义理",而是以当下的社会实际作为学术活动的指向而"学于古",并"验之人情地势";不是向经典,而是向现实社会汲取知识,提炼观念。史称,"先生(包世臣)之造诣得于学者半,得于问者亦半"[②]。所谓"问",即向书本以外的社会、实践求知。"先生虽不得志于有司,而救世之心愈切,游楚、蜀、江、浙、燕、齐、鲁、豫,所至之处,博访周咨,遇宿士方闻质疑求是,遇樵夫、渔师、舟子、舆人、罪隶、退卒,邂逅之间,亦必导之使言,是者识之,否者置之,于是悉知水陆之险易,物力

---

① 包世臣:《再与杨季子书》,转引自吴孟复:《略谈包世臣的文学思想和诗赋创作》,李星等点校:《包世臣全集》,黄山书社1991年版,第242页。
② 《安吴学案·包先生世臣》,徐世昌编:《清儒学案》(三),中国书店1990年影印本,第522页。

之丰耗,官场之情伪,穷惨之疾苦。"①

事实上,这种不拘泥于经学而务为博通,治学从徘徊于主观世界转向深究于客观世界,不局限于书本更是向社会、向自然世界求新知的学风,在当时绝不只是包世臣,而是整个学术界已成趋向性的学术风气。如李兆洛"于学无所不窥","学务博通,期为有用,异于守一家之言,立帜以为名高者"②。姚莹"所至于山川形势,民情利弊,无不悉心讲求,故以洞悉物情,遇事确有把握"③。徐松凡所著书大都"得自亲历"。为研究新疆史地,他"周历南北二路,驰驱殆遍,每携开方小册,置指南针,记山川道里,下马录之,至邮舍则进仆夫、驿卒、台弁、通事,一一与之讲求,风土备悉"④。董祐诚"肆力于律历、数理、舆地、名物之学,涉历益广,撰述益富⋯⋯讨论经国济世之原,今古变迁之迹,志在用世"⑤。等等,他们的学术研究活动及成果也多集中于关乎国计民生的实政上。包世臣一生著书历程可为代表。从1801年(嘉庆六年)至1844年(道光二十四年),包世臣所著书有:

1801年:《说储》;

1809年:《畿辅形势论》《密云税口说》;

1810年:《策河四略》;

1811年:《筹河刍言》;

1813年:《下河水利说》;

1815年:《青河税议》;

1822年:《直隶水道记》;

---

① 胡朴安:《包世臣传》,李星等点校:《包世臣全集》,黄山书社1991年版,第202页。
② 《养一学案·李先生兆洛》,徐世昌编:《清儒学案》(三),中国书店1990年影印本,第381页。
③ 姚莹:《十幸斋记》,《东溟文后集》卷九,同治丁卯安福县署刊本。
④ 《星伯学案·徐先生松》,徐世昌编:《清儒学案》(三),中国书店1990年影印本,第624页。
⑤ 《方立学案·董先生祐诚》,徐世昌编:《清儒学案》(三),中国书店1990年影印本,第848页。

1824年:《书品》;

1825年:编成《中衢一勺》;

1829年:《闸河日记》《文谱》;

1830年:《改淮盐条例》;

1831年:编成《小倦游阁文集》;

1844年:编成《管情三义》《齐民四术》,合并旧刻《中衢一勺》《艺舟双楫》编为《安吴四种》。①

正如时人所评论的,"举凡宇宙之治乱,民生之利病,学术之兴衰,风尚之淳漓"②,都在其治学之范围。书中所论,"无不可见诸实事者"③。于是,学术研究的指导已不是古老经典教条,而是现实需要;学术研究的内容突破了经学范围,包罗整个社会。可以说,这是面向客观世界的真正意义上的"格物致知"。

嘉道年间,像包世臣这样志在"救世"、讲求实政之学的士大夫人数越来越多。他们中既有将实学付诸实践,从事漕运、盐政、河工、币制等项改革的封疆大吏,如两江总督陶澍、云贵总督贺长龄、湖广总督林则徐等。更多的则是那些以"文章经济"自期的文人学士、中下层官吏。他们所关注、所研究的范围遍及有关国计民生的各个领域,而成果最为突出的则是包世臣所说的"三大政":漕运、河工、盐法,以及龚自珍所说的"天地东西南北之学"。其中如:漕运,有魏源著《筹漕篇》、包世臣著《海运南漕议》等,呼吁改革漕政;河工,有魏源的《筹河篇》、包世臣的《筹河四略》等,对治理河流、根绝水患提出了许多有价值的建议;盐政,如魏源《筹鹾篇》等,要求改革盐法;"天地东西南北之学",即边疆史地研究,著名的如龚自珍著《西域置行省议》、姚莹著《康輶纪行》、何秋涛著《北徼汇篇》、沈

---

① 胡朴安:《包慎伯先生年谱》,李星等点校:《包世臣全集》,黄山书社1991年版,第205—240页。

② 范麟:《读安吴四种书后》,包世臣撰:《安吴四种》卷三十六附,光绪十四年泾县包氏注经堂重刻本。

③ 姚柬之:《书安吴四种后》,包世臣撰:《安吴四种》卷三十六附,光绪十四年泾县包氏注经堂重刻本。

垚著《新疆私议》等,主张开发边疆,强化边防,等等。

可见,嘉庆以后的学术界,与疏离经典的趋势同时发生的,是由虚返实的学术潮流。学术研究的内容开始从面向主观世界的钻研心性、爬梳古经,转向面向客观世界的探讨社会和自然领域的实际问题(如财赋、水利、吏治、典章、兵政、农政、荒政,以及天文、地理等)并将其纳入"学"的范围。虽然,那个时代的"经世致用"之学也有坚持儒家经典的基本精神,以"道德性命"为范围,但是它的主流走的则是龚自珍、魏源、包世臣、陶澍、贺长龄、林则徐等人的路线。说明"致用""切于人伦日用""当于实用"等功用价值目标开始逐渐取代"道德性命"之类的空谈,成为学术活动的主要追求;能否解决"当世之务""当世事",逐渐取代了"通经""明经",成为学术活动的价值标尺;"策富强、课农战"的"经世之学"成为学坛的热门所在。而且这一时期的学术由虚返实,已不是经学内部虚实转换的重演,而是超越经学体系,由经学之"虚"向国计民生问题之"实"转换,是从传统到近代转型过程的根本性变动——知识的时代性及实用化、客观化和世俗化,一个具有实证主义特点、以研究客观世界和社会实际问题为主要内容的知识体系开始产生,这是中国学术、文化开始从中世纪向近代转型的重要表现。

### 4. "格物"之学的独立

自清代中期汉学皖派兴起,倡导以实证方法研究经典,汉学中崇尚客观主义的学风,以及更精确深入的释经需要,推动一些汉学家把治学的重点由原来的文字考据转到历算学(当时又概称之为"畴人之学")上来,促进了历算学研究的繁荣。如戴震,不仅主张由字、辞研究经义,也主张以自然科学(包括天文学、算学、地理学、博物学等)解读经典,因此"儒者"对这些研究自然的学问"不宜忽置不讲"[①],著《迎日推策记》《句股割圜记》《历问》《古历考》《策算》等。钱大昕于天文、历算用功甚深,曾认真

---

① 戴震:《与是仲明论学书》,汤志钧点校:《戴震集》,上海古籍出版社1980年版,第183页。

研究西洋测量弧三角诸法,对中西天文历算、测算之法颇有造诣,著有《宋辽金元四史朔闰考》《三统术衍》《太阴太岁》等。作为乾嘉学派重要人物的焦循,不仅有《易学三书》《孟子正义》这样辉耀经学史的著作,也有被认为是中国数学史上第一部对数学做理论性研究、第一次用符号表达了数学运算的五大定律的对中国数学研究做出了重要贡献的《里堂学算记》,说明历算之学在乾嘉时期有了一定的发展。

但从总体上来看,这一时期的畴人之学仍处于经学的附庸的地位。戴震曾提醒人们不要误解他提倡历算学的本意:"六书、九数等事,如轿夫然,所以舁轿中人也。以六书、九数等事尽我,犹误认轿夫为轿中人也。"①也就是说,研究自然的学问既是必须的,但又不能超越经学的范围,因为它和文字训诂一样,只是解读经典的一个工具——"轿夫"。当对自然的研究被置于"神圣""崇高"的目标下时,它就不可能获得独立的地位以及学术进展的空间。

但一旦畴人之学被作为儒者必须讲求的实证之学而得到肯定并强调,学术不断深入演进的规律就会冲破人为的限定而得到进一步的发展。更何况,汉学作为一种崇尚客观主义的学术派别,所内含的实事求是精神、怀疑求真精神,求实、求真,严肃认真的学风,以及实证方法,类比、分析、归纳方法等,是推动畴人之学不断地深入发展的内在动力。所以,到了嘉道年间,在实证主义学风进一步张扬的大背景下,不仅畴人之学的研究者人数大为增加,更重要的是,学者们在推动畴人之学向着学问专门化、精深化和世俗化方向发展的同时,也使研究自然的学术朝着独立化方向前进了一大步。

首先是畴人之学的专门化,即独立化。嘉道以后,天文算学研究者已渐渐地摆脱经学"轿夫"的定位。

中国古代科学之所以落后于西方,一个很重要的原因是,学术一直被

---

① 段玉裁:《戴东原集序》,汤志钧点校:《戴震集》卷首,上海古籍出版社1980年版。

压制、束缚在经学范围之内,各个学术门类都只能充当经学的奴仆。正如梁启超所说的,"专门算学家"在嘉庆间开始复活,至道光以后"乃极盛"。所谓专门,亦即学者全部的研究兴趣都集中在解决数学问题方面,而不是作为"经师"的副业。①

被梁启超提及的"专门算学家"就有二十余位,如罗士琳、董祐诚、徐有壬、项名达、戴煦、李善兰等。他们的天文算学研究已经与经学无甚关系,不再以博通经史作为自身的目的,所以《畴人传》等相关史传上,已经基本上没有他们从事经学研究的记载,不像此前乾嘉时期的学者(如戴震、钱大昕、焦循等)那样,主要身份是汉学家,其代表性学术成果是《孟子字义疏证》《二十二史考异》《孟子正义》这类经史著作,主要从事经学研究,天算学著作只是他们治经史的副产品。嘉道以后的这些天算学者学术著作几乎全是自然科学研究成果,其中除了偶有一两种史部、集部著作外,几乎没有经学研究的成果。在有关他们的传记中,已看不到像此前学者那样的"兼明历算""兼长历算""旁通天文勾股之术"这类通经学也把历算作为副业的评述,取而代之的则是他们一生治学专精于天文历算学的记载:罗士琳"少治经,……已乃尽弃去,专力步算,博览畴人之书,日夕研求"②;董祐诚"不乐为世俗之学,专治钩棘隐奥之书,务出新义"③;项名达辞官居家,"专攻算学"④;戴煦一生"冲淡静默,避俗如不及,世事一弗与,研精历算"⑤;李善兰"于辞章训诂之学虽曾涉猎,然好之终不及算学,故算学用心极深"⑥等。而且,在研究内容上也各有专精,

---

① 梁启超:《中国近三百年学术史·清代学者整理旧学之总成绩(四)》,朱维铮校注:《梁启超论清学史二种》,复旦大学出版社1985年版,第492—494页。
② 《罗士琳传》,诸可宝纂:《畴人传三编》卷四,上海商务印书馆1935年版。
③ 《董祐诚传》,罗士琳纂:《畴人传续编》卷十五,上海商务印书馆1935年版。
④ 《项名达传》,诸可宝纂:《畴人传三编》卷三,上海商务印书馆1935年版。
⑤ 《戴煦传》,诸可宝纂:《畴人传三编》卷四,上海商务印书馆1935年版。
⑥ 《李善兰传》,诸可宝纂:《畴人传三编》卷六,上海商务印书馆1935年版。

如：项名达"专意于平弧三角，独有所见"①；陈杰"犹神明于比例之用"②；张福僖"精于小轮之理"③；徐有壬"于垛积招差之法最为究心"④，等等。"精"与"专"正说明从这一代学者开始，已渐渐地从经典及经学"舁轿"者角色中走出来，并不断地强化着研究自然学科的独立性。

走向独立化、专门化的结果，是使畴人之学不断地朝着学术深度方向发展。早在明朝末年，对西方自然科学有较深了解的徐光启一针见血地指出，中国传统数学的根本性缺陷是"第能言其法，不能言其义"⑤。即中国传统数学虽有发达的经验数据的运算方法，却缺乏对数学原理的逻辑论证，中国的学术中缺乏对"物理"的深入探究。而近百年后的清初学者李光地却认为，西人历算确比中国"自觉细密"，"但不知天人相通之理"⑥。显然，他是站在理学家的立场批评西方学术缺乏"义理"的寻求。这两种批评让我们看到了中西学术对"理"的不同指向：探究"物理"与通晓"义理"；同时也让我们看到，中国学术要赶上西方、跨入近代，就必须使自己趋于"细密""精深"化，认识并把握客观世界的"所以然之理"（"物理"），而打破"天人相通之理"（义理）。

这一趋势，在嘉道以后的畴人之学研究中已表现得越来越明显。即在前代人整理、总结传统天算学成就的基础上，嘉庆（尤其是道光）以后从事畴人之学的学者们循着"物理"的内在发展轨道，把畴人之学越来越推向精深化，取得了相当大的成就。其中如项名达的《象数一原》、戴煦的《对数简法》、徐有壬的《测圆密率》等所代表的数学研究成果，郑复光的《镜镜詅痴》、邹伯奇的《格术补》等所代表的物理学研究成果，汪日桢的《二十四史月日考》等所代表的天文历法学研究成果，吴其濬的《植物

---

① 《项名达传》，孙延钊：《浙江畴人别记·三》，《浙江通志馆馆刊》，第三期。
② 《陈杰传》，孙延钊：《浙江畴人别记·三》，《浙江通志馆馆刊》，第三期。
③ 《张福僖传》，孙延钊：《浙江畴人别记·三》，《浙江通志馆馆刊》，第三期。
④ 《徐有壬传》，孙延钊：《浙江畴人别记·三》，《浙江通志馆馆刊》，第三期。
⑤ 徐光启：《勾股义绪言》，王重民辑：《徐光启集》，上海古籍出版社1984年版，第85页。
⑥ 李光地：《榕村语录》卷二六，《榕村语录·榕村续语录》，中华书局1995年版。

名实图考》等所代表的植物学研究成果,等等。其中的数学研究,更是得到了鸦片战争后来华的英国传教士伟烈亚力的充分肯定:"微分、积分为中土算书所未有,然观当代天算家,如董方立氏(即董祐诚)、项梅侣氏(即项名达)、徐君青氏(即徐有壬)、戴鄂士氏(即戴煦)、顾尚之氏(即顾观光)暨李君秋纫(即李善兰),所著各书,其理有甚近微分者。"①亦即这些学者的研究,使中国的"畴人之学"与西方的解析几何与微积分已非常接近。李善兰的研究可为代表:在西方微积分尚未传入中国的情况下,他发明了无穷小方法和定积分求积的"尖锥术",具备了解析几何思想和一些重要定积分公式的雏形。他的《垛积比类》不仅系统地解决了高阶等差级数求和法问题,其中的一些组合恒等式还被西方数学界命名为"李善兰恒等式",直到20世纪中叶仍然是世界数学界感兴趣的一项研究内容。而《考数根法》证明了1637年法国数学家费马提出的著名的世界难题费马小定理,并指出其逆命题不真。畴人们通过自己的独立研究,在黑暗中慢慢摸索到了近代科学的大门口,为顺利接受西方笛卡儿、牛顿、莱布尼茨等人创立的解析几何、微积分等高等数学知识,奠定了必要的学术基础。同时从文化史意义上说,畴人之学的学术深度越是抵近"物理"真相,学术研究也就逐渐背离传统,并且越来越使自己成为超越传统的独立学术;中国学术也就越来越接近客观世界的真理,摆脱"格物求道"的范围而表现出客观世界的取向,经学对文化的束缚也就越是趋于松懈以至瓦解。

更有意义的是畴人之学朝着脱圣入俗的方向发展。如前所述,在传统时代,包括畴人之学在内的"格物致知"——研究自然之学,都是通过辅助经学的途径而为"天下归仁"这一"崇高"的目标服务的。嘉道以后,这一学术格局逐渐地发生变化。首先是在一些"畴人"的思想认识上,开始将"道"与"艺"相提并论:"圣学始于志道,终于游艺,故不独道有一贯,艺亦有焉。"而"道"与"艺"持平的一个结果,是他们认为"艺"不只是为

---

① 伟烈亚力:《代微积拾级序》,李善兰、伟烈亚力译:《代微积拾级》卷首。

证经、解经而存在，更是为国计民生（"大至躔离交食，细至米盐琐碎"）服务的学问。① 其学术研究的对象也从经典、从古书卷向着以可验证的客观事物转移。其研究成果中，纯粹的证经、解经之作，古籍考证之作（如戴震的《周礼太史正岁年解》、钱大昕的《三统术衍》、姚文田的《春秋经传朔闰表》、盛百二的《尚书释天》）已越来越少，而由计数、计算、量度和对物体形状及运动的观察中产生的以研究数量、结构及变化为目的的著作（如项名达的《三角和较术》、戴煦的《求表捷术》、徐有壬的《表算日食三差》、李善兰的《方圆阐幽》等）则越来越多，更有不少探讨国计民生、持家日用问题的著作。

阮元可谓是这一方向的开拓者。他不仅认为研究自然的学问"乃儒流实事求是之学"②，也很强调"实测"和"实践"。③ 他精通步算，但他最重视的是把学问落实到国计民生之实际当中，嘉庆初任浙江巡抚时，曾仔细考察剿灭安南（即越南）艇匪战斗中缴获的火器蝴蝶炮子，亲自研究其原理和长处，并照样仿造，后来在剿匪中发挥了很大的作用，《揅经室三集》卷二《记蝴蝶炮子》，就是他在这方面研究的成果。他一直很关注关系国计民生的水利、漕运事务，在浙江巡抚任上，曾研究浙江水道的古今变迁，主持修复海塘，浚治西湖；任两广总督时，曾建造桑园石堤以御洪水。他的《揅经室集》中就收入了相关的研究成果：《浙江图考》《海塘揽要序》《重浚杭城水利记》《江堤说》《新建南海县桑园围石工碑记》等。嘉庆十七年，阮元担任漕运总督，有感于旧法盘粮繁复缓慢，便运用他的数学知识，创盘粮新法，比旧法简便易晓，可节省一半时间，真正使学术研究与社会实际紧密结合。

不仅是经学大家，其他一些出自朴学门户的"畴人"，也在做着使畴人之学的研究内容走出"形而上之道"的范围，转向"形而下之器"，即探

---

① 闵尔昌辑：《碑传集补》，钱仪吉纂：《清代碑传全集》（下），上海古籍出版社1987年版，第1513页。

② 阮元：《畴人传凡例》，阮元：《畴人传》卷首，上海商务印书馆1935年版。

③ 阮元：《大学格物说》，阮元：《揅经室集》上册，中华书局1993年版，第56页。

讨国计民生相关问题的努力。知名数学家陈杰的学术经历便是代表。陈杰曾任职钦天监，道光中辞去官职而专志于数学研究。此时他对数学的学术地位与功用显然有了不同于戴震时代的认识，认为："算法之用多端，第一至要曰治历，次出师，次工程钱粮，次户口盐引，次堆积丈量。儒者所为，则考据经传；下及商贾庶民，则赀本营运、市廛交易、持家日用。"为此著《算法大成》，其内容也围绕这一用途而展开：首加、减、乘、除，次开方、勾股，次比例、八线，次对数，次平三角、弧三角。分门别类，皆先列旧法，而以所拟新法附之，图说理解，不惮反复详明，"以明算法之用"。①原本附属于经学的天文算学已下及于商贾庶民之用。

陈杰的治学方向在嘉道以后已成为一股学术趋势。因此不仅是陈杰，越来越多的学者都在往这个方向走。如另一知名数学家张作楠，"生平嗜历算之学"，曾致力于有用于实际的仪器制作、算书撰述工作，道光年间撰《量仓通法》，"不用斛率即知谷数"，继而又撰写用于丈量土田的《方田通法》十四卷。②诸生黄炳垕，为浙东知名的"通晓勾股、三角、开方之士"，也把数学研究指向有用之学上。曾受命参与测绘沿海府县舆地图，"未及半载而图说俱成，申详梓行。又融会诸法，参以心得，别为一书，曰《测地志要》，凡测经纬广远高深，暨推算杂法，悉以试于一邑者为例"。至中法战争时此书被中枢颁发各营，作为军事测绘用书。还著有《算学南针》《量法须知》《交食捷算》《五纬捷算》等"法极其简"的常用算学书，③也不仅仅是历算学，其他学术研究也逐渐指向国计民生、持家日用。如"好经世之略"的经学家凌堃，著《德舆子》一书，提出了一套农副一体布局结构的农政思想，同时还亲自将书本上的研究付诸实验："得不耕之地数顷，画沟洫，引虖沱委折溉之，成畎田亩稻十五六鬴，分十之二岁作疏防，又分其六七以利佃，径畛缘之，葵韭瓜蔬；渠澄之久，鱼鳖殖焉。

---

① 《陈杰传》，诸可宝纂：《畴人传三编》卷三，上海商务印书馆1935年版。
② 《张作楠传》，罗士琳纂：《畴人传续编》卷五二，上海商务印书馆1935年版。
③ 《黄炳垕传》，孙延钊：《浙江畴人别记·三》，《浙江通志馆馆刊》第三期。

叹曰:'推是以富天下,管仲不足为矣!'"①

张作楠、黄炳垕、凌堃等人所代表的正是嘉道以后的学术趋势:这些学者的研究及其成果在学术上并不是那么高深,甚至可以说是力求通俗;学术指向也脱离了"崇高"的"求仁"或解读经典的目标,力求贴近世俗,即都力图使高深的学术走出经学典堂而为国计民生、持家日用服务。"格物"之学一旦走出儒学"形而上之道"的束缚,也就获得了向前发展的充沛生命力和广阔前景,也因此而开始获得独立于经学之外的学术地位。于是,一个以客观世界为主要内容的知识体系呼之欲出,迈出了文化走向近代的重要一步。

**5. 重整知识和观念体系**

学术创造知识。当中国学术体系中儒家经典的霸主地位越来越弱化,原来被经学捆绑着的各个学术门类渐渐地崭露头角,渐趋独立,经学一元的学术格局向着多元的格局转变,知识体系也随之发生了重大的变化。

传统学术是一元格局的学术。在这个一元格局之下,虽有晋代以来就一直沿用的四部分类这种图书—知识分类法,旧的学术研究体系中也有我们现在所说的历史学、文字学、地理学、诸子学、天文学、算学等学术类别(尽管那时并没有这些名分),但它们无例外的都是以"知仁"为核心思想,都是在经学的统率之下,或者说都是服从于、服务于经学的。直至清代中期,这一学术格局也没有发生改变。乾嘉年间,桐城派代表人物姚鼐认为"学问之事有三端焉:曰义理也,考证也,文章也"②。稍后,因经世致用思潮兴起,理学家曾国藩在道光朝于姚鼐的分科基础上提出了儒学四科之分:义理之学、词章之学、考据之学、经济之学。但他一再强调说明,四科之中义理之学"最大",是"本",有义理之学,则其他各科已"该乎

---

① 《皖派经学家列传第六·凌堃传》,支伟成:《清代朴学大师列传》第109页。
② 姚鼐:《述庵文抄序》,《惜抱轩文集》卷四,同治丙寅省心阁重刊本。

其中"了。① 这就把各个学科全都置于以义理之学为统领的一元体系中。

但也正是自清代中期以后，经学铁板一块的局面开始被打破。而承担这一历史使命的，是嘉道年间兴起的经世致用思想潮流，反映在学术上则为实学。

嘉、道年间，就在清朝政治、社会危机四逼，经学又步入困境，知识界在苦苦寻找出路之时，一些胸怀忧患意识，以救世、救时为己任的官员、学者，纷纷从古籍考证和玄学思辨中抬起头来，把目光投向现实社会，从事于切合当代政治与社会的经世实学。他们中有陶澍、贺长龄、林则徐这样的地方大员，也有龚自珍、魏源、包世臣、姚莹、张穆等等的文人学士，或者推行改革，或以学术言政，自然形成了一个以匡济天下为己任、以讲求实政、实学为活动内容的经世派。他们人数相对较少，但他们充满新意的思想学说，洋溢激情的呼喊，在当时中国社会引起了很大的反响，从而在嘉道年间形成了蔚为大观的经世致用思想潮流。

经世致用实际上是在经典益遭冷落，经学日显暮气，学者们纷纷向经典及经学以外寻求学术新路的背景下，要把学者们从高谈"性命"、空论道德的玄虚境地，拉到切应世务、讲究事功的尘世间来。他们所倡导的实学，是以学以致用为指导思想，以实行、实证、实用、实效为学术特征，以解决现实问题的实际功用为价值取向。这就决定了它的学术内容是面向客观世界的，上至天文，下至地理，举凡国计民生有关的所有实务，如农桑、水利、工商、医药、漕运、河工、盐铁、币制、兵制、海防、历法、算学、民风等等，都在实学的范围之内。而且，在"实用""实功"的价值导向下，知识界的学风上和治学内容上，都呈现出多路径、多色彩、各奔东西求突破、求发展的现象，原来被经典及经学网罗着或压制下的各个学术门类，在"经世实学"的名义下渐渐崭露头角，并渐趋独立。尽管在今人看来，"经世实学"成类有些不伦，但就当时而言，面向社会实际的"经世实学"与日显

---

① 曾国藩：《致澄弟温弟沅弟季弟》，《曾国藩全集·家书》第55页；《曾国藩全集·日记》道光二十一年七月十四日，第92页；《劝学篇示直隶士子》，《曾国藩文集·诗文》，岳麓书社1987年版，第443页。

空洞无用的经学相分离而相对独立,是学术上的一大进步,是对经学一元学术架构的冲击以至否定,学术体系的树枝分叉现象就是从经世实学开始由内而外地相继发生,传统学术呈现出分崩离析之象,且有不断扩大之势。

道光六年(1826年)编纂的《皇朝经世文编》,就是经世实学破笼而出、呈独立发展趋势的重要标志。

《皇朝经世文编》是时任江苏布政使的贺长龄主持、魏源负责编成的。魏源在代贺长龄撰写的《皇朝经世文编五例》中,提出了该书的宗旨:"道存乎实用""有裨世用",即功效性、现实性、实用性。根据这一宗旨,全书300余万字,收录道光以前清代的254位作者2000余篇文章,取与舍并不是以经典做原则标准,也没有以经学为讨论范围,所遵循的是三"不取"的原则:"凡高之过深微,卑之溺糟粕者,皆所勿取矣","凡古而不宜,或泛而罕切者,皆所勿取矣","凡于胜国为药石,而今日为筌蹄者,亦所勿取矣"。实际上是向虽然高深却不切社会实际,虽然高古却不符合时代,虽然神圣似礼器却无实用价值的传统学术宣示告别。所取的文章,即认为学术所应讨论和研究的是:能"资乎救时"、有"经世之益"的。具体如"保甲之难易,军屯之碍通,封矿之闭开,丧祭之聚讼,差徭则均雇相难,河流则南北争持,盐课有归商归税之殊,耗羡有归公归官之辩,筹畿辅则水性土性异宜,议转漕则殷运海运旁出,桑、漳筑堤而谓宜去堤,吴淞建闸而谓宜去闸,泾渠为千古大利而或极言其害,酿酤为古今通禁而或极陈其难"等等之类关乎当代国计民生实政的文章,都在采用之列,从而将学术的价值从以德性为基础转向以认知为基础,以"求仁"为方向转向以对国计民生"济时""致用"为方向。在此基础上,建构了一个以"学术"为全书纲领,以"治体""纲维庶政",以"六官"(即当时国家和社会事务的六个主要领域:吏政、户政、礼政、兵政、刑政、工政)为经世时务之内容,通过所选的当代之典章、本朝名臣之奏议、硕儒之论著及至俊士畸民之言论,探讨经世致用之学理、政体和政制之完善,以及吏政、土地、赋税、荒政、礼治、盐政、河工、治兵、漕运等方面的实政之运行。于是,《皇朝经世文编》的目录便呈现出一个全新的知识架构：

学术：原学、儒行、法语、广论、文学、师友；

治体：原治、政本、治法、用人、臣职；

吏政：吏论、铨选、官制、考察、大吏、守令、吏胥、幕友；

户政：理财、养民、赋役、屯垦、八旗生计、农政、仓储、荒政、漕运、盐课、榷酤、钱币；

礼政：礼论、大典、学校、宗法、家政、昏礼、丧礼、服制、祭礼、正俗；

兵政：兵制、屯饷、马政、保甲、兵法、地利、塞防、山防、海防、蛮防、苗防、剿匪；

刑政：刑论、律例、治狱；

工政：土木、河防、运河、水利通论、直隶水利、直隶河工、江苏水利、各省水利、海塘。

这个目录，实际上是一个重新整合的学术体系、知识体系，是嘉道年间经世学术和思想潮流的结晶。它已完全不同于以经学为中心，以史学、子学、文学为辅助的儒家传统的"道问学"体系；所显现出的是学术及知识的时代性特征及实用化、客观化和世俗化的进步趋势；不是只在故纸堆中推阐和演绎"理""道"一类的玄虚命题，而是以实证方法从活生生的社会实际和客观事物中探索或总结有关国计民生的各项实政问题。可以说，这是一个与传统的"道问学"体系完全不同的学术及知识体系。

学术是创造知识的活动。从《皇朝经世文编》的编纂及内容看，它所代表的经世致用思潮，实际上也是知识创造活动的调整，知识体系的重新整合。因为，学术的价值一旦从以德性为基础转向以认知为基础，从以"求仁"为方向转向以"济时""致用"为方向，学术研究范围自然逐渐地从以人的主观世界（道德）为主转移到以客观世界（自然和社会）为主。学术研究——知识创造活动的转型意味着知识体系的转型，意味着知识的价值也从原来的建立在德性的基础上，逐渐地转向建立在对客观世界认知的基础上。人们的求知方向也从内向的"义理"玄思转变为以外向的认知客观世界为主。知识的获取也就不再只是优游于古老的经书中，

而是探索自然和社会。知识体系的内容也就突破了经学框架,不再是以求仁、求善,而是以了解并驾驭自然和社会的知识为中心。知识的时代性及实用化、客观化和世俗化,越来越成为此后中国人求知活动和知识体系建设的确定不移的方向。因而《皇朝经世文编》所提出的"经世实学"体系,道光以后被越来越多的士人作为应当了解并掌握的知识体系。而求知活动一旦以当代的社会实际和自然界作为对象,求知活动及知识的内容也就必然地渐渐疏离儒家"先圣"规划的"天下",走出一条逐渐告别经学体系而迈向近代的通道,逐渐形成了一个开放、求新、求实、超越于"理""道""性命"之学之上的、以客观世界为主要认知对象的学术领域及知识体系。从历史的角度说,它是迎接近代文化的学术和知识平台。

知识体系的重整,影响所及,必然的是观念体系的演变。因而"经世致用"也是一股思想潮流,是一次重组观念体系的运动。因为学术——"生产"观念的活动——一旦强调"致用"于社会,作为其"产品"的观念就不能不接受社会现实的引导而冲撞传统藩篱,并呼唤新的观念体系。所以,当"天下"日趋解构,中世纪母腹中的新社会因素日增月长且躁动不安之时,那些感觉敏锐的思想家们迅即跟进潮流,将这一股思潮加以提炼、概括,上升为思想理论。他们所提出的思想主张,实际上是从各个方面、有些甚至是从根本上质疑"天下"秩序,为建构新的观念体系不断地添砖加瓦。

其中最值得注意的是价值观的变动。经世致用的学者们在一意"救世""救时",并步趋时代潮流的同时,也不自觉地从经典之外的时代和社会实际中提炼出新的价值观,从客观现实中确立新价值目标。例如:在民穷国弱的现实面前,他们以"富强"取代"天下归仁"作为追求目标,并且也将其作为衡量一切的价值准则,认为任何思想理论,如果不能致"富强",即使是"王道"也为"无用"。[①] 在此总准则和目标下,他们主张"利

---

① 魏源:《默觚下·治篇一》,中华书局编辑部编:《魏源集》,中华书局1983年版,第36页。

商",认为"利商者即以利民","本富固可持,而末富亦可资"①,并且公开倡言"好利",抨击讳于言利是"迂腐之见"。"利在天地间,原不禁正人之拟议,彼畏利而讳言者,特小儒拘滞之见"。② 传统的"重本""取义"之类的准则被悄悄地丢在一边。与此相关联,面对专制政治腐败的现实,他们在批判"一人为刚,万夫为柔,以大便其有力"的传统政治原则之同时,在肯定"私"之合理、③"天地之性人为贵"等人文主义观念的基础上,提出了新的政治原则:"天子者,众人所积而成,……故天子自视为众人中之一人,斯视天下为天下之天下。"④甚至构思"公议无不上达",天子与庶民"息息相通"的政治体制。⑤ 在"经世致用"的旗帜下,"天下归仁"的理想动摇了,"天子"至尊的观念开始受到质疑,呼唤新时代的价值观曙光初现。

　　从"通经致用""经世致用"的内在精神看,这股思想和学术潮流的核心精神是"实事求是"。它具体表现为革新求变精神、注重实效的功利主义和注目当代的现实主义。所谓革新求变,即魏源所说的:"天下,势而已矣",主张关注"事势""时势""地势",并且"因势立法"⑥,即让"法"永远追随变动不居的"势"。否则,"执古以绳今,是为诬今"。同时学术也应当追随时代。"读黄农之书用以杀人,谓之庸医,读周孔之书用以误天下,得不谓之腐儒乎?"⑦反对做拘泥于经典的"腐儒";所谓注重功效的功

---

① 杨景仁:《通商》《安富以救贫说》,贺长龄编:《皇朝经世文编》卷四一,光绪十三年上海点石斋印行。
② 宗稷辰:《裕本篇》,《躬耻斋文钞》卷一,民国二年铅印本。
③ 龚自珍在《论私》中曰:天有私,地有私,"圣帝哲后"也有私,人不可能没有私。见王佩诤校:《龚自珍全集》,上海古籍出版社1999年版,第92页。
④ 魏源:《默觚下·治篇三》,中华书局编辑部编:《魏源集》,中华书局1983年版,第44页。
⑤ 魏源:《默觚下·治篇十二》,中华书局编辑部编:《魏源集》,中华书局1983年版,第68页。
⑥ 魏源:《筹漕篇上》,中华书局编辑部编:《魏源集》,中华书局1983年版,第404页。
⑦ 魏源:《默觚下·治篇五》,中华书局编辑部编:《魏源集》,中华书局1983年版,第49页。

利主义,即魏源所提出的"以实事程实功,以实功程实事"①的原则,即主张以"实用""实功"作为衡量一切思想学说的标尺。只要符合"实用""实功","经学错也不妨,不错也不妨"。② 即使是"先王之道",也必须"验诸治"。如果"上不足以制国用,外不足以靖疆圉,下不足以苏民困",则宁可不要这"无用之王道"③所谓注目当代的现实主义,即龚自珍所说的"一代之治,乃一代之学也"。而对当时的社会、政治危机,他们看到了学术的社会责任。他们批评士人们只知空谈性理,饾饤文字,全然不顾国计之艰难,民生之困苦,认为"当今天下多故,农、桑、盐、铁、海防、河工、民风、士习,何一事不当讲求?"④,举凡当代的"宇宙之治乱,民生之利病,学术之兴衰,风尚之淳漓",都应在士人治学的范围之内。⑤ 总之,经世思想家们实际上是要求一切现存的观念、学说、知识,以至制度,都必须接受当下的社会实际的检验。而一旦这些千年传统与当下那个躁动不安的社会实际相接触,儒家经典、经学的思想和权威也就逐渐失去,走出经典和经学的范围,呼唤新学术,以至新体系、新制度、新时代,成为必然之理。

从古文经学营垒中出现的以训诂求新"义理"的努力,今文经学家于经典字句之外寻求"微言大义"的探索,到一些唯"经世致用"是求的学者超越于经学之外的学术活动,无不表现出中国文化力图从儒教"天下"向外突破,寻求近代的进步趋势。

### 三、世界的发现
#### 1. "千古创局"下的探究

经世致用思潮的确是当时中国文化弃旧图新、走向近代的主要推动

---

① 魏源:《海国图志序》,中华书局编辑部编:《魏源集》,中华书局1983年版,第208页。
② 龚自珍:《语录》,王佩诤校:《龚自珍全集》,上海古籍出版社1999年版,第434页。
③ 魏源:《默觚下·治篇一》,中华书局编辑部编:《魏源集》,中华书局1983年版,第36页。
④ 张穆:《与陈颂南书》,葛士濬编:《皇朝经世文续编》,光绪十四年上海古书集成局。
⑤ 范麟:《读安吴四种书后》,包世臣撰:《安吴四种》卷三十六附,光绪十四年泾县包氏注经堂重刻本。

力。因为,它是以"富强"为最大的追求目标,以功利主义为最高准则,具有开放和进取精神,充满活力,而且内涵空间广大,拥有容纳新知识、新观念的宽广天地。正因为如此,经世致用思潮能够将以"仁"为基本内容的"天下"撞开一条裂缝,将中国文化引导到了近代的大门口。

但中国文化前进的步伐实在是太慢了。在闭塞的"天下"中生活的中国人并不了解,"天下"以外的世界更为宽广,也更为丰富多彩;更不了解,当中国的社会和文化步入衰败的时候,世界另一边的西方,社会和文化正是奋发跃进的发展时期,早已进入了工业文明时代,于是,东西文化呈现出巨大的差距。水必然从高处往低处流,这不仅仅是自然界的规律,也可以说是文化发展的规律。在那个生存竞争规律已经起作用的新世界,在大海不再是中国与世隔绝之保障的新时代,处于文化落差低端的中国文化,想经由"经世致用"思潮自主地慢慢地步入近代,已是不可能的了。

就在经世致用思想家们做着撞开"天下"的最后壁垒、打开近代大门的最后努力之时,1840年,在中国大门口已等得不耐烦的英国人发动了第一次鸦片战争。而面对从陌生世界来的敌人和陌生的武器,清朝君臣们几乎是在懵懵然中拒敌鏖战,又在懵懵然中战败求和。战争的结局是残酷的,在损兵折将之后,昔日傲视群夷的"天朝"大臣,被迫亲自登上"夷船",俯首签下了城下之盟,割地、赔款、辟地通商、丧权辱国,且留下了无尽的忧患。而且,几乎是一夜之间,中国人一直引以为自傲的"四夷宾服""万方来朝"的光荣传统和一直在坚持的"华尊夷卑""夷夏大防"文化原则统统被击破。"天朝上国"骤然从天上摔到了地上,"此诚华夷之变局,亦千古之创局也"。① 对此,那些执着于传统的士大夫或是寄希望于"天殛""神助""以邪制邪",或是仍然沉湎在"用夏变夷"的幻梦中执迷不悟;或是强作"天朝"风度,以一句"暂为羁縻"来掩饰内心的痛楚。而那些坚持"经世致用"方向的学者、思想家,则仍然是以实事求是的思

---

① 雪中人:《中西纪事后序》,夏燮:《中西纪事》卷末,光绪十年江上草堂木活字本。

想作风,勇于承认现实,正视现实。面对"千古创局",他们把探究现实社会的目光,移向探究中国以外的现实世界。他们首先总结了这场战争失败的原因,认为:

> 中国书生狃于不勤远略,海外事势人情平日置之不讲,一旦海舶猝来,惊若鬼神,畏若雷霆,夫是以偾败至此耳!……自古兵法,先审敌情,未有知己知彼而不胜,瞶瞶从事而不败者也。英吉利、佛朗西(今译"法兰西")、米利坚(今译"美利坚"),皆在西南之极,去中国五万里,中国地利人事,彼日夕探习者已数十年,无不知之;而吾中国曾无一人焉留心海外事者,不待兵革之交,而胜负之数已较然矣。①

战争失败的原因,就在于中国人对国门以外世界的懵然无知。

绝不只是姚莹一个人,其他如林则徐、魏源、徐继畬等经世思想家也是这么认识的。曾在道光间担任刑部主事的何秋涛,则是从亡羊补牢的角度强调了"识夷情",即了解西方国家的重要性:英吉利、佛兰西(今译"法兰西")、弥利坚(今译"美利坚")、俄罗斯,"皆强邻偪近与为仇雠者。彼之患在肘腋,实有旦夕之虞,苟能知其虚实与其要领,何难筹制驭之方略乎?曷不尽取外夷诸书,与留心时事者日讲求之?更进外夷之人素仇英吉利者,日咨访之乎?"②无论是反思式的总结经验教训,还是展望式的亡羊补牢,都表达了知识界痛于对世界的懵然无知之心情以及要求打破知识领域的自我封闭,观念领域的守旧僵化,以积极的态度扫除蒙昧,认识世界的愿望。

其实,此前"留心海外事者"并非完全没有。早在嘉道年间,随着中外交往的增多,西方殖民主义的节节东进,那些学主经世致用的官员、士子已经开始做着了解和研究"夷情"的工作。如经学家俞正燮,治汉学,

---

① 姚莹:《复光律原书》,《东溟文后集》卷八,同治丁卯安福县署刊本。
② 何秋涛:《论制夷之要在识夷情》,《朔方备乘》卷四十,同治朝直隶官书局刊本。

但于海外夷情颇为留心,曾著《校补海国纪闻》等,介绍各国地理历史。其1833年左右著的《癸巳存稿》《癸巳类稿》中也多记述俄罗斯、荷兰及天主教、鸦片烟等情事。著名经世思想家包世臣,道光初已注意并研究英国在中国及东南亚一带的侵略活动,颇有先见地警告世人,英国将为中国之大患。① 历任粤、鲁、浙等省巡抚的程含章,道光初对"洋害"就有预见,并主张厉行禁烟,禁教而不禁商。② 其他如安徽士人叶钟进著《英吉利国夷情记略》、湖南士人汤彝著《英吉利兵船记》、萧令裕著《记英吉利》《粤东市舶论》等,都试图了解域外情事。其中萧令裕于道光初在给友人的信中曾预言,十年之后,英夷之患"必中于江浙"③。可见在道光中期以前,少数经世派学者对海外夷情已有所了解和研究。所不同的是,这一时期对海外夷情的了解和介绍,是一种仅限于少数经世派学者圈子内的纯然的经世学术活动,在思想界没有太大的影响,也不被世人所注意。它和漕、盐、河工、兵饷等事一样,是"经世致用"潮流中的一个组成部分。鸦片战争的失败,凸显了探究海外夷情的重要和急迫,所以此后兴起的探究世界和介绍世界知识的活动,不仅形成规模,也有了明确的指导思想,即魏源所说的"筹夷事必先知夷情","欲制外夷者,必先悉夷情始"④,明确地以"筹夷事""制外夷"为目的,同时,它在很大程度上已是一次思想运动和知识普及运动。而且,由于鸦片战争失败这一民族奇耻大辱的刺激,"知夷情""悉夷情"的愿望和活动,成了当时"经世致用"文化潮流的主流。加入这股主潮流的,不仅有众多的知识界精英——经世派学者,如林则徐、魏源、姚莹、包世臣、梁廷枏、徐继畬等,他们不仅有探究"夷情"的实践,更有一批在中国社会起了启蒙影响的介绍"夷情"的论著;也有一般士人,如战争中在镇江被英军围困数日的士人杨启,对"远在数万里

---

① 见包世臣:《答萧枚生书》《致广东按察姚中丞书》等,《安吴四种》卷三五。
② 程含章:《论洋害》,贺长龄编:《皇朝经世文编》卷四一,光绪十三年上海点石斋印行。
③ 包世臣:《答萧枚生书》,《安吴四种》卷三五,光绪十四年泾县包氏注经堂重刻本。
④ 魏源:《筹海篇三》,中华书局编辑部编:《魏源集》下册,中华书局1983年版,第865、866、868页。

外""自古不通中国"的"英夷"何以能打到中国而感到惊讶、困惑,同时也表示出要了解对手的愿望:"恨不涉重洋,至英吉黎(今译'英吉利')一探问之"①;也包括最高统治者道光皇帝,战争结束后曾多次向人打听:"究竟该国周围几许? 英吉利到回疆有无旱路可通?""与俄罗斯是否接壤?""该女主年甫二十二岁,何以推为一国之主?"等。② 无知当中也透出些许求知欲望。总之,整个知识界和上层统治者都表示出睁眼看世界的愿望,从而在整个中国社会产生了很大的影响,形成了一股以了解西方、学习西方为主要内容的经世致用思想文化潮流。

因此可以说,第一次鸦片战争不仅撞开了中国有形的门户,同时也打开了中国人思想世界的大门,让中国人走出蒙昧,去探索未知的世界,寻找先进,发现近代。

鸦片战争结束后,中国人最迫切想了解的是,这个能打败"天朝"的对手究竟是怎么样一个国家? 这个"天下"究竟是怎样一个"天下"? 因此这以后十余年间,研究和介绍域外史地知识,是经世致用文化潮流的主要内容。早在战争结束前,林则徐为了了解对手所来自的陌生国家,就"使人日日刺探西事,翻译西书,又购其新闻报"③,如美国传教士裨治文撰的《美理哥合省国志略》("美理哥"今译"美利坚")、瑞士人瓦达尔编著的《各国律例》。1841年,根据英人慕瑞的《世界地理大全》,编译成了《四洲志》,则成为"新地志之嚆矢"④。该书在中国最早系统地介绍了亚洲、非洲、欧洲、美洲(南、北美洲在该书中被作为一洲)各国的地理、历史,其中尤详于英、俄、美、法等欧美强国的介绍。这给闭塞的中国打开了

---

① 杨启:《出国域记》,中国史学会主编:《中国近代史资料丛刊·鸦片战争》(三),上海人民出版社1957年版,第51页。
② 姚莹:《遵旨严讯夷供复奏片》,《东溟奏稿》卷二,同治六年刻本;文庆等纂:《筹办夷务始末》卷四六(道光朝),民国十八年故宫博物院影印本,第32页。
③ 魏源:《道光洋艘征抚记》,中华书局编辑部编:《魏源集》上册,中华书局1983年版,第174页。
④ 梁启超:《中国近三百年学术史》,朱维铮校:《梁启超论清学史二种》,复旦大学出版社1985年版,第467页。

一扇眺望世界的窗户。

《四洲志》是否刊行已无可考,但可以肯定的是,它为魏源的研究和编著提供了重要资料。1842年,魏源以林则徐赠送的《四洲志》为基础,编撰成50卷本的《海国图志》。全书以宽广的文化视野、历史高度和思想深度,用近百万文字、75幅世界各国地图、42幅西洋船炮图式,较完整地介绍了西方各国的地理、历史以及政治、经济、文化教育等,展示了真实的世界面貌,而且还收入了中西人士介绍各国天文、地理、兵船、火炮、炮台、水雷等方面知识的文章以及时人论述海防、夷务的文章,真正体现了是书"为师夷长技以制夷而作"的指导思想。

1848年,曾任福建巡抚的徐继畬编撰的《瀛寰志略》刊行。受鸦片战争的刺激,徐继畬在战争爆发不久即开始研究海外夷情。他通过披阅旧籍,与欧美国家的外交官、传教士交谈,广泛搜集资料,编撰成此书。全书共10卷,以图为经,简洁明了而系统地介绍了地球、南北极和近80个国家的地理方位、历史沿革及政治、经济、风土人情等,以使人们对这个世界有一个客观的、全面的了解。

除此以外,还有:1841年,江苏人陈逢衡根据英俘安图德的口供及图说撰写的《英吉利纪略》;1842年,安徽人汪文泰辑录明末以来的史地书籍中有关英国的记载,编成《红毛英吉利考略》;1846年,广东名士梁廷枬将他前此所著的《耶苏教难入中国说》("耶苏"今译"耶稣")、《合省国说》、《粤道贡国说》、《兰崙偶说》合编成《海国四说》刊行;1847年原台湾道姚莹所编撰的《康輶纪行》刊印,介绍了英、法、俄、印度等国史地知识,等等。总之,立志"经世"的学者们通过各种途径搜集资料,采用各种体裁编撰书籍,几乎是倾其所有地向国人介绍世界地理和历史知识。据说,1840—1861年间,这类著作至少有22部。①

探索总会有成果的。就在这个探索"夷情"的文化潮流中,一个真实

---

① [美]费正清等编、中国社会科学院历史研究所译:《剑桥中国晚清史》下卷,中国社会科学出版社1993年版,第176页。

的世界越来越清晰而具体地呈现于中国人面前。这是中国人走向世界、走向近代的开端。

## 2. 走出华夏中心主义的锢蔽

这些几乎是同一时期出现的介绍海外"夷情"的著作,形成了一股强有力的文化冲击波,它以可使人振聋发聩的力量,改变了中国人旧的知识和观念结构。

这些著作改变了中国人对世界知识的暗昧无知状态。在传统的"六合之外,圣人存而不论""荒外诸服,若有若无"的观念制约下,中国人对域外情形基本上是持漠然视之的态度。明末来华的耶稣会传教士利玛窦曾这样描述他所看到的中国人:"他们不知道地球的大小而又夜郎自大,所以中国人认为所有各国中只有中国值得称羡。就国家的伟大、政治制度和学术名气而论,他们不仅把所有别的民族部看成是野蛮人,而且看成是没有理性的动物。在他们看来,世上没有其他地方的国王、朝代或者文化是值得夸耀的。"[①]这种状况直到清代中叶也是如此。乾隆朝敕修的《皇朝文献通考》,对"天下"的描述仍然是:"中土居大地之中,瀛海四环,其缘边滨海而居者,是谓之裔;海外诸国亦谓之裔。"[②]这不是现实中的自然地图,完全是中国人主观臆想的一幅封建等级制度下的文化、政治格局图。所以,当英国人打上门来时,还不知英国的地理方位。而鸦片战争前后刊行的这些介绍世界史地的著作,通过大量译自西方的新式地图(包括地球全图、各大洲图、各国地图、沿革图等),以及新颖而详明的文字叙述,向中国人准确而系统地介绍了地球的形状及全貌、世界地理格局、经纬度分划、南北半球、南北极、五大洲、五大洋(当时将南极称为"南冰洋"),以及100多个国家的地理方位、主要山川河流、种族和历史沿革等,几乎引进了西方15世纪地理大发现以来的全部地理学成果。这些对于当时的中国人来说,其启蒙效果不亚于"地理大发现"。自此,中国人

---

① 何高济等译、何兆武校:《利玛窦中国札记》上册,中华书局1983年版,第181页。
② 乾隆官修:《清朝文献通考》卷二百九十三,浙江古籍出版社1988年影印,第7413页。

的知识脑海里开始有了客观、具体而真实的世界图景,第一次得到了比较清晰、客观而完整的"全世界"的概念。

这些著作给中国人带来的也不仅仅是地理知识的灌输。正如世界知识的蒙昧支持着中国人的华夏地理中心和华夏文化中心观念一样,世界知识的启蒙则是从知识上和观念上打破了传统的华夏地理中心和华夏文化中心观念。古代中国人一直坚持这样的"世界"观:"天处乎上,地处乎下,居天地之中者曰中国,居天地之偏者曰四夷,四夷外也,中国内也,天地为之乎内外,所以限也。"[1]而《海国图志》和《瀛寰志略》中的《地球正背面图》《东西两半球图》等则以具象的图说告诉中国人,天是圆的,地也是圆的。这就打破了传统的"天下"观的基础——"天圆地方"说。而且,地既然是圆的,也就没有所谓的中心和边缘,中国"居天地之中"的说法也就站不住脚了,支撑"天下"秩序的地理学基础——中国为天朝上国,四边的东夷、西戎、北狄、南蛮等均为朝贡者——也不存在了,中国人在知识上和观念上都开始突破传统的以"天朝"为中心的"天下"格局。

这些著作给中国人呈现了一个全新的世界图景。《海国图志》以78幅地图,《瀛寰志略》以42幅地图,并配合以详明的文字,向中国人介绍地球上的四大洲、五大洋,以及近百个国家,中国只是这近百个国家中的一国。中国虽然国土广袤,物产丰富,是一个大国,但并不是这个地球上唯一的大国。魏源《海国图志》中的《海国沿革图》两卷,其78幅地图的排列次序,即宣传了这一多元的"世界"观念:首先是两幅东、西地球全图,展示世界全貌以及各洲、各国在地球上的位置,给人一个"全世界"的地理总体概念;以下四个部分分别以各洲总图为冠:《亚细亚州(亚洲)各国》《利未亚州(非洲)各国》《欧罗巴州(欧洲)各国》《亚墨利加州(美洲)各国》,包括了我们今天所说的五大洲。各洲总图之后列出该洲的各个主要国家地图,展示了世界各洲、各国的地理格局,也科学地标示了中

---

[1] 石介著、陈植锷点校:《中国论》,《徂徕石先生文集》卷十,中华书局1989年版,第116页。

国在世界上的地理位置及大小,给人以世界地理多元的概念。这一全新的世界地理图式,让人们感受到"四海万国,具在目中,足破数千年茫昧"①的冲击,是"世界"观念的启蒙。因为,中国人由这些书和地图中看到的,是一个包括中国在内的"万国"世界,使中国人对世界的认知突破了"六合""四海""九州""神州""四裔"之类似是而非的地理概念的畛域,开始把中国置于世界方位中加以认识。看到寰球之大,世界之广,中国只不过是亚洲东部、太平洋西岸的一个区域,地球上百余国中的一个。华夏中心的地理观念不攻自破,近代意义的世界观念开始产生。自此,中国人不能不以地球"万国"之一员的身份,客观而认真地观察世界,并加入世界潮流中。这是中国人发现"世界"、定位"中国"、树立全球视野的开始。

这些著作也改变了中国人旧有的对域外文明盲目排斥、妄自尊大的态度和"天朝"文化中心主义观念。传统的"天朝"观念使中国人习惯于以居高临下的姿态俯视域外文明,认为除了"天朝上国"之外,其他国家都是"化外蛮夷"。第一次鸦片战争中,英国人的"坚船利炮"动摇了中国人的"天朝上国"观念,使中国人对旧的"夷夏"之见产生了怀疑。正是在此背景下,有识之士们通过这数十种书对世界各国做了客观而详尽的介绍,告诉中国人:世界的文明是多元的,西方各国也有悠久的历史文化,西洋国家绝不是过去所认为的地处"八荒之外",处于"獉狉之俗"的"蛮夷",而是"强且富"的文明国家,并且以客观的态度,向中国人介绍了一个与华夏文明迥然不同的文明体系:

(一)"以商立国"的经济体系:徐继畲指出,"欧罗巴诸国,皆善权子母,以商贾为本计,关有税而田无赋,航海贸迁,不辞险远,四海之内,遍设埔头,固由其善于操舟,亦因国计全在于此,不得不尽心力而为之也"②。魏源则直探本根处,指出了欧洲各国"富强"的根源:这些国家"不务行教而专行贾,且佐行贾以行兵,兵贾相资,遂雄岛夷"③。所以这些国家经济

---

① 姚莹著、施培毅点校:《康輶纪行·东槎纪略》,黄山书社1990年版,第509页。
② 徐继畲撰、田一平点校:《瀛寰志略》,上海书店出版社2001年版,第115页。
③ 魏源撰、陈华等校注:《海国图志》中册卷三七,岳麓书社1998年版,第1092页。

发达,国富民足,都城"殿阙巍峨,规模闳巨,离宫别苑,绵亘相属。文武百官之署各有方位,街衢纵横穿贯,百货山积","贵贱皆衣裳都丽","其街衢盘绕环匝,列肆密如蜂房,往来者毂击肩摩,昼夜不绝",十分繁华,①没有半点"蛮荒之地"的迹象。

(二)"国事取决于公议"的政治制度:《海国图志》介绍英国政治制度时说:该国"国有大事,王及官民俱至巴厘满衙门,公议而后行,……虽国王裁夺,亦必由巴厘满议允"。② 对美国政治制度尤其赞扬有加:美国"二十七部酋,分东西二路而公举一大酋统摄之,非惟不世及,且不四载即受代,一变古今官家之局,而人心翕然,可不谓公乎! 议事听讼,选官举贤,皆自下始,众可可之,众否否之,众好好之,众恶恶之,三占从二,舍独徇同,即在下预议之人,亦先由公举,可不谓周乎!"③。他们并不因为这种与"君权神授"、君主集权原则相悖的制度而加以贬斥,相反,还赞美这种制度是"公器付之公论","一公之民"。④"不僭位号,不传子孙,而创为推举之法,几于天下为公,骎骎乎三代之遗意。……呜呼,可不谓人杰矣哉!"甚至完整地复述华盛顿所说的这句话:"得国而传之子孙是私也。"⑤至少可以认为,他们并不认为这种制度不合理。

(三)与华夏不同的礼仪风俗和教化:这些著作基本上是不带偏见地介绍了欧美各国的礼仪习俗和教化。如徐继畲笔下的"英吉利之俗":"男女婚配皆自择定,然后告父母","男女皆分父母之产,男不得娶妾","男恒听命于女","宾主相见,以脱帽为恭,各伸右手相握为礼,……见君王亦无叩头之礼","尊卑杂坐,无上下左右之分"⑥等,还指出,基督教、伊斯兰教等,与周孔之学一样,是"聪明特达之人,起而训俗劝善,其用意亦

---

① 徐继畲撰、田一平点校:《瀛寰志略》,上海书店出版 2001 年版,第 206、233 页。
② 魏源撰、陈华等校注:《海国图志》中册,岳麓书社 1998 年版,第 1382 页。
③ 魏源撰、陈华等校注:《海国图志》下册,岳麓书社 1998 年版,第 1611 页。
④ 梁廷枏:《合省国说序》,《海国四说》,中华书局 1997 年版,第 50 页。
⑤ 徐继畲撰、田一平点校:《瀛寰志略》,上海书店出版社 2001 年版,第 277、276 页。
⑥ 徐继畲撰、田一平点校:《瀛寰志略》,上海书店出版社 2001 年版,第 239、240 页。

无恶于天下","固不必操儒者之绳墨而议其后也"。① 客观的叙述,客观的态度,意味着他们对这种礼俗教化的承认,甚至某种程度的肯定。

　　这里所展现的是一个绝不会比华夏文明落后的文明体系,它在事实上否定了中国人传统的"天朝"文化中心主义观念。

　　华夏文化中心主义和华夏地理中心论一样,是中国人传统的"天朝"观念的重要组成部分。而以《海国图志》《瀛寰志略》等书为代表的这批介绍域外文明的著作,不仅在知识上向中国人展现了一幅真实的世界格局和文明图景,更从观念上改变了中国人头脑中代代传承的文化地图。让中国人看到,中国不仅不是"上国",更不是"天下"的文明中心,而且在世界另一边各文明国家"群雄并起"的态势下,实际上已沦为文明的边缘。由此,中国人头脑中传统的"华尊夷卑"观念、华夏中心主义的"天下"秩序走向瓦解,开始以拓宽了的时空视野和思维空间,以"万国"中一员的身份去观察世界、看待外国。于是渐渐地,理性取代了傲慢,平实取代了虚骄,文化反思的触角从观念、知识和理论一直伸向语言:"夫蛮狄羌夷之名,专指残虐性情之民,未知王化者言之。"而欧美各国之人"明礼行义,上通天象,下察地理,旁彻物情,贯串今古者,是瀛寰之奇士,域外之良友,尚可称之曰夷狄乎?"② "夷夏之辨"从观念到语言都开始失去原则的意义,于是语言追随着观念而改变。可与此相印证的是,在这以后,中国人在官方文书、私家著述中,"夷人"这类称呼、"夷性犬羊"这类言辞在逐渐减少,而发其端的则是徐继畬和魏源。徐继畬在编撰《瀛寰考略》时,全书触目皆是"夷"字,仅"英吉利国"一节2000余字就有21个"夷"字;至1848年此书刊定为《瀛寰志略》时,书中的"夷"字已基本上被删去,或改换别字。"英吉利国"一节扩编成7000余字,但已不见一个"夷"字。③ 咸丰初魏源的《道光洋艘征抚记》由抄本变成刊本,书中的"夷"字,

---

① 徐继畬撰、田一平点校:《瀛寰志略》,上海书店出版社2001年版,第93页。
② 魏源撰、陈华等校注:《海国图志》下册,岳麓书社1998年版,第1888—1889页。
③ 任复兴:《晚清士大夫对华夷观念的突破与近代爱国主义》,载《社会科学战线》1992年第3期。

也全都改作"洋"字。①"夷"改为"洋","夷务"改为"洋务",一字之改,不仅意味着中国人世界知识的提升,对外国及外国人的态度渐趋理性,更说明新的世界文明观念开始在中国人头脑中产生,还意味着中国人对西方近代文明的承认。这是中国文化走向近代的第一块里程碑,或者说是中国文化走向近代的起点。因此可以说,如同15、16世纪欧洲的地理大发现揭开了资本主义发展的序幕一样,鸦片战后中国人发现世界,也是中国文化走向近代的前奏。

## 四、"经世致用"原则下的"师夷"活动

### 1. 发现"长技"

中国人一旦走出华夏中心主义的文化锢蔽,发现了世界,并开始以理性、客观、实事求是的态度去观察世界时,赫然呈现在面前的就不仅仅是世界的缤纷色彩,更有实实在在的、触目惊心的中西文化差距。对当时的中国人来说,正视和承认这个差距是痛苦的,但这种痛苦对于在中世纪田园诗般环境里久睡不醒的中国人来说,未尝不是一个有益的刺激。

当然,任何认识只能来自自己亲身的、直接的感受。在坚船利炮的驱迫下去探究西方文化的中国人,自然只能从经验形态的物质事实上,从自己最直接、最深切的感受中去发现中西文化的差距。最早目睹英国人坚船利炮的林则徐,可以说也是最早被切肤之痛刺醒的中国人。他的经历在当时的中国有识之士中很有代表性。在战争爆发前,林则徐仍以士大夫惯有的傲气,断言:"该夷兵船笨重","只能取胜外洋",英兵腿脚不灵,"若至岸上更无能为"。② 但林则徐毕竟是一位识见超群,思想敏锐,且讲求实际的经世思想家。他的可贵之处就在于能在血淋淋的事实面前很快走出偏见,正视现实,承认"天朝"的不如夷人之处。因此,战争爆发不

---

① 陈建堂:《鸦片战争前后"经世"思潮的兴起与华夷观念的演变》,载《北京师范学院学报》1991年第2期。

② 林则徐:《英人非不可制应严谕将英船新到烟土查明全缴片》,中山大学历史系编:《林则徐集·奏稿》中册,中华书局1985年版,第676—678页。

久，林则徐就改变了原先的看法；战后，又以自己的亲身经历谈了他的可谓刻骨铭心的感受：

> 岸上之城郭廛庐，弁兵营垒，皆有定位者也；水中之船，无定位者也。彼以无定攻有定，便无一炮虚发；我以有定攻无定，舟一闪躲，则炮即落水矣。彼之大炮，远及十里内外，若我炮不能及，彼炮先已及我，是器不良也；彼之炮，若内地之放排枪，连声不断。我放一炮后，须展转移时，再放一炮，是技不熟也。①

这里所表达的，不仅仅是战败的悲愤，更有鲜血换来的"船坚炮利，……是其长技"，中国的"器"和"技"均不如夷的痛切认识。这一认识是非常宝贵的，也是非常必要的。可以说，"经世致用"及其内含的实事求是精神，在这个历史转折点上发挥了指引和推导的作用。

有这种认识的当然不只是林则徐。在战争所展现的血淋淋的现实面前，凡有识之士都不能不承认中国"技"不如人的事实。例如始终关注鸦片战争进程的包世臣，战前也曾斥西方技艺为"奇技淫巧"；但当他了解到天朝大军在夷人的"奇技淫巧"面前节节惨败的战况后，不得不承认："夷器之凶利坚固"远胜中国，并高度概括指出："英夷之长技，一在船只之坚固，一在火器之精巧，二者皆非中华所能。"②那些曾身临"剿夷"前线的官员，也大多接受了夷人"船坚炮利"的现实。如前往福建巡察的钦差大臣祁寯藻、闽浙总督邓廷桢、福建巡抚吴文镕和鸿胪寺卿黄爵滋，都一致向道光皇帝陈述："查各省水师战船，均为缉奸而设，其最大之船，面宽仅二丈余，安炮不过十门；夷船大者，载炮竟有数十门之多。彼此相较，我

---

① 林则徐：《致姚椿、王柏心》，杨国桢编：《林则徐书简》，福建人民出版社1981年版，第197页。
② 包世臣：《与果勇侯笔谈》，中国史学会主编：《中国近代史资料丛刊·鸦片战争》（四），上海人民出版社1957年版，第465页。

船用之于缉捕则有余,用之攻夷则不足,此实在情形也。"①而曾亲历浙东抗英战役的思想家魏源,则对这一客观事实加以高度的理论概括,指出:"夷之长技三,一战船,二火器,三养兵练兵之法。"并进而指出了西方人"器""技"所依托的科学技术:"今西洋器械,借风力、水力、火力,夺造化,通神明,无非借耳目心思之力,以前民用。"②这正是一个思想家不同于平庸者的深刻之处,代表着中国人对"夷技"、对中西文化差距有了突破性的认识。

于是,理性战胜了"天朝"观念。痛苦的经历迫使这些士大夫突破了传统教条,面对第一次鸦片战争中国败于"夷器""夷技"的事实,过去那种将外洋器物一概视为"饥不可食,寒不可衣"之"奇技淫巧"的观点,③首先被那些有识之士所抛弃,进而提出了与传统相悖的主张:"有用之物,即奇技而非淫巧。"④他们不仅承认这些"夷器"为"有用",而且还热忱地赞美这些"夷器"。如称赞轮船:"翻涛喷雪,溯流破浪,其速如飞。"称赞火车:"无马无驴,如翼自飞。"⑤赞扬蒸汽机"最奇巧有益","火蒸水汽,舟车所动之机关,其势若大风无可挡也。或用以推船推车,至大至工,不藉风水人力,行走如飞。或用之于造成布匹,妙细之业,无不能为,甚为可奇可赞。"⑥热忱的赞美中潜藏着对"夷器""夷技"的钦羡和呼唤。而钦羡和呼唤的另一面,则是满怀惭愤的责问和感叹:"吾儒以读书自负,问以中国记载,或且茫然,至于天文算数,几成绝学,对彼夷人,能无泚然

---

① 钦差兵部尚书祁雋藻等奏,文庆等纂:《筹办夷务始末》(道光朝)卷十二,1929年故宫博物院影印本,第12页。

② 魏源:《筹海篇一》《筹海篇三》,中华书局编辑部编:《魏源集》,中华书局1983年版,第869、874页。

③ 中国史学会主编:《中国近代史资料丛刊·鸦片战争》(一),上海人民出版社1957年版,第187页;《清仁宗实录》卷五五,中华书局1986年影印本,第720页。

④ 魏源:《筹海篇三》,中华书局编辑部编:《魏源集》,中华书局1983年版,第874页。

⑤ 梁廷枏:《贸易通志》,转引自魏源:《海国图志》下册,岳麓书社1998年版,第1989—1990页。

⑥ 魏源撰、陈华等校注:《海国图志》下册,岳麓书社1998年版,第2027页。

愧乎?"①

这是中国的有识之士在失败的强烈刺痛感之后,对于对手的客观而深入的观察、了解,并对"夷器""夷技"有了发自内心的称赞、羡慕。在由衷的称赞和羡慕之后,则是对华夏文明落后于夷人的惭愧和悲愤。而所有这些对夷人"长技"的发现、赞扬和愧不如人、愤不如人的感受,对更多的中国人来说是一次比战败还要深得多的刺痛。这种技不如夷的刺痛感和失败的刺痛感一样,对当时的中国人来说是有益的,甚至可以说是历史的必须。因为这种强烈的刺痛感能使许多中国人从"天朝至尊""用夏变夷"的幻梦中醒悟过来,走出自我封闭的圈子,拓宽"经世致用"的思路,寻找并总结中西文化的差距。在主动地发现、总结中西文化的差距之后,努力去缩小,甚至消灭这个差距。而缩小、消灭这个差距的途径,唯有学习西方,引进"长技"。所以,对夷人"长技"的发现、赞扬和愧不如人、愤不如人的感受,是中国人走出"用夏变夷"幻梦、中国文化从中世纪迈向近代的最初推动力,或者说是一个有意义的开端。

### 2. "师夷"的蠕动

天朝的屈辱失败,引导中国的有识之士基于感性认识看到自己的"器"和"技"均不如人,并且这个屈辱完全是"器"和"技"不如人所造成的,于是,师法夷人的"器"和"技",也就越来越成为中国统治者及知识界的普遍意向。这个意向正是上文所说的中国文化迈向近代的有意义的开端。

林则徐是这个有意义开端的优秀代表人和实践者。他在禁烟活动中,不仅编纂了《四洲志》以介绍世界地理、历史,编译《各国律例》作为与外国交往的指导,而且,在看到中国的"器"和"技"不如夷人之后,即开始了引进"夷器""夷技"的活动。早在1839年11月,林则徐即从美国商人那里购进原为英国战舰的一千吨"甘米力治"号,以及两艘纵帆船和一艘小火轮,用于海上作战。此后又购入200门5000至9000斤的远程大炮,布置在虎门一带。他还广泛搜集各种外国战船资料,其中有"花旗船图"

---

① 姚莹著、施培毅点校:《康輶纪行·东槎纪略》,岳麓书社1998年版,第127页。

"知沙碧船图"等,并仿造欧式战船多艘。① 受命到镇海协办海防抗英时,又指导当地炮局按照西法铸炮,经多次试验,终于制成当时中国最为先进的8000斤大铁炮。在他的帮助下,镇海炮局成了当时清军仿制西洋兵器最有成效的一个中心。

如果说林则徐是"师夷"活动出色的实践者的话,那么魏源则是"师夷"活动的理论家。他不仅从林则徐那里接过了《四洲志》,也接过了林则徐抗英斗争实践中表现出的"师敌长技以制敌"思想。本着"尽收外国之羽翼为中国之羽翼,转外国之长技为中国之长技"的目的,他编撰了《海国图志》,介绍他所看到的敌之"长技",而且随着他自己视野的扩展,所介绍的"长技"也不断扩大。在50卷本中,魏源认为:"夷之长技三:一、战舰,二、火器,三、养兵、练兵之法。"因而对"夷之长技"介绍相对较少,有丁拱辰的《铸造洋炮图说》、奕山的《进呈演炮图说疏》,以及一组杂述西洋器艺的文章,作为《附录》被置于最后一卷。5年后(1847年)50卷本被扩充为60卷本,介绍西洋技艺的篇幅扩大了(从1卷扩成8卷),内容也更充实了,从原来的只介绍洋炮,扩展到对火轮船、地雷、攻船水雷、望远镜等器械的使用和制造也做了介绍,并且附有更多的插图,如郑复光的《火轮船图说》、黄冕的《地雷图说》、潘仕成的《攻船水雷图说》等。1852年100卷本介绍的"夷之长技",篇幅进一步增加,内容也更加丰富,全书以整整12卷的篇幅,向中国人介绍了西洋火轮船、大炮、洋枪、炸弹、炮台、水雷等武器的原理、制法和用法。更有意义的是,魏源对"夷之长技"的认识和介绍,以及"师夷长技"的具体方案,已突破军事技术范围,且明确地以追求国家富强为目标。例如他介绍了轮船动力的蒸汽机,并且对蒸汽机的"火蒸水气""势若大风之无可当""妙细之业,无不能为"的性能很感兴趣。他建议设立翻译"夷书"的译馆,在广东虎门外设造船厂和火器局,聘请法国、美国的"夷目一二人",专司建造船械,而选

---

① 来新夏编著:《林则徐年谱》,上海人民出版社1985年版,第274、291页;中山大学历史系编:《林则徐集·奏稿》(中),中华书局1985年版,第838、865页。

闽粤巧匠习其铸造,除制造船械、火器外,还可制造"有益民用"的量天尺、千里镜、龙尾车、风锯、火锯、火轮车、火轮舟、自来火、自转碓、千斤称,以及察天筒、定时钟、天船、风铳、指南针、水琴、风琴、显微镜等器具,还建议允许商民兴办厂局,制造船械和其他产品。总之,是要使中国人"风气日开、智慧日出","尽转外国长技为中国长技,富国强兵,不在一举乎?"①,明确地将学习西方与"富国强兵"相联系。

更重要的是,魏源以思想家、理论家的高度,高瞻远瞩地从"经世致用"——"富国强兵"的高度,将战后中国社会出现的了解西方、学习西方的热潮做了精辟的理论概括,提出了"师夷长技以制夷"口号。尽管当时不少有识之士也提出了相类似的主张,例如包世臣说:"英夷之长技,一在船只之坚固,一在火器之精巧,二者皆非中华所能。"林福祥主张"借彼之矛,攻彼之盾,又不妨以逆夷之物,还逆夷之身"②等,但不可否认的是,魏源的"师夷长技以制夷"是当时最富有时代感、最有深刻的思想内涵,最具反传统勇气的文化纲领。因为这一纲领是对旧的"经世致用"文化纲领的丰富和发展,在"有用之物,即奇技而非淫巧"③的原则下,明确把学习西方的各种"长技"作为"经世致用"的内容和方向;它是对旧的"内圣"与"外王"之争的突破,因为它明确地把"富国强兵"作为最高价值准则;它是对传统的"用夏变夷"原则的否定、甚至可以说是颠倒,表现出虽为"夷人"亦可为师的开放态度和变革精神;更重要的是,这种开放态度和变革精神已不是遵循旧轨道,追求旧体系之内的自演自变,而是要借助于外力,开辟新道路,向旧体系之外演变。因此"师夷长技以制夷"是指导中国文化从中世纪向近代演进的具有革命性的文化纲领。

"师夷长技以制夷"所表达的是当时的时代精神,是对战后中国社会

---

① 魏源:《道光洋艘征抚记》,中华书局编辑部编:《魏源集》,中华书局1983年版,第206页。

② 林福祥:《平海心筹》,《中国近代史资料丛刊·鸦片战争》(四),上海人民出版社1957年版,第465、603页。

③ 魏源:《筹海篇三》,中华书局编辑部编:《魏源集》,中华书局1983年版,第873页。

出现的社会潮流的高度概括和升华。因为，包括道光皇帝在内的整个清朝统治集团都表现出要了解甚至学习"夷人长技"的愿望。道光皇帝在多次领教了英国人"坚船利炮"的威力后，也被迫放下"天朝"皇帝的架子，一再谕令各地官员要注意探访外夷船炮式样，访察"洞悉夷情，深通韬略者"，不拘资格，即行奏请任用。① 曾亲身经历这场前古未有过的战争的地方疆臣和统兵将领，也一改过去对夷人"奇技淫巧"不屑一顾的态度，以各种方式去探究夷人船炮。如耆英放下了钦差大臣的架子，亲往英船探访兵舰的大小和炮火布置情况。参赞大臣齐慎，也千方百计访察"夷船宽广及兵炮数目"②等。同时还开展了仿造船炮活动。战争行将结束前，靖逆将军奕山也对造炮制船表现出前所未有的热情，上奏朝廷称：清军对英军"实无抵御之具"，因此要求造船铸炮，而"此时如讲求最为得力之船，必须仿照夷船式样作法，庶堪与该夷对敌"。他仿造"大小炮千余位"，并大力购置西洋船炮，并和两广总督祁𡈼在广东组织人员开展仿造夷式兵船火炮活动。③ 广东水师提督吴建勋、广州知府易长华、在籍户部员外郎许祥光等仿照西洋战船式样，造出了2艘长13丈、1艘长10丈、1艘长9丈的战舰。④ 1843年直隶总督讷尔经额在天津仿照洋式，制造水雷、地雷。⑤ 同年，两江总督耆英在南京主持仿造洋炮⑥等。一时间，仿造夷人船炮成为朝廷内外一些大臣的热衷之事，几乎已僵化了的官僚士大

---

① 祁𡈼：《请推广文武科试折》，魏源撰、陈华等校注：《海国图志》下册，岳麓书社1998年版，第1953页。
② 讷尔经额、耆英、齐慎折，文庆等纂：《筹办夷务始末》（道光朝）卷五九，1929年故宫博物院影印本，第38、47页。
③ 祁𡈼等：《复奏仿造夷式兵船疏》，魏源撰、陈华等校注：《海国图志》下册，岳麓书社1998年版，第1999—2001页。
④ 奕山等：《制造出洋战船疏》，魏源撰、陈华等校注：《海国图志》下册，岳麓书社1998年版，第2005—2011页。
⑤ 直隶总督讷尔经额奏，文庆等纂：《筹办夷务始末》（道光朝）卷六九，1929年故宫博物院影印本，第23、26页。
⑥ 两江耆英总督奏，文庆等纂：《筹办夷务始末》（道光朝）卷六五，1929年故宫博物院影印本，第47页。

夫阶层,在"夷人""坚船利炮"的刺痛感下,终于蠕动了。

上层统治者急抱佛脚、亡羊补牢式的"师夷"行动,其最大意义在于它在整个统治集团、在思想和学术领域产生了表率作用。"夷祸"和"坚船利炮"这两个事实,至少在当时的整个东南沿海地区士人中起了双重刺激的作用。再加上官方的表率和鼓励,更有声势、更有影响的"师夷"活动便在中下层官员和民间士绅中得以开展。那些原本就主张"经世致用"的官员、学者,必然地站在了行动的前列。战时担任台湾兵备道的姚莹,在领导台湾军民进行抗英斗争的同时,也主动积极地去探知对方的"长技",曾通过审讯英军俘虏的途径,了解英国先进的船炮使用和制造之法,以作为自己制造和使用船炮的准备。① 另一位经世思想家包世臣,曾向参赞大臣杨芳建议,选派曾在英夷馆学习过的"嘉应贫士",到英国人处探取"制炮之法",并设厂制造,使"天下之物之利者"为我所用。② 沿海闽、粤、江、浙地区的士绅们开风气之先,走在全国前列。1841年,广东士绅潘仕成出资雇工,仿照夷式,造出战船2艘,捐作军用;又出重金雇请美国人,制造新式水雷;战后又著有《造船合巡四省议》《攻船水雷图说》,对海防建设颇多建议。同一年,安徽士人郑复光根据他所见到的外国轮船图纸和模型,苦心钻研,著成《火轮船图说》,详细介绍了外国轮船的构造及蒸汽机的工作原理。宁波军营监制军械的士人龚振麟,撰成《铸炮铁模图记》,介绍了他所创造的当时世界上最先进的铁模铸炮方法,并与林则徐一起研制出能四面旋转的新式炮架。他还根据自己对英国火轮船考察得出的"以筒贮火,以轮击水"原理,制成一艘"以人易火",即以人力驱动的车轮式战船。据亲眼看到过这艘战船的一位英军舰长说,这艘战船的时速约为3.5海里,并且高度评价说:"中国人这种首次尝试的独创

---

① 文庆等纂:《筹办夷务始末》(道光朝)卷四七,1929年故宫博物院影印本,第16页。

② 包世臣:《与果勇侯笔谈》,《安吴四种》卷三五,光绪十四年泾县包氏注经堂重刻本。

才能,不由得令人钦佩。"①担任湖北督粮道的丁守存著成《西洋自来火铳制法》,介绍了洋枪及弹药的制造方法,同时还仿制成洋枪、地雷。次年,又有福建监生丁拱宸著《铸造洋炮图说》,以图文结合的形式,较详细地介绍了西式火炮的结构、原理、制造和使用方法。他还研制成用于火炮瞄准的"象限仪",进行火药配制、炮台修筑等的研究工作。其他如余姚知县汪仲洋著《铸炮说》,丁拱宸的《用炮测量论》《西洋炮台记》,郑复光的《作远镜法说略》等,都是这一时期较有影响的介绍新式枪炮制造和使用的著作。② 浙江人戴熙时任广东学政,当他第一次看到英国的"汽船"(轮船)后,即以科学研究者特有的敏锐,马上写信给他的弟弟、数学家戴煦做了介绍,并且说:"吾弟精思,必得其制。"戴煦即着手对英国的"汽船"进行了研究,并以自己已有的自然科学知识为基础,"由水、火、土、气四元行入手,著《船机图说》",③等等。可以说,当时有众多的士人(尤其是那些拥有"畴人之术"的士人)都加入了"师夷长技"的活动中。据统计,在1860年以前,中国人编撰的介绍兵船、枪炮、火药制造和火器攻防技术等方面的著作约有22部。④ 必须指出的是,这里的意义并不在于当时中国出版了多少本研究枪炮舰船的书和研制成多少新器,也不在于这些书和新器有多少学术深度和应用价值,而在于这些活动所表现出的中国人求知方向的转换,中国人思维世界的大拓展;更可说明,"师夷长技以制夷"已初步发挥了社会动员的作用,从一部分士大夫到一般士人都开始朝这个方向迈步,沉寂的中国社会和文化被搅动了,一个新的文化运动方向开启了。于是,在鸦片战争硝烟逐渐退去的同时,这些以"防海"为主要目的,以学习西方先进军事技术为主要表现的思想和社会实践活动开

---

① [英]伯纳德:《复仇女神号轮船航行作战记》,转引自杨国桢著:《林则徐传》,人民出版社1981年版,第338页。

② 以上见魏源撰、陈华等校注:《海国图志》下册,卷八四—卷九五,岳麓书社1998年版。

③ 《戴煦传》,诸可宝纂:《畴人传三编》卷四,上海商务印书馆1955年版,第789页。

④ [美]费正清等编、中国社科院历史研究所译:《剑桥中国晚清史》下卷,中国社会科学出版社2007年版,第178页。

始在中国形成一股文化潮流,成为中国文化走向近代的强有力的推力。

这是因为,军事技术在整个文化体系中,虽然只是最表层(人的能力体系)的一个组成部分,但对于正在中世纪大门内徘徊、内在的社会推力还不足以突破这最后壁垒的中国文化来说,这个能给中国人留下深刻印象的"夷器",未尝不是一个由外而内的打破中世纪壁垒的突击力量,它使近代文化提前降临在中国人面前;而对于并没有发现近代文化的中国人来说,夷人的"长技"的确是中国人阅读近代文化的"导言"。

### 3. 开启新方向

在"经世致用"精神的指导下,至19世纪50年代,中国的有识之士们又从"坚船利炮"——西方器物开始接触到其中的西方学术。近代科学的学术规律在这里是以回溯的形式指引中国人由表及里地认识到这个道理:"今欧罗巴各国日益强盛,为中国边患,推原其故,制器精也;推原制器之精,算学明也"[①]。"格致之理必藉制器以显,而制器之学,原以格致为归"[②],亦即从直观的坚船利炮,看到了作为基础的近代自然科学。这不仅是中国的学术研究从中世纪向近代的转变,也是中国人对近代科学觉悟的开端,在文化史上是一块重要的里程碑。

于是,一批对近代文化先知先觉的中国人,便将"师夷"活动从直观的"长技"探讨和简单的仿造,推进到引进西方近代基础科学——"格致之理"的学术层次。

最早的引进西学"格致之理"的工作不能不由当时的"畴人"们来承担。这些"畴人"是那个时代的中国唯一的勉强可以与西方学者对话的人。嘉道年间他们在"畴人"之学领域所取得的成就,为他们日后与西方学者开展对话准备了一定的条件;鸦片战争中夷人坚船利炮击败天朝大军的耻辱,促使他们在探究夷人"长技"的过程中,由表及里地由坚船利

---

① 李善兰:《重学序》,徐世昌编:《清儒学案》(四),中国书店1990年影印本,第260页。

② 杨模:《锡金四哲事实汇存》,中国史学会主编:《中国近代史资料丛刊·洋务运动》(八),上海人民出版社1957年版,第33页。

炮看到了其学术基础的近代自然科学,从西方人的"器"精进而认识到了夷人"学"的先进及重要性,进而主张学习西方的先进科学。可以说,这些承担中国科学及文化承前启后历史使命的"畴人",直接把观察和思考从"坚船利炮"——西方器物指向了西方近代学术,这是魏源"师夷之长技以制夷"理论的进一步发展。

最早的引进西学"格致之理"的工作也不能不借助于外国人。就向中国人介绍近代科学而言,来自西方的传教士的确是先行者,他们为了在中国传播天主教、基督教,曾以编书、译书等形式,向中国人介绍了一些西方近代科学知识。他们在出版了《圣教要理》《祈祷式文》这类宗教书籍的同时,也翻译或编写、出版了《地球图说》《天文问答》《算法全书》这类有用之书。但毕竟是外国人,受种种条件限制,他们所进行的"格致之理"的传播活动影响很有限。只有在一批中国学者加入这支队伍后,传播"格致之理"的活动才在中国社会产生较大的影响。

道咸之交(19世纪40年代末、50年代初),李善兰、王韬、管嗣复、张福僖等人进入英国传教士创办的墨海书馆工作。李善兰的经历可视为这第一批承担中西文化交流使命者的代表。李善兰到了传教士创办的墨海书馆后,向传教士们展示了自己的一些数学研究成果,且问:"泰西有此学否?"有人说这是李善兰太自负,但实际上这是急于要了解西方学术的中国学者向西方学者所做的探询:西方学术究竟先进在哪里?发展到了什么程度?而当了解到西方近代科学确实要比中国的畴人之学先进整整一个时代之后,李善兰便决心抛弃陈旧的"中法"而接受先进的"西法"。[①] 急于要向中国传播西方科学的传教士立即接过李善兰伸出的手,并且同样也对中国学者做了探询:拟西国最深奥的数学题,"请教"李善兰,结果在李善兰的笔下"无不冰解"。这些传教士看到了中国已有一批能够理解和接受西方科学的学者,他们将是第一批西学东渐的传递者。

---

[①] 华蘅芳前往墨海书馆拜访李善兰时,李善兰指着正在翻译的西方数学著作说:"此为算学中上乘功夫,此书一出,非特中法几可尽废,即西法之古者,亦无所用矣。"见华蘅芳《学算笔谈》卷五,《形素轩算稿》第五种。

传教士们"见之甚悦,因请之译西国深奥算学并天文学等书"①。中国学者对西方学术的先进开始有所了解,西方学者对李善兰的学识也很赞赏和信赖,于是在双方的努力下,一个最初的中西学术交流的渠道建立起来了。

所谓中西学术交流的渠道,主要的是近代科学向中国社会传播的通道及过程。在这个过程的最初阶段,大多都是通过了解西方科学的外国传教士的介绍,由了解本国需要的中国学者做出选择,就像李善兰与艾约瑟译《重学》一样:

> 岁壬子(即1852年),……西士艾君约瑟语余曰:君知重学乎?余曰:何谓重学? 曰:几何者,度量之学也;重学者,权衡之学也。昔我西国以权衡之学制器,以度量之学考天,今则制器考天皆用重学矣,故重学不可不知也。我西国言重学者,其书充栋,而以胡君威力所著者为最善,约而该也,先生亦有意译之乎? 余曰:诺。于是朝译几何,暮译重学,阅二年同卒。②

介绍者需要有一定的学识,选择者更需要有对中国国情、对这一学科的有相当程度了解和学术前瞻性。而译书的方式一般都是西译中述,如同李善兰与伟烈亚力译《几何原本》,就是典型:

> 君(即李善兰)因精于数学,于几何之术,心领神悟,能言其故,于是相与翻译。余(即伟烈亚力)口之,君(即李善兰)笔之,删芜正伪,反复详审,使其无有疵病,则君之力为多。③

---

① 傅兰雅:《江南制造局翻译西书事略》,张静庐辑:《中国近代化出版史料》初编,群联出版社1953年版,第14页。
② 李善兰:《重学序》,徐世昌编:《清儒学案》(四),中国书店1990年影印本,第260页。
③ 伟烈亚力:《几何原本·序》,光绪二十一年富强丛书本。

即由传教士用不很地道的中文把西文原著口译出来,李善兰则借助已有的数学知识做笔录,并对译稿做文字上的润饰和内容上的审校。而原著英译本"校勘未精,语讹字误,毫厘千里,所失匪轻",而且"各国言语文字不同,传录译述既难免参错,……当笔受时,辄以意匡补"①,因此译书过程中李善兰所做的"删芜正伪,反复详审"工作就显得至关重要了。

在近代科学向中国流播过程的最初阶段,承担文化传承历史任务的,一方多为传教士,一方多为有志于从事"经世"实学的"畴人"。在科学火炬传承交接之际,这种中、西两只手同握火炬是必需的。作为传教士来说,他们中的确有不少是热心于向中国人传播近代科学知识的人;但作为一个群体,他们更热心的恐怕是传播上帝的"福音"。而且他们在中国所传播的科学知识远远算不上高深,他们的自然科学知识水平在自己的国家中大约只能算是平庸者。而当时中国参加译介西方近代自然科学知识的学者,很多是已取得出色学术成就的科学家,如李善兰在数学领域、管嗣复在医学领域、张福僖在天文学领域等,都已取得了相当高的成就,是中国"畴人"中的佼佼者。这种佼佼者与平庸者的对接看似不平等,但在当时中国的自然科学研究水平大大低于西方的情况下,在中国的自然科学从中世纪向近代转型的起点上,也只有这种佼佼者与平庸者的对接才能保证西方先进科学技术向中国顺利流播。

这种由传教士先行挑选,中国学者被动接受西学的方式,是咸丰初年间引进西学的主要方式。但也正因为是被动式的引进,所以这个阶段的西学引进较少急功近利的色彩,内容上偏重基础理论("格致之理")。而对于处在学术转型初始阶段的中国来说,最急需引进的正是这种基础性的"格致之理"。

在近代科学向中国流播的最初阶段,所传播的"格致之理"的内容虽比较粗浅,但门类颇为齐全,也都为当时中国所需。如:

---

① 李善兰:《几何原本序》,徐世昌编:《清儒学案》(四),中国书店1990年影印本,第259页。

数学方面，1858年李善兰与英国传教士伟烈亚力合译的《几何原本》后9卷刊行，它使得这部被称为"人类理性之杰构"的世界名著有了完整的译本。它不仅传播了几何学知识，而且使中国人从中得到严谨的逻辑推理方法的教导，对中国的数学界以至思想界都产生了启蒙式的影响；第二年，李、伟合译的《代数学》和《代微积拾级》刊行，第一次向中国人介绍了全新的西方近代代数和微积分学知识。而且李善兰在书中创译的一整套代数和微积分的名词、术语、符号，如代数、微积分、函数、常数、变数、已知数、未知数、无穷、极限、抛物线、双曲线等几百个数学名词一直被沿用至今，为中国近代数学的起步和发展起了奠基作用，也向中国人提供了新的思维方式和认识客观世界的科学方法。

物理学方面，有1853年张福僖与艾约瑟合译出版的《光论》，1858年王韬与伟烈亚力合译并出版的《重学浅说》，1859年李善兰与艾约瑟合译并出版的《重学》。其中《光论》是第一次系统而详细地介绍了近代几何光学的内容；《重学浅说》和《重学》，则向中国人系统介绍了西方的经典力学理论体系。《重学》的影响尤其大，它第一次向中国人介绍了著名的"奈端动理"三例（即牛顿运动定律）。这些著作引导中国人更真切地了解物质的基本结构和物质运动的一般规律，使中国人对物质世界有了新的认识。

天文学方面，有王韬与伟烈亚力合译、1858年刊行的《西国天学源流》，介绍了西方天文学发展史；李善兰与伟烈亚力合译、1859年刊行的《谈天》尤为著名，它对太阳系的结构，日、月、行星、卫星、彗星、恒星的运动及其规律做了较为详细的叙述，并通过介绍哥白尼的日心说、开普勒的行星运动三定律、牛顿万有引力定律等西方近代天文学知识，向中国人传播了全新的宇宙观。

植物学方面，影响最大的是李善兰与韦廉臣、艾约瑟合译的《植物学》，1858年刊行。本书首次向中国人系统介绍了在实验室观察基础上建立起来的以器官形态和功能研究为主要内容的近代植物学基本知识和理论，确定了许多学科专用名词，从而为中国近代植物学的建立奠定了基础。而且，它所展现的植物世界，更是开阔了中国人观察和探索客观世界的视野。

医学方面，影响最大的是广东南海人陈修堂、英国医生合信合作编译的《全体新论》，1851年在广州刊印。本书以图文并茂的形式，向中国人介绍了人体解剖学知识和西方近代生理学理论，不仅有助于西医在中国建立，也有助于中国人科学地认识人类自身，摆脱蒙昧与迷信。

等等。

据统计，1843—1860年间，在上海、香港、广州、宁波、厦门、福州6个城市出版的，由中国学者与外国传教士合作或完全由传教士编译的自然科学书籍约有105种。从整个中国近代文化史看，是先进中国人从西方引进的第一批近代文化的种子。它们使近代科学的各个学科、各个知识门类在中国从无到有，开始产生，新的科学知识开始在中国传播，中国人从这些书中得到较系统的近代科学知识的启蒙，自然界的各种事物和现象开始成为中国知识界的主要研究对象，数十或百余年后的文化参天大树及丰硕果实，正是从这里开始的；它们也引进和传播了近代科学及文化观念。中国人从这里更真切地认识了大自宇宙天体、小至生物细胞的整个真实的客观世界，也得以了解近代科学方法的启蒙。诸如《几何原本》中严谨的逻辑推理方法，《光论》《重学》《谈天》《植物学》等书对客观世界各种大大小小的物质基本构造和运动规律的揭示和描述，对传统的以"天""神""理""心"为最高主宰的观念是根本上的撼动，对中国传统的经学思维和方法是从根本上的否定。所以，鸦片战争后文化运动的最重要成果是，中国人开始走出蒙昧，看到了中与西，即文化的落后与先进的差距之所在，中国人的世界观和思维方式得以更新、完善和优化。

# 第二章 "力""富""学"的发现——近代文化的初兴

从一定意义上说,中国人发现了"天下"以外真实的客观世界,看到了中西文化落后与先进的巨大差距,这是中国文化运动驶上近代轨道的必须,或曰准备。接下来中国人所要做的便是:在民族和社稷的生存危机压力下,如何缩小以至消除这个差距;在国家富强这一总目标下,如何深入地认识这个真实的客观的世界,并应对这个世界的挑战。而中国人一旦确定以消除中西文化差距为努力方向时,文化的前进和发展就具有了持续的动力;当中国人深入真实的客观的近代世界中时,文明的规律便引导中国人摸到了一块又一块"过河"的"石头",找到了具体的前进目标。于是在19世纪60—90年代,在当时中国的精英阶层——士大夫阶层的领导下,开展了不自觉的近代文化运动。

## 一、"采西学"以"自强"与"中本西末"

### 1. "采西学"以"自强"

从整个中国近代文化发展的进程看,19世纪40、50年代还处于近代文化的萌发时期。这一结论不仅得自对1860年前中国近代文化的量的评估,也得自对这20年间近代文化运动主体的考察——这20年间,从事近代文化运动的队伍还十分弱小。除了魏源、李善兰等少数几个先知先觉者外,当时中国社会的唯一的精英群体——士大夫及士绅阶层基本上仍处于蒙昧阶段。而且,19世纪40年代后因战败的刺激一度兴起的"知夷""师夷"微澜,并没有演化成持久的文化潮流,"都门仍复恬嬉,大有雨过忘雷之意。海疆之事,转喉触讳,绝口不提"[1]。士大夫们仍"讳言洋

---

[1] 林则徐辑:《软尘私议》,中国史学会主编:《中国近代史资料丛刊·鸦片战争》(五),上海人民出版社1957年版,第529页。

务,若于官场言及之,必以为其人非丧心病狂必不至是"①。

中国的近代文化运动,1840 年就决定了不可能走内发的,即由内而外、自下而上的自然演进路程,只能走外烁的,或曰引进型、学习型的文化运动路径,所以,近代文化运动的发起,必有待于士大夫阶层这个当时中国唯一的精英群体的行动。既然士大夫们"雨过忘雷""仍复恬嬉",那么只能让更大的"雨"和"雷"来惊醒他们。

1860 年成为中国近代文化史的一个重要界标。这一年,清政府在东南战场赖以支撑战局的旗、绿营兵遭到太平军的毁灭性的打击;同时,在北方,英法联军再次冲破国门,横扫僧格林沁"劲旅",火烧皇家园林圆明园,占领了北京城门。咸丰皇帝率一群后妃仓皇"北狩",奕䜣代表清政府与英、法等国签订了《北京条约》。对于当时的士大夫们来说,这的的确确是令人震撼的打击,痛彻心扉的经历。他们疾呼:此为"有天地开辟以来未有之奇愤,凡有心知血气,莫不冲冠发上指者,则今日之广运万里地球中之第一大国受制于小夷也"②。在普遍的义愤填膺和民族耻辱感之后,也有不少理性的总结和分析。许多人都指出了这一事实:中国正面临着"千古变局""大变局"。③ 其中将"变局"的内容说得最清楚的是李鸿章的这道奏折:

> 江海各口,门户洞开,已为我与敌人公共之地。……东南海疆万余里,各国通商传教,来往自如,麋集京师及各省腹地,阳托和好之名,阴怀吞噬之计,一国生事,诸国构煽,实为数千年来未有之变局。轮船电报之速,瞬息千里;军器机事之精,工力百倍;炮弹所到,无坚

---

① 王韬:《洋务上》,朱维铮校:《弢园文新编》,三联书店 1998 年版,第 29 页。

② 冯桂芬:《制洋器议》,戴扬本评注:《校邠庐抗议》,中州古籍出版社 1998 年版,第 197 页。

③ 见《郭嵩焘日记》(一),湖南人民出版社 1982 年版,第 403 页;王韬:《代上苏抚李宫保书》,《弢园文新编》,三联书店 1998 年版,第 241 页;李鸿章:《复朱九香学使》,《李文忠公全集·朋僚函稿》卷六,光绪三十一年金陵刊本;丁凤麟编:《薛福成选集》,上海人民出版社 1987 年版,第 555 页。

不摧,水陆关隘,不足限制,又为数千年来未有之强敌。外患之乘,变幻如此,而我犹欲以成法制之,譬如医者疗疾不问何症,概投之以古方,诚未见其效也。①

江海"门户洞开",敌兵器"无坚不摧",意味着中国正面临着巨大的生存危机。这种危机的确是中国数千年所未曾有过的。深刻的民族危机引发中国人作深层次的思考。传统的"经世致用"精神在这个思考过程中发挥了它的从传统向近代过渡的推力作用——"经世致用"所具有的关注现实的学术精神,使得那些进步思想家能够看到并承认第二次鸦片战争后中国所面临的严峻形势,主张"力破成见而讲求实际",进而去探求"救时"良方;"经世致用"所具有的"实事求是"精神,使那些进步思想家勇于冲破传统,承认"夷人"比自己强,并且去探求强之所在;"经世致用"内含的不同于唯伦理思维的功利、功用价值观,为接纳异质文化留下了一方天地;而"经世致用"所倡导的"变易"思想,又推动思想家们不再留恋"古方"和"成法",其思考和探索活动随着形势的变化("变局")而向前推进。一些先进的思想家正是在"经世致用"精神的导引下,其文化思考和探索开始从传统指向近代。其中具有代表性的是"喜为经世之学"的冯桂芬。可以说,正是他在中国最早以客观的理性的态度对中西文化差距做了较深层次的探索。他说:

我中华……直以国最大,天时、地利、物产无不甲于地球而已。而今顾靦然屈于四国之下者,则非天时、地利、物产之不如也,人实不如耳。彼人非魁首重瞳之奇,我人非僬侥三尺之弱,人奚不如?且中华扶舆灵秀,磅礴而郁积,巢、燧、羲、轩数神圣,前民利用所创始,诸夷晚出,何尝不窃我绪余,人又奚不如?……则非天赋人以不如也,

---

① 李鸿章:《筹议海防折》,吴汝纶编:《李文忠公全集·奏稿》卷二四,光绪三十四年金陵刻本,第 11 页。

人自不如耳。……以今论之,约有数端:人无弃材不如夷,地无遗利不如夷,君民不隔不如夷,名实必符不如夷。四者道在反求。①

这是"创巨痛深"之后中国人所做的深层次的文化反省和探讨。我们从冯桂芬以及那个时代的许多有识之士的文化反省和探讨中可以发现,中国人的价值观念正悄悄地发生着变化——不再是以朝廷、以"天下归仁"为政治和文化问题思考的出发点,而是以国家及国家富强作为最高准则和目标追求,因而夷与夏不再是区分文化高下的标准,"法苟不善,虽古先吾斥之;法苟善,虽蛮貊吾师之"②。正是在这个新的价值观的指导和推动下,冯桂芬为代表的有识之士做了从内向的文化批判到外向的文化探求,并且在这种更深一步的文化探讨和文化比较之后,把思想认识从前此魏源时期浅层次的"技不如人",推进到自我反省的"人自不如",即从文化运动客体的探讨进至文化运动主体初步自觉的高层次思索。而所谓的"人自不如",实际上是指出了中国一整个文化体系不如西方,它包括"人无弃材""地无遗利""君民不隔""名实必符",即人们驾驭自然和社会的能力,及其在知识和观念领域的具体表现,如:算学、重学、光学、化学等"格物至理",农具、织具、火器等"用力少而成功多"的、"有益于国计民生"的"长技",以及政治、社会观念,科学精神和思维方式。冯桂芬把它们统统概括为"西学"。③ 这又意味着中国人开始看到在西方国家存在着一个不同于"中学",比"中学"更先进的文化体系。正因为如此,冯桂芬能够站在比魏源更高的境界、更广阔的层面上,从文化体系的高度回答了"彼何以小而强,我何以大而弱"的问题,具体指证了自己"其不如之所在",并且指出了"我中华""所以如之"的途径:"天赋人以不

---

① 冯桂芬:《制洋器议》,戴扬本评注:《校邠庐抗议》,中州古籍出版社1998年版,第197—198页。

② 冯桂芬:《收贫民议》,戴扬本评注:《校邠庐抗议》,中州古籍出版社1998年版,第154页。

③ 冯桂芬:《采西学议》,戴扬本评注:《校邠庐抗议》,中州古籍出版社1998年版,第209—210页。

如,可耻也,可耻而无可为也;人自不如,尤可耻也,然可耻而有可为也。如耻之,莫如自强。"

从"人自不如"的反思,进而推出"自强"口号,实际上是主张从"人自不如"方面的改革——文化方面的革新做努力,以实现"自强"。也就是冯桂芬所说的"鉴诸国""采西学","始则师而法之,继则比而齐之,终则驾而上之。自强之道,实在乎是"①,即引进西方"诸国"的先进文化以强国。这不仅是在新的历史条件下使魏源等经世派思想家所提出的"富强"主张的具体化,且更有实践意义,也使"自强"("富强")口号有了更为充实而显明的近代内容,更是中国人思想认识的提升,即学习西方("师夷")的内容从师夷"长技"发展到学习诸国的"西学"——包括"长技"和知识、观念及其所依附的整个文化体系。从而把实现国家富强的途径从"师夷长技"提升到"采西学"的层次,使学习西方的活动成为比较完整意义上的近代文化运动。"自强"也就在很大程度上成为那个时代文化变革的口号。而且,从"富强"到"自强",意味着中国近代文化运动从一开始就确定了它的根本动力或价值指向是整体(国家)的"富"和"强",而不是个体(个人)的自由、独立和权利。

冯桂芬是当时中国人中的先进者,但绝不是独行者。他的文化认识和主张只是第二次鸦片战争后兴起的"采西学"以"自强"为主要内容的文化潮流的一个杰出的代表。因为,既然民族生存问题已成为文化选择的第一目标,既然两次鸦片战争已使西方文化的先进性无可争辩地呈现在中国人面前,那么,"采西学"以"自强"潮流的兴起也就成为必然。正如水往低处流的规律一样,文化接触的结果必然是先进文化逐渐被落后民族和国家所接纳。所以,就"采西学"主张而言,在这以前的1859年就有太平天国领导人洪仁玕写下了《资政新篇》,提出了较系统的文化变革思想:学习西方的"技"和"法",发展近代文化、教育和工商业经济,达到

---

① 冯桂芬:《制洋器议》,戴扬本评注:《校邠庐抗议》,中州古籍出版社1998年版,第197、199页。

"与番人并雄"的目标。① 同年,郭嵩焘也向咸丰帝上奏,要求学习外国语言文字以通夷情,仿造外国兵舰并建立水师以加强海防,"补陆军之不及"②。就"自强"主张而言,在冯桂芬之前,就有翰林院编修赵树吉上奏,要求朝廷"求所以自强之术"③。在冯桂芬之后,军机大臣奕䜣也提出了"探原之策,在于自强"④的口号。总之,咸同之交,"采西学"以"自强"形成了一股社会思潮,不仅"自强"一词频频出现于在朝大臣的奏折、公牍和在野文人的书信、论文中,"自强"口号在士大夫阶层成为压倒一切的呼声,甚至有人不无夸张地用"人人有自强之心,亦人人为自强之言"⑤来形容当时思想领域出现的新局面(当然,这里所说的"人人",是指士大夫阶层而言),而且,有识之士都很明确地把"采西学""行西法"作为"自强"的主要内容,或者说把"采西学""行西法"作为通向"自强"目标的路径。除了冯桂芬外,王韬、薛福成、郭嵩焘、宋育仁、奕䜣、李鸿章、郑观应、陈启泰等人几乎用相同的语言,指出了"采西学""行西法"以"自强"的必要性、合理性和急迫性,几乎一致认为:当今之世,非采西学、行西法无以自强,即使尧、舜、禹、汤、文、武、周、孔诸圣人复生,亦必有事于此。⑥

---

① 太平天国历史博物馆编:《太平天国印书》下册,江苏人民出版社1979年版,第678—692页。
② 佚名编:《道咸同光四朝奏议》(三),(台北)商务印书馆1970年影印本,第1260—1263页;(台)"中央研究院"近代史研究所编印:《四国新档·英国档》下,1966年版,第854—855页。
③ 赵树吉:《请早定大计疏》,王延熙等辑:《道咸同光奏议》卷三,光绪二十八年上海久敬斋石印,第14页。
④ 贾桢纂:《筹办夷务始末》(咸丰朝)卷七二,中华书局1979年版,第11页。
⑤ 总理各国事务恭亲王等奏,宝鋆纂:《筹办夷务始末》(同治朝)卷九八,1929年故宫博物院影印本,第20页。
⑥ 见王韬:《易言跋》,朱维铮校:《弢园文新编》,三联书店1998年版,第167页;薛福成:《变法》,丁凤麟编:《薛福成选集》,上海人民出版社1987年版,第555页;宋育仁:《泰西各国采风记》,王锡祺编:《小方壶斋舆地丛钞》第11帙,第5页,杭州古籍书店1985年影印本;李鸿章:《复刘仲良》,《李文忠公全集·朋僚函稿》卷十六,光绪三十一年金陵刊本;山西道监察御史陈启泰奏,中国史学会主编:《中国近代史资料丛刊·洋务运动》(一),上海人民出版社1957年版,第222页;郑观应《论公法》,夏东元编:《郑观应集》上册,上海人民出版社1982年版,第66页。

而且,有识之士把"采西学"以"自强"提到民族存亡的高度来认识,来强调,指出:"不变则战守皆不足恃,而和亦不可久也"。① "今者诸夷互市,聚于中土,适有此和好无事之间隙,殆天与我自强之时也。不于此急起而乘之,……我中华且将为天下万国所鱼肉,何以堪之?"②

国家、朝廷要生存和发展就必须"自强",要"自强"就必须"采西学"。因而无论什么人,只能朝着这个由历史确定了的"采西学"——近代文化的方向走。

## 2. "本"与"末"的文化界定

可见,"采西学"以"自强"在当时的中国已成必然之势。但西学毕竟是来自西方民族的、另一种性质的文化。就前者而言,任何一种民族文化,都深含着自己民族的心理、性格,以及生活习俗、语言、信仰、行为方式等,同时也象征着一个民族的感情、尊严,因此任何一个民族对别的民族的文化都具有不同程度的排斥的本能。就后者而言,西学所代表的是资本主义工业文明,它与代表传统的封建主义农业文明的"中学"具有根本性质的区别,甚至可以说是你死我活的对立关系,两者相遇后的冲突和相互排斥是必然的。更何况,中华文化已有数千年历史,其间曾经有过的领先世界的光荣和"万方来朝"的骄傲还留在中国人的记忆中,"用夏变夷"曾被中国人作为不变的文化理想。因此,洋务派及洋务思想家们提出的"采西学"以"自强"的方案一开始即遭到许多坚守传统阵营的士大夫及民间士人的强烈反对,多次引发激烈的中西文化论战。争论的具体内容主要是关于同文馆添设天文算学馆、关于制造轮船、关于修筑铁路等,而争论双方的分歧主要是这三个文化问题:

第一,是坚持还是抛弃"夷夏大防"原则。顽固派持儒家伦理准则,

---

① 李鸿章:《筹议海防折》,吴汝纶编:《李文忠公全集·奏稿》卷二四,光绪三十一年金陵刊本,第12页。

② 冯桂芬:《制洋器议》,戴扬本评注:《校邠庐抗议》,中州古籍出版社1998年版,第199—200页。

批评洋务派"师事洋人,可耻孰甚"①,并且不无夸张地说,"采西学"的实质是"变而从夷",其后果必然是"正气为之不申,邪气因而弥炽,数年以后,不尽驱中国之众咸归于夷不止。"②洋务派责问道:"夫天下之耻,莫耻于不若人。……独中国狃于因循积习,不思振作,耻孰甚焉! 今不以不如人为耻,……而独以学其人为耻,将安于不如而终不学,遂可雪其耻乎"③,"且夷人已入内地,公尚断断于夷夏之防,则必真有攘夷之本领,然后不为用夷之下策,请问公有何术乎?"④。的确,在民族生存问题面前,"夷夏大防"已成荒谬。薛福成还从文化的本质问题立论,说:"或曰以堂堂中国而效法西人,不且用夷变夏乎? 是不然。夫衣冠、语言、风俗,中外所异也;假造化之灵,利生民之用,中外所同也。彼西人偶得风气之先耳,安得以天地将泄之秘,而谓西人独擅乎?"⑤即人类在探究和利用大自然的努力方面是共同的;所谓"西学"的很大部分是人类的共同文化财富,谈不上什么"用夷变夏";更何况人类文化是发展的,"质趋文,拙趋巧"是必然趋势,安于落后绝没有出路,"居今日而据六历以颁朔,修刻漏以稽时,挟弓矢以临戎,曰:吾不用夷礼也,可乎?"⑥

第二,以"礼义"御敌还是引进西学以自强。顽固派对洋务派的引进西学行为痛心疾首,他们认为,"立国之道,尚礼义不尚权谋;根本之图,

---

① 通政使于凌辰奏,中国史学会主编:《中国近代史资料丛刊·洋务运动》(一),上海人民出版社1957年版,第121页。
② 大学士倭仁折,中国史学会主编:《中国近代史资料丛刊·洋务运动》(二),上海人民出版社1957年版,第31页。
③ 总理各国事务奕䜣等折,中国史学会主编:《中国近代史资料丛刊·洋务运动》(二),上海人民出版社1957年版,第25页。
④ 李鸿章:《复刘仲良中丞》,吴汝纶编:《李文忠公全集·朋僚函稿》卷十五,光绪三十一年金陵刊本,第4页。
⑤ 薛福成《变法》,丁凤麟编:《薛福成选集》,上海人民出版社1987年版,第556页。
⑥ 冯桂芬:《制洋器议》,戴扬本评注:《校邠庐抗议》,中州古籍出版社1998年版,第200页。

在人心不在技艺"。① 今欲弃经史章句之学而趋向西学,必然导致人不明"大义"。"人若不明大义,虽机警多智,可以富国强兵,或恐不利社稷"。② 这是对西学中所含的资本主义文化的警觉与恐惧。但面对西方国家枪炮兵舰的实实在在的威胁,"礼义""大义"都显得苍白无力。所以奕訢反问顽固派:有何"制外国而不为外国所制"的"妙策"?"如别无良策,仅以忠信为甲胄,礼义为干橹等词,谓可折冲樽俎,足以制敌之命,臣等实未敢信。"③ 面对千古变局,"非行西法无以强兵富国,……诚使孔子生于今日,其于西国舟车、枪炮、机器之制,亦必有所取焉"④。

第三,是坚持农业文明,还是引进工业文明。顽固派则站在中国传统的农业文明的立场上极力反对。他们认为,"中国百货俱备,不必借资他邦"。⑤ 中国"四民之中,农居大半,男耕女织,各职其业,治安之本,不外乎此"。若"机器渐行,则失业者渐众,胥天下为游民,其害不胜言矣",因此建议朝廷"一概禁止"机器制造各项日用器具,"是亦无形中所以固本之一端"。⑥ 而洋务派和洋务思想家在"采西学"的实践中,看到了西方与中国先进与落后的本质是农业文明与工业文明的差距,其原因在于机器工业具有先进的生产力,即"巧夺天工""神妙不可思议""一夫可抵百夫之力"的功用,因此主张"以机器代人工",⑦并且建议"倡导商民,凑集公

---

① 大学士倭仁折,中国史学会主编:《中国近代史资料丛刊·洋务运动》(二),上海人民出版社1957年版,第31页。
② 大理寺少卿王家璧奏,中国史学会主编:《中国近代史资料丛刊·洋务运动》(一),上海人民出版社1957年版,第129页。
③ 同治六年三月奕訢等奏,宝鋆纂:《筹办夷务始末》(同治朝)卷四八,1929年故宫博物院影印本,第4页。
④ 王韬:《易言跋》,朱维铮校:《弢园文新编》,三联书店1998年版,第167页。
⑤ 山东道监察御史文海奏,中国史学会主编:《中国近代史资料丛刊·洋务运动》(六),上海人民出版社1957年版,第170页。
⑥ 湖南巡抚王文韶奏,中国史学会主编:《中国近代史资料丛刊·洋务运动》(一),上海人民出版社1957年版,第94页。
⑦ 两广总督张之洞奏,中国史学会主编:《中国近代史资料丛刊·洋务运动》(七),上海人民出版社1957年版,第501页。

司,……一切制造皆可仿其法式,次第举行"。① 这实际上是要引进西方近代工业文明。

  这是中国近代第一次大规模的中西文化论战,双方争论的核心问题是要不要"采西学"以自强。实际上,洋务派与顽固派互为对立的思想主张,所揭示出的是两种互不相同价值观:是以"社稷"和伦理道德为唯一的价值取向,还是以"富国强兵"为第一价值取向?从一定的意义上说,顽固派的价值观的确有着"远见卓识",因为在当时,一味讲求富强,必然会挖掉"社稷"的根基;但从当时的国家和朝廷而言,洋务派的价值观更符合实际,因为,排斥富国强兵,又如何能支撑已是风雨飘摇的"社稷"?结果是讲求实际战胜了道德空论,洋务派及洋务思想家的主张占了上风。这并不是洋务派及洋务思想家们有多高明,而是在当时面临"数千年未有之大变局""数千年未有之强敌"的中国,"采西学"以"自强"确实是唯一的民族复兴、国家富强的道路。因此当时有洋务即"时务"、洋务是最大的"时事"之说法。②

  然而我们也必须看到,顽固派的主张也有其合理性。因为一般地说,文化的变革应当是发自社会内在的需要。但当时中国基本上仍是一个传统的农业社会,这个社会的秩序维持和机制运行,所需要的确确实实是以"礼义""大义"为核心内容的儒家文化。问题在于,中国在两次鸦片战争后所面临的民族生存危机,与西方国家之间"富强"方面的巨大差距,又的的确确亟须"采西学"来"救时"。这是历史给中国制造的文化困境——社会内在所需与外在所需的冲突、治"本"与治"末"相悖的矛盾。如何调和这一矛盾和冲突?这一矛盾反映在朝廷的态度上,当时最高统治者的朝廷只是在行动领域采纳并支持"采西学"的主张——因为亟须"救时";在观念领域仍然是顽固派的主张占据统治地位——因为要维护固有的思想体系和社会秩序。因此,这个在现实中具有合理性、必然性的

---

① 湖广道监察御史李璠奏,中国史学会主编:《中国近代史资料丛刊·洋务运动》(一),上海人民出版社1957年版,第168页。
② 王韬:《洋务上》,朱维铮校:《弢园文新编》,三联书店1998年版,第28、29页。

选择,在观念领域却免不了"离经叛道"的指责,在政治上也担着风险,文化上也遇到了难题。于是,在行动上已经突破了"夷夏大防"的洋务派和洋务思想家,在刚踏上追求"自强"目标的路途时,就面临着以下必须解决的历史任务:如何在理论上为突破"夷夏大防"的行动做合理性的说明?如何为"采西学"活动确立一个行动准则?如何在传统文化一统天下的中国文化体系中妥善安置新引进的"西学"(西来的文化)?如何证明两种文化共处时不会发生冲突而能共处一室?

经世思想家冯桂芬最早承担了这一历史使命。沿着经世思潮探求"致用"之"术"的思路,他为"采西学"找到了两个支点:一个是传统文化中的"致用"理论,另一个是现实政治的"实用"价值,"用"成为这两个支点的交接处,也成为"中学"与"西学"的对接点。基于此,冯桂芬在1861年写成的《校邠庐抗议》中提出了"采西学"以"自强"的文化纲领:"以中国之伦常名教为原本,辅以诸国富强之术。"①一为"原本",一为"辅";一为理论指导,一为"术",清楚地界定了"中学"与"西学"各自在文化体系中的地位及相互间的关系。

冯桂芬提出的这个文化纲领为"采西学"活动解决了一大理论难题,给洋务派、洋务思想家们以很大的启发。他们纷纷从不同角度阐发和完善这一纲领。

李鸿章以一个洋务实践家的身份,进一步阐述了"中学"与"西学"的不同地位和作用:

> 中国文物制度迥异于外洋獉狉之俗,所以郅治保邦固丕基于勿坏者,固自有在,必谓转危为安,转弱为强之道全由于仿习机器,臣亦不存此方隅之见。顾经国之略,有全体、有偏端、有本有末,如病方

---

① 冯桂芬:《采西学》,戴扬本评注:《校邠庐抗议》,中州古籍出版社1998年版,第211页。

亟,不得不治标,非谓培补修养之方即在是也。①

我们可以理解,19世纪60年代中的李鸿章也只能将"西学"置于"治病方亟"下的"治标"地位。到70年代,作为洋务理论家的王韬则完全可能、也可以对"自强"的内容做较为清晰的"本"与"末"的划分:

> 盖洋务之要,首在借法自强,非由练兵士、整边防、讲火器、制舟舰,以竭其长,终不能与泰西诸国并驾而齐驱。顾此其外焉者也,所谓末也;至内焉者,仍当由我中国之政治,所谓本也。其大者,亦惟是肃官常、端士习、厚风俗、正人心而已。两者并行,固已纲举而目张。②

清楚地指出以中国的政治、伦理作为"本",而以采借的西学为"末",从而界定了这两者之间的不同地位和关系。更重要的是,"采西学"被从应急性的临时措施提升为与"本""并行"的国策。

在19世纪80年代的薛福成那里,西学的作用被进一步提升。他从"采西学"可以"卫道"的角度论证了西学与中学的关系:

> 今天下之变亟矣,窃谓不变之道,宜变今以复古;迭变之法,宜变古以就今。……今诚取西人器数之学,以卫吾尧、舜、禹、汤、文、武、周、孔之道,俾西人不敢蔑视中华,吾知尧、舜、禹、汤、文、武、周、孔复生,未始不有事乎此。③

---

① 李鸿章:《置办外国铁厂机器折》,吴汝纶编:《李文忠公全集·奏稿》卷九,光绪三十一年金陵刊本,第34页。
② 王韬:《洋务下》,朱维铮校:《弢园文新编》,三联书店1998年版,第30、31页。
③ 薛福成:《变法》,丁凤麟编:《薛福成选集》,上海人民出版社1987年版,第555—556页。

中国固有的"道"虽然是不能变的,但处于今日,不能不变"法","变法"的内容即引进西学以"卫道"。

稍后的汤震(汤寿潜)则更深入地从西学("器")与中学("道")之间存在着的人类文化共性,进一步论证了西学可以发挥"卫道"的作用:"盖中国所守者,形上之道;西人所专者,形下之器。中国自以为道,而渐失其所谓器;西人毕力于器,而有时暗合于道。"虽然所"守"、所"专"各不相同,但由于中学与西学在文化本质上是"暗合"的,因此只是迷失了"器"的中国,完全应该、也可以"善用其议,善发其愤,求形下之器,卫形上之道"。①

至19世纪80年代末、90年代初,中西"本末""道器"理论更趋于完善。一个显要标志是,郑观应在《盛世危言》中以精要的语言将这个理论概括为:"中学其本也,西学其末也;主以中学,辅以西学。"②从而将"中本西末"理论发展到最高水平。而且,在当时"采西学"以"自强"的洋务运动中,这个理论被洋务实行家、思想家们明确作为"洋务之纲领"。③

从这个纲领的字面上看,洋务派及洋务思想家们所强调的似乎是"中学为本",但这只是对当时众所周知的既成事实的重申,而实际上这个纲领中最引人注目、也是洋务派和洋务思想家真正要强调的是以"末"的身份出现的西学。尽管洋务派申明,西学只居于"末"的地位,只有"辅"的作用,但承认了作为"末"的西学具有辅翼"本"(中学)的作用,实际上也就承认了西学的强和先进、中学存在着弱和落后的方面。而且西学二字赫然出现在清朝洋务派大臣们的治国纲领中,实际上是表明了洋务派及洋务思想家们开始承认并接受西学——近代文化体系,并且准备通过"采西学"——引进西方文化来改造中国文化体系。按照"洋务之纲领"的构想,在这个新的文化体系中,"中学"——儒学为核心的传统文化

---

① 汤寿潜:《危言·中学》,政协浙江省萧山市委文史委编印:《汤寿潜史料专辑》,1993年印行,第225页。

② 郑观应:《西学》,夏东元编:《郑观应集》上册,上海人民出版社1982年版,第276页。

③ 王韬:《洋务下》,朱维铮校:《弢园文新编》,三联书店1998年版,第32页。

是主体、是根本,但更为重要的是,它也为异质文化——西学的进入辟出了一定的空间,让它以"末"的身份发挥其辅翼主体的功用。尽管后人一再指责洋务派坚持"中学为本"是坚持封建主义立场,但我们更应当看到,这个原本一直被认为是"体用兼备"的"中学"体系,正是被洋务派、洋务思想家说成是残缺且不完备的;这个一直是儒学一统的文化体系,已被洋务派、洋务思想家们塞进了西学。虽然西学在这体系中只是作为"末",但它毕竟标志着中国儒家文化一统天下的局面已被打破。

而且,"中本西末"纲领的确立在当时是很有必要的。因为,在近代文化发展的初期,在传统文化仍占据统治地位的中国,必须有这样一个理论说明"采西学"的必要性,界定西学与中学的不同地位及相互之间的关系,以指导协调、解决"采西学"过程中必然会出现的冲突和矛盾。

"中体西用"纲领的确立也有其合理性。因为,当一种文化独自向前发展的时候,本末、体用、道器的划分只存在于它的体系之内,所反映的是文化体系内部各部分之间的关系。而在两次鸦片战争后,大规模引进西学成为必需,亦即本土文化与外来文化必须共处于一室时,界定两种文化的不同地位和作用(本末、体用)也就成为必要。而且,作为吸收外来文化之主体的中国人在这个基本上仍是农业社会的中国,也只能是将本民族固有的、农业社会仍然需要的旧的文化作为"本""体",而将外来文化作为"末""用"。因此坚持"中学为本"主要的并不是政治的是非问题,在当时是关系民族及民族文化生死存亡,以及既有的社会秩序的继续维持,现存的社会机制的继续运行的根本问题。

"中本西末"作为过渡型理论,在中国近代文化运动的初期发挥了重要的作用。在近代文化初兴、传统文化仍网罗一切的形势下,它以"中学为本"说顶住了正统封建主义势力"非圣非法"的压力,绕过了"卫道"防线,减少了"采西学"的文化阻力;它又以"西学为末"说,在儒家文化的壁垒上为西学进入中国打开了一扇引进西学的窗,在几乎没有近代文化的中国社会开辟出一块让西学落脚、生存和发展的基地。

而且从发展趋势看,"中本西末"纲领又是中国社会内近代文化节节

进取、封建文化节节败退的机制。因为在"中本西末"说中,作为"本"的中学和作为"末"的西学都没有严格的边界范畴,尽管洋务派主观上只想将西学永远限定在"末"和"用"的范围内,但具有蓬勃生命力的近代文化一旦引进,就会产生汤因比所说的那种巨大效应:"在一种文化冲突中,一旦在被冲击的社会防卫中打开了一个最小的缺口,一个事件就会不屈不挠地继续引发另一事件。"①即被引进的近代文化绝不会被人的主观意志所限定,必然会一步一步扩大自己的阵地,在从"器"变到"道"变、从"末"变到"本"变、从"用"变到"体"变的通道上奔流。

### 3. 规律下的近代文化扩展

事实正是如此。19世纪60年代,洋务派们认为"中国文武制度,事事远出于西人之上,独火器不能及"②,因此将在西方文化中也只是"末"的"火器"及火器制造系统引进中国,作为中国文化体系的"末"。但"火器"在文化体系中的意义绝不只是杀人武器,它是近代工业经济、科学技术体系的产物,更是近代文化体系中的一个成果,其作用绝不会限于"用",它必然地内含着近代文明发展的规律。所以"火器"一旦引进中国,这个规律便开始发挥它威力巨大的带引作用。不管洋务派是否愿意,都只能跟着它继续朝前走。至19世纪70年代,在这个近代文明发展规律的牵引下,洋务派进一步开展了有关"民生日用"的"造耕织机器""开煤铁各矿""办招商轮船""设机器自为制造呢布",以至"劝富商凑股合立公司"的活动。继而在"洋学实有逾于华学"③的认识下,又开展创办各类西学学堂,组织翻译西书的活动,使西方近代科学知识和教育制度以"末"的身份开始进入中国的文化体系。同时,"必富在民生而国本乃可

---

① 汤因比:《文化经受着考验》,浙江人民出版社1988年版,第280页。
② 江苏巡抚李鸿章致总理衙门函,宝鋆纂:《筹办夷务始末》(同治朝)卷二五,1929年故宫博物院影印本,第9页。
③ 李鸿章:《复刘仲良中丞》,吴汝纶编:《李文忠公全集·朋僚函稿》卷十五,光绪三十一年金陵刊本,第4页。

益固"①"恃商为国本"②的认识,又把人的伦理观念推入变的范围。况且,作为"末"的西学有着非常强盛的生命力,它不仅在"用"的旗号下进入了中国的文化体系,并顽强地扩张着自己的地盘,极大地挤压了作为"本""体"的传统军事、经济、教育体系以及伦理准则、儒学知识体系等的生存空间。

从另一角度说,"采西学"活动的扩大和深入,也是近代文明发展规律的作用不断扩大和深入的过程。正是在近代文明发展规律一步深一步的教导下,中国人对西学的"器""末"的认识和引进活动越来越丰富,越来越扩展,并且逐渐地由量变(变"器")而迫近质变(变"道")的红线——正如王韬、李鸿章所说的,无论是中、西文化体系中,"器"皆所以"载道""寓道"而行者,"道不能即通,则先假器以通之","器之至者亦通乎道"。③ 也就是说,对"器"的认识的扩大和深入,西方文化体系中的"道"也必然地会进入中国人的视野,进入思想家理论探讨、甚至是社会实践中要"采"而用之的范围。

这在19世纪70年代中即已初露端倪。同治十三年(1874年)清政府内部的海防大讨论中,一些大臣对西学的认识已远远超出枪炮、机器、格致之学的范围,进而对旧的本末、体用的内容做了调整。两江总督李宗羲在讨论仿造外国枪炮时指出:

> 自古觇国势者,在人才之盛衰,而不在财用之赢绌;在政事之得失,而不在兵力之强弱,未闻以器械为重轻也。且西人之所以强者,其心志和而齐,其法制简而严,其取人必课实用,其任事者无欺诳侵

---

① 李鸿章:《试办织布局折》,吴汝纶编:《李文忠公全集·奏稿》卷四三,光绪三十一年金陵刊本,第42页。

② 王韬:《代上广州冯太守书》,朱维铮校本:《弢园文新编》,三联书店1998年版,第150页。

③ 王韬:《原道》,朱维铮校:《弢园文新编》,三联书店1998年版,第2页;李鸿章:《答彭孝廉书》,李国杰编:《合肥李氏三世遗书·李文忠公遗集》卷五,光绪十三年刊本,第12页。

渔之习，其选兵甚精，故其临阵皆勇敢不畏死，然后加之以精器，所以强也。若不察其所以强者，而徒效其器械，岂足恃哉！①

实际上是指出了西方的利器精兵的背后，更有先进的政治制度和人的思想精神，它才是"采西学"的重点所在。这一很有思想深度的认识，无疑是洋务思想的一大飞跃。

郭嵩焘在次年的《条议海防事宜》中将这种看法上升为文化体系的"本末"理论层次，曰：

嵩焘窃谓，西洋立国，有本有末，其本在朝廷政教，其末在商贾，造船、制器，相辅以益其强，又末中之一节也。故欲先通商贾之气，以立循用西法之基，所谓本未遑而姑务其末者。②

西洋国家的富强不仅是因为拥有先进的"末"（商贾、造船、机器等），更因为有先进的"本"（"政教"），才能"相辅以强"。但就中国当前来说，只能"姑务其末者"，以打下"循用西法"的基础。依郭嵩焘的话推论，中国"务其本"只是时间或时机问题。

进入19世纪80年代后，洋务派、改良思想家们对西方国家富强本质的认识已更加清晰，更趋一致。循着李宗羲所说的"政事""法制"和郭嵩焘所说的"朝廷政教"思想理路，他们不仅都看到了西学中之所以有先进的"器""末""用"，是因为在它之上有内在紧密联系的同样是先进的"道""本""体"，并且已清楚地看到了这个"道""本""体"的重要内容——"君民共主"为核心的政治制度。1884年，洋务派张树声、改良思想家郑观应用几乎相同的语言提出了这一主张：

---

① 李宗羲：《复奏总理衙门六条疏》，中国史学会主编：《中国近代史资料丛刊·洋务运动》（一），上海人民出版社1957年版，第72页。

② 杨坚校：《郭嵩焘奏稿》，岳麓书社1983年版，第345页。

> 夫西人立国,自有本末,虽礼乐教化,远逊中国,然驯致富强,具有体用。育才于学校,论政于议院,君民一体,上下一心,务实而戒虚,谋定而后动,此其体也;轮船、大炮、洋枪、水雷、铁路、电线,此其用也。中国遗其体而求其用,无论竭蹶步趋,常不相及,就令铁舰成行,铁路四达,果足恃欤?①

这种指出西方文化的"本"(或者说是"体""道")在于政治制度的言论在当时绝不只是张、郑二人,诸如陈虬主张"变通其法令",令各州县"一律创设议院",②汤震主张设上下议院③,王韬要求"君民共治,上下相通"④,京官崔国因将"设议院"要求写上了奏折,并且认为这是"自强之关键",⑤等等,已形成了一股颇有影响力的思潮。这不仅意味着中国人循着西方文明的规律,看到了西学中更为根本的先进政治制度,意味着中国人"采西学"以"自强"的活动已从"西艺"扩展到了"西政",更说明中国人已开始把西学看成是一整个都先进的文化体系。

所谓中国人已开始把西学看成是一整个都先进的文化体系,从另一角度说,亦即中国人已开始朦胧地意识到西方近代文明是一个由环环相扣的必然性构筑成的体系。这个必然性就是规律。当初,洋务派只想浅尝辄止地引进他们所急需的"夷技",但当他们小心翼翼地向近代文明伸出手时,却使自己不由自主地置身于近代文明规律之中,加入建设近代文明的近代化潮流,并且不自觉地充当了近代文化启蒙者的角色。于是,一个历史演进逻辑便清楚地呈现在人们面前:从"师夷技"引进坚船利炮、

---

① 张树声:《遗折》,《张靖达公奏议》卷八,第33页,己亥刻本。又见郑观应:《南游日记》,夏东元编:《郑观应集》,上海人民出版社1982年版,第967页。
② 陈虬:《治策》,政协浙江省温州市委文史委编印:《陈虬集》,1992年印行,第79页。
③ 汤寿潜《危言·议院》,政协浙江省萧山市委文史委编印:《汤寿潜史料专辑》,1993年印行,第223—224页。
④ 王韬:《重民下》,朱维铮校:《弢园文新编》,三联书店1998年版,第26页。
⑤ 崔国因:《奏为国体不立后患方深请鉴前车速筹布置折》,转引自熊月之:《中国近代民主思想史》,上海人民出版社1986年版,第129页。

"采西学"引进新的知识体系,到"西政"也被作为"自强"的本末、体用、道器范围。

但规律绝不会止步于此,它接着又把中国人的思考指向"中本西末""中体西用"文化纲领出现的一个裂缝:中国人已经认识到,西学有其本末、体用,中学也有其本末、体用;看到西学不仅"末""用"先进,而且"本""体"也先进。由此,一个合乎逻辑的、不言自明的结论便是:中国不仅"末""用"落后,"本""体"也是落后的,也要向西方学习。至此,"中本西末""中体西用"说也就难以再维持了。而且,既然已经认识到中国"采西学"活动"遗其体而求其用"不可能达到"自强"目的,那么,接下去要做的,或是像张树声所说的那样"采西人之体,以行其用",① 即把西方文化中的"本""体"也作为中国文化的"末""用",从而勉强坚持"中本西末""中体西用"纲领?还是像王韬、郑观应所说的那样,朝着"天既合地球之南朔东西而归于一天,亦必化天下诸教之异同而归于一源","以西学化为中学","融会中西之学,贯通中西之理"②的方向发展?这是中国人下一步必须回答和解决的文化难题。

## 二、"力"的发现与追求

### 1. "兵势"的发现与寻觅

乾隆五十七年(1792年),英国使臣马嘎尔尼出使中国。为了取得清王朝的好感,马嘎尔尼邀请清政府官员观看英国枪炮演示。不料受邀的清政府官员对此却不屑一顾,淡淡地回答道:"看亦可,不看亦可,这火器操法,谅来没有什么希罕。"③至十多年后的嘉庆皇帝,仍以鄙薄的口气指外国机器为"饥不可食,寒不可衣",并且提醒臣下要警惕外洋之"奇技淫

---

① 张树声:《遗折》,《张靖达公奏议》卷八,己亥刻本,第33页。
② 王韬:《变法》,朱维铮校:《弢园文新编》,三联书店1998年版,第14页;郑观应:《考试》《西学》,夏东元编:《郑观应集》,上海人民出版社1982年版,第301、285页。
③ 马嘎尔尼著、刘复译:《乾隆英使觐见记》中卷,中华书局1927年版,第27页。

巧","勿令外夷取巧,渐希淳朴之俗"。① 的确,对于关闭国门,以农立国,以淳朴为俗的中国人来说,是体验不到这些奇而巧的外洋器物之功用价值的。

于是,历史只能以另一种特殊的方式让中国人体验西洋器物的威力。道光二十年(1840年),英国人持着曾被清朝君臣们不屑一顾的枪炮撞开了中国国门,迫使清政府签下了城下之盟。中国人受到了最初的震撼。但也只是少数中国人感觉到这次战争带来的切肤之痛,而且为时短暂。对于整个身躯庞大的中华帝国来说,这点切肤之痛毕竟算不了什么,因此中国人在惊骇之余,睁眼看了看世界,看了看西洋火器之后又昏然入睡了。

又过了20年,即咸丰十年(1860年),西方人的火器再次攻破国门。起初清朝君臣们虽然惊惶,但仍然没有真正把西洋火器的威力放在眼里。直到英法联军逼近北京时,詹事府詹事殷兆镛等一群官员仍从古书中寻找"破敌"妙策,建议用竹牌为盾,对付夷人炮火,或用竹筏插入敌人轮船使之不能转动,或用湿棉絮抵挡敌人火炮,或以湿棉絮裹住尚未炸开之炮弹,等等。② 但中世纪的"妙策"毕竟抵挡不住近代工业制造的枪炮,在"夷人"密集的排枪、猛烈的炮火下,什么八旗"劲旅"、蒙古"健儿",什么鸟枪、刀矛、竹牌、棉絮,统统归于无用。英法联军踏过遍布清军尸体的八里桥,攻入京师。接着,皇上和后妃仓皇"乘舆北狩",圆明园遭英法联军抢掠并焚毁,清朝士大夫更直接地经历了西洋火器"创巨痛深"、锥心刺骨的体验,中国人不能不以正眼看待西洋火器了。这年10月,刚从与英法联军血战的战场上败逃的胜保和僧格林沁都向咸丰帝奏陈:"亲见逆夷厉害,专以火器见长","枪箭刀矛,焉能抵敌炮火?",并要求"赶速议和"③,都以自己的体验指出了西洋火器所具有的巨大威力。而且我们可

---

① 中国史学会主编:《中国近代史资料丛刊·鸦片战争》(一),上海人民出版社1957年版,第187页;《清仁宗实录》卷五五,嘉庆四年十一月癸未,第720页。
② 殷兆镛:《拟以絮被濡湿破火器折》,张锡嵘:《披沥四条并将破夷纪闻呈览折》;贾桢纂:《筹办夷务始末》(咸丰朝)第七册,中华书局1979年版,第2354、2519页。
③ 胜保奏、僧格林沁奏,中国史学会主编:《中国近代史资料丛刊·第二次鸦片战争》(五),上海人民出版社1957年版,第120、138页。

以看出,与第一鸦片战争中的琦善、耆英们相比较,他们对西洋火器之威力的感受更为具体、深刻,更有痛彻心扉的感觉,因而也更加信服;对枪箭刀矛"抵敌炮火"则已彻底丧失信心。从一定意义上说,这是历史借助英法联军之手,再次向中国人演示西洋火器,迫使那些曾经对西洋火器不屑一顾的清朝士大夫发现并仔细体验、观察西洋火器所具有的大大超出他们想象的强大威力。

还有不少大臣则是从另一个战场上体验到西洋火器的巨大威力。1860年,太平军向清军发动了一轮猛烈的攻势。身处战场之中的曾国荃向其友人叙述了他所看到的事实:"贼(按:指太平军)之火器精利于我者百倍之多,又无日不以开花大炮子攻打垒内,洋枪队多至二万杆,所以此次殒我精锐不少,伤我士卒不少。"[①]在这里,农民军的贡献不仅是以更开明的态度率先做了引进西方器物的工作,还在于他们从另一个方向给那些士大夫上了一堂生动的关于西洋火器威力的课,指示曾国荃们发现并重视西洋火器及其所具有的功用和力量。

对此感受更深刻的是李鸿章。1862年初,当李鸿章率淮军初抵上海与西方人接触时,还感到很不自在,自谓:"竟如李陵、王嫱之入匈奴。"[②]但这种基于传统观念的羞辱感很快便被有价值的发现及兴奋所取代。他不仅在战场上看到了几乎全是洋枪洋炮武装的太平军,还看到英法军队与太平军用近代火器交战时的壮观场景,惊呼:"洋兵数千枪炮并发,所当辄靡,其落地开花炸弹真神技也!"[③]在由衷地赞叹之后,又有细心的考察。他看到,外国军队"大炮之精纯,子药之细巧,器械之鲜明,队伍之雄整,实非中国所能及。其陆军虽非所长,而每攻城劫营,各项军火皆中国所无,即浮桥、云梯、炮台,别具精工妙用,亦未曾见"。这种考察同样也

---

[①] 同治元年九月曾国荃致郭昆焘书,转引自罗尔纲:《忠王李秀成自传笺证》,中华书局1954年版,第146页。

[②] 李鸿章:《复曾沅浦方伯》,吴汝纶编:《李文忠公全集·朋僚函稿》卷一,光绪三十一年金陵刊本,第43页。

[③] 李鸿章:《上曾相》,吴汝纶编:《李文忠公全集·朋僚函稿》卷一,光绪三十一年金陵刊本,第20页。

是锥心刺骨的经历,因此李鸿章也就得出了发自内心的观后感:"深以中国军器远逊外洋为耻。"①

　　这同样也是一种刻骨铭心的体验。这种体验将士大夫们的观念引向由表及里、逐渐深化的转变。如此前曾坚信可用湿棉絮抵挡夷人炮火的殷兆镛,战后不久即改变了自己的看法,在同治元年(1862年)的上奏中指出了洋人军队"战无不胜"的主要原因是"器械精",建议朝廷"整军经武,益求船坚炮利"。② 咸丰九年(1859年)时曾国藩还认为"洋枪不甚得用","临敌交锋,刀矛尤为利器"。③ 两年之后,曾国藩即改变了观念,向朝廷奏称:购买外洋船炮,"为今日救时之第一要务"。④ 其他如总理衙门大臣奕䜣、文祥、桂良,江苏巡抚薛焕,继任江苏巡抚李鸿章,两广总督劳崇光、御史魏睦庭等人,也都有过类似的认识转变,从各自的体验中看到了西洋火器的优越,并且都在这一时期提出了购买外洋枪炮、兵舰的主张。⑤

　　而且,士大夫观念的转变很快便成为实际行动的主导。自1862年2月开始,奕䜣、崇厚开始在京师、天津的旗绿营兵中抽调官兵接受西式训练,组建以西式枪炮武装的部队;李鸿章也在淮军中组建洋枪队、洋炮队,以期"临阵时一营可抵两营之用"⑥;广东、福建等省也开始西式练兵,装备洋枪洋炮。继而,地方官员们观念、行动的转变推动了中央政府的政策转变。1861年7月7日,清廷第一次以上谕形式下令大量购买外国武器:

---

①　李鸿章:《上曾相》,吴汝纶编:《李文忠公全集·朋僚函稿》卷二,光绪三十一年金陵刊本,第46页。

②　前任詹事府詹事殷兆镛奏,宝鋆纂:《筹办夷务始末》(同治朝)卷六,1929年故宫博物院影印本,第32页。

③　曾国藩:《加袁芳瑛片》《批何令应祺禀》,《曾国藩全集·书信》(二),岳麓书社1985—1994年版,第715页;批牍,第149页。

④　曾国藩:《复陈购买外洋船炮折》,《曾国藩全集·奏稿》(三),岳麓书社1985—1994年版,第1603页。

⑤　以上各官员奏折见中国史学会主编:《中国近代史资料丛刊·洋务运动》(二),上海人民出版社1957年版,第221—244页。

⑥　李鸿章:《上曾相》,吴汝纶编:《李文忠公全集·朋僚函稿》卷二,光绪三十一年金陵刊本,第26页。

"东南贼氛蔓延,果能购买外国船炮,剿贼必能得力。……内患既除,则外国不敢轻视中国,实于大局有益。"并命令各省总督、巡抚"悉心妥议,期于必行"。①

从乾隆时期的不屑一顾,到咸丰时期把"购买外国船炮"作为"期于必行"的国策,这是一个非常有意义的转变,也可称之为历史性的进步。

这一转变的内在动因,既可以说是人类天性中由拙趋巧的工具价值选择的结果,更重要的则是当时士大夫对所面临的危机的清楚认识。正如奕䜣所分析的,当时中国所面临的形势是,"外忧内患,至今已极"②。就"内患"来说,清朝统治集团既有近忧——手持洋枪洋炮的太平军依然存在并与清军对峙;也有远虑——今后"倘山陬海隅,有不肖之徒潜师洋法,独出心意,一旦辍耕太息,出其精能,官兵陈陈相应之兵器,孰与御之?"③。就"外忧"而言,中国的"长久之虑在西人"④,这是许多士大夫的共识。而且他们也都看到洋人是"数千年来未有之强敌",认识到"洋人论势不论理","变局"下的国际较量只承认实力,而不是口舌之争。而且洋人"兵势"之强,千古未见:"轮船电报之速,瞬息千里;军器机事之精,工力百倍;炮弹所到,无坚不摧;水陆关隘,不足限制。"⑤相比之下,中国的"兵势"就显得非常落后,"中国向用之弓矛、小枪、土炮,不敌彼后门进子来福(今译'来复')枪炮;向用之帆蓬舟楫,艇船、炮划,不敌彼轮机兵船,

---

① 廷寄二,贾桢纂:《筹办夷务始末》(咸丰朝)第八册,中华书局1979年版,第2924页。
② 奕䜣等:《请购外国船炮以期早平内患折》,贾桢纂:《筹办夷务始末》(咸丰朝)第八册,中华书局1979年版,第2913—2916页。
③ 李鸿章致总署,宝鋆纂:《筹办夷务始末》(同治朝)卷二五,1929年故宫博物院影印本,第9页。
④ 李鸿章:《复徐寿蘅侍郎》,吴汝纶编:《李文忠公全集·朋僚函稿》卷五,光绪三十一年金陵刊本,第70页。
⑤ 李鸿章:《筹议海防折》,吴汝纶编:《李文忠公全集·奏稿》卷二四,光绪三十一年金陵刊本,第11页。

是以受制于西人。"①"兵势"上的差距实在太大。在这样的差距及其所形成的危机面前,有识之士不能不对"堂堂华夏,积弱至此"而"抚髀太息"。②

"太息"只能是振作的开端。面对西洋"兵势"下国家和朝廷的生存危机,有识之士被迫以自己的敌人为师,学习他们的先进之处。而这种学习,实际上是中国人的一种文化选择和文化调适。由于这是危机逼迫下的选择和调适,所以这种选择和调适并非理性的,而是无意识的;也正因为是无意识的,因而他们的选择和调适只能是从对西方文化的最表层的模仿开始——在敌人"兵势"的压迫下,他们所看到的中国"积弱"之原因,在于缺少那种"瞬息千里""工力百倍""无坚不摧""不足限制"的"兵势"之"力",因而他们也就把购买具备这种"力"的外洋枪炮,作为"救时之第一要务",并且作为力挽"积弱"的"自强"之最初内容:"购买外国船炮,……无非为自强之计,不使受制于人。"③

仅把拥有近代枪炮作为国家"自强"的内容,显然是非常肤浅的。但我们又要看到,近代中国人观念裂变的过程的确发端于此。因为,在中国人传统观念中,"力"主要存在于伦理当中——在19世纪六七十年代顽固派在与洋务派的论争中,就坚持这一理论:"欲求制胜,必求之忠信之人;欲谋自强,必谋之礼义人心。"④而洋务派官员们在现实危机的压力下,清醒地认识到"洋人论势不论理",空洞的"忠信""礼义"无法对抗实实在在的"兵势",遂抛弃传统偏见,破除蒙昧,转而从自己的对手处寻找并发现了理性的"力",并且去追求这个理性的"力"。虽然这并不是自觉的追求,但结果是一样的。这不仅意味着枪炮逐渐取代了弓箭刀矛,铁甲

---

① 李鸿章:《奏陈筹议制造轮船未可裁撤折》,吴汝纶编:《李文忠公全集·奏稿》卷十九,光绪三十一年金陵刊本,第45页。

② 李鸿章:《复徐寿蘅侍郎》,吴汝纶编:《李文忠公全集·朋僚函稿》卷五,光绪三十一年金陵刊本,第70页。

③ 奕䜣等:《请购外国船炮以期早平内患折》,贾桢纂:《筹办夷务始末》(咸丰朝)第八册,中华书局1979年版,第2913页。

④ 大学士倭仁奏,中国史学会主编:《中国近代史资料丛刊·洋务运动》(二),上海人民出版社1957年版,第34页。

火轮渐渐取代了木帆船,更意味着在观念形态中的巨大启蒙作用:在现实的危机面前,当这些近代文明的"利器"一一展现于中国人面前后,原来对近代事物茫然无知者,开始有所了解;原来耻言西学者,开始改变立场;荒唐的"奇技淫巧""夷夏之辨"说开始被驱除;那些对"洋器""惊若鬼神"、视为"妖术"者也开始以平常心对待西方事物;儒家空乏的"礼义""人心"说只能让位给工业文明和科学理性。理性的"力"首先从军事领域掘开了传统文化的堤防,写下了近代文化启蒙的第一篇章。因此,这些外洋枪炮并没有成为洋务派所想象的强化清朝统治的"利器",更重要的是启蒙的利器。更何况,西洋"兵势"的"力"绝不局限于"兵",在它的内里还潜藏着其"力"更巨的近代文明的规律。因而中国人寻觅到西洋"兵势"之"力",意味着中国人把自己拴到了文明规律的牵引绳上,意味着中国人找到了文化近代化的起跑线,近代文明的规律不可逆转地把中国带上了新的轨道,并牵引着继续往前行进。

### 2. "制器之器"的引进

可以说,洋务派为追求"兵势"之"力"而购买外洋枪炮,实际上是把自己拴到了近代文明规律的牵引绳上。因为,尽管洋务派所看到的外洋枪炮的"力"还只是军事意义上的"无坚不摧",而没有看到其中所含的近代文明的规律,以及这个规律具有的近代文化意义上"无坚不摧"的"力"。所以,当洋务派接受了外洋枪炮军事意义上的"力"的同时,也就不能不接受其中的近代文化意义上"力"的牵引。

事实正是如此。随着外洋枪炮的大量购买,洋务派们渐渐感觉到单单购买枪炮,是不可能达到"自强"的目标的。因为,"中国知用洋枪而不能自造洋枪,非受制于洋人即受骗于洋行,非计之得也"。[①] 于是便把"自造"枪炮提到了议事日程上。

实际上,就在1861年曾国藩陈请购买外洋船炮的奏折中,不仅指出

---

① 丁宝桢:《请奖曾昭吉片》,罗文诚编:《丁文诚公遗集·奏稿》卷十二,光绪十九年京师刊本,第53页。

了购买外洋枪炮"为今日救时之第一要务",而且还以其战略眼光提出了一个颇具深谋远虑的主张:"轮船之速,洋炮之远,在英法则夸其所独有,在中华则震于罕见,……购成之后,访募覃思之士,智巧之匠,始而演习,继而制造,不过一二年,火轮船必为中外官民通行之物。"①

在这里,不懂机器工业的曾国藩把自造船炮想象太简单了,但他作为一个具有战略眼光的政治家所指出的方向:"购买"—"演习"—"制造"—"官民通行",与近代文化的发展逻辑却是一致的。而且,曾国藩所提出的这一发展方向也被清王朝所接受,第二年便以谕旨的形式肯定了曾国藩的勾画,并且把这一勾画上升到"自强"的高度:"仍应认真学习洋人制造各项火器之法,务须得其秘传,能利攻剿,以为自强之计","倘将来中国能于自造,则洋人不得据为独得之奇,而破浪乘风,可以纵横海上,亦自强之一道也"。②

也正是从1861年开始,清朝洋务派们开始了自造枪炮、兵船的过程。就在提出访募"覃思之士,智巧之匠",演习、自造枪炮主张的时候,曾国藩已经创办起安庆内军械所,并延揽了李善兰、华蘅芳、徐寿、张斯桂、龚之棠、丁杰、黄冕、冯焌光、张文虎等当时中国最著名的科技人才,开始了自造枪炮、轮船的活动。从曾国藩这一时期在日记记录下的频繁的"看华蘅芳所作炸弹""看南坡所铸大炮""阅龚之棠所作枪炮""看蔡国祥新造之小火轮"③等活动看,自造枪炮活动在安庆取得了初步的成就。不只是安庆,稍迟,其他地方也已展开了自造枪炮的活动,并且也取得了一定的成功:就在1862年这一年里,李鸿章在上海制成了开花炮和开花炮

---

① 曾国藩:《复陈购买外洋船炮折》,《曾国藩全集·奏稿》(三),岳麓书社1985—1994年版,第1603页。

② 总理各国事务恭亲王等奏,宝鋆纂:《筹办夷务始末》(同治朝)卷十,1929年故宫博物院影印本,第19、20页。

③ 曾国藩:《曾国藩全集·日记》(二),同治元年四月至同治二年十二月,第742、810、836、960页。

弹;①左宗棠在浙江开始从自造火药向自造枪炮扩展;②丁日昌在广东主持铸造了大小"硼炮";③崇厚在天津试铸炸炮获得成功,④等等。洋务派成功地迈出了自造枪炮的第一步。

这里所谓的第一步,是因为这些自造活动基本上是手工作坊式的仿造,严格地说还不属于大机器工业的范围。但也必须承认,安庆内军械所为代表的手工仿造活动,使西洋枪炮中所包含的近代文化之"力"的牵引作用进一步发挥,并且把中国人带到大机器工业的大门口。

仿造枪炮活动引出了觅购"造炮器具"和招致"智巧"人才的需要。1863年9月,容闳被曾国藩作为人才而被罗致入幕。这位受过系统的西方教育、对近代工业体系深有了解的思想家,向曾国藩提出了在中国建立大机器工业的建议:像中国这样的大国,"应建立一个能够由此再派生出许多类似的分厂的机械厂,由那些分厂再去制造供应特殊需要的机器。……一个由各种不同类型和型号的机床、炮床和钻孔机组成的机械厂,就能够生产制造枪炮、机车、农业器械、钟表等等的机器"。⑤

这是一个更为高瞻远瞩的、具有战略眼光的计划。它的目标是要在中国建立近代机器工业体系。洋务派不可能有这样的思想境界全部接受这个计划,但曾国藩从中汲取了对他们的"自强"有用的那部分内容,并且以文学化的语言将它概括为"制器之器"。1863年12月,容闳被曾国藩派往美国"购买制器之器"⑥。这是一个非常有历史意义的行动,因此一个月后李鸿章致信曾国藩,称:"西人制器之器,实为精巧",容闳此行,

---

① 李鸿章:《上曾相》,吴汝纶编:《李文忠公全集·朋僚函稿》卷二,光绪三十一年金陵刊本,第29页。
② 陈其元:《庸闲斋笔记·左爵相奏开船政局》,章伯锋主编:《近代稗海》(十),四川人民出版社1988年版,第492页。
③ 江苏巡抚李鸿章奏,宝鋆纂:《筹办夷务始末》(同治朝)卷二十,1929年故宫博物院影印本,第14页。
④ 同治元年八月二十日、九月二十一日三口通商大臣崇厚奏,孙毓棠编:《中国近代工业史资料》第一辑,科学出版社1957年版,第343—344页。
⑤ 容闳著、王蓁译:《我在美国和在中国生活的追忆》,中华书局1991年版,第84页。
⑥ 曾国藩:《曾国藩全集·日记》(二),同治二年十月二十三日,第944页。

"海疆自强权舆于是"。① 不久他们又将这一行动上升为治国的理论：

> 中国欲自强,则莫如学习外国利器;欲学习外国利器,则莫如觅制器之器。②

将寻觅"制器之器"作为"自强"的内容,这是洋务派循着近代文明的规律再向前跨进了一大步。作为这一大步的成果,1865 年李鸿章在容闳赴美买回的"制器之器"的基础上,建立了据说是"无论何种机器逐渐依法仿制,即用以制造何种之物,生生不穷,事事可通"③的江南机器制造局。此后,其他地区也相继建立了这样的机器厂:1866 年,左宗棠为"学造西洋机器以成轮船,俾中国得转相授受得永远之利"④而创设福州船政局;1867 年,因"练兵之要,制器为先"⑤,崇厚创办天津机器制造局。此外,还有金陵机器局、山东机器局、湖北枪炮厂等。从 1861 年的安庆内军械所到 1894 年的陕西机器局,清政府共创办此类军事工业企业 25 家。

从文化运动的历史高度说,我们不必去纠缠这些工厂是什么身份的人创办并主持的,也无须追究这些企业的创办者有多少罪恶动机,最重要的客观事实是,军事工业企业的创办,实际上是把魔力无穷的大机器工业引进了中国。而包括蒸汽机在内的"制器之器"是最有力量的"革命家"。当江南制造局等工厂的机器轰鸣声相继在中国大地上响起时,随之而释放出的就不仅仅是军事上的"力",也不会限于经济上的"力",它更是一种

---

① 李鸿章:《复曾相》,吴汝纶编:《李文忠公全集·朋僚函稿》卷四,光绪三十一年金陵刊本,第 29 页。
② 李鸿章致总署函,宝鋆纂:《筹办夷务始末》(同治朝),卷二五,1929 年故宫博物院影印本,第 10 页。
③ 李鸿章:《置办外国铁厂机器折》,吴汝纶编:《李文忠公全集奏稿》卷九,光绪三十一年金陵刊本,第 34 页。
④ 调陕甘总督左宗棠折,中国史学会主编:《中国近代史资料丛刊·洋务运动》(五),上海人民出版社 1957 年版,第 24 页。
⑤ 奕䜣等奏,中国史学会主编:《中国近代史资料丛刊·洋务运动》(四),上海人民出版社 1957 年版,第 231 页。

理性的"力",即文化上的"无坚不摧"的"力"。它所要征服的绝不只是大自然,还将摧毁社会前进道路上的一个个中世纪蒙昧主义文化的障碍。

历史正是朝着这个方向发展的。1862年2月,安庆的湘军大营从洋人那里购得一艘轮船。曾国藩随即登船阅看,在赞叹船上的设备"无一物不工致"之余,更对该船的动力系统的蒸汽机深感兴趣,只是,对"其用火激水转轮之处,仓卒不能得其要领"而感到困惑。因发现"不能得其要领"之处而困惑正是探索大机器"要领"的开端。而推动着他们继续做深入探索并仿而造之的动力,则是蒸汽机及火轮船所具有的"救时"之"力"这一功用价值。半年后,在曾国藩的组织下,安庆内军械所造出了一台实用蒸汽机——"火轮船汽机"。这时,曾国藩对蒸汽机的"要领"已有所了解:

>……其法以火蒸水,汽贯入筒,筒中三窍,闭前二窍则汽入前窍,其机自退,而轮行上弦;闭后二窍则汽入后窍,其机自进而轮行下弦。火愈大则汽愈盛,机之进退如飞。约试演一时。窃喜洋人之智巧我中国人亦能为之,彼不能傲我以其所不知矣。①

我们不要把曾国藩的这一认识看作是他对蒸汽机探讨的结果,更应当把它看作是当时的士大夫们对蒸汽机及其所代表的大机器工业做更深入探讨的具有历史意义的开端——他们开始看到蒸汽机等大机器所具有的超乎传统想象的"力"和超越"兵势"之上的"力"。正是这个开端,又把士大夫们的认识引向对大机器工业的更为广阔的视野。在这个视野下,中国人所看到的蒸汽机就不仅仅是蒸汽机的本身,而是它所标志的能"以机器制造机器,积微成巨,化一为百",并"触类旁通"、可为中国"永远之利"的伟大起点②;所看到的蒸汽机所具有的"力"就绝不仅仅是表现在兵船动力、制造枪炮等"平中国""攘夷"的军事功用上,更表现在它能够

---

① 曾国藩:《曾国藩全集·日记》(二),同治元年正月二十一日、七月初四日,第713、766页。

② 左宗棠:《上总理各国事务衙门》,中国史学会主编:《中国近代史资料丛刊·洋务运动》(五),上海人民出版社1957年版,第6、445页。

"穿山、航海、掘地、渡河、陶冶、制造、耕织,无往而非火机(即蒸汽机),诚利器也"①。即推动工农业发展的功能宏大的"力"。他们赞叹蒸汽机以及它所代表的大机器拥有"鬼斧神工,真可怪诧"②,"奇妙无比""令人不可思议"③的巨"力",显然这个巨"力"不仅仅是物质的,也是精神的。因为当中国人看到并接受这一切时,也就意味着中国人的观念世界已被蒸汽机所代表的理性之"力"撞开了大门,"制器之器"及其所代表的经济体系以及它背后的政治、思想体系也就必然地接踵而涌入中国。

### 3. 呼唤"机械之天下"

"制器之器"原本在其欧洲故乡主要是近代工业经济的代表,而不是"兵势"的象征。一旦中国人揭开了"兵势"之表层而认识了"制器之器"之本相后,其本来的功能便开始在中国施展文明规律的魔力。

中国人从发现"制器之器"具有"兵势"之"力",进而看到了它能"触类旁通""化一为百"的发展社会经济之"力",这时,近代机器工业所具有的本质力量便逐一地把近代工业文明画卷展现在中国人面前:大机器工业拥有远远超过传统小农业和手工业的劳动生产率:"一夫可抵百夫之力,工省而价廉"④,"事半而功倍,巧捷异常,而其利无穷"⑤,"有机器,则人力不能造者,机器能造之;十人百之力所仅能者,一人之力能造之。夫以一人兼百人之工,则所成之物必多矣"⑥,表明中国人对大机器工业的认识已深入经济学的层次。

于是,这个非常显明的、先进与落后的生产方式差距,又引导中国人

---

① 王韬:《漫游随录·扶桑游记》,湖南人民出版社1982年版,第65页。
② 两广总督张之洞奏,中国史学会主编:《中国近代史资料丛刊·洋务运动》(七),上海人民出版社1957年版,第501页。
③ 薛福成:《出使英法义(今译"意")比四国日记》,光绪十六年三月初八日,第122—123页。
④ 两广总督张之洞奏,中国史学会主编:《中国近代史资料丛刊·洋务运动》(七),上海人民出版社1957年版,第501页。
⑤ 王韬:《兴利》,楚流等选注:《弢园文录外编》,辽宁人民出版社1994年版,第67页。
⑥ 薛福成:《用机器殖财养民说》,丁凤麟编:《薛福成选集》,上海人民出版社1987年版,第420页。

走出中世纪农耕文化的锢蔽,将观念的重心从农业经济渐渐移向近代工业经济。薛福成从经济学的角度分析了兴办工业经济的必要性。他说:"西洋以善用机器为养民之法,中国以屏除机器为养民之法",其结果是,西洋机器工业"以一人所为百人之工,减作十人之工之价,则四方必争购之矣。……自是中国之货非但不能售于各国,并不能售于本国;自是中国之民,非但不能自食其力,且知用力之无益,亦遂不用其力;自是中国之民,非但不能成货,以与西人争利,且争购彼货以自供其用,而厚殖西人之利。然则商务有不衰歇,民生有不凋敝,国势有不陵替者哉!"显然,"善用机器"的结果是商务发达,且厚殖其利;"屏除机器"的结果则是商务衰歇、民生凋敝、国势陵替。"善用机器"的优越性确然可见。因此他呼吁"用机器殖财养民"。① 这是中国人进一步对大机器工业所具有的市场经济"无坚不摧"之"力"的发现,也标志着对近代工业文明的自觉。

近代机器工业经济与中世纪小农经济的"力"的对比,先进与落后之差距实在太悬殊了。而这一差距的发现,本身就是大机器工业"无坚不摧"之"力"的进攻下、世界性的工业化大潮流冲击下的成果。在这一发现面前,一切反对兴办机器工业的理论都成为站不住脚的谬说,建立大机器工业形成必然而行的趋势,越来越多的中国人认识到,中国绝不可能自外于时代潮流、世界潮流而在农业经济的天地里继续踏步不前。代表这一认识,郑观应、汤震等思想家都从人类社会发展趋势的角度,指出了机器工业经济时代取代农业经济时代的必然性:

盖世界由弋猎变而为耕牧,耕牧变而为格致,此固世运之迁移,而天地自然之理也。②

今天下一机械之天下也,必墨守旧说,悬奇技淫巧为厉禁,是广田自荒,而张口仰食于西人。奚为者?西人以机械治其国,事事标新

---

① 薛福成:《用机器殖财养民说》,丁凤麟编:《薛福成选集》,上海人民出版社1987年版,第420—421页。
② 郑观应:《教养》,夏东元编:《郑观应集》上册,上海人民出版社1982年版,第481页。

领异,……莫不推陈出新,不惜炉造化而炭阴阳,以凿破其混沌之窍。中国宜亟师其意,以资董劝。①

由"耕牧"时代进入"机械之天下"乃是"世运"之必然,兴办大机器工业的大趋势已经形成了一股任何人都无法抵拒的"力"。在它的牵引之下,洋务派们开始将发展近代大机器工业作为更新的"御侮之资、自强之本"的内容——因为洋务派相信,大机器工业所具有的"力",能从更根本处使中国"强"。李鸿章的奏折可以说正表明了洋务派在这种必然性趋势下的半是清醒、半是无奈的复杂心态:

> 洋机器于耕织、刷印、陶埴诸器皆能制造,有裨民生日用,原不专为军火而设,仍不外乎机括之牵引,轮凿之相推相压,一动而全体俱动。其形象固显然可见,其理与法亦确然可解。惟其先,华洋隔绝,虽中土机巧之士,莫由凿空而谈;逮其久,风气渐开,凡人心智慧之同,且将自发其覆。臣料数十年后,中国富农大贾,必有仿造洋机器制作以自求利益者,官法无从为之区处。不过铜钱,火器之类仍照向例设禁,其善造枪炮之在官人役,当随时设法羁縻耳。②

作为清朝统治者的一员,李鸿章对必将到来的"富农大贾"走"仿造洋机器制作"之路的必然趋势表示了担忧和无奈。作为当时中国的有识之士,他敏锐地发现了近代大机器工业的本质:"妙在借水火之力,以省人物之劳费。"即近代大机器并非神怪之"力",而是人类依靠经验、知识和智慧对大自然的驾驭和利用而产生的理性的"力",其根本目的是为了提高劳动生产力,为人类自身,即所谓的"民生日用"的发展进步而服务

---

① 汤寿潜:《危言·华工》,政协浙江省萧山市委文史委编印:《汤寿潜史料专辑》,1993 年印行,第 284 页。
② 李鸿章:《置办外国铁厂机器折》,吴汝纶编:《李文忠公全集·奏稿》卷九,光绪三十一年金陵刊本,第 34—35 页。

的;同时也及早地认识到了大机器工业必将向"民生日用"方向发展的趋势,并且对这种发展方向和趋势持"网开一面"的态度。

其实,不只是李鸿章,其他官员也指出了近代大机器工业的本质是人的"耳目心思之力"驾驭大自然的"风力、水力、火力,夺造化,通神明"而达到的高效而理性的"力"使大机器工业发挥为"民生日用"服务的功用[①] 其他一些洋务派在创办军事工业企业时,也把"触类旁通",制造面向"民生日用"的"耕织机器"等器具作为今后的发展方向,[②] 反映了机器大工业必然地在中国建立和发展起来的历史大趋势。这个历史大趋势本身就是理性之"力"的综合,用薛福成的话说,它是反映人的本性的"人心由拙而巧,风气由朴而华"的"宇宙间自然之理";[③] 用郑观应的话说,是反映社会发展规律,即"世界由弋猎变而为耕牧,耕牧变而为格致"的"世运迁移""天地自然之理"。[④] 这个理性的"力"主导下的历史大趋势,又有谁能阻挡呢?

在这股历史大趋势下,19世纪70年代后,洋务派创办了上海机器织布局、轮船招商局等20多家"民生日用"类的企业。而且,李鸿章先前的预言不到十年便成为现实:沿江沿海的"富农巨贾"们跟在洋务派后面,从小心翼翼渐至积极大胆地投入以"自求利益"为目标的"仿造洋机器制作"的活动中。尽管"官方"一再阻难压制,但它仍以新生事物特有的顽强生命力,渐渐蔓延至整个中国。于是,这个代表近代机器工业的"力"——理性的、可"相衍于无穷"[⑤]的"力"便开始在中国日益弘扬光大,"机械之天下"——大机器时代、大机器文化开始降临中国,儒家文明

---

[①] 四川道监察御史陈廷经奏,中国史学会主编:《中国近代史资料丛刊·洋务运动》(一),上海人民出版社1957年版,第14页。

[②] 左宗棠折,中国史学会主编:《中国近代史资料丛刊·洋务运动》(五),上海人民出版社1957年版,第6页。

[③] 薛福成:光绪十六年正月二十六日日记,丁凤麟编:《薛福成选集》,上海人民出版社1987年版,第420页。

[④] 郑观应:《教养》,夏东元编:《郑观应集》上册,上海人民出版社1982年版,第481页。

[⑤] 左宗棠:《上总理各国事务衙门》,中国史学会主编:《中国近代史资料丛刊·洋务运动》(五),上海人民出版社1957年版,第449页。

的防线越来越往后收缩,近代文明事物的地盘从军事领域为开端,逐渐扩展到工业、商业、教育、科技、文化、艺术以至人们的日常生活,接纳西方文明事物成为一股越来越扩大的趋势。而且在观念上,工业文明渐渐成为一些士大夫夫头脑中的价值尺度,李鸿章甚至以此为标尺批评"先圣":"我却未见圣人留下几件好算数器艺。"说明在当时中国人头脑中,近代工业文明的理念在升值,儒家伦理原则在贬值,传统的信仰支柱在摇撼,这是比机器工业战胜小农经济更有深远意义的趋势。

### 三、"富"的发现与伦理观念的变迁

#### 1. "富"的发现与追求

洋务派与改良思想家确立以"自强"为目标,而以"采西学"为路径,并且以引进"火器""制器之器"开其端,这以后,中国文化便踏上了近代化的不归路。

当然,洋务派引进"火器""制器之器",其主观目的并不是为了中国文化及社会的近代化,而是力图由此而掌握西洋"利器",并且让这个"利器"跟着清朝统治者的意愿走。但事实恰恰与此相反。西洋利器是西洋资本主义工业体系的产物,洋务派在引进西洋"利器"的同时,也不自觉地引进了深藏在"利器"中具有无穷魔力的资本主义经济的规律,并且不能不接受这个规律的牵引和指导,一步一步地继续循着这个规律朝前走。

19世纪60年代,随着从"火器"到"制器之器"的引进,大机器工业的规律开始发挥作用。这个规律在当时主要表现在这样三个方面:

一是近代工业体系完整性的规律所起的作用。由于洋务派创办的军事工业企业,实际上只是从西方国家近代大机器工业体系孤零零地摘取了其中的一个环节,但近代工业是一个完整的环环相扣的体系,当军事工业这一环节被摘取到中国时,又必然地逐渐牵连出其他一些与之相连的环节,呈现在中国人面前——19世纪70年代后,洋务派所办的军事工业很快便遇到了原料、燃料缺乏,资金短缺,机械设备以及交通、通讯条件等结构性缺陷的困难。近代工业体系的规律在这里以间接的方式告诉洋务

派:"制器"业是一个完整的体系,军事工业绝不可能脱离这个体系而孤立地存在,正如机器、舰船等"非铁不成,非煤不济"①一样,军事工业必须有与之相配套的采矿业、运输业、通讯业、机械制造业、轻纺工业等。于是,工业体系的规律指引洋务派们把"求强"的范围扩展到了兵器制造以外的"民生日用"器物的制造上,从而使洋务新政的重心从军事工业转向民用工业的建设,创办了矿务局、电报局、纺织局、轮船局等并不直接给朝廷提供自强"利器"的"局"。自它们在中国产生后,不仅对包括士大夫在内的中国人挥发出越来越强烈的"富"的吸引力,更使洋务派们一头钻进了市场经济的规律当中。

二是大机器工业的规律通过西方国家越来越扩大的对华商品输入的形势以及这一形势所形成的民族生存问题的压力,引导中国人把思想认识指向近代文化的发展趋势。

两次鸦片战争后,郑观应等一些有识之士都指出了中国所面临的严峻经济形势:"自洋纱、洋布进口,华人贪其价廉质美,相率购用,而南省纱布之利半为所夺,迄今通商大埠及内地市镇城乡,衣大布者十之二三,衣洋布者十之八九。"其他又如"洋油、洋烛、洋电灯入中国,而东南数省之柏树皆弃为不材;洋铁、洋针、洋钉入中国,而业冶者多无事投闲。……所以然者,外国用机制,故工致而价廉,且成功亦易;中国用人工,故工笨而价费,且成功亦难,华民生计皆为所夺矣!"②

改良思想家们首先看到的是洋货泛滥对"华民生计"的危害;而对于洋务派大僚来说,最使他们感到急迫的是洋货泛滥造成朝廷"漏卮"的日益扩大,并危及"国计"的现象,对此,他们不可能再漠然置之。在这个问题上,一些食古不化的顽固派力主采取堵和拒的办法,指责"洋人作奇技淫巧以坏我人心,而吾之财安坐而输于异域",主张"宜令有司,严加厉

---

① 李鸿章:《筹议制造轮船未可裁撤折》,吴汝纶编:《李文忠公全集·奏稿》卷十九,光绪三十一年金陵刊本,第49页。
② 郑观应:《纺织》,夏东元编:《郑观应集》上册,上海人民出版社1982年版,第715页。

禁",不准通商,洋货"皆焚毁不用,违者罪之"。① 但那些进步思想家和洋务派都能够透过这个令人担忧的经济现象,看到它的背后是一个不可逆转的文化趋势——近代大机器工业必然战胜传统产业。进步思想家们承认,这个文化趋势是进步的、谁也不可能阻挡的:"凡人用物,蕲其质良价廉,此情之所必趋,势之所必至,非峻法严刑之所能禁也,非令名美誉之所能劝也,非善政温辞之所能导也。"②即这是一股发自人的本性的文化趋势,任何政治的、道德的力量都无法阻扼。他们主张服从并顺应这个规律,发展近代工商业。而洋务派是从施政者的立场提出他们的看法:"各国制造均用机器,较中国土货成于人者省费倍蓰,售价既廉,行销愈广,自非逐渐设法制造自为运销,不足以分其利权。盖土货多销一分,即洋货少销一分,庶漏卮可期渐塞。"③即国家要生存和富强,就必须顺应这股趋势,走"自为制造""自为营销"的路。张之洞则更具体地以尤关国计民生的棉纺织品为例,说明顺应这股进步文化趋势的必要:

  棉布本为中国自有之利,自有洋布、洋纱,反为外商独擅之利。……今既不能禁其不来,惟有购备机器,纺花织布,自扩其工商之利,以保利权。④

所以从19世纪60年代后,"自为制造""以保利权",在中国成为一股日渐扩大的社会潮流。应当看到,从自造枪炮、轮船,直到"自为制造"民生日用品,不但使"自造"业渐渐成为国计民生的支柱,也渐渐地使"工

---

① 管同:《禁用洋货议》,贺长龄编:《皇朝经世文编》卷二六,光绪十三年上海点石斋印行。
② 薛福成:《用机器殖财养民说》,丁凤麟编:《薛福成选集》,上海人民出版社1987年版,第420页。
③ 李鸿章:《试办织布局折》,吴汝纶编:《李文忠公全集·奏稿》卷四三,光绪三十一年金陵刊本,第43页。
④ 张之洞:《拟设织布局折》,《张文襄公全集》第一册,中国书店1990年影印本,第500—501页。

商之利"日兴。这不仅仅是经济发展的趋势,也是文化发展的趋势。其内在动力,既有自发的民族主义精神,也有人性的自觉。正因为如此,兴"工商之利"也就能很快地进入中国人的视野而发挥引导作用。

三是大机器工业通过其比"本"业更有吸引力的经济效益——"富",将中国人的思想认识引向近代文化的根本处。

军事工业企业的兴办,使清政府面临越来越大的财政压力,洋务派们由此感到,设厂制造等项,"非有大宗钜款,不能开办;非有不竭饷源,无以持久"①。规律在这里又一次以间接方式告诉洋务派:拥有"火器""制器之器"并不意味着"强"的实现,西方国家之所以"强",是因为"富","富国而后能强兵","必先富而后能强"。②

那么,如何才能致"富"?洋务派们从西方国家富强的经验中、从大机器工业所依附的市场经济体系中发现,"末"比"本"更能赚钱致"富",认识到:"欲自强必先裕饷,欲浚饷源莫如振兴商务。中国积弱由于患贫。西洋方千里、数百里之国,岁入财赋动以数万万计,无非取资于煤铁五金之矿,铁路、电报、信局、丁口等税。酌度时势,若不早图变计,择其至要者逐渐仿行,以贫交富,以弱敌强,未有不终受其敝者。"③这是从政府财政收入的角度,指出了"富"之来源主要来自近代工商业的税收,"富"的内容是要发展过去被士大夫贬为"末业"的近代工商业,进而肯定了近代工商业的地位,力图在"采西学""振兴商务"中寻觅"富强之术"。尽管这一思路的政治功利("术")色彩非常浓,但可以肯定的是,近代文明的规律已将洋务派的思路引向"重商",即发展民族工商业。

于是 19 世纪 70 年代后,洋务派们把注意力和活动的重点都转向了"求富",创办那些并不直接给朝廷提供自强"利器"的矿山、电报、纺织

---

① 总理各国事务衙门奏,中国史学会主编:《中国近代史资料丛刊·洋务运动》(一),上海人民出版社 1957 年版,第 29 页。

② 李鸿章:《试办织布局折》,吴汝纶编:《李文忠公全集·奏稿》卷四三,光绪三十一年金陵刊本,第 43 页。

③ 李鸿章:《复丁稚璜宫保》,吴汝纶编:《李文忠公全集·朋僚函稿》卷十八,光绪三十一年金陵刊本,第 22 页。

厂、轮船局等。至80年代,随着洋务实践的深入以及对资本主义工商业的进一步了解,包括李鸿章在内的有识之士对"富"的内容之认识又向前推进了一步。他们不仅淡化、甚至搁置了"求富"思路中的"筹饷"这一功利性很强的中介环节,非常明确而直接地将"富"与发展近代工商业相连接,而且不再将"商务"作为功利性质的"术",而是作为国家富强的根本大计。刘铭传就认为:"欲致强必先致富,欲致富必先经商。"①李鸿章也主张:"以商务立富强之基。"②张之洞则指出:"商务关富强之大计。"③向人们清楚展示了资本主义工商业——"富"—"强"的逻辑联系,并且整个思想界以至整个社会也逐渐地以此为共识。

近代文明规律的这三个方面的作用,都一致地引导人们将强国的思虑引向"富",并把"富强"的基本内容指向发展资本主义工商业,进而发现了近代意义的"富"。这就使同光年间的"富强"说具有了不同于传统的近代意义。如第一章所述,在嘉道年间的经世思潮中,"富强"就被魏源等人树为最高价值目标。但是,那时的"富强"之说还没有完整的近代内容。而这一时期洋务派及改良思想家们提出的"富强"说,则是对嘉道经世思潮中的"富强"理论的超越,也是对19世纪60年代"自强"说的发展。因为,这一时期的"富强"说已有了比较明晰的近代内容——明确地将"富"作为"强"的前提。而且他们所说的"富"已走出了由"本富""节用"而国富的传统教条,是以发展资本主义工商业作为"富"——"富强"的内容。这就是薛福成所说的:"工商之业不振,则中国终不可以富,不可以强。"④80年代后,这一思路被越来越多的中国人所认同。一个明显

---

① 福建台湾巡抚刘铭传奏,中国史学会主编:《中国近代史资料丛刊·洋务运动》(六),上海人民出版社1957年版,第249页。
② 李鸿章:《论维持招商局》,吴汝纶编:《李文忠公全集·译署函稿》卷七,光绪三十一年金陵刊本,第23、24页。
③ 张之洞:《设立自强学堂片》,《张文襄公全集》第一册,中国书店1990年影印本,第627页。
④ 薛福成:《论公司不举之病》,丁凤麟编:《薛福成选集》,上海人民出版社1987年版,第481页。

的事实是,以发展工商业为内涵的"求富"成为洋务派经常讨论的主题、朝野流行的口号。在传统伦理规范内讳言的或不能堂皇言之的"富",成为士大夫们公开倡言、公开追求的目标,并且将它与"强"紧密结合,成为具有新义的"富强"论,"自强"运动便被推向更高阶段的求"富强"运动。洋务派将它解释为"寓强于富"。从此,"富强"二字不仅连用,被作为完整的政治术语频频出现在皇帝谕旨、官员奏议和公牍、朋僚间讨论政事的信函和报刊的议论中,而且它们的意义也得以冶铸、提升,有人甚至主张把"富强"作为"有所不能废"的"治天下国家"之策,即治国的政治原则。① 在观念领域中,内容已经更新了的"富强"说,进一步被人们确认为那个时代的最高价值准则。即使是一些思想正统的士大夫也认识到追求"富强"已成历史的必然:

> 从来王道不言功利,若外患方张之会,亦难置富强为缓图。②

而随着中国社会思潮从"求强"向"求富"转化,社会文化的指向也由被动的"求生存"提升为主动的"求发展"。在这一目标的召唤下,中国人越来越扩大地接纳了近代文明,力图以螳螂之臂阻挡这股进步文化趋势的人越来越少,而主张"设机器自为制造"以"自求利益""求富"的人越来越多。不仅洋务派先后创办了轮船招商局、上海机器织布局等 20 多家以"求富"为目标的民用工业企业,而且,在中国特色的近代文化启蒙规律的作用下,中国人对"富"的自觉逐渐从国家的"富"指向个人的"富"——当洋务派大僚们热烈讨论着如何"求富",如何开辟"利源"时,当他们大张旗鼓地兴办和经营"求富""求利"的局、厂时,不经意间,这些实践者的行动已经循着近代文明的规律给许许多多迷失于"本富"的中

---

① 薛福成:《变法》,丁凤麟编:《薛福成选集》,上海人民出版社 1987 年版,第 556 页。

② 祭酒王先谦奏,中国史学会主编:《中国近代史资料丛刊·洋务运动》(六),上海人民出版社 1957 年版,第 96 页。

国人做出了示范,指引了方向。在传统时代,士大夫是一般民众的行为表率。在他们的言论和行动的引诱下,越来越多的"富农大贾""殷商富户",甚至是一些在职官僚,为了一己之富,或堂而皇之、或隐姓埋名、或独自、或合伙,且由隐讳而公开地"求利""求富",向这些求利事业投资。至甲午战前先后创办了百余家像发昌机器厂、继昌隆缫丝厂、通久源轧花厂、天津自来火公司这类商办企业。"求富"(包括求国家的"富"和个人的"富")自此成为越来越壮大的社会潮流。

### 2. 工商"立国"和"富民"

以发展资本主义工商业作为"富"的内容,而以国家的"富强"(即国家的发展)作为"富"的追求目标,从而揭示了"富"("富强")这一时代篇章的"前言"。但一旦读到了"前言",中国人也就必然会继续循着近代文明的规律,循着中国特色的近代文化启蒙理路,逐渐读懂近代"富强"论的内涵。这一内涵既有经济学意义上的,但更有超越于经济学意义之上的。这主要是:

其一,当资本主义工商业被作为国家富强的根本大计时,一个合乎逻辑的结果便是"商"(资本主义工商业)被确定为国家经济直至社会、政治生活的中心。因为,无论是西方国家富强经验的昭示,还是洋务新政实践的启发,都引导中国人首先从资本主义最表皮的功利层面看到:"无商是无税也,无税是无国也。……假使无商,何以有税?假使无税,何以济用?假使无用,何以为国?""富国强兵,非商曷倚?"[1]因而"商务"的地位也就必然地高于其他产业:"商务之盈虚消长,实关国家兴废盛衰之机。"甚至认为,商为"创国造家、开物成务之命脉"[2]"国家之元气也"[3]。进而主张,要发展工商业,就必须将工商业摆在国家经济生活以至经济体系的中

---

[1] 陈炽:《续富国策》,赵树贵等编:《陈炽集》,中华书局1997年版,第233页。
[2] 薛福成:《英吉利用商务辟荒地说》,丁凤麟编:《薛福成选集》,上海人民出版社1987年版,第297页。
[3] 郑观应:《商务一》,夏东元编:《郑观应集》上册,上海人民出版社1982年版,第604页。

心位置上。所以不仅那些进步思想家纷纷提出"持商为国本"[①]"以工商立国"[②]等等之类的要求,那些洋务派大僚在近代文明规律的教导下,也接受了这一新观念,认为"富民强国之本实在于工"[③]、主张"以商务为国本"[④]。总之,工商业已被作为国家生存和发展的根本。

　　必须指出,这里所说的根本,并不局限于经济体系。循着"以工商立国""以商为国本"的思路,19世纪80年代后,一些思想敏锐者合乎逻辑地将讨论引向国家政治领域。他们指出,对于国家的发展来说,"商之于国,国之于商,固已共戚共休"[⑤],即国家与"商"(包括工商业、资本家阶级)在生存与发展问题上已联为一体,互为依存。所以,国家的一切政治设施都应围绕着"商"这一中心,主张中国也应当像西方国家一样,"士农工为商助也,公使为商遣也,领事为商设也,兵船为商置也"[⑥],并把兴革要求指向政府功能及政策制定方面,要求为工商业的发展营造相应的机制。他们指出,西国之所以"商富",不仅因为"其财充裕",更因为其政府采取"护商"政策,且"为之设官成兵,以资保卫"[⑦]。批评清朝政府"但有困商之虐政,而无护商之良法"[⑧]。因此,他们不仅要求政府应采取鼓励

---

　　① 王韬:《代上广州冯太守书》,朱维铮校:《弢园文新编》,三联书店1998年版,第150页。
　　② 薛福成:《振百工说》,丁凤麟编:《薛福成选集》,上海人民出版社1987年版,第482页。
　　③ 张之洞:《吁请修备储才折》,《张文襄公全集》第一册,中国书店1990年影印本,第685页。
　　④ 福建台湾巡抚刘铭传奏,中国史学会主编:《中国近代史资料丛刊·洋务运动》(六),上海人民出版社1957年版,第249页。
　　⑤ 陈炽:《续富国策》,赵树贵等编:《陈炽集》,中华书局1997年版,第233页。
　　⑥ 郑观应:《商战下》,夏东元编:《郑观应集》上册,上海人民出版社1982年版,第596页。
　　⑦ 王韬:《代上广州冯太守书》,朱维铮校:《弢园文新编》,三联书店1998年版,第150页。
　　⑧ 郑观应:《商务二》,夏东元编:《郑观应集》上册,上海人民出版社1982年版,第609页。

兴办工商业的政策,而且还要求统治者"以保护商贾为心","通商贾之情"。① 在具体政策上,改良思想家们不仅发出"官办不如商办"的呼吁,"商之必可以办,官之必不可以督","绝不拘以官场体统"②的要求,而且从郭嵩焘到陈炽、郑观应,都建议设立相对独立的商务管理机构,制定商律,从国家的政府机制和法律层面真正地实行"保商""护商"。郑观应的《盛世危言》还以"商务一""商务二""商务三"的大篇幅,论述了政府体制、法制政策等方面的相应改革(如:要求政府熟谙"商情",设立商部、商务总局、商务总办,并"速定商律""商法",非此则"商务必不能旺")。③ 洋务派大员刘铭传也主张"官与商合","亟宜讲求商政",订立"妥宜"的贸易章程等。④ 实际上是要求政府职能、方针政策及施政立足点向"求富"的近代工商业转移,把发展近代工商业提高到治国方策的高度来认识、来实施。这说明将"商"作为国家发展的根本,并且将"护商"作为根本国策,在当时中国已成为不可移易的思想趋势。而对于士大夫们来说,这是一个危险的开端。因为,一旦政府职能、治国方策的内容及立足点向"求富"及"经商"方向转移,那么传统的根基必然会动摇,近代文化在经济、政治、伦理等方面的表现便会昭然揭示于世人面前,并且必将会把人们的文化思考引向一个更深的层次,更广泛、更深刻的政治变革要求的出现也就成为合乎逻辑的事。

其二,洋务新政的重心从军事工业向民用工业转移的过程,实际上也是洋务派等中国人发现"富"的机制——市场的过程。因为,19 世纪 60

---

① 郭嵩焘:《条议海防事宜》,杨坚校:《郭嵩焘奏稿》,岳麓书社 1982 年版,第 342 页。

② 郑观应:《商务二》,夏东元编:《郑观应集》上册,上海人民出版社 1982 年版,第 612 页。

③ 郭嵩焘:《条议海防事宜》,杨坚校:《郭嵩焘奏稿》,岳麓书社 1982 年版,第 342—343 页;陈炽:《续富国策》,赵树贵等编:《陈炽集》,中华书局 1997 年版,第 233 页;郑观应:《商务一》《商务二》《商务三》,夏东元编:《郑观应集》上册,上海人民出版社 1982 年版,第 604—622 页。

④ 福建台湾巡抚刘铭传奏,中国史学会主编:《中国近代史资料丛刊·洋务运动》(六),上海人民出版社 1957 年版,第 249 页。

年代后洋务派创办并直接管理的江南制造局这类军事工业企业,是以生产实现使用价值的产品为基本内容。70年代后,这类试图游离于商品经济规律之外的"局"遇到了资金困难。在感叹"非有大宗巨款不能开办,非有不竭饷源无以持久"①之后,不得不在近代文明规律的牵引下去寻求"不竭饷源",进而从西方的经验、从洋务实践中看到工业产品通过市场交换而产生"不竭饷源"的可喜前景。前述的所谓"欲致富必先经商"这类言论,正是洋务派等中国人在寻求"饷源"过程中市场意识、商品经济意识开始觉醒的一个表现。从过去的只是强调坚守男耕女织的"本"业以维持国家的生存,过渡到力图通过创办工业企业生产商品并通过市场交换来获取财富以求国家发展("富强")的立场上。于是洋务新政的重心从军事工业向民用工业转移,建设和经营上海机器织布局这类并不直接给朝廷提供自强"利器",而是在资本主义商品经济体系中通过市场交换以获取最大利润为第一目的的企业,并且一开始就赋予这些企业非常明确的通过交换而"求富"的市场经济特性。洋务派的这一行动,事实上是承认了这一规律:脱离市场的工业企业是无法生存的,因而他们不能不将自己的经济活动置于市场经济的规律中,"市情消长,货色盈虚"②,以及"地势形便,工料减损,消(销)路广达"③与否等市场经济要素,也就成为他们经济活动中必须考虑的问题。

另一方面,两次鸦片战争后,中国人对外国商品输入的日益扩大而造成的民族生存、国家发展的危机,认识日趋清晰,也越来越有紧迫感:

> 通商以来,凡华民所需用之物,外洋莫不仿造,穷极精巧,充塞土货;彼所需于中国者,向只丝、茶两种,近来外洋皆讲求种茶养蚕之

---

① 总理各国事务衙门奏,中国史学会主编:《中国近代史资料丛刊·洋务运动》(一),上海人民出版社1957年版,第29页。
② 郑观应:《论招商局及肇兴公司事略》,夏东元编:《郑观应集》上册,上海人民出版社1982年版,第621页。
③ 徐润撰:《徐愚斋自叙年谱》,民国十六年刊本,第91页。

法,出洋丝茶渐减,愈够足以相敌。土货日少,漏溢日多,贫弱之患,何所底止!①

这个忧患感所针对的,已不是传统意义的"夷患",而是中国人市场意识觉醒后对国内外市场沦陷于敌国的忧虑。伴随着这种市场忧患感的,是"富强"目标下的寻求市场、争夺市场、开拓市场的理论和行动的产生。对此从理论上做了高度概括的应首推郑观应的"商战"论。他在《商战》一文中提出了"决胜于商战"的"商务之纲目":除振兴丝、茶二业外又有商务十战,即鸦片战、洋布战、诸用物战、诸食物战、各种零星货物战、煤矿铜铁战、日用之货战、玩好珍奇战、零星杂货战、钱币战等。并且要考察彼我市场,使中国所需于外洋者,皆能自制;外国所需于中国者,皆可运售。"夫如是则中国行将擅亚洲之利权,而徐及于天下。"②

这里所表述的,是年幼的中国资本主义社会势力在洋货独霸中国市场之现状的刺激下市场意识的觉醒,及至高度强调并主张以商业竞争手段全面争夺市场,进而将国家的生存与发展建立在占领并扩张市场的基础上。而且在"利权"(市场)的沦失已危及民族、国家生存和发展的形势下,市场以及市场竞争意识不仅快速产生,且很快向全社会普及。包括那些洋务派,也力图通过发展本国的制造业,在与西方国家的竞争中夺回国内市场、开拓国外市场,以实现国家富强。李鸿章所说的"土货多销一分,即洋货少销一分,庶漏卮可期渐塞"③,正是这个群体市场意识觉醒的概括。而他们中许多人都高喊的"分其利权""保我利权""张利权"等,则是要与洋商分割市场,并保护市场、拓展市场努力的另一种表述。可以说,从竞争(包括企业与企业、国与国之间的竞争)中求"富强"的市场经

---

① 张之洞:《筹设炼铁厂折》,《张文襄公全集》(一),中国书店1990年影印本,第514页。

② 郑观应:《商战上》,夏东元编:《郑观应集》上册,上海人民出版社1982年版,第589—591页。

③ 李鸿章:《试办织布局折》,吴汝纶编:《李文忠公全集·奏稿》卷四三,光绪三十一年金陵刊本,第43页。

济之本质,已被不少中国人所认识。也可以说,这一思想是洋务派以及那些"富农大贾"创办民族工业企业的重要动力。

洋务派以及进步思想家发现了市场,并肯定了市场的地位和作用,实际上是肯定了以一切都商品化、市场化和自由竞争等为主要内容的资本主义原则,并且由此自觉开启了市场经济的规律,也自觉加入市场经济的规律当中。而资本主义原则、市场经济规律的确是一个"潘多拉魔盒",它的作用、意义绝不会止步于经济领域。

其三,当"以工商为本"的原则得到肯定,市场经济的规律被开启后,近代文明规律的逻辑和中国特色的近代文化启蒙理路,又指向"富强"论的另一内核:"富民"。

至19世纪80年代后,随着对资本主义工商业的进一步了解,包括李鸿章在内的有识之士不仅看到了近代工商业与国计密切相关,也更深入地看到了近代工商业与民生的紧密联系,因而将"富"的内容指向民生的"富"。对泰西富强做了深入观察的郭嵩焘详述道:"国于天地,必有与立,亦岂有百姓困穷而国家自求富强之理? 今言富强者,一视为国家本计,与百姓无与,抑不知西洋之富专在民,不在国家也。"[①]即实现民生的"富"才能真正达到国家的"富",或者说,"振兴商务"的本质内容就是"富民"。因此这一时期洋务派、改良思想家在讨论国家"富强"问题时,多将"民生"之"富"作为其主要内容。张之洞主张,"为政以利民为先,然必将农工商三事合为一气,贯通讲求,始能阜民兴利"[②]。李鸿章指出,"窃古今国势,必先富而后能强,尤必富在民生而国本乃可益固"[③]。马建

---

[①] 郭嵩焘:《与友人论仿行西法》,杨坚校:《郭嵩焘诗文集》,岳麓书社1984年版,第255页。

[②] 张之洞:《开设缫丝局片》,《张文襄公全集》第一册,中国书店1990年影印本,第649页。

[③] 李鸿章:《试办织布局折》,吴汝纶编:《李文忠公全集·奏稿》卷四三,光绪三十一年金陵刊本,第43页。

忠认为,"转贫民为富民,民富而国自强"①。薛福成则提出了"富民"具体的途径——"用机器殖财养民"②,等等。从而确立了这一思路:发展近代工商业—"富民"—国家"富强"。

实现国家"富强"的途径是"富民",而且这个"民"已不是抽象的概念,"富民"具有确然的指向。洋务派刘铭传等人解释说:"商即民也,商务即民业也。"③因而无论是洋务派还是那些改良思想家,他们所说的"富民"之实质即"富商"。而这里所说的"商",主要的是指那些投资创办工商企业的"富农大贾"——刚从官僚、地主转化的资本家们。始终关注洋务新政的王韬早就明确告诉统治者:"商富即国富。"④这不仅把求"富强"落实在"富民"上,更将"富民"具体化为"富商"这一基点上。对此更为明白精要的概括是思想家薛福成,他把传统的"藏富于民"说改写成近代意义的"藏富于商民"说,并提出了"利归富商"理论。⑤ 而更为具体的表述则是郑观应的"俯顺商情"说:

> 欲整顿商务,必先俯顺商情,不强以所难而就其所易,不强以所苦而从其所乐,而后能推行尽利。凡通商口岸、内省腹地,其应兴铁路、轮舟、开矿、种植、纺织、制造之处,一体准民间开设,无所禁止。或集股,或自办,悉听其便。全以商贾之道行之,绝不拘以官场体统。⑥

---

① 马建忠:《富民说》,郑大华点校:《采西学议——冯桂芬马建忠集》,辽宁人民出版社1994年版,第134页。

② 薛福成:《用机器殖财养民说》,丁凤麟编:《薛福成选集》,上海人民出版社1987年版,第420页。

③ 福建台湾巡抚刘铭传奏,中国史学会主编:《中国近代史资料丛刊·洋务运动》(六),上海人民出版社1957年版,第249页。

④ 王韬:《代上广州冯太守书》,朱维铮校:《弢园文新编》,三联书店1998年版,第150页。

⑤ 薛福成:《船政》《用机器殖财养民说》,丁凤麟编:《薛福成选集》,上海人民出版社1987年版,第543、421页。

⑥ 郑观应:《商务二》,夏东元编:《郑观应集》上册,上海人民出版社1982年版,第612页。

即给商人以自由发展的广阔空间,这就是"富商"的具体内容。可以说,这是从资本主义"皮毛"向其本质回归的表现。于是,"洋务"的重心便从求国家之"强"向着求"民富"—"商富"的方向演进,逐渐地由"官办""官督商办"推演出"官商合办",以至完全商办的经济形式。一个新的经济和社会势力在"民富"—"商富"的呼声中破土成长。

从"重民""富民"到"重商""富商",其意义绝不只是将"富民"—"富商"确定为国家"富强"之基础,肯定了"商"在国家经济发展过程中的主体地位,更在于它道出了近代意义的国家"富强"之本质,并且也必然地会涉及"民"—"商",即资产阶级作为一个社会成分在国家经济生活及政治生活中的地位问题。我们从薛福成等人的商为"四民之纲"论中可以看到这一观念发展的趋势:

> 有商则士可行其所学而学益精,农可通其所植而植益盛,工可售其所作而作益勤。是握四民之纲者,商也。①

肯定了"商"(商人)在国家经济和社会生活中,在社会各阶级、阶层("四民")中占有中心地位。而郭嵩焘则是根据西方国家的经验,揭示了承认"商"(工商业)在国家经济生活中所起的决定性的作用(如:"资商贾转运,因收其税以济国用","资商贾之力以养兵"等),进而要求采取"护商"政策,直至肯定"商"(商人)在社会生活甚至是政治生活中应有的地位(如:"国家大政,商贾无不与闻者"等)。② 于是,"商"开始被一些有识之士大加褒扬,并且被提升到了居于社会中心的地位上。因此,所谓的"以工商立国""持商为国本"说等,其更大的意义是让"商"——资产

---

① 薛福成:《英吉利用商务辟荒地说》,丁凤麟编:《薛福成选集》,上海人民出版社1987年版,第297页。郑观应的《商战》篇所附《变通商务论》中也有基本相同的论说,且认为不可视商务为"末务"。见夏东元编:《郑观应集》上册,上海人民出版社1982年版,第593页。

② 郭嵩焘:《条议海防事宜》,杨坚校:《郭嵩焘奏稿》,岳麓书社1982年版,第341页。

阶级上升到国家的主体地位,而"四民平等""视商如士"等政治主张,则是这些新观念的合乎逻辑的推论。在这里起作用的仍然是规律,而不是"阶级利益"。因为很难说郭嵩焘们是代表当时尚未形成的资本家阶级说话。从他们的主张看,立论的角度主要是为了国家富强。但是,当士大夫为求国家富而"振兴工商";为"振兴工商"而主张"富民""富商";为"富商"而要求"重商""护商",主张商"握四民之纲"时,已经不自觉地循着文明规律向人们指示了一个与强化封建统治相反的新方向,即资本家阶级的方向。也可以说,这是提前将"富民"—"重商"—商"握四民之纲"这一历史必然趋势揭示于世人面前。

### 3. 伦理观念的更新

在"采西学"大潮的推动和西力东侵的压力下,中国人发现了近代意义的"富",也发现了"富"("富强")的内核,这是中国近代文化潮流向前迈进的一大步。而且,在这股潮流的引导下,中国人的思想认识也越来越深入地接近近代文化内核,一层又一层地打破了原先他们自己也不敢触动的伦理界限,作为传统文化之核心的伦理观念也就走上了瓦解过程。

首先是"重本抑末"观念的开始瓦解。几千年来,中国人一直把农业视为"本",工商业被视为"末业","重本抑末""重农抑商"是非常经典的伦理准则,很少有人敢于或愿意向这一准则提出质疑。这是因为,这一准则与那时的"以农立国"的社会经济状况、与传统的政治体制及政治原则是相符合的。19世纪60年代后,面对西方国家日益加剧的侵略,"富强"成为中国社会最强烈的呼声。而且许多有识之士从西方经验、从中国刚出现的工商经济的启示中看到,"商贾具生财之大道"①,"富强"之大要在兴工商。因此,他们在行动上突破传统伦理准则的同时,在观念领域中也提出了变革旧伦理学说的主张。进步思想家对传统的视工商为"末务"的观点提出了批评,指出:"欲制西人以自强,莫如振兴商务,安得谓商务

---

① 郑观应:《商务二》,夏东元编:《郑观应集》上册,上海人民出版社1982年版,第607页。

为末务哉!"①进而更正了传统的"本末"观念。就连曾顽固坚持"重本抑末"说的驻英国公使馆副使刘锡鸿,在实地看到英国以工商业致富国强兵的事实以后,也反省道:"余素持治国务本说,由今思之,未可偏执也。"②在"富强"目标面前,在工商可以富国的确然事实面前,旧伦理准则的败退和新伦理准则被整个社会所接受,都是必然的。这就意味着传统的"重本抑末""重农抑商"观念开始被代表近代工商业文明的"重商"观念所取代。

在这一过程中,一个更深层的伦理观念——"贵义贱利"观念也走上了崩溃之路。

很显然,重农抑商观念与重义轻利观念是紧密相连的。"抑商"是为了防止"商"所代表的价值观对代表封建伦理的"义"的腐蚀;"轻利"正是防止人们弃本图末,危及传统政治之根基。所以从孔子开始,儒家文化便把道德价值("义")置于物质利益("利")之上。董仲舒将这一观念概括成"正其谊不谋其利,明其道不计其功",成为后世中国人的伦理准则。至南宋朱熹,则更进一步提出了"存天理,灭人欲"说,把这一准则发展到了极致。但在"大变局"的时代里,在"以贫交富,以弱敌强,未有不终受其弊者"③的现实压力下,以富求强不仅不可避免,而且成为一股社会性趋势,"求富"就不会只停留在抽象口号的层面上,必然会落实为谋"利"的具体行动。士大夫孜孜言利,"开拓利源""开辟利源"成为他们的常用语;开拓和争夺市场、追求商品价值的实现等,成为这一时期他们谋划国政的一个重要方面,也成为他们的政务活动的重要内容。而这些表现的内里,则是"求利""兴利"和"商战"(市场交换原则)已从实践、从政治口号深化为新伦理准则。这当中,有识之士既有"利之所趋,虚文有所不能

---

① 郑观应:《商务三》,夏东元编:《郑观应集》上册,上海人民出版社1982年版,第614页。
② 刘锡鸿:《英轺私记》,湖南人民出版社1981年版,第179页。
③ 李鸿章:《复丁稚璜宫保》,吴汝纶编:《李文忠公全集·朋僚函稿》卷十六,光绪三十一年金陵刊本,第25页。

制也"①,"利之所在,人人趋之"②等的原则陈述,有深入堂奥的理论探讨:

> 自后儒兢兢以言利为戒,阏塞耳目,付之不见不闻。夫财利之有无,实系斯人之生命,虽有神圣不能徒手而救饿夫。惟人竞利则争,争则乱,义也者,所以剂天下之平也。非既有义焉而天下遂可以无利也,其别公私而已矣。③

也有更深入的为"求利"说找到人性根源,指出:"求利"是人的本性的必然——"人之笃于私计者,情也"④。"天下圆顶方趾之民无算数……然诚察其志之所分与其途之所自,合则亦曰利而已矣!"故"求利"乃人之"恒情",⑤是合理的。这就使得用以支持"言利""求利""竞利"主张的理论,不仅仅是政治意义上的国家富强——"利国"说,还有更深层次的人性论学说,从而使"求利"说显得更为坚实而确然无疑。

"言利"不再是可耻的,因为这是合理的,合乎国家需要和人的本性的;因而"义"与"利"不再是不共戴天的,"竞利"既是"义"行,就应当作为"义"的内容之一。同时"义"则对"竞利"起调节、规范作用。所以陈炽又说:"惟有利而后能知义,亦惟有义而后可以获利。"⑥显然,这是一种全新的"义利"观。

而且,有识之士所主张的"求利",并没有停留在最初的"利国"——国家富强的浅层次上。他们论证说,"利国"应是"利民"的综合,"利民"

---

① 郭嵩焘:《条议海防事宜》,杨坚校:《郭嵩焘奏稿》,岳麓书社1982年版,第341页。
② 冯桂芬:《利淮盐议》,戴扬本评注:《校邠庐抗议》,中州古籍出版社1998年版,第131页。
③ 陈炽:《续富国策》,赵树贵等编:《陈炽集》,中华书局1997年版,第211—212页。
④ 薛福成:《商政》,丁凤麟编:《薛福成选集》,上海人民出版社1987年版,第541页。
⑤ 左宗棠:《名利说》,《左宗棠全集·诗文》,岳麓书社1987年版,第243—244页。
⑥ 陈炽:《续富国策》,赵树贵等编:《陈炽集》,中华书局1997年版,第273页。

是为国家富强的基础："民之利既见,而国之利因之,……利国与利民实相表里。"①所以应当肯定并鼓励"私利","人之笃于私计者,情也"。"人人之私利既获,而通国之公利寓焉"。②这就使"求利"说成为一个真实而充实的近代性质的伦理学说。

在这种全新的伦理学说的鼓励下,不仅改良思想家号召人人"言利""求利",洋务派官员也公开讨论施政如何能"阜民兴利"③"教民兴利"以及"因民所利而利之"。④而那些坚守传统防线,反对"言利""求利","动谓朝廷宜闭言利之门,而不尚理财之说"的顽固派则被人们指为不识时务的"迂拘之士"。⑤于是"兴利""求利"越来越成为政府推行政策的一种趋向,成为官员们热衷的政务活动,成为士大夫、士绅、富商大贾的热烈追求,成为社会上许多人的共识和共同追求的目标,成为流行的社会风气。传统的"天理""义""道"等准则被淡化了,甚至被一些人搁置一旁,"先圣"所构筑的"重义轻利""天理人欲"之类的伦理堤防被来势越来越猛的"生财""求利"洪流所冲垮,"兴利""求利"逐渐地成为取代旧伦理准则的新的天经地义的准则,并且也必然地被人们升华为价值观。这正是中国传统伦理观念中的"义利"原则走向崩溃的重要表现。

在儒家文化中,"内圣外王"被作为伦理与政治相结合的社会理想模式。这个模式以个人的"求仁""取义"("修身")为起点,经"齐家、治国"而达到"平天下"("王道"),即以儒家伦理平治天下的理想。这一模式对个人利益的追求持贬斥的态度,因此"抑商"、讳言"富"、讳言"利"成为必

---

① 两广总督兼署广东巡抚张之洞奏,中国史学会主编:《中国近代史资料丛刊·洋务运动》(六),上海人民出版社1957年版,第251页。

② 薛福成:《商政》《光绪十八年六月三十日日记》,丁凤麟编:《薛福成选集》,上海人民出版社1987年版,第541、612页。

③ 张之洞:《开设缫丝局片》,《张文襄公全集》第一册,中国书店1990年影印本,第649页。

④ 左宗棠:《试办台糖遗利浚饷源折》,《左宗棠全集》第十一册,上海书店1986年影印,第9809页。

⑤ 王韬:《兴利》,楚流等选注:《弢园文录外编》,辽宁人民出版社1994年版,第65页。

然。19世纪70年代后,洋务派和改良思想家从发现"富"、追求"富"开始,确立了"富强"为价值目标,并把"重商""求利""私利"作为新的伦理准则,于是儒家的道德价值也就必然地开始渐渐淡出人们的意义世界,封建文化开始走上从内到外的瓦解之路,近代文化运动向前推进了一大步。

### 四、"学"的发现和新知识的传播

#### 1. 近代之"学"的发现

中西文化对学术、学问的释义基本上是相同的,即学术、学问是系统而专门的知识。但对学术、学问的具体内容的认识却差距很大:近代西方文化中的学术主要是指独立的、其内容主要是有关客观世界的知识,学术活动的目的主要是为了向客观世界求知,以满足人生的求知欲望;而在中国文化中,从孔子的"学以致道"到程朱的"格物致知""即物穷理",其内容主要是面向主观世界探究、求证伦理道德的学问。无论"格"的对象是自然、是社会、还是人生,所"致"的都是人伦道德、修身养性方面形而上的"理"。所以直至晚清,正统的封建士大夫仍将学术划定在这一范围:

> 圣门设教,仅有四科,未闻于德行、言语、政事、文学外别设格致一科也。若必举数千来相承之文学,一旦废弃以从事于彼之所谓格致者,舍本逐末,抑亦大有背圣人之教矣。[1]

而学术的本质是伦理,其功能在于匡正世道人心。因为,"天下治乱,存乎人心;人心邪正,存乎学术。……未有学术正而人心不正,人心正而天下不治者。"[2]所以,不是用于"正人心"的西方科学知识便被倭仁们

---

[1] 佚名:《论中国崇尚文学》,何良栋编:《皇朝经世文四编》卷五,光绪二十八年鸿宝斋石印本,第2页。

[2] 徐致祥:《请举行经筵折》,夏震武辑:《嘉定先生奏议》卷下,民国五年史丛本,第27页。

贬斥为"形而下"的"机巧之事""一艺之末"。① 显然，若按照中国传统文化的尺度来衡量，按照"学"与"术"分的原则，那个主要向客观世界求知的西学的确算不上是"学"，最多只能称为"术"，或曰"艺""技"。

鸦片战争后，"制夷"的需要引发了"师夷长技"和引进西人"格致之理"的活动。但这一时期，中国人并未突破"学"与"术"分的思维格局，虽曾提出"师夷之长技以制夷"，但基本上仍然把西方科学看作是形而下的"技"，零碎而不成体系的"术""艺"，并且不承认那是形而上的"学"。至第二次鸦片战争后，"师夷长技"落实为引进西方枪炮、兵舰等武器的活动。尽管中国人起初仍然只是把它们作为具体的功用"技"而引进，但无论是枪、炮、兵舰以至炸弹，都是近代科学及知识体系、工业经济体系以至近代社会管理方式的产物，在这些器物之上无不凝结着以近代自然科学为核心的学术及知识体系。随着引进活动的扩大和深入，这一点逐渐被一些有识之士所认识，直观地意识到支撑西人坚船利炮的是他们先进的"学"。思想家冯桂芬就指出："一切西学皆从算学出"，"由是而历算之术，而格致之理，而制器尚象之法，兼综条贯，轮船火器之外，正非一端"，②即支持制器的西学是一个包罗各个学科的学问体系。一些洋务实践者也逐渐明白，西方的"火器"一直到"制器之器"，都来自这个学术体系。如积极引进西人"长技"的奕䜣、李鸿章等人都指出，洋人制造火器、机器等件，无一不从天文算学、测算、格致之学中来。③ 改良思想家薛福成所看到的西学，不仅更接近西学的真实内容，也有思想家的高境界和宽视野：

---

① 大学士倭仁折，中国史学会主编：《中国近代史资料丛刊·洋务运动》(二)，上海人民出版社1957年版，第30页。

② 冯桂芬：《采西学议》，戴扬本评注：《校邠庐抗议》，中州古籍出版社1998年版，第210页。

③ 总理各国事务奕䜣等折，中国史学会主编：《中国近代史资料丛刊·洋务运动》(二)，上海人民出版社1957年版，第22页；李鸿章：《闽厂学生出洋学习折》，吴汝纶编：《李文忠公全集奏稿》卷二八，光绪三十一年金陵刊本，第20页。

> 夫西人商政、兵法、造船、机器及农渔牧矿诸务，实无不精，而皆导源于汽学、光学、电学、化学，以得御水、御火、御电之法。斯殆造化之灵机，无久而不泄之理，特假西人之专门名家以阐之，乃天地间公共之理，非西人所得而私也。①

即西方有形的物质文明皆导源于近代科学，而近代科学是人类在对客观世界的探索中总结出来的驾驭大自然和社会的学问。它是全人类共有的知识体系，中国完全可以、也应当引进并使用。

显然，19世纪60、70年代后，中国人已经透过西人的"长技"看到"西学"——西方学术体系。最明显的表现是，60年代以后，从事洋务的官员或士人不再把西方的自然科学称为"技"，而是把它称作与"中学"相对待的"西学"。这看似简单的称呼改变，却是意义重大，它意味着在中国人的认识中，西方文化已从"夷技"上升为"西学"的层次，已不是被作为零碎的知识来对待，也意味着中国人了解西方及学习西方的活动提升了一大步。

中国人不仅透过坚船利炮看到了西方的学问体系，而且对这个学问体系的内容已有相当深入的认识。如上海士人钟天纬在他所写的《格致说》一文中，不仅介绍了西学中"明证天地万物形质之理"的"格致理学"（自然哲学）、"明证一身备有伦常之理"的"性理学"（伦理学）、"明证人以言别是非之理"的"辨理学"（逻辑学）等，还系统叙述了西学的学术源流：从"格致之大家，西学之始祖"阿卢力士讬德尔（今译亚里士多德）、主张格致之学必须"有实在凭据者为根基"的贝根（今译培根）、"论万物强存弱灭之理"的达文（今译达尔文）直至"使人知生活之理、灵魂之理"的施本思（今译斯宾塞）等。② 总之，西学并非无本之学，而是一个源远流长、代有名家且内涵宽厚深邃的学术体系。

不只是钟天纬，有许多士人都认识到西学内容的丰富，认识到这是一

---

① 薛福成：《西法为公共之理说》，丁凤麟编：《薛福成选集》，上海人民出版社1987年版，第298页。

② 钟天纬：《格致说》，《刖足集外编》，光绪二十七年刊本，第90—92页。

个门类齐全的学术体系。60年代时,多数学者所看到的西学门类还只是天文算学,但到了70年代后,热心洋务的官员和士人所看到的西学门类,不仅有他们原本就熟悉的天文、算学,更有许多新的学科。在他们的公私文牍中经常出现的就有格致学等20多种"学"。例如1879年一位候补道在给朝廷的上奏中就很具体地列出了"西学中最有用者""西人赖以富强"而中国也应"急为讲求"的学科:几何学、化学、重学、汽学、热学、光学、声学、天文学、地理学、电学、医学、动植学、公法学、律例学等。[1] 郑观应写于90年代初的《西学》,则告诉中国人,西学中有天学、地学、人学三大类18目:

> 所谓天学者,以天文为纲,而一切算法、历法、电学、光学诸艺,皆由天学以推至其极者也。所谓地学者,以地舆为纲,而一切测量、经纬、种植、车舟、兵阵诸艺,皆由地学以推至其极者也。所谓人学者,以方言文字为纲,而一切政教、刑法、食货、制造、商贾、工技诸艺,皆由人学以推至其极者也。[2]

这是先进的中国人当时所认识的西学。对于传统的中国人来说,这是一个全新的知识体系。尽管这算不上是一个科学分类的知识体系,还留有传统知识的眼光看待新知识的痕迹,但它却真实反映了当时中国人对西学、对人类知识体系认识的提升,其意义深远。因为:

其一,它说明,中国人开始承认,"学"除了中国传统的专言人伦之"道"的经学之外,还有一个向客观世界"求物事之理"[3]的知识体系。而且很多人都认为,经学固然是儒者应有之学,西学于今日,也"当使人人

---

[1] 贵州候补道罗应旒奏,中国史学会主编:《中国近代史资料丛刊·洋务运动》(一),上海人民出版社1957年版,第173—178页。

[2] 郑观应:《西学》,夏东元编:《郑观应集》上册,上海人民出版社1982年版,第272—273页。

[3] 邹诚:《夷氛记闻序》,梁廷枏撰:《夷氛记闻》卷首,民国二十六年国立北平研究院铅印本,第3页。

晓然于斯世需用之事,皆儒者当勉之学"①。即西学也是中国士人应当掌握的学问。

其二,它说明,中国人开始看到,学问不仅仅是为了探讨和反映人的内在的主观世界,更应当去探讨和反映外在的客观世界。因此,学术不应当像传统儒学那样是"道一分殊"的,即由先验的"理"(或"道")而"道生一,一生二,二生三,三生万物"的一元体系,而应该是多元的体系。就像前述郑观应所排列的那样,是一个由众多的既相互关联,又相互独立的学科组合成的多元体系。这就使中国人探索世界、创造知识的活动获得了一个无限的空间和活力。

有识之士发现了、也认识了西学体系,并且也给了这个体系在中国文化中的地位——"用"。尽管是"用",但西学在中国文化中所占有的空间位置却是相当宏大。正如王韬所描述的:

其用可由小而至大。如由天文而知日月五星距地之远近,行动之迟速,日月合璧,日月交食,彗星、行星何时伏见,以及风云雷雨何所由来;由地理知万物生电,山水起伏,邦国大小;由电学知天地间何物生电,何物可以防电;由火学知金木之类何以生火,何以无火,何以防火;由气学知金气之轻重,因而创气球、造气钟,上可凌空,下可入海,以之察物,救人、观山、探海;由光学知日月五星本有光耀,及他杂光之力,因而创灯戏,变光彩,辨何物之光最明;由化学、重学辨五金之气,识珍宝之苗,分析各物体质……②

真可谓是"牢笼天地,驱役万物"③之学,即认识世界、驾驭世界的有

---

① 张树声:《建造实学馆工竣延派总办酌定章程片》,《张靖达公奏议》卷五,己亥刻本,第23页。
② 王韬:《漫游随录·扶桑游记》,湖南人民出版社1982年版,第65页。
③ 郭嵩焘光绪五年正月二十一日日记,《郭嵩焘日记》(三),湖南人民出版社1982年版,第766页。

用之学问。从"富强"的价值尺度看,西学虽姑且称之为"用"、为"末",却是国家"赖以富强者",①人生所必需的知识;儒学虽贵之为"体"、为"本",但对国家的富强来说却是内里空虚无物,名不副实,形同屠龙之具,不能不一再地向西学让出地盘。

正因为如此,在当时许多中国人的笔下,西学的地位已不逊于中学,甚至可以说是优于中学。

但西学之所以能在中国人的心目中升级,不只是因为西学具有"驱役万物"的功用,还因为中国人发现了西学中更有学术(即知识再创造)价值的"至理"。对西学颇用心探究的洋务大员张树声就认识到,西学绝不是只有表层的、直观的功用性知识,因此学西学不能"皮毛袭之,枝节为之",而要发掘出其中的"至理"。不仅"知其所当然",更应当"明其所以然"。②李鸿章也指出,西学中具有"博大潜奥之理",对西学应"抉其秘""学其学""因端竟委,穷流溯源,探究其本原"。③左宗棠也主张,学西学要"穷其制作之源,通其法意"。④而无论是"至理"还是"法意",都说明中国人对西学的认识,已从过去只看到表层而直观的功用性的"技""艺""法",进至发现了西学内在的"至理"或"法意",也说明中国有识之士们的引进西学活动,已不满足于亦步亦趋式的"师夷技",在"富强"目标的驱动下,开始以"发明其理"⑤,即探究并学习西学中"博大潜奥"的学术精神和方法作为"采西学"活动的重心所在。

而所谓"发明其理",亦即从学术根本上吸收和消化西学,并将学西学

---

① 贵州候补道罗应旒奏,中国史学会主编:《中国近代史资料丛刊·洋务运动》(一),上海人民出版社1957年版,第173—178页。
② 张树声:《筹设西学馆事宜折》,《张靖达公奏议》卷五,己亥刻本,第12页。
③ 直隶总督李鸿章等奏,中国史学会主编:《中国近代史资料丛刊·洋务运动》(四),上海人民出版社1957年版,第30页。
④ 左宗棠:《上总理各国事务衙门》,中国史学会主编:《中国近代史资料丛刊·洋务运动》(五),上海人民出版社1957年版,第449页。
⑤ 王韬说:"今近一切西法,无不从格致中出。制造机器,皆由格致为之根柢,非格致无以发现真理。"见王韬:《格致书院丙午年课艺序》。

的活动从表层的效仿推进到对学术"至理"的探究,将引进西学作为一项学术活动,即知识再创造活动来进行。李鸿章的话即表达了这一学术意向:

> 窃以为西洋制造之精,实源于测算、格致之学,奇才迭出,月异日新。即如造船一事,近时轮机铁胁,一变前模,船身愈坚,用煤愈省,而行驶愈速。中国仿造,皆其初时旧式,……止能循规蹈矩,不能继长增高。即使访询新式,孜孜效法,数年而后,西人别出新奇,中国又成故步,所谓随人作计终后人也。①

所谓"循规蹈矩"即亦步亦趋式的仿造活动,所谓"继长增高"亦即以把掌握学术"至理"作为学术基础为目的的知识再创造性质的科学研究活动。而要实现长远的"继长增高",而不是"随人作计终后人",当然要着眼于将来,完整地引进整个西学学术体系,深入地"发明其理"。

当时的有识之士所看到、并且力图要"发明"的"理"("至理"或"法意"),主要是近代学术精神和学术方法。张树声认为,它是西学中的"本旨"。他对此表述道:

> 泰西之学,覃精锐思,独辟户牖,然究其本旨,不过相求以实际,而不相骛于虚文。格物致知,中国求诸理,西人求诸事;考工利用,中国委诸匠,西人出诸儒。求诸理者,形而上而坐论,易涉空言;委诸匠者得其粗,而士夫罕明制作。②

一实一虚,一精一粗,言辞之间,表露出很明显的褒贬之意。而且从张树声所做的中西学术比较的内容、赞扬言辞的指向看,中国的有识之士

---

① 李鸿章:《闽厂学生出洋学习折》,吴汝纶编:《李文忠公全集奏稿》卷二八,光绪三十一年金陵刊本,第20页。
② 张树声:《建造实学馆工竣延派总办酌定章程片》,《张靖达公奏议》卷五,己亥刻本,第23—24页。

已开始接触到西学的本质内容("本旨")了。这是中国学术以至中国近代文化的一个了不起的进步。因为,它说明中国人开始认识到,在治学内容上,"考工利用"不应完全"委诸匠",也应是儒士的治学范围;在学术风气和学术方法上,宋儒所提倡的内向的"求诸理""骛于虚文""坐论""空言"的学风遭到士大夫的厌弃,对于传统学术在涉及客观世界的研究时所采用的仅对事物现象做经验描述的学术方法已不满足,而对西方学术"求诸事""相求于实际"的学风表示赞赏,一些学者(如王韬、钟天纬等)开始对西方的近代科学实验精神、求实态度和归纳方法表现出极大的兴趣。他们开始尝试以求实的科学精神,采用科学实验手段,从客观世界发现并归纳出普遍性的原理,说明中国学术开始从内容、方法上突破传统文化的局限。

应当肯定,中国人从在西学中发现功用性的"力"和"富",并力图采择这个"力"和"富",到从西学中发现"学",发现"至理",并且要"发明其理",运用其"理",以求学术上的"继长增高",从事知识再创造。尽管这种认识还不清晰,能够达到这一认识水平的人还很少,但这是中国人对西方的"学"——近代学术的认识从感性到理性的一个飞跃。

**2. 西学知识的引进和传播**

19世纪60年代后,中国的有识之士从西学中发现了"学",亦即看到了西方近代学术的博大深奥的内容,看到了它所具有的现实功用和学术上"继长增高"的巨大价值,因而有许多思想家、洋务派官员致力于引进和传播西学、更新知识体系的工作。而且与鸦片战后的"师夷"活动不同,在这一时期,引进和传播西学(主要是近代自然科学)的目的已不是简单的师其"技",而是要引进其"学",即西方近代学术;这一时期的"采西学"活动已不只是个别人的自发行动,而是清朝中央政府认可的,洋务派大僚主持的,有许多士大夫参加的文化活动;不只是译书,而是多渠道引进西学,并且也多渠道传播西学。其中主要有:

(1)译书

从一定意义上说,中国文化的近代化在很大程度上是西学的引进和传播,而西学的引进和传播,主要是通过西书中译实现的。和19世纪50年代时由传教士发起、组织的,中国士人自发参加的译书活动不同,60年代以后的译书活动,基本上是在中国人对西学达到相当自觉的基础上,由洋务派官员发起并主持的有组织的文化传播活动。

所谓有组织的一个重要表现,是官方译书机构的建立。1865年,上海创办江南制造局。在制造局工作的科学家徐寿从向国人传播科学知识的角度,建议设立译书机构:"将西国要书译出,不独自增识见,并可刊印传播,以便国人尽知。"①时任两江总督的曾国藩也在设局制造的过程中看到了译书的重要,从推动"制器"的角度赞成徐寿的建议,并上奏清廷:

> 盖翻译一事,系制造之根本。洋人制器出于算学,其中奥妙皆有图说可寻。特以彼此文义扞格不通,故虽日习其器,究不明夫用器与制器之所以然。

要求设馆译书,以便"切实研究,庶几物理融贯,不必假手洋人。亦可引伸其说,另勒成书"②。1868年6月,江南制造局翻译馆正式开馆,是为当时最著名的翻译机构。

同时期的重要译书机构还有京师同文馆,同文馆于1862年成立之时,即规定以译书作为教学内容之一。

除此以外,其他一些大型企业和学堂,如福州船政局、天津机器局、开平煤矿、金陵机器局、福州船政学堂、天津武备学堂、上海广方言馆、广州同文馆等,都参与了译书活动。

除了清朝官方组织的翻译机构外,外国教会也在中国建立了一些翻译机构。著名者如:墨海书馆(1843年)、广州博济医局(1859年)、上海

---

① 傅兰雅:《江南制造总局翻译西书事略》,张静庐辑:《中国近代出版史料》初编,群联出版社1953年版,第12页。

② 曾国藩:《奏陈新造轮船及上海机器局筹办情形折》,《曾国藩全集·奏稿》(十),岳麓书社1985—1994年版,第6093页。

土山湾印书馆(1860年)、上海美华书馆(1860年)、上海益智书会(1877年)、上海同文书会(1884年建、1894年改为广学会)等。这些外国教会的译书和出版机构除了翻译、出版传教类书籍以外,也翻译并出版了不少科技书籍。

官方的重视,上层士大夫及士人阶层的积极参与,使这一时期翻译西书的数量猛增。据统计,从1860年至1900年,40年间各译书机构翻译、出版各类西书共555种,而且学科比较齐全,其中有哲学社会科学类123种(占总数22%)、自然科学162种(占总数29%)、应用科学225种(占总数41%),其他游记、杂著、议论等45种(占总数8%)。可见,受"中体西用"方针的指导以及中国文化近代化的特殊规律的制约,这一时期所译西学书籍中,数量最多的是自然科学和应用科学的各个学科。以这一时期江南制造局所译的160种书为例,若按照各学科门类译书数量的多少排列,其顺序是:兵学(21种),工艺(18种),兵制(12种),医学(11种),矿学(10种),农学(9种),化学(8种),算学(7种),交涉(7种),图学(7种),史志(6种),船政(6种),电学(4种),工程(4种),格致(3种),商学(3种),政治(3种),地学(3种),天学(2种),声、光学(2种),补遗等(12种),[①]表现出很强的功用性色彩和"中体西用"的文化导向。这就导致了译书的学科分布畸轻畸重,不尽合理。

这一时期译书活动所围绕的主题是"求强""求富",因而数量最多的是对求强、求富活动具有直接的实用价值的应用科学与工程技术方面的译著。"求强"译著如《防海新论》《临阵管见》《攻守炮法》《行军指要》等;"求富"译著如:《工程致富》《宝藏兴焉》《农学初级》《考工纪要》等。但文明规律很快便把译书者的视线引向了与之相联的另一环:自然科学基础学科,因此各译书机构都逐渐加大了这方面译书的力度。所译书中影响较大的如:

---

① 据熊月之《晚清西学东渐史概论》一文统计,载《上海社科学术季刊》1995年第1期。

数学方面,著名者有华蘅芳与傅兰雅合译的《微积溯源》《代数术》《三角数理》《决疑数学》等,较系统地向中国人介绍了从加减乘除、乘方、开方、根式、对数、三角函数、微分积分,以及概率论等数学知识,从而使当时西方的初、高等数学基本传入中国。

物理学方面,有徐建寅、傅兰雅合译的《电学》《声学》,赵元益与英人田大里合译的《光学》等,分别介绍了近代物理学各个重要分支学科的知识。

化学方面,更是成果卓著。徐寿与傅兰雅合译的《化学鉴原》,首次系统介绍了化学的基本概念、定律以及已知的64种化学元素,并用中文为它们命名,如钠、钴、镁、钾等;《化学鉴源续编》《化学鉴源补编》分别介绍了有机和无机化学;《化学考质》《化学分原》,分别介绍了化学的定性、定量分析等,几乎是完整地把西方近代化学知识引进了中国。

地学方面,著名者有华蘅芳、玛高温合译的《地学浅释》,原著是19世纪英国著名地质学家雷侠儿(今译赖尔)的名著《地质学纲要》。书中介绍了地质结构、成因、生物化石等系统的地质学知识。更重要的是,书中还介绍了法国科学家拉马克的进化论学说,对当时中国人的近代哲学思想的启蒙影响深远。

社会科学方面,影响最大的是庄祖锡、傅兰雅合译的《佐治刍言》,首次较系统地介绍了西方近代政治学知识和自由、平等思想;丁韪良与何师孟、李大文等人合译的《万国公法》,首次系统地将国际公法译成中文出版;汪凤藻译的《富国策》,是第一部介绍西方近代经济学说的著作,以及杨枢译的《各国史略》、同文馆学生译的《俄国史略》、王韬编译的《法国志略》《普法战记》、沈敦和编译的《西国课程汇编》等。

这些基础理论方面的译著数量不多,却更具学术价值和文化启蒙意义。

从形式上说,这种由政府组织、有目标、较系统,且颇具规模的译书活动,是中国人对近代文明由被动接受转为主动引进的开始。从内容上说,从加减乘除到"通物电光",从草木虫鱼的"递生递灭"到自由、平等说,各种新知识通过译书涌入了中国。仅从书名就能感受到,当年西书中译给中国人的科学知识启蒙是全新的、系统的、较有深度的。而且,当这些充满新知识、新名词的书出现在往日只会"子曰书云"的士人们面前时,其影响力就远不是译书 555 种这个数字所能概括的。因此,这已不是梁启超所说的"忽穴一牖外窥,则灿然者皆未所睹也"①,而是"穴一牖"而迎进近代文明之光,实现思想启蒙了。

(2)新式教育

教育作为文化载体,是当时中国西学传播的另一重要途径。

"强兵""制器"活动的开展,使新型人才缺乏的问题进一步凸显。洋务派官员认识到,"机器之用,具有至理,必须考究于平日,若临时猝办,即无及矣。故当今急务,以开学馆、培人才为最"②,即以兴办新式教育培育专才为急务。

培养新型人才首先碰到的一个障碍是科举制度。延续了千余年的科举考试制度,无论是内容还是形式,都极大地妨碍了新型人才的培养和发挥作用。正如王韬所说的:"不废时文,人才终不能古若,而西法终不能行,洋务终不能明,国家富强之效,终不能几。"③不仅像冯桂芬、王韬、郑观应这样的在野士人一再地提出改革科举取士制度的要求,一些执政的洋务派大僚和其他官员也对科举制度提出了批评。如李鸿章在 1875 年上奏中批评科举制的弊病在于"所用非所学",与社会实际"隔膜太甚",建议:"应于考试功令稍加变通,另开洋务进取一格,以资造就。"同时他们也为改革科举考试制度提出了具体的建议,如 1870 年沈葆桢上奏,要求开算学一科,选拔人才;李鸿章建议另立洋务进取一格取士;御史陈文泰建议特设一科,试以条约、兵法、制造等有用之学;御史陈琇莹奏请将算学归入正途;国子监司业潘衍桐奏请特开艺学一科,以储人才,得到左宗

---

① 朱维铮校:《梁启超论清学史二种》,复旦大学出版社 1985 年版,第 59 页。
② 《张树声往来函牍·黎兆棠函》,中国史学会主编:《中国近代史资料丛刊·洋务运动》(二),上海人民出版社 1957 年版,第 133 页。
③ 王韬:《洋务下》,朱维铮校:《弢园文新编》,三联书店 1998 年版,第 32 页。

棠的支持;侍郎宝廷要求特开一科,以算学考试,等等。① 古老朽腐的科举取士制度受到了内外夹击,科举制度开始动摇并出现了裂缝。在此压力下,1868年1月,总理衙门奏准,广东同文馆的5名学生作为生员,可一体参加乡试,②这是第一次有"异类"分子挤入科考的行列;此后,上海广方言馆的5名学生也受到了这样的待遇;③1888年的顺天乡试中,有32人被允准选考算学。虽然,最后只录取了一名"算学科举人",④但这是第一次中西学同考,西学第一次攻入科举制度,渗入传统的育才制度中。而且在朝野改革科举制度的呼声推动下,这一改革成果开始形成制度,1889年总理衙门奏准《变通算学考生规程折》,在乡试中增设算学一科。⑤

科举制度的改革是非常困难的,因而非常缓慢,成果有限。而新式学堂的创建,则取得了较大的进展。在"学以致用"和"培人才"之需要的推动下,洋务派创办了一批技术专科类的新式学堂。1862年,清政府为了培养懂外语的外交人才,创办了京师同文馆,这是近代第一所新式学校、第一所外语学校。1867年,左宗棠在福州创办福州船政学堂,是为第一所近代科技学校;1880年,李鸿章在天津创办北洋水师学堂,是为第一所近代军事学校。总计在甲午战前洋务派共创办新式学堂30所。其中外语学校7所,科技学堂13所,军事学堂10所,⑥基本上都是培养实用型人才的专科学校。近代教育开始在中国产生。

---

① 高时良编:《中国近代教育史资料汇编·洋务运动时期教育》,上海教育出版社1992年版,第626—645页;中国史学会主编:《中国近代史资料丛刊·洋务运动》(一),上海人民出版社1957年版,第52—53、174页。
② 奕䜣等:《请照章准蔡锡勇等一体乡试折》,高时良编:《中国近代教育史资料汇编·洋务运动时期教育》,上海教育出版社1992年版,第236页。
③ 奕䜣等奏:《请照章优予奖励学成学生折》,高时良编:《中国近代教育史资料汇编·洋务运动时期教育》,上海教育出版社1992年版,第203—204页。
④ 总理各国事务奕劻等奏,中国史学会主编:《中国近代史资料丛刊·洋务运动》(二),上海人民出版社1957年版,第211—212页。
⑤ 奕劻等奏:《变通算学考生规程折》,高时良编:《中国近代教育史资料汇编·洋务运动时期教育》,上海教育出版社1992年版,第647页。
⑥ 据高时良编《中国近代教育史资料汇编·洋务运动时期教育》一书统计。

在创办新式学堂的同时,清政府开始向西方国家派遣留学生。1872年,由容闳建议,曾国藩奏准,清政府分4年向美国派出共120名留学生,开中国官派留学生之先河。1875年后,福州船政局和北洋大臣李鸿章多次向欧洲派遣留学生,学习兵舰驾驶、制造、测绘、陆军等,至甲午战前共向欧洲派出留学生88人。①

新学堂的建立和留学生的派遣,极具文化革新的意义。这不仅是因为这些学堂设立的本身,即意味着科举体制的打破,是中国教育体制的创新,更因为这些学堂的教学内容基本上都是全新的具有启蒙性质的近代科技文化知识。在洋务派的努力下,西学开始以实际上的主角姿态进入课堂。外语类学堂以京师同文馆为例,1876年同文馆制订的八年制课程表:

首年:认字写字。浅解辞句。讲解浅书。

二年:讲解浅书。练习文法。翻译条子。

三年:讲各国地图。读各国史略。翻译选编。

四年:数理启蒙。代数学。翻译公文。

五年:讲求格物。几何原本。平三角。弧三角。练习译书。

六年:讲求机器。微分积分。航海测算。练习译书。

七年:讲求化学。天文测算。万国公法。练习译书。

八年:天文测算。地理金石。富国策。练习译书。

至于"中学",该课程表规定:"至汉文经学,原当始终不已,故于课程并未另列。向来初学者每日专以半日用功于汉文,其稍进者亦皆随时练习作文。"②可见是以外语为主,兼习自然科学、社会科学,而中学则被安排在正式课程体系之外。

科技类学堂以福州船政学堂为例,其课程大体有:英文、算术、几何、代数、解析几何、割锥、平三角、弧三角、代微积、动静重学、水重学、电磁学、光学、音学、热学、化学、地质学、天文学、航海术等。第二任船政大臣

---

① 李喜所:《近代中国的留学生》,人民出版社1987年版,第80—81页。

② 《京师同文馆八年课程表》,高时良编:《中国近代教育史资料汇编·洋务运动时期教育》,上海教育出版社1992年版,第86—87页。

沈葆桢规定:"每日常课外令读《圣谕广训》《孝经》,兼习策论,以明义理。……以中国之心思通外国之技巧可也,以外国之习气变中国之性情不可也。"①尽管当局者在指导思想上仍坚持"中体西用",但事实毕竟是,学堂法定的"主角"是西学,而"中学"只能在"常课"之外生存。

总之,封建主义教育体制开始瓦解,教育功能已从培养忠于朝廷、固守纲常的封建士大夫,转向培养近代型的科技专才,即"洞达时势之英才,研精器数之通才,练习水师之将才,联络中外之译才"②。教育领域中儒学一统天下的局面被打破了,近代科学和文化知识通过越来越多的新式学堂,灌输到越来越多的青年学子的头脑中,并开始确立自己在中国教育以至中国文化体系中的重要地位。

(3)报刊

译书、教育是从学术意义上引进了西学,报刊则是从普及意义上传播了新知识。

报刊是西方人带到中国的新事物,但也离不开中国社会对报刊的内在需要,即近代以后,中国社会中工商业经济产生并发展,工商业城市的膨胀,人们对信息和新知识的渴求,形成了打破农业社会的闭塞状态,向往流通的社会需要。于是,中国人接受了西方传入的这一新事物。继外国人在中国创办了《广州纪录报》(1827年,广州)、《字林西报》(1850年,上海)、《六合丛谈》(1857年,上海)、《上海新报》(1861年,上海)、《万国公报》(1868年,上海)、《申报》(1872年,上海)、《中西闻见录》(1872年,北京)等中文报刊,并拥有一批中国的报刊读者,即中国人开始接受报刊之后,中国人自己也开始创办报刊。1857年,黄胜等人在香港创办《香港船头货价纸》,刊登商业信息,至19世纪70年代改名为《中外新报》,这是中国人创办的第一家报刊。此后,《循环日报》(1874年,香

---

① 沈葆桢:《察看福州海口及船坞情形折》,高时良编:《中国近代教育史资料汇编·洋务运动时期教育》,上海教育出版社1992年版,第346页。

② 薛福成:《强邻环伺谨陈愚计疏》,丁凤麟编:《薛福成选集》,上海人民出版社1987年版,第501页。

港)、《汇报》(1874年,上海)、《新报》(1876年,上海)、《维新日报》(1879年,香港)、《述报》(1884年,广州)、《广报》(1886年,广州)等报刊相继创刊。据统计,从1865至1895年间,上海、香港、澳门、广州、福州、厦门、宁波、汉口、天津等主要城市创办的中文报刊有86种。[①]

报刊作为大众传媒,起着沟通社会交流,反映舆情,宣传新思想观念,传播新知识的作用。

报刊最主要的功能是向大众及时提供各种信息,起沟通社会交流的作用。中国人创办的第一家报刊《香港船头货价纸》,一开始即以刊登商业信息(包括商业广告、商情、船期等)为主。英国人创办、中国学者主持的著名报刊《申报》,其商业广告常占总篇幅的三分之一左右。这对商品流通、活跃经济显然起了推动作用。新闻更是报刊的主要内容。如1874年6月日本出兵侵台,《申报》即派记者前往台湾采访,7月22日起就连续刊登中国军民在台湾抵抗日本侵略的战讯;1882年7月朝鲜发生"壬午政变",《申报》立即派记者前往朝鲜实地采访,9月9日起连续报道事件真相及其动向。这种从未有过的信息快速传播方式,使中国人获得信息的渠道更为畅通,改变了传统社会落后的信息流通和获取方式,打破了农业社会的闭塞状态,知识更为丰富,眼界也更为开阔。

报刊在中国创办伊始,就表明了自己作为相对独立的公共舆论的身份及作用。它没有局限于邸报那样只记录朝廷政事,而是通过广泛的新闻报道和比较贴近社会的时评、社论,能及时反映舆情,反映进步的社会潮流和社会呼声。如1880年后,清政府内部展开了长达数年的修筑铁路问题的论战。这个论战也波及社会。1883年11月2日,《申报》发表了社论:《铁路不可不亟开说》,1884年3月1日又发表了社论《与法战宜筑铁路说》,三天后又发表了社论《续论火车铁路》,以及来稿《铁路卮言》,力言修筑铁路之利,支持修筑铁路,反映了当时社会一些开明人士的主张。报刊对各种积极的进步的社会要求的及时反映,对引导社会舆论、推

---

[①] 秦绍德:《上海近代报刊史论》,复旦大学出版社1993年版,第17页统计表。

进社会变革起了重要的作用。更重要的是,言论专制被打破了,在朝廷之外有了另一种代表社会的声音。

报刊还起了宣传新思想的作用。一些进步思想家正是看到了报刊的大众传媒的特性,利用报刊来宣传新思想。如改良思想家王韬,1874年1月5日创办了《循环日报》,并亲任主编。该报每天都有政论文发表,抨击弊政,阐发新论。王韬自己就为该报撰写了《变法》《变法自强》《治中》《洋务》《重民》等政论文,宣传了他的资产级改良思想,在当时的中国社会起了很大的影响。

在传播新知识方面,最著名的是英国人傅兰雅1876年创办的《格致汇编》。该刊实际上是一本科普杂志,主要向中国人介绍自然科学基础知识。如天文学的地球与太阳的关系、地球的公转与自转,数学方面的加减乘除、几何、三角函数,物理学方面的电学原理、光学原理、万有引力,化学方面的64种"原质"(元素)、化合与分解、化学仪器,生物学方面的各种动物、植物,医学方面的各种医药、卫生常识到西方工艺技术方面的新成就等等,几乎是包罗万象,而且很多知识都是中国人此前闻所未闻的。《格致汇编》每期销售达3000至9000册,深受知识界的欢迎,直至戊戌时期仍被一些学堂作为必读书,起了很大的科学启蒙作用。

从文化史的角度说,报刊既是中国走出死水一潭局面的开端,也是中国成为一个具有活力的、蓬勃向上的社会的动力。

(4)著书

著书立说,是士大夫传统的思想和知识积累、传播的活动。但19世纪70年代后一部分士大夫的著书,已具有全新的内容,并在中国近代文化史上树起了一座座丰碑。除了前述的那些介绍西方科技的译著外,影响较大的是这两类书:

第一类是阐发改良思想的著作。19世纪70年代后,西学的熏染,新兴工商业经济的引导,使一些士大夫开始告别传统,渐渐形成了新的社会理想,并且力图以西方社会模式作为实现国家富强的榜样,从西学中探讨政治改革的方案。他们把这个探讨和理想写成著作,进行宣传,其中较著名的著作有：

王韬：《弢园文录外编》，1874年刊行，《弢园尺牍》，1876年刊行；

郑观应：《救时揭要》，1872年刊行，《易言》，1874年刊行，《盛世危言》，1894年刊行；

薛福成：《筹洋刍议》，1884年刊行；

何启、胡礼垣：《新政真诠》，1887年刊行；

汤震：《危言》，1890年刊行；

宋恕：《六斋卑议》，1891年刊行；

陈虬：《治平通议》，1893年刊行；

陈炽：《庸书》，1893年刊行；

马建忠：《适可斋纪言》，1896刊行；

……

这些著作的作者，都是从士大夫转化而来的改良思想家。他们都是在野文人，或政府下层官员，都曾参与洋务活动。所写的这些著作，可以说都是"综贯中西，权量今古"①的思想结晶，都是以救国、强国为目标，以西方文明为学习对象的"经世"之作。所宣传的主要内容有：

第一，主张变法。"穷则变、变则通、通则久"，这是许多著作都引用的一句话。而且，他们所主张的变法绝不是传统意义上的变法，如王韬所说："当今之世，非行西法，则无以强兵富国。"②即学习西方，实行近代意义的变法。

第二，发展近代工商业。面对西方国家逐年扩大的商品输入和国弱民穷的现状，改良思想家们一致呼吁"振兴商务""立国以商务为本""富国强兵，非商曷倚！"③宣传了背离传统本末观的新经济思想。

---

① 陈炽：《盛世危言序》，夏东元编：《郑观应集》上册，上海人民出版社1982年版，第232页。

② 王韬：《易言跋》，朱维铮校：《弢园文新编》，三联书店1998年版，第167页。

③ 郑观应：《商务三》，夏东元编：《郑观应集》上册，上海人民出版社1982年版，第614页；薛福成：《出使英法义比四国日记》，岳麓书社1985年版，第210页；陈炽：《庸书·商部》，赵树贵等编：《陈炽集》，中华书局1997年版，第80页。

第三,改良思想家开始对传统政治改革落后于时代的现状感到不满,由此提出了政治改革的要求。因此在这一时期,上述的所有思想家都在他们的著作中提出了"设议院"主张,从而向传统的君主专制提出了挑战。

这些著作在当时流传颇为广泛,在当时社会形成了中国近代思想史上所说的早期改良主义思潮,从而把社会思潮向前推进。

第二类是出使人员的游记、日记、考察报告。1866年,清政府为消除中西间的"隔膜",派遣斌椿(知县衔)父子率同文馆学生共5人赴泰西"游历"。两年后,又派总理衙门章京志刚随同蒲安臣出使欧美国家。1875年后,开始向西方国家正式派驻使臣,先后派郭嵩焘使英法,曾纪泽、薛福成继之,陈兰彬使美,何如璋使日,刘锡鸿使德,等等。对西方世界仍然懵懵懂懂的清政府在派遣这些官员出使外国的同时,还向他们布置一项任务:"沿途留心,将该国一切山川形势、风土人情,随时记载,带回中国,以资印证。"①企图以此扩大和加深对西方国家的了解。

这些使臣踏上西方国家后,既惊叹海外山水胜境,诧异于外邦的风土人情,更钦羡西方文明的先进,并且客观记录,或游记、或日记、或笔记、或研究著作,或呈交总理衙门、或刊刻流传。其中较有影响的如:

斌椿:《乘槎笔记》《海国胜游草》《天外归帆草》;

志刚:《初使泰西记》;

张德彝:《航海述奇》,以及"再述奇""三述奇""四述奇""五述奇";

李圭:《环游地球新录》;

郭嵩焘:《使西纪程》;

刘锡鸿:《英轺私记》;

黎庶昌:《西洋杂志》;

曾纪泽:《使西日记》;

---

① 同治五年正月总理各国事务奕䜣等奏,宝鋆纂:《筹办夷务始末》(同治朝)卷三九,1929年故宫博物院影印本,第1—2页。

徐建寅:《欧游杂录》;

薛福成:《出使英法义比四国日记》;

何如璋:《使东述略》;

王韬:《漫游随录》;

黄遵宪:《日本国志》;

……

这些著作处处流露出第一次走出国门的中国人对西方文明的惊奇与赞叹,犹如进了大观园的刘姥姥,对什么都感到新鲜,都收入他们的记录中。如张德彝的《航海述奇》,从高效率的农田"割谷器""打麦器"、印刷厂的印刷机、毛织厂的纺织机、飞速行进的火车、快如马的自行车、上下高楼的"自行屋"(电梯)、"光倍于油蜡"的煤气灯,到游人如织的公园、肃穆的教堂、宽畅的街道、"有光有影""有色有声"的大剧院、博物馆,以及"藏书阁"(图书馆)、赛马会、聚天下珍奇的博览会、"弦歌诵读"的学校、各种体育运动,还有英国的"豪骚皮尔斯"(上议院)、"豪骚考门斯"(下议院)、法国的"上下会堂"(上下议院)公举"统领"(总统)的活动、美国的两党竞选"大统领"活动,等等,向中国人展示了一个全新的世界。在这些客观的记录之外,还有他们更发人深省的感想。如志刚在西班牙闻知女主萨伯逊位的消息之后,产生了如下感想:其一,"泰西立君,不拘男女";其二,"为君而不能尽君道者,则政令有所不行,不得安其位矣";其三,所以,西国君主"不敢肆志于拂民情"。[①] 这里所传播的绝不只是新奇的洋人国家的知识,更有这些奇闻透射出的种种新观念。

总之,19 世纪 60 年代后中国人的引进西学活动,既有相当的广度——从自然科学各门类到政治学说都有引进和介绍,更有一定的深度——在引进西学的同时还进行了深入其"理"的研究。正是在这样的引进和研究活动中,近代学术及文化开始在中国落户。

---

① 志刚:《初使泰西记》,转引自钟叔河:《走向世界》,中华书局 1985 年版,第 85 页。

### 3. 知识体系的更新

从19世纪60年代以后,数百种西学译书,数十种宣传新思想、新知识的书籍,数十种报刊流行于士大夫、士人以至民众当中,渐渐形成了一股学西学的社会潮流。在这股潮流的浸润下,中国人的知识的来源不应仅于主观世界,知识的构成在发生变化。人们不再把"忠孝仁义"之道、"修齐治平"之学看作是士人唯一的求学的方向。"中国人才本胜外国,惟专心道德文章,不复以艺事为重,故有时独形其绌"[①]。深刻的反省之中,已为中国人的求知指示了方向——知识的来源不应仅限于主观世界,知识的构成应是多元的,有用的"艺事"也是读书人应有的知识。当时代表社会舆论的报刊也指出:

> 当今之世,通商者数十国,各口交涉事件日繁一日,时务之学不能不讲,泰西翻译之书不能不看。既为读书之人,地球所有五大洲,何处为亚细亚境内之国?何处为欧罗巴境内之国,何处为亚非利加所属,……所谓英、法、俄、德、美各大国,何以能雄长一方?其中风土人情、好尚所关果何在?机器利便、心思精巧又何在?轮船、轮车、电线、电灯、枪炮之精、测算之准,水火之何以自来,矿苗之何以可识,时务之学,一一自宜考究。[②]

"当今之世"的读书人,再也不能只藏身于四书五经之中,只接触修身养性之学,必须了解世界、了解"时务",考究声光化电之学。这的确代表了当时的文化潮流,代表了当时许多士人的求知方向。

西学知识越来越多地进入中国人的知识体系,这就使旧的知识体系走上了从量变到质变的路途。不仅传统的性理之学已成糟粕,二三十年前的旧经世实学知识分类框架也已陷入无法应对时变的窘境,亟须重新

---

[①] 左宗棠:《上总理衙门》,《左宗棠全集》第13册,上海书店出版社1986年影印本,第11088页。

[②] 《识时务者为俊杰》,《申报》1888年7月4日。

改组。俞樾在为葛士濬编的《皇朝经世文续编》写的序中解释新旧"经世文编"体例变化时,就表达了这个观点:

> 近来风会日辟,事变益繁。如洋务为今日一大事,非原书海防所能尽也;奉天、吉林、新疆、台湾各设行省,因地制宜,非原书吏治所能尽也;开矿自昔有禁,而今则以为生财之大道,非原书钱币所能尽也;军国之用,取给抽厘,非原书榷酤所能尽也;有轮船以行江海,近又有轮车以行陆,非原书漕运所能尽也;中西算学日新月盛,朝廷辟馆以造就人材,且宽其格以取之,非原书文学所能尽也。①

在西学大潮的冲击下,知识量的急剧膨胀和学术文化结构的变动,已经超出了传统"中学"体系所能包容的范畴,旧知识体系在走向瓦解。晚清"经世文编"体例的这种变迁,正是当时知识体系由旧向新变迁的直观反映。

从知识的角度说,旧"经世文编"是以儒学为核心,以"六政"(吏、户、礼、兵、刑、工)为主要内容。而正由于俞樾所解释的原因——新的时代需要,产生了近代自然科学、"洋务"、近代工矿和交通事业等等新的知识门类,它们是传统的儒学知识体系所无法包容的,因而不能不在儒学为中心的体系之外另起架构。葛士濬编辑的《皇朝经世文续编》正反映了这一趋势:在创造知识的"学术"这一目中,增加了"算学"内容,因为"制器、测地,尤近今经纶之要务,非可以一艺目之,况其致用尚不止此"。意味着近代自然科学开始成为学术的一部分;在旧的八纲(学术、治体、吏政、户政、礼政、兵政、刑政、工政)之外,增加了第九纲"洋务",设有:洋务通论、邦交、军政、教务、商务、固围、培才等7目,涉及洋务理论、近代外交、军事、经济、教育等领域。这就意味着原来自我封闭的学问体系被打破,

---

① 俞樾:《皇朝经世文续编序》,葛士濬辑:《皇朝经世文续编》卷首,(台北)文海出版社影印本。

旧的经世实学知识体系向西学领域扩展，近代知识进入了中国人的知识体系，从而形成了一个"中体西用""中本西末"的知识体系。虽然新知识只占其中的部分纲目，但它所具有的蓬勃生命力及其发展前景却不是传统的知识架构所能限量的。

随着"采西学"活动继续不断地深入，输入的西学越来越庞大，以"经世文编"的形式，精心过滤、零碎安插少量西学的做法显然已不适时宜了。中国人所面临的任务，是如何整合并把握越来越庞杂的西学知识。

中国传统学术体系，就有整合已有学术成果的方法，一是编辑丛书，二是编排图书目录。

丛书在传统文化中历史悠久，为学者所欢迎。从19世纪70、80年代开始，丛书便被许多学者作为整合已译西学书籍、并充分发挥作用的重要形式。较早的是同光年间王西清、卢梯青编辑的《西学大成》丛书。王西清等鉴于"有志泰西经济之学者，苦无门径可寻"，搜寻选辑了明末以来的56种有用于"经济"（经国济世）的西学译书，基于当时中国人对西学知识及其体系的理解，进行分门别类，编成《西学大成》丛书，1888年刊行。所谓"大成"，意即集各类西学之大成。多年的西学知识积累，使王西清等学者了解到，西学应区分为12个门类，并且根据他对各类西学的内容及其不同作用的理解，做了先后次第的排列：算学、天学、地学、史学、兵学、化学、矿学、重学、汽学、电学、光学、声学。

这一分类体系说明同光年间的中国知识界对西方知识的认识已达到初步系统化，并基于此而对西学知识做了成体系的整合。尽管这只是对庞杂的西学知识按其所属的学科所做的较简单的分门别类，但它意味着一个全新的知识体系在中国文化体系中产生并开始成立。说明中国知识界已认识到这些来自西方的学问体系内容远比以前所知晓的更为丰富，且上达天文、下及地理、旁及天下万物，有用于国计民生，有益于国家的富强。这就提出了如何接纳和安置西学，使之成为中国人的学问，即西学知识本土化的历史任务。

对于如何接纳和安置西学知识的问题，知识界沿用了"经世致用"——"中体西用"的路线,在前一阶段以《西学大成》为代表的对西学整合并分门别类的基础上再向前推进一步,以"本末""体用""道器"理论框架,安置西学在中国学术体系中的位置:如汤震(汤寿潜)在批驳对西学"不必学""不屑学"的态度时说:

> 夫今之喋喋称西学者,非以凡事凡物能出奇于无穷哉?……盖中国所守者形上之道,西人所专者形下之器。中国自以为道,而渐失其所谓器;西人毕力于器,而有时暗合于道。……愿人善用其议,善发其愤,求形下之器,以卫形上之道。①

亦即中学是"形上之道",西学是"形下之器",这两者各安其位,各司其职,应该也完全可以同处于一个学术体系中。这是新学界的学者要吸纳西学、并使之成为本国知识体系一部分的一种努力。

尽管这个"道器""体用"理论框架并不完备,但在当时是中国知识界不能、也不想突破的文化原则。按照这个原则框架,改良思想家陈虬在1892年撰写的《经世博议》中,进一步把王西清们整合出的西学各类概括称之为"西学科"。他建议改革取士制度,罢去一切"所学非所用"的科目,改设五科,把"西学科"与经学等并列为"人材之所出,治体之所系"的"科目":

> 艺学科:曰射、曰算,射取中的,算试《九章》;
> 西学科:光学、电学、汽学、矿学、化学、方言学,并试以图说、翻译;
> 国学科:《大清会典》《六部则例》《皇朝三通》,并试以疏、判;
> 史学科:《御批通鉴集览》、另刊《皇朝新史》,并试以策论;
> 古学科:经则《五经》《周礼》《论语》《孟子》八经,子则《管子》

---

① 汤震:《中学第六》,政协浙江省萧山市文史委员会:《萧山文史资料选辑(四)·汤寿潜史料专辑》(1992年),1993年印行,第225—226页。

《孙子》《墨子》《商君书》《吕氏春秋》五家。

于是,"士皆全材,治平之道,基此矣"。①

在这个体系中,西学不再像《皇朝经世文续编》那样只是作为附庸,而是成为体系中的一员。并且与"国学""古学"等一样,被列为士人必需的学问。但西学与其他各类的中学被区分得清清楚楚,并无什么学术上的关联。这完全是基于"用"(即与"所学非所用"唱反调)的、知识扩张型的知识体系,西学并没有真正融入中国的知识体系中。但也必须承认,这是当年中国新学界吸纳西学、使西学本土化的必经阶段。

接下来如何把这些西学融入中国的学术体系,那是下一阶段的事情了。

## 五、社会文化的新气象

19世纪60年代后,中国人为应对国门洞开后的"大变局",从引进"坚船利炮"开始,相继引进了工业制造、科学技术,以及新闻、出版、教育等新事物。就在这层级递进的"采西学"过程中,中国的社会文化领域发生了广泛而深刻的变化。

### 1."洋"的渗透浸润

1860年以后,洋人进入中国内地,进入京师。同时跟进的,还有洋器物西洋风尚及其所代表的新知识、新观念等等。它对中国社会各领域的冲击是巨大的。

第一次鸦片战争后,"夷"字在一些先觉者的笔下被改为"洋",但并没有被整个中国社会所认同。至第二次鸦片战争后,经历了两次战争及20来年频繁而逐渐深入的相互接触和了解,横亘于中西之间的传统文化壁垒渐渐被冲破,正统士大夫用以捍卫传统文化的"夷夏大防"原则从根本上失去了存在的理由,将西方国家等同于"岛夷""蛮夷",甚至鄙之为

---

① 陈虬:《治平通议》,胡珠生辑:《陈虬集》,浙江人民出版社1992年版,第22页。

禽兽的人已极为少见。反映在用语上,"夷"字已被越来越多的人丢弃不用。较早的是太平天国领导人洪仁玕,早在1859年的《资政新篇》中就提出,旧时的诸如"万方来朝、四夷宾服及夷狄戎蛮鬼子,一切轻污之字皆不必说也"①,说明在当时的许多中国人的观念里,"华尊夷卑"开始失去了原则意义。尤其是第二次鸦片战争后,从清政府、士大夫到平民百姓都逐渐走出了"夷夏"之辨的"窨井",最能说明问题的是,从朝廷大臣到民间人士都跟在先进思想家的后面,把叫了几千年的"夷人"改口叫作"洋人",较为客观的、中性的、地理意义上的"洋"字越来越普遍地取代了带鄙视性的、伦理意义上的"夷"字。这里的意义不仅仅是称呼的改变,更意味着世界观念开始在中国人当中的逐渐普及。

从此以后,"洋"在中国社会中的地位提升再提升,"华"与"洋"不是平等的了,而是倒了过来,在中国人的心目中,"洋"越来越高于"华","洋"代表着先进,代表着文明,代表着潮流前列,对于土生土长的"土",在文化上占据了百余年居高临下的压倒性优势。因此也可以说,"洋"成了中国文化的征服者。

征服者的势力真的像高闸放水,席卷而来,泛漫整个中国社会。19世纪60年代后,不仅是"洋人",也不仅是"洋枪洋炮"站到了文化制高点上,几乎所有来自西方的事物,都顶着"洋"字标签,涌入中国,逐渐征服了各个领域的"土"事物。中国人开始初步地接受了西方的某些生活方式,原本用于抵制夷人文化的"奇技淫巧"说,不仅在观念上遭到了许多人的批判,在事实上,西洋器物越来越广泛地进入士大夫以至于士绅和市民大众的家庭,而且很受欢迎。据说,咸同年间,已是"朝野上下之间,所用者触目皆是西人之物"②。"洋货充斥,……大而服食器用,小而戏耍玩物,渐推渐广,莫之能遏。"③创刊于1872年的《申报》,以整版整版的洋货

---

① 太平天国历史博物馆编:《太平天国印书》下册,江苏人民出版社1979年版,第682页。

② 陈炽:《庸书·赛会》,赵树贵等编:《陈炽集》,中华书局1997年版,第95页。

③ 博润等修、姚光发等撰:《松江府续志·卷五·疆域志·风俗》。

广告,把洋布、洋装、洋药、洋火、洋铁、洋油、洋酒等等的洋货推向全国。成书于1876年的《沪游杂记》(旅沪浙人葛元煦著),就记录了当时上海出现的名目繁多、无处不有的西方事物,其中交通工具有脚踏车、东洋车、轮船、火轮车(火车),市政设施方面有煤气灯、洋水龙、洒水车、火警钟、地火(煤气)、电线,文化娱乐方面有各种报刊、油画、照相、外国戏园、外国马戏、外国影戏,以及西历、英语文字馆、电报、外国讼师(律师)、巡捕、显微镜、救命肚带(救生圈)、针线机器(缝纫机)、外国酒店和菜馆、自来风扇(手拉风扇),等等。至于洋布、洋皂、洋呢、洋毯、洋巾、洋线、洋伞、洋钉、洋笔、洋牙刷、洋牙粉、洋纸、自来火等等,更是成了当时城市居民的常见或常用之物。据说至同光年间,已是"几乎没有一个中国人的家庭不用一些进口洋货"。① 民众日常衣食住行的"洋"化在许多城市已相当可观。形色各异的西洋服饰开始在中国人身上出现。最早是那些爱追求时髦的女士,"喜效夷装,衣必袒胸露臂,裤必长不及膝,袜必长统,履必高底,其形式介于华夷之间。在染欧化之沪人视之固觉时髦,然使骤入守旧派目中,其不诧为妖孽也希。"②"西装革履"也开始在中国男士中出现。西式食品走进了中国人的日常生活中。19世纪50年代后,英国商人就在上海开始生产冰激凌、汽水、啤酒、面包和糖果等西式食品,此后,又有咖啡、奶茶、香槟、冰棒、饼干、蛋糕、罐头以及葡萄酒、白兰地等相继传入,并且受到越来越多中国人的认可和喜欢,也开始成为中国人饮食的一部分。吃西餐成为一种时尚,单上海四马路上的番菜馆,就不下十四五家。西式建筑在城市日益增多,其华丽美观的外表和大方实用的特色被中国人所认识并接受,一些华人也开始仿造西式建筑。中国人的民居建筑,也逐渐形成了花园洋房、公寓住宅、中西合璧的砖木结构的两层石库门式里弄住宅等。由于西式建筑增多,上海还出现了专门设计西式建筑的营造厂,本地的泥水匠中也形成了专造洋房的"红帮"。铁路尽管在社会上层

---

① 姚贤镐:《中国近代对外贸易史资料》第二册,中华书局1962年版,第1093页。
② 刘豁公:《上海竹枝词》,顾炳权编著:《上海洋场竹枝词》,上海书店出版社1996年版,第248页。

遭到士大夫的强烈反对,却受到城市市民的欢迎。1876年6月,英商在上海建筑了一条从县城到吴淞口的铁路,正式营运之日盛况空前,"男女老幼纷至沓来,……顷刻间车厢已无虚位"[①]。自1855年上海出现西式马车后,广州、天津等城市也纷纷引进,成为市民便利的交通工具。西式马车的出现,直接导致了"马路"这一新事物产生。此后,又有黄包车、电车、自行车相继在城市马路上奔驰。电报线已延伸到广大内地;北京的颐和园、王公府第、上海租界以及一些达官贵人家庭渐渐装上了电灯,等等。而且,这些西洋器物都受到了民众的欢迎,例如火柴的普及速度就相当快。有人作竹枝词赞道:"纤纤寸木药硝粘,引起灯火胜火镰。莫怪粹奴夸利用,缘他工省价还廉。"[②]而"工省价还廉"正是近代机器工业品的根本特征,也是"奇技淫巧"说和传统伦理都没能阻挡住西洋器物进入民众日常生活的根本原因。当这些西洋器物进入民众日常生活时,所带来的必然还有新的生活方式和新的精神面貌。

在西洋器物及其所代表的西方生活方式的影响下,人们的休闲和娱乐方式也在发生变化。由于人们的生活方式和生活节奏由农业向城市工商业转换,休闲时间增多,对娱乐生活有了更多的要求。因此,随着城市工商业的发展,适于士大夫口味的雅部昆腔不断衰落,而比较通俗、深受民众喜爱的花部(如:京腔、秦腔、弋阳腔、梆子腔,以及地方小戏如花鼓戏、滩簧、莲花落等等)却越来越兴盛,并从乡村向城市发展,城市的戏园也逐渐增多。同时,国外的"影戏"(幻灯)、赛马、马戏以至歌剧、话剧、器乐演奏等西式的娱乐方式,也吸引了众多的华人前去观看,中国人开始接触到西来的新艺术形式。

由鄙"夷"转变为崇洋,这种剧变,今天看来当然是有过正之失,或曰是过正之始,但就当时而言,则说明阻碍引进先进文化的壁垒开始被冲破。由此带来的结果,不仅是"洋"——近代事物日渐广泛地进入中国社

---

① 《火车开市》,《申报》1876年7月3日。
② 李静山:《增补都门杂泳·洋取灯》,路工编选:《清代北京竹枝词》,北京古籍出版社1982年版,第99页。

会各个领域,以至中国人的家庭生活,更重要的是"洋"的观念浸润渗透。很重要的一个表现是,在"夷务"转换为"洋务"之同时,中国人对"夷务"——"洋务"鄙薄者也越来越少,而以之为"时务"者则很快增多。王韬就叙述了他亲身经历的变化:

> 时在咸丰初元。国家方讳言洋务,若于官场言之,必以其人非丧心病狂必不至是,于是虽有其说而不敢质之于人。不谓不及十年而其局大变也,今则几于人人皆知洋务矣!①

"知洋务"者已较为普遍,讲求洋务者也在增多。而且,懂洋务者成为当时社会受欢迎、受尊敬的人才,以至"能说几句洋话即为不世奇才,内而公卿,外则督抚,无不倒屣而迎,皆倚为左右手"②。于是社会上出现了学外语热。在19世纪70、80年代的《申报》上,几乎每天都有各种外语学馆招生的广告。在1875年时,上海一地各式外语学馆已达24所。③ 而在商人中,"洋泾浜英语"得以流行。这从侧面反映了洋务——中外交往事务的"热"度。

### 2. 社会观念的变迁

西洋器物、西方知识、西方观念进入了中国人的日常生活,以及中国人生活方式的变化,使中国人的观念也在这个过程中潜移默化。尤其是知识结构的改变,更使中国人传统的宇宙观与价值观也随之动摇,各种新观念自这一时期渐渐滋生并成长。

首先是传统的"重道轻艺"观开始瓦解。儒家文化崇尚阐述人伦的"道",学术活动所追求的是形而上的体现宇宙、人间伦常秩序的"义理",而形而下的"艺"(技艺)则受到鄙视,并且受到不时的贬抑。两次鸦片战争以血与火的事实,实际上否定了儒家文化的这一准则,人们从战争的实

---

① 王韬:《洋务上》,朱维铮校:《弢园文新编》,三联书店1998年版,第29页。
② 《书循环日报论办理洋务后》,《申报》1877年8月13日。
③ 张仲礼主编:《近代上海城市研究》,上海人民出版社1990年版,第948页。

践中看到了传统之"道"的空虚无力,看到了西方国家"技艺"之先进,认识到重视"技艺"是国家富强的必要。奕䜣在与倭仁论战中所说的"仅以忠信为甲胄,礼义为干橹等词,谓可折冲樽俎,足以制敌之命,臣等实未敢信"①,正反映了在一部分中国人的心目中,传统的"道"已从原先的崇高位置上跌落,越来越多的士大夫逐渐从"道"的迷信中醒悟。洋务大员张之洞正是其中的一位:

> 当甲申一役,清流党诸贤但知德足以胜力,以为中国有此德,必可以制胜,于朝廷遂欲以忠信笃敬敌大舰巨炮,而不知忠信笃敬乃无形之物也,大舰巨炮乃有形之物也,以无形之物攻有形之物,而欲以是而奏效于疆场也,有是理乎?……甲申以后,文襄(张之洞)有鉴于此,遂欲舍理而言势。②

虚"德"不可能对敌实实在在的"大舰巨炮","舍理而言势"是必然、必需的。还有一些士大夫则进一步从文化的高度进行反省。左宗棠可说是较早的一位。1866年左宗棠在奏请学习西方造船技艺时说:

> 均是人也,聪明睿智近者性,而所习不能无殊。中国之睿智运于虚,外国之聪明寄于实;中国以义理为本,艺事为末,外国以艺事为重,义理为轻。彼此各是其是,两不相逾,姑置弗论可耳,谓执艺事者舍其精,讲义理者必遗其粗不可也;谓我之长不如外国,导其先可也,谓我之长不如外国,让外国擅其能不可也。此事理之较著者也。③

---

① 总理各国事务奕䜣等折,中国史学会主编:《中国近代史资料丛刊·洋务运动》(二),上海人民出版社1957年版,第33页。
② 辜鸿铭:《权》,黄兴涛等译:《辜鸿铭文集》,海南出版社1996年版,第427页。
③ 左宗棠:《拟购机器雇洋匠试造轮船先陈大概情形折》,《左文宗堂全集·奏稿》卷十八,岳麓书社1987年版,第5页。

尽管话说得遮遮掩掩,但意思还是明白的:中与西人的本性是共同的,只是后天的习染导致西人偏重于"实"——"艺",中人偏重于"虚"——"道",既然讲义理者绝不能"遗其粗",中国绝不能"让外国擅其能",那么中国人就必须补上人的本性中应有的另一面:聪明更要"寄于实",要以"艺事为重"。

实际上,在"道""艺"关系上醒悟的已不是个别人,除上述张之洞、左宗棠等人外,洋务大僚张树声、士人钟天纬等都有类似的言论。[①]

作为洋务实践家李鸿章对中西的比较及认识更为具体,也更能让人从理论触摸到事实:

中国文武制度,事事远出西人之上,独火器万不能及,其故何由?盖中国之制器也,儒者明其理,匠人习其事,造诣两不相谋,故功效不能相并。艺之精者,充其量不过匠目而止。洋人则不然,能造一器为国家利用者,以为显官,世食其业,世袭其职,故有祖父习是器而不能通,子孙尚世习之,必求其通而后止。上求鱼,臣乾谷,苟荣利之所在,岂有不竭力研求,穷日夜之力,以期至于精通而后止乎![②]

中国贱技艺,且学理与技艺割裂;西人贵技艺,故技艺之学发达。这不只是对西方以"技艺"为内容的学术的欣羡,更是对民族文化的反省。正是在这种民族文化的反省中,不仅西方的"机巧"之物被大量引进中国,更重要的是,"技艺"之学——近代科学技术在中国开始发展起来,并且日益受到人们的尊崇,取得了学术领域中的尊贵地位,成为中国文化中的一个重要组成部分。

其次是"好利""求富"风气在中国社会蔓延。去英国转了一圈的顽

---

① 见张树声:《建造实学馆工竣延派总办酌定章程片》,《张靖达公奏议》卷五,己亥刻本,第23—21页;钟天纬:《格致说》,《刖足集·外编》,1932年石印本,第91页。

② 李鸿章致总署函,宝鋆纂:《筹办夷务始末》(同治朝)卷二五,1929年故宫博物院影印本,第10页。

固派刘锡鸿对中西文化差异作了这样的概括:"外洋以富为富,中国以不贪为富;外洋以强为强,中国以不好胜为强。"①总算对中西文化的优劣之处有了些许的醒悟。其实,也正在这一时期,中国人"以不贪为富""以不好胜为强"的社会风习发生了很大的变化。

　　同光时期,洋货越来越大量地涌入中国,进入人们的日常生活。同时,工商业在发展,人们的生活方式日益商业化,商业化的价值观逐渐蔓延,吞噬着传统道德观念。首先是传统的崇俭禁奢的观念消退,而追求奢华的风习滋长。社会舆论出现了公开批评禁奢崇俭的声音,认为:在工商业发展的大趋势下,传统的禁奢崇俭不仅不合时宜,而且已是社会发展的障碍。因为它只会使"资壅而不流,财积而不散,而贫民藉贸易工作以日谋衣食者,将无所措手足矣"②。人们对传统道德观念重新进行了思考和评价。舆论认为,节俭美德"可行诸三代以上,不能行之三代以下",因为"夸丽斗靡"是贫富不均的社会中"哀多益寡"的途径。所以,"裕国足民之道不在于斤斤讲求节俭"。③ 在这种一切皆商业化的思潮引导下,竞奢风习愈演愈烈。1873年4月,一位读者给《申报》寄信,列举了当时市民竞尚奢华的种种表现:人们不耻于"行为不端""目不识丁",却耻于奢华不如人:"一耻衣服之不华也""一耻不乘肩舆也","一耻狎么二(次等)妓也","一耻肴馔之不贵也","一耻坐只轮小车也","一耻无顶戴也","一耻戏园末座也"等。于是,"无论其为官、为商、为士、为民,但得稍有赢余,即莫不竞以衣服炫耀为务,即下至倡优隶卒,就其外貌观之,俨然旺族之家"④。

　　竞尚奢华风习更刺激了"好利"风气。工商经济的发展,社会生活的商业化,以及竞奢风气的刺激,使得"好利"风气在社会迅速蔓延,传统的"义利之辨"道德准则已无法阻挡这一蔓延的趋势,以至有人把"利"称为

---

① 刘锡鸿:《英轺私记》,湖南人民出版社1981年版,第10页。
② 《奢俭论》,《申报》1872年5月9日。
③ 《论治世不必偏重节俭》,《申报》1877年2月28日。
④ 《申江陋习》,《申报》1873年4月7日。

"时之义"——应当弘扬的时代精神,把当时社会说成是人人"趋利"的大"利场":

> 天下攘攘而往者何也?熙熙而来者又何为?曰为利耳。富者持筹握算,贫者奔走驱驰,何为乎?曰为利耳。……利,时之义大矣!吾茫茫四顾,见四海之大,五洲之众,非利无以行。中外通商以后,凡环附于地球者,无一不互相交易以通有无。当今之天下,实为千古未有之利场;当今之人心迹,遂为千古未有之利窟。①

正如"重义轻利"与"重本抑末"是紧密相连的一样,"好利"的必然结果,是"弃农经商""弃官经商""弃举业经商"的现象愈来愈多。有记载称:"同光以来,人心好利益甚,有在官而兼营商业者,有罢官而改营商业者",②也有弃举业而经商者。据说,同光以后,一些地方出现了"以经商为第一生业,科第反在其次着"的新风气。即使在较偏僻的山区小县浙江遂安,同光以后参加县、府、院试的文童也已从前此的700余人骤减至400余人;风气更为开通些的定海厅,更是从过去的600余人减至100余人。③ 至于士而经商者,在当时更是比比皆是,"绅商"一词产生,并始流行于同光时期,就是明证。这种现象最多的是出现在沿海地区,但内地省份也不例外。山西的一位士绅在1892年的日记中就写道:"近年吾乡风气大坏,视读书甚轻,视为商甚重。才华秀美子弟,率皆出门为商,而读书者寥寥无几。甚至有既游庠序,竟弃儒而经商者。……当此之时,为商者十八九,耕读者十一二。"④城市中这种"视为商甚重"的风气更是有过之而无不及。据说,在80年代时,"沪上股份风气大开,每一新公司起,千

---

① 《利害辨》,《申报》1890年7月23日。
② 徐珂:《官吏现身说法》,《清稗类钞》(四),中华书局1984年版,第1672页。
③ 民国《遂安县志·卷一·职业》;民国《定海县志·卷五·方俗志》。
④ 刘大鹏:《退思斋日记》,光绪十八年,转引自乔志强主编:《中国近代社会史》,人民出版社1992年版,第74页。

百人争购之,以得股为幸","不但愿附西人之股,且多自设公司,自纠股份,大有蒸蒸日上之势,……轮船、保险、织布、电线、煤矿,以及采铜、采锡,莫不踊跃争先"①。

在这种"踊跃争先"群趋于商的内里,则是社会价值观念正经历着变迁。

第三是新思想观念的产生。在新的社会价值观念、新的知识体系的浸润下,旧的原则、旧的理论都在动摇,甚至被摒弃。据说,学子们在读了西书译著后,"视孔子之书反觉平淡而无奇",甚至"讥孔子守旧而不能出新法"。②连李鸿章也在给同僚的信中发泄他对"祖宗"的怨气:"却未见圣人留下几件好算数器艺来!"③与此同时,一些新的思想观念也在这一时期产生。

中国人从这一时期传入的西学中不仅接受了科学的功用,也开始接受其中的近代科学精神。曾去欧洲游历的王韬以其思想家的敏锐眼光,注意到英国哲学家倍根(今译弗兰西斯·培根)及其代表著作《格致穷理新法》(今译《新工具》)中所阐述的近代科学思想。1875年,他写了《英人倍根》一文,画龙点睛式地介绍了培根科学思想的主要思想观点。其中之一,是介绍了培根的打破偶像的思想:"其为学也,不敢以古人之言为尽善,而务在自有所发明;其立言也,不欲取法于古人,而务极乎一己所独创。"其中之二,是介绍了培根重视事实,崇尚归纳的思想:"其言务在实事求是,必考物以合理,不造理以合物。"④王韬似乎对重视事实、重视观测和实验方法的科学精神特别关注,在其他文章中也一再介绍"西人于学,有实证可据,然后笔诸书册。如天学必以远镜实测得此星,医学必细剖骨络脏腑,以穷其病之所在。动植之学必先辨虫草鱼木之状,而以显

---

① 《股价须知》,《申报》1882年6月9日。
② 俞樾:《三大忧论》,《春在堂全书·宾朋集》卷六,光绪十五年刊本。
③ 李鸿章:《复刘仲良中丞》,吴汝纶编:《李文忠公全集·朋僚函稿》卷十五,光绪三十一年金陵刊本,第4页。
④ 王韬:《英人倍根》,王韬著、陈戍国点校:《瀛壖杂志·瓮牖余谈》,岳麓书社1988年版,第44页。

微镜察其底里。苟有一毫未信,不敢告人","西人务为实学,如天文、算术、地理、水利等书,颇皆精思苦诣,穷极毫芒"①等。而这种重视事实、崇尚归纳、注重观测和实验方法的科学精神,正是中国发展近代科学所需要的,也必然会对整个观念领域产生影响。

王韬等人所介绍的西方近代科学精神和方法开始被中国人所接受。培根学说不仅成为格致书院等新式学堂考课的内容,②也被一些士大夫所吸纳。我们从张树声的奏折中关于泰西之学的本旨"不过相求于实际,而不相骛于空文""格物致知,中国求诸理,西人求诸事"③这类语言中,即可以感受到中国人对西方近代科学精神和方法的初步感悟。康有为等思想敏锐的青年士子,也正是在这一时期接过了这个方法论,并且以之冶铸新的"公理"世界。

这一时期又是中国哲学观念发生深刻变革的时期。中国传统哲学基本上是"心性之学",即伦理学说,是一个封闭的思想体系。西方近代自然科学传入中国,给中国哲学注入了一股活力。它使中国人揭开了过去蒙在物质运动之上的神秘面纱,更清晰地看到物质世界的结构和变化。而且中国人从中看到的,不仅仅是一个物质的新世界,也是一个观念的新世界,从而开辟了一个新的认识天地。其中对中国哲学影响最大的是进化论学说。

同光年间输入中国的西学知识中,最引起中国人注意的是地质学、天文学、生物学等。影响较大的是1873年江南制造局翻译并刊行的《地学浅释》,我们从中可以看到那时的中国有识之士为什么对地质学、天文学、生物学等感兴趣。此书主要是叙述了地球上的地质进化过程,而最引起中国人注意的,是在这个叙述过程中对进化论的介绍,即"高山变为深

---

① 王韬:《西人于学重实证》《西人务为实学》,王韬著、陈戍国点校:《瀛壖杂志·瓮牖余谈》,岳麓书社1988年版,第205、206页。
② 熊月之:《西学东渐与晚清社会》,上海人民出版社1994年版,第364—365页。
③ 张树声:《建造实学馆工竣延派总办酌定章程片》,《张靖达公奏议》卷五,己亥刻本,第23页。

谷,深谷变为高山;海变为陆,陆变为海。……而动植之物,递生递灭于其间,其种类之异,或因渐变,或因特生"以及勒马克(法国生物学家,今译拉马克)、兑尔平(英国生物学家,今译达尔文)对生物进化学说的阐述:"生物之类,皆能渐变,可自此物变至彼物,亦可自此形变至彼形","生物能各择其所宜之地而生焉,其性情亦时能改变"。① 除此以外,一些报刊、译著和新式学校的课堂上也介绍了这些内容。那些年轻的中国学者从中接受的主要的并不是地质学、天文学、生物学本身的知识,而是领悟其中所包含的进化论哲学观念。谭嗣同由地质进化学说而感到:"天地以日新,生物无一瞬不新也。今日之神奇,明日即已腐臭,奈何自以为有得,而不思猛进乎?"②唐才常则由进化论学说而发挥道:"大地之运,先起者蹶,后起者胜,错综参伍,莫知其由,又安能以千万年皇王之国,四百兆轩辕之种,庞然自大,以谓言种者奚为挈彼犬羊之族类相等伦耶?"③康有为"大攻西学书及声光化电重学",从中受到的启发是:"因显微镜之万千数倍者,视虱如轮,见蚁如象,而悟大小齐同之理;因电机光线一秒数十万里,而悟久速齐同之理;知至大之外,尚有大者;至小之内,尚包小者","大天无穷","天之变化无尽",而且自谓自此"尽破藩篱而悟彻诸天"。④ 当然,这里破的是儒家经学的"藩篱",悟彻的不仅是自然的,更是社会的、伦理的"天"。

新的政治观念也在这一时期产生。70年代后,一些有识之士分别从中国政治的实际、西学中提供的榜样这两方面,提出了政治改革的要求。

一些士大夫虽为专制政治的"局中人",但他们并没有迷失于此。相

---

① [英]雷侠儿著,玛高温、华蘅芳译:《地学浅释》,光绪二十一年富强丛书本,卷三八,第17、18、16页。

② 谭嗣同:《上欧阳中鹄·十》,蔡尚思等编:《谭嗣同全集》下册,中华书局1981年版,第458页。

③ 唐才常:《通种说》,湖南省哲学社会科学研究所编:《唐才常集》,中华书局1982年版,第104页。

④ 康有为撰:《康南海自编年谱》,中国史学会主编:《中国近代史资料丛刊·戊戌变法》(四),上海人民出版社1957年版,第116—118页。

反,正由于他们对"局中"的深切了解,有条件更早提出政治改革主张。如郭嵩焘早在1859年即向咸丰帝面奏:清朝政治"去百姓太远,事事隔绝",因此"今日总当以通下情为第一义"。①

如果说此时郭嵩焘的"通下情"主张主要是传统的"民本"思想在近代的延伸的话,那么70年代后包括郭嵩焘在内的士大夫所提出的政治改革主张,则更多的是对西方国家"富强"经验探讨的结果。1877年,时任驻英公使的郭嵩焘在前此"通下情"论的基础上进一步明确指出:

> 推原其(按:英国)立国本末,所以持久而国势立张者,则在巴力门议政院(按:议院),有维持国是之义;设买阿尔(按:市长)治民,有顺从民愿之情。二者相持,是以君与民交相维系,迭盛迭衰,而立国千余年终以不敝,人才学问相承以起,而皆有以自效,此其立国之本也。……中国秦汉以来,二千余年适得其反,能辨此者鲜矣。②

除了西方"富强"经验的启发外,70年代后兴起的"重商富民""以商为国本"说,以及中国社会"商"的势力的兴起,也必然地将中国人的思路引向重"民(商)"、以"民(商)"为中心的政治改革方向。因此80年代后更多的人提出了政治改革要求,其中包括一些在朝士大夫,如洋务大员张树声在去世以前向朝廷上奏,指出西人立国之"体"在于"议政于议院,君民一体、上下一心、务实而戒虚",要求"采西人之体以行其用"。③ 任职翰林院的崔国因,上奏明确要求"设议院",并且认为这是"自强之关键也"。④ 设议院说成为富强论的核心。

---

① 郭嵩焘咸丰九年正月二十四日日记,《郭嵩焘日记》(一),湖南人民出版社1982年版,第215页。
② 郭嵩焘光绪三年十一月十八日日记,《郭嵩焘日记》(三),湖南人民出版社1982年版,第373页。
③ 张树声:《遗折》,《张靖达公奏议》卷八,己亥刻本,第33页。
④ 崔国因:《奏为国体不立后患方深国请鉴前车速筹布置折》,《枭实子存稿》,光绪刻本,第22—23页。

那些志在改革的在野士人也纷纷从"重民"的角度，提出了政治改革要求。如王韬指出："天下之治，以民为先，所谓民为邦本，本固邦宁也。"而要实现这一目标，最好的政治形式是"君民共主"，即"集众于上下议院，……君民共治，上下相通，民隐得以上达，君惠亦得以下逮"，"富强之效亦无不基于此矣"。① 有不少人还根据自己对西方民主政治的了解，很具体地勾画了"君民共治"的中国式"议院"蓝图：陈炽在所著的《庸书》中主张，通过"乡举里选"，即由百姓推举士绅组织各级"议会"议事；汤震著《危言》，建议由四品以上的京官组成"上议院"、四品以下的京官组成"下议院"议政；陈虬在《经世博议》中提出，由学校行议院的议政之法；宋育仁的《时务论》，则主张以翰林院为议政之所，以进士为议员，②等等。可以看出，这一时期的中国人所提出的政治民主化改革主张还很幼稚，主要的并非根据主体的觉醒和要求，而是国家的富强，即外在政治上的需要，其次是对"以商为国本"趋势的朦胧感悟，因此他们所设计的议院，在很大程度上只是沟通上下、传达舆情民意的机构，而不是权利和义务聚集的场所；是为了"重民"而不是为了"民权"，更不是为了"人权"。尽管如此，"设议院"和"君民共治"的提出，毕竟是中国近代政治文化朝着削弱君主专制、赋予民以权利的方向前进了一大步。而且，当文化开始关注"民"的地位问题时，中国近代文化史也就做好了进入下一阶段的准备。

---

① 王韬：《重民下》，朱维铮校：《弢园文新编》，三联书店1998年版，第21、26、27页。
② 陈炽：《庸书》，赵树贵等编：《陈炽集》，中华书局1979年版，第16—18、107—108页；汤震：《危言·议院》，政协浙江省萧山市委文史委编印：《汤寿潜史料专辑》，1993年印行，第225页；陈虬：《经世博议·治策》，政协浙江省温州市委文史委编印：《陈虬集》，1992年印行，第79页；宋育仁：《泰西各国采风记》；王锡祺编：《小方壶斋舆地丛钞》第11帙，第5页。

# 第三章 "民""智"的发现——近代文化的发展

严格地说,较完整意义的中国近代文化运动开始于1895年。

从19世纪60年代到90年代初,中国近代文化运动取得了不俗的成绩:近代观念开始产生,近代知识开始传播,近代文化事业已经起步。但总的看来,它离完整意义的近代文化运动差距甚远。因为在这一阶段,运动的主体是封建士大夫营垒中的洋务派,他们的根本立场,决定了他们不可能自觉、主动地去进行近代文化运动,而是在历史的惯性、文明规律的牵引下,以类似剥笋的由外而内的程序,不经意地将中国文化推到了近代化的轨道。而1895年以后,中国近代文化运动跃上了一个新层次:这一时期文化运动的主体,是在前一阶段的近代知识和观念的启蒙下成长起来的青年士子们。他们在近代文化初步觉悟的基础上,自觉而主动、积极地采用"西学"来扫荡专制和蒙昧,深探近代文化的内核,致力于构筑中国的近代文化——"新学",从而将中国近代文化推进到快速行进的阶段;从运动的内容说,这一时期文化运动的深度主要的并非表现在由器物到制度层次的提升,而在于,中国近代文化运动已开始自觉地从文化的主体——"人"做起。可以说,所谓的"民",是这一时期文化运动的倡导者们以一种曲折的方式肯定人的价值;"智"则是对人的本质的呼唤;而"开民智"口号,很大程度上是人文主义精神指导下的文化启蒙运动。

## 一、"兴西学"潮流下的"中西会通"

### 1. "天下移风"

如上一章所述,至19世纪80年代中期以后,随着"采西学"活动的扩大,一些思想敏锐的中国人开始认识到,西方文化中不仅有先进的"器"和"用",更有先进的"本"和"体";中国文化不仅"器"与"用"愧不如人,其"本"与"体"也落后于人,并且对当政者"只袭皮毛"的"采西学"活动一再提出了批评,进而提出了"采西人之体,以行其用","以西学化为中学"的主张。这实际上是表明中国人的"采西学"活动已显露出突破"中学为体"框框的趋势,意味着一个新的文化革新阶段即将到来。

从一定意义上说,1894年发生的甲午战争,加快了文化革新的进程。因为甲午战争中国败于"虾夷"这一类似"胯下之辱"[①]的感受,以及随之而来的"国无以为国"[②]的忧患重压,对中国人来说是一次椎心泣血般的刺激。而从文化运动的角度说,这个刺激是一次很有效、有力度的社会动员。当年19岁的秀才包笑天回忆说,甲午战后,"潜藏在中国人心底里的民族思想,便发动起来。一班读书人,向来莫谈国事的,也要与闻时势,为什么人家比我强,而我们比人弱?为什么被挫于一个小小的日本呢?读书人除了八股八韵之外,还有其他应该研究的学问吗?"[③]

战败的悲愤化作了急切的强国的愿望,这一愿望又推动中国人对"学问"的进一步拷问。就在这个拷问以及伴随而来的新探索的过程中,中国人将学习和引进西学的活动向前推进了一大步,甲午战前的"采西学"活动急速转向甲午战后的"兴西学"潮流。而从"采"到"兴"的跨越,既是前面所说的中国近代文化运动质的跨越——从不自觉到自觉的跨越,也是规模上的跨越——从零散采摘到大批量引进,从而使中国近代文化运动朝着更为宽广的方向发展。

所谓宽广,首先是更多的人(包括包天笑所说的"向来莫谈国事"的人)加入了"兴西学"的时代潮流中。在这当中主要是来自基层社会人数众多的士人,而不再像前此那样仅以在朝士大夫为引进西学的主体。经历了洋务新政的启蒙,基层社会的士人中有很多人感到了学习西方的必要;而甲午中国战败、日本战胜的事实,又使士人们认识到能否加大学习西方文化的广度和深度,将是国家所以盛衰强弱的关键所在。因此甲午

---

① 翁同龢语。陈义杰点校:《翁同龢日记》第五册,中华书局1997年版,第2792页。
② 叶昌炽著、王季烈辑:《缘督庐日记钞》(光绪乙未三月十九日),民国二十二年上海石印本。
③ 包笑天:《钏影楼回忆录》,香港大华出版社1971年版,第145页。

战后，士人们纷纷转变致学方向。他们大多像章太炎、罗振玉一样，"自从甲午以后，略看东西各国的书籍，才有学理收拾进来"，①"时（按：指甲午时期）我国兵事新挫，海内人心沸腾，予欲稍知外事，乃从友人处借江南制造局译本书读之。予窃意西人学术未始不可资中国之助，时窃读焉。"②说明基层社会的士人们已行动起来，力图从"西学"中探求救国强国的方案。于是甲午战后的中国社会便呈现出这样一种文化场景："家家言时务，人人谈西学"③，"数月以来，天下移风，数千万之士人……争讲万国之故及各种新学，争阅地图，争讲译出之西书。……旧藩顿决，泉涌涛奔，非复如昔日之可以掩闭抑扼矣"④。维新派的形容之词也许有失夸张，但"谈西学"者的广泛和众多，则确是事实。以"旨在广为译著有益书籍"的广学会编译的西学书籍销售量为例：80年代后，广学会先后译出了《格物探原》《七国新学备要》《天下五洲各大国志要》《农学新法》等书，"初印时，人鲜顾问，往往随处分赠；既而渐有乐购者"。1893年出售书刊953本，1894年即升至2286本，1896年为5899本，1897年为15455本，1898年，在人们争读、争购西书的背景下，新书销售达18457本，是5年前的近20倍，"几于四海风行"。⑤再翻开当时的报刊或时人的记载，可看到这一时期许多兴办学堂、组织学会、创办报刊、翻译西书、印行新书等新文化活动，既不只是几位维新派"君子"孤军奋战，也不只是少数在朝"大人"所包揽，而是人数众多的处于当时社会中间阶层的在野士绅积极、主

---

① 章太炎：《演说辞》，汤志钧编：《章太炎年谱长编》上册，中华书局1979年版，第27页。

② 罗振玉：《集蓼编》，袁英光等编：《王国维年谱长编》，天津人民出版社1996年版，第9页。

③ 欧榘甲：《论政变为中国不亡之关系》，中国史学会主编：《中国近代史资料丛刊·戊戌变法》（三），上海人民出版社1957年版，第156页。

④ 梁启超《戊戌政变记》，《饮冰室合集·专集》之一，中华书局1989年重印本，第26页。

⑤ 丽诲：《基督教文字播道事业谈》，张静庐辑：《中国近代出版史料》二编，群联出版社1953年版，第336页；王树槐：《清季的广学会》，林治平：《近代中国与基督教论文集》，台北宇宙光出版社1981年版，第240—242页。

动甚至可以说是自觉的行动。因此甲午后的"兴西学"活动,已不是60年代后开始的那种很大程度是政府行为的"采西学"活动,而是一次具有较广泛社会成员参加的社会运动。而且,随着那些过去一直以承担基层社会儒学教化作为自己主要职责的士绅成为"兴西学"活动的主体,"兴西学"潮流也就开始从通商都市向广大的基层社会涌动——"开通风气"的报刊已不局限于大都市,而向县城一级发展,如浙江温州的《利济堂报》、江苏无锡的《无锡白话报》、江西萍乡县的《菁华报》、湖南衡州的《俚语报》等。宣传变法、研究"新学"的学会纷纷出现于州县,如贵州贞丰县的仁学会,江西峡江县的废时文会、义宁县的阅书报会,山东诸城县的阅书报会,江苏铜山的算学社,湖南常德的明达学会等,连嘉兴县竹林庙市这个乡村里,也出现了士绅们组织的讲求"西学"的守约会。新式学堂向州县发展也是开始于戊戌时期,如江西萍乡的时务学堂,浙江温州的中西时务学堂、瑞安学计馆、绍兴中西学堂,安徽芜湖的小学堂,广西梧州的西学堂,其他如湖南的宁乡、浏阳、衡州、常德、湘阴、凤凰厅等州县,江苏的常州、扬州、无锡、元和等地也都设立了新式学堂。连泰州这样一个向来"不知西学为何物"的地方,也由士绅办起了西学堂,以至出现了"喁喁向风之盛"的讲西学局面。① 如果说,洋务运动使通商都市涌起了采西学涓涓细流的话,那么戊戌"兴西学"活动则已形成一股规模更加壮大的新文化运动潮流,并开始从通商都市向基层社会、边远地区奔腾,席卷全国,席卷了文化领域的各个方面,极大地改变了社会风貌。即使是当时人,也对甲午以后"兴西学"潮流席卷面之广、冲击力之大和快感到几分吃惊。《申报》在报道了向来闭塞的江西等地"兴西学"热潮后,对中国社会的"风气日开"发出了这样的感叹:"人心奋发,积习之变,未有如今日之速者矣!"②

在这股较大规模"兴西学"的风潮下,基层社会士子的求知内容和方

---

① 《泰开西学》,《益闻录》第1690号,1897年7月14日。
② 《论中国改行新政之速》,《申报》1898年9月5日。

向也跟着发生了转变。在浙江宣平县这样的山区小县里也出现了这股新风尚:"一般英年俊秀少康子弟,识潮流之趋势,纷纷焉研求新学,风气为之一开。"①在湖北黄冈,"诸绅富不惜重赀,延请精通算学、时务之士教育子弟"②。在安徽芜湖,官绅子弟学习西文已形成风气,为聘请西文教师,官绅们派人往沪浙各地广为物色,"果有其人,不惜厚币以聘为诸公子先路之导,并为芜邑士子广开风气也"③。这里所追求的绝不仅仅是时尚,在"不惜重赀""不惜厚币"的后面,是官绅们对于"西学"已是时代、国家、社会,以至个人求知所必需这一现实的清醒认识,以及社会范围广泛的"纷纷焉"的积极行动。

士人成为"兴西学"活动的主力,说明中国近代文化运动的社会动员,已从士大夫阶层推广至社会中间阶层。至少从"兴西学"——近代文化运动的意义上说,戊戌维新运动绝不只是"自上而下",在很大程度上是自下而上的。这在中国近代文化史上意义重大,因为这意味着中国近代文化运动已开始在更广阔的社会层面上开展。这既是中国近代文化运动规模上的扩大,更是近代文化运动深入发展的表现。因此,如果说洋务运动引进"西学"的活动还只是淋湿了中国社会的表皮的话,那么戊戌"兴西学"潮流的"泉涌涛奔",则已使"西学"——近代文化甘霖逐渐浸润至中国社会的深层,从而开始了真正意义上的近代文化革新。

### 2."公理"的探求

更重要的是,甲午战后的"兴西学"活动已向文化的纵深方向发展。

可以说,洋务时期文化运动的最大致力处是传统知识体系的更新。而甲午以后,战败之耻辱的刺激和日本成功之经验的启发,促使中国的有识之士对30多年来的"采西学"活动进行了深入的反省,不仅那些思想先进者批评此前致力于知识更新的"采西学"活动是"变其甲而不变其

---

① 民国:《宣平县志·卷四·礼俗志》。
② 《汉皋解佩》,《申报》1898年8月18日。
③ 《芜邑广开风气》,《申报》1898年6月5日。

乙","仅袭绪余,未窥精奥"①,一般舆论也批评洋务活动"所得者皆系彼中之粗迹,其学术之本原、政教之条理,皆茫然未有所闻"②,表明了中国人已经不满足于"西学"之"粗迹"的知识体系层面的更新。

　　经历了数十年的实践和探索,中国人由表及里、逐渐深入地看到了"西学"除了其作为"粗迹"的知识体系以外,还有更为本质的"精奥"和"本原"。这既是中国人对"西学"的学术探讨上的进展,也离不开这一时期中国人观念变迁的背景——甲午战争的奇耻大辱使许多中国人在核心观念(包括价值观念、思维方式等)方面也开始怀疑传统,并向"西学"做更为深入的求索。因而伴随着上述的反省和批评,甲午战后中国人的学"西学"活动,便超越前此的对"西学"只是采其经验知识仿而行之、习而用之的阶段,开始了对"西学"之"精奥""本原"的探讨活动。而所谓的"精奥"和"本原",实际上就是上引《申报》社评所说的作为知识体系之内核的"学术之本原"(近代科学精神和方法)、"政教之条理"(政治、伦理教化体系)的社会意识形态。而且与前一时期被动地接受西方科学精神和科学方法不同,戊戌时期的许多中国人是在对"西学"之"精奥""本原"自觉求索的基础上,将其作为自己的主要探讨对象,并且对它做出了自己的阐释。在当时,不仅维新派康有为、梁启超指出了"西学"的内在价值是"发人士之通识"③,"西学"的核心是"立法之所自,通变之所由"④,作为当时一般社会舆论之代表的《申报》也指出了这一点:"西人之富强者其迹也,其所以能臻此富强者则有道焉"⑤。

　　而对"西学"之"精奥"和"本原"认识最为深邃、阐释最为透彻的则

---

　　① 胡燏棻:《变法自强疏》,中国史学会主编:《中国近代史资料丛刊·戊戌变法》(二),上海人民出版社1957年版,第278页。
　　② 《论湘省振兴西学之速》,《申报》1898年1月14日。
　　③ 康有为:《请广译日本书派游学折》,汤志钧编:《康有为政论集》上册,中华书局1981年版,第302页。
　　④ 梁启超:《变法通议》,《饮冰室合集·文集》之一,中华书局1989年重印本,第65页。
　　⑤ 《论仿行西学之难》,《申报》1898年3月7日。

是对"西学"深有造诣的严复。他指出:"西学"中的汽机、兵轮、天算、格致等,只不过是"形下之粗迹","能事之见端";而其"命脉"所在,"不外于学术则黜伪而崇真,于刑政则屈私以为公"。① 这里所说的"黜伪而崇真",亦即近代科学中以求知、求真精神为本质的"学术之本原",它包括近代科学精神、科学方法和思维方式等;而"屈私以为公",则是以民主精神为内核的"政教之条理",它包括近代政治思想和理论、法权观念、伦理学说等。

在严复等启蒙主义者看来,中国的贫弱落后,从根本上说是科学精神和科学方法的缺失,思维方式的落后。所以从学术根本上引进"西学",才是中国的"自救之术"。因为,中国传统学术研究问题时,往往是"师心自用""闭门造车""强物就我",于实际情形"不察""不问""未尝验""未尝考"就做出论断。"其为祸也,始于学术,终于国家。"明朝之所以会灭亡,清朝之所以衰弱,"不皆坐此也耶!"②因而对"西学"中科学精神和科学方法的探讨和介绍,是甲午战后中国人"兴西学"活动深化的一个最重要的表现。在这方面最为自觉和积极的应是严复。他认为,"西学"中最为重要的价值,并不在于"求知未知,求能不能",而是"藉以教致思穷理之术","假以导观物察变之方","而其本事,则筌蹄之于鱼兔而已矣"。更具体地说,学习数学、名学,是为了"察不遁之理,必然之数"(事物发展的法则规律);学习力学、质学,是为了"审因果之相生,功效之互待"(事物发展的因果、功效关系);学习天学、地学,是为了"有以见物化之成迹","有以知成物之悠久,杂物之博大,与夫化物之蕃变"(即看到万物变化的轨迹,世界演变的漫长、变化的繁多);学习群学,是为了"知治乱盛衰之故,而后能有修齐治平之功"。③ 即"西学"的本质及其最重要的价值,在于它可以用来观察、了解小至具体事物,大至整个自然界以及人类

---

① 严复:《论世变之亟》,王栻编:《严复集》(一),中华书局1986年版,第2页。
② 严复:《救亡决论》,王栻编:《严复集》(一),中华书局1986年版,第44—45页。
③ 严复:《原强(修订稿)》,王栻编:《严复集》(一),中华书局1986年版,第29、17、18页。

社会的深层结构及其发展、变化的轨迹和规律,可以发挥小至指导人们的思想意识、道德修养,大至指导国家治理、政治设施的功效。也正因为如此,严复在介绍"西学"时,非常重视对"致思穷理之术""观物察变之方"这类科学方法的介绍,以使中国人掌握致国家富强的"筌蹄"。

在戊戌时期,严复等有识之士对西方近代科学方法最为强调的是"实测之学""内籀之术"。所谓"实测之学"即通过对客观事物的实际考察,以求得反映客观事物之本质的公理和法则的科学实验方法。严复认为西方近代科学方法的特征就在于"一理之明,一法之立,必验于物物事事而皆然"①。他在《西学门径功用》中介绍说,西方科学实验方法有三个层次:"考订"(即实际观察和演验)、"贯通"(即会通之以求得公理和法则)、"试验"(以事实验证这个公理、法则的"靠实"与否)。② 严复还指出,西方科学的昌明,也根源于其中的"实测内籀"之学。而中国传统学术之落后、思想理论之谬误,即根源于方法论上弱于"内籀",其治学、论事常推演自"子曰诗云",流于"师心自用"。因此他对逻辑学更强调"内籀之术":"察其曲而知其全者也,执其微以会其通者也。"③即在对事物观察与实验的基础上,从特殊的、个别的客观事例中归纳出一般的、普遍性的科学定律及一般原理。这本身就是对传统的"唯圣""唯经"的经学思维方式的否定。

实际上,严复的上述主张并非孤立,他只是对此前已经出现于中国学术界的厌弃"心成之说"、推崇"实测"方法之思想趋势的高度理论概括。如上章所述,70年代后,一些有识之士即已向中国人介绍了培根的重视事实、崇尚归纳、注重观测和实验的科学方法、科学精神。那些对旧"政教"体系的真理性产生怀疑的先进中国人很快发现,这是探寻新真理("公理",即构建新"政教"体系之原则)的有效途径。所以从80年代后期开始,康有为就尝试性地运用"实测之学"探求新"公理"。他认为,中

---

① 严复:《救亡决论》,王栻编:《严复集》(一),中华书局1986年版,第44—45页。
② 严复:《西学门径功用》,王栻编:《严复集》(一),中华书局1986年版,第93页。
③ 严复:《天演论自序》,王栻编:《严复集》(五),中华书局1986年版,第1320页。

国人"向来言理虚测",而今应提倡"实测"。①"虚测"所得往往是谬见,而"实测"可以从经验实事中得出"公理"。本着"凡记一事,立一说,必于'实测'二字,确有可据"②的精神,著《实理公法全书》,运用几何学的演绎方法,通过由"实理"(相当于几何学中的定义,如"人各合天地原质以为人")、"公法"(相当于几何学中的定理,如"人有自主之权")、"比例"(即运用公理、公法做分析、比较和批判,如主张"权归于众"、"立议院以行政"、各级官吏应行"公举"等)的程序推演,提出并论证了他的政治改革主张的真理性。可以说,戊戌时期康有为提出的变法理论,从方法论上说是他两条腿走路——运用"实测之学"与"托古改制"相结合的产物。

至甲午以后,更多的人对旧"政教"体系的真理性产生了疑问。在寻求新真理以重建政教体系的过程中,有识之士们除了继续着"通经致用"——"托古改制"的路径外,更多的是以自觉、主动的姿态去求索和运用"西学"中的方法论。有识之士们认识到,"西学"(自然科学)不仅仅是一个客观知识体系,其中更蕴藏着科学精神和科学方法,应当通过深入的学术研究活动真正地掌握并运用它。为了掌握科学精神和科学方法,理论上他们倡导以"大之极恒星诸天之国土,小之极微尘血轮之世界,深之若精气游魂之物变,浅之若日用饮食之习睹"的客观世界作为科学研究的对象,"观物察变"、"随时触悟"、"穷其原委而探其本末"③,要像"瓦特因水沸腾而悟汽机之理""奈端因苹果落地而悟巨体吸力之理"那样,揭示出其中的"所以然之理",并求得"致思穷理之术","观物察变之方"。也就是我们今天所说的在科学研究中了解事物发展的客观规律,掌握科学方法,"他日创新法、制新器、求新学,皆基于是"④;在实践上,通

---

① 康有为:《万木草堂口说》,姜义华等编校:《康有为全集》(二),上海古籍出版社1990年版,第276页。
② 康有为:《万身公法书籍目录提要》,姜义华等编校:《康有为全集》(一),上海古籍出版社1987年版,第273页。
③ 《常德明德学堂详细章程》,《湘报》第166号,1898年9月28日。
④ 梁启超:《湖南时务学堂学约十章》,中国史学会主编:《中国近代史资料丛刊·戊戌变法》(四),上海人民出版社1957年版,第503页。

过科学研究探求方法论,更是这一时期中国人学习"西学"的重点。在戊戌年间出现的众多学会中,有许多是以"讲学术""以学问相砥砺"为宗旨的。[①]而且,学术研究专门化的趋势已开始出现,各学会多要求入会者"各占一门"学问,"分门考究""合力讲求",即分工合作进行科学研究。同时各学堂、学会都很重视科学实验,把置备实验仪器作为学会成立的必需,并把"实测""练习仪器"作为学会的学习和研究活动之重要内容,让学习、研究者通过科学实验探究科学原理和方法。[②]通过这些途径,他们或是从格致学的"已知之理"中求证自然世界及其运动的"新理";[③]或者从中外历史、西人政治学说中探讨"中外古今盛衰之原"[④]"泰西富强之术"[⑤],即社会领域及其运动的"新理",并"开拓能力"[⑥]。

整个晚清时期都很少有以纯然学术为己任的追求者,不管是理论上还是实践上,戊戌时期的有识之士们都不是以探索学术上的"新理"作为"兴西学"的最终目的。他们力图变革"政教"体系,但在学术上已不愿重走求证于经典的老路,而是把求证旧"政教"体系的荒谬性、新的(以西方为榜样的)"政教"体系的真理性诉诸客观事实,求得"征实"之据;同时在对客观事实的研究中寻求"致思穷理之术""观物察变之方",进而以这个"方""术"去探求并重建新"政教"体系的"新理"。康有为把这个"新理"称为"人类公理"——依据人类理性和愿望发展起来的应当共同遵从的道理。于是,支撑传统"政教"体系的"心成之说"开始坍塌,由"实测之学"支持的、建立在"靠实"基础上的"新理"——"公理"开始构建,意味着中国人开始了思维方式的转变,并且由此带来对旧"政教"体系的

---

① 《苏学会简明章程》,汤志钧编:《中国近代教育史资料汇编·戊戌时期教育》,上海教育出版社1993年版,第102页。

② 《学会彬彬》,《知新报》第20册,1897年5月31日。

③ 梁启超:《湖南时务学堂学约十章》,中国史学会主编:《中国近代史资料丛刊·戊戌变法》(四),上海人民出版社1957年版,第504页。

④ 《郴州学会禀》,《湘学报》第28册,1898年2月21日。

⑤ 《常德明达学会章程》,《湘学报》第30册,1898年3月13日。

⑥ 《衢州府开办任学会章程》,《湘报》第17号,1898年2月25日。

颠覆。

所以在这一时期,转换了思维方式的中国有识之士,不再是一味地向古代经典求证"政教"的真理性以及意义的说明,而是运用"实测"方法从客观事实中归纳出新"公理",进而运用这个新"公理"建构并支持新"政教"体系,这成为当时文化运动的重要内容。例如:严复从生物进化的事实中归纳出"以自由为体,以民主为用"原则,国家富强取决于民力、民智、民德的理论,"物竞天择,适者生存""优胜劣败"法则;康有为运用"实测"方法,从大自然的"实事"中推出"变者天也""天欲人理""天予人权,平等独立"等"人类公理";谭嗣同从作为世界本原的"以太"之性质及运动规律的客观事实中,归纳出人人"平等"的"公理",进而发出"冲决网罗"的号召;梁启超依据亿万年来宇宙、大地、植物、动物等变迁的永恒和绝对性,论证了政治改革的必然性、合理性——"变者,古今之公理也"。将自然科学中不可移易的法则,演绎成社会政治领域天经地义的"公理"。也正因为这个"公理"是依据自然界之"实事",而且是客观事物之本质推导出来的,所以它对当时的中国人来说,比那些激情的呐喊、抒情的描述更富有吸引力和说服力。越来越多的中国人信服、信奉了这些"公理",认为:"公理者,放之东海而准,放之西海而准,放之南海而准,放之北海而准。东海有圣人,西海有圣人!此心同,此理同也。"而且把它作为"鉴别之权衡",开始自觉地运用它去审视、评判一切:"合乎公理者,虽闻野人之言,不殊见圣;不合乎公理,虽圣人亲诲我,我其吐之,目笑之哉。"[1]"古今言论,以理为衡,不以圣贤为主,但视其言论何如,不得计其为何人之言论。"[2]在"公理"面前,"圣人"不"圣"了。有人甚至质问:"朱子在南宋,何以无救于宋世之亡?"[3]君主专制制度开始丧失存在的合理

---

[1] 谭嗣同:《与唐绂丞书》,蔡尚思等编:《谭嗣同全集》上册,中华书局1981年版,第264页。

[2] 康有为:《实理公法全书》,姜义华等编校:《康有为全集》(一),上海古籍出版社1990年版,第287页。

[3] 《问答·辜天佑问》,《湘报类纂》丙上。

性,秦以来的君主竟被很多人指为"大盗窃国者",①纲常伦理则被指为必须冲破的"网罗"。而且在"公理"的烛照下,中国人对中西"政教"体系的差别看得更清楚、更深刻了。严复就认为,由于中西在"自由"这一"公理"——人的最根本的价值上的差别,导致了整个"政教"体系原则上的差异,如伦理"明平等"与"重三纲"、"求欢虞"与"追淳朴",政治"公治天下"与"孝治天下"、"隆民"与"尊主",财用"重开源"与"重节流",为学"尊新知"与"夸多识",思想观念与行为方式"喜党居而州处"与"贵一道而同风"、"务发舒"与"美谦屈"、"恃人力"与"委天数"等。② 实际上是指明了中国人在新"政教"体系建设中应当向西方学习的内容和中国文化发展的方向。

于是,在倾斜了的旧"政教"体系旁边,那些从"实事"中推导出的诸如"以自由为体,以民主为用""天予人权,平等独立"这类"公理",被有识之士们作为建构新"政教"体系的原则而确立,被作为"民"的基本(核心)观念而宣传。这一时期勾画的以"开议院""立宪法""改官制"为主要内容的政治改革蓝图,正是"公理"的结晶;学堂中开展的"何以他国之人皆智皆巧皆富强,中国独愚拙而贫弱?……西人何以富,我何以贫?人何以强,我何以弱?人何以不讳言利而贪黩者少,而我以言仁义而污处多?……曰外洋诗书礼乐之化不如中国也,然而国日富强;仁义道德之训不如中国也,然而自谓有教化。其故何哉?外洋之事治,中国之事不治也。中国之事何以不治?"③等这类讨论,科举考试中出现的"中国禁讼师泰西尊律师评议""君主、民主、君民共主说"等这类试题,④实际上是引导士子们运用"公理"对中国的"政教"体系做深层次的探讨和评判;报刊上大量刊出的《政党论》、《民主表》、《拿布仑(今译拿破仑)立国律》、《法兰

---

① 严复:《辟韩》,王栻编:《严复集》(一),中华书局1986年版,第35页。
② 严复:《论世变之亟》,王栻编:《严复集》(一),中华书局1986年版,第2—3页。
③ 刘光贲:《崇实书院学规》,高时良编:《中国近代教育史资料汇编·洋务运动时期教育》,上海教育出版社1992年版,第799—800页。
④ 《徐大宗师按临永州府》,《湘报》第136号,1898年8月24日。

西报馆律》等译文,各学会纷纷以政学、法律、性理(哲学)等学科作为学习和研究的主要科目,译书是以"政学为先",刊行的多为《英国政府议院制》《德国议院章程》《富国养民策》《生利分利之别论》一类的译书,说明中国人从中所要了解的,绝不只是"治天下之法"这类经验知识,更期望了解泰西的"治天下之道"①,即"公理"所含的近代政治原则和精神,并且要以之"观治乱兴衰之故、沿革得失之迹,俾可参观互证,以决从违"②,亦即要运用"公理"为中国新"政教"体系的建设寻求核心精神的支持、意义的说明、行动的指导。

当"兴西学"活动深入"公理"层次时,近代文化的本质内容便渐渐展现于中国人面前。

### 3."中西会通"

当西学中的"公理"被揭示于中国人面前时,中国近代文化运动便从前一时期的借"用"西学向着整合中西的纵深方向发展,其重要表现是"中西会通"的提出和贯彻。

在洋务运动后期,一些有识之士已把"西学"作为与"中学"相对等的文化体系来看待,只不过是,它们仍被看作是两个各自独立的文化体系。至甲午战后,随着中国人"西学"知识的积累,以及对"西学"的了解更加全面、深入,越来越多的人对前此的将"西学"随意分割、零星取用的做法提出了批评,进一步看到了"西学"是一个由不同层级、不同门类组成,有其内在的学术规律贯通和联系,其实体与功用紧密相连的整体(见下节的叙述)。而一旦将"西学"作为一整个知识体系来看待并引进,原来人为地分割知识门类、分割实体与属性的"体""用""本""末"框架也就被打破,"中本西末""中体西用"纲领的合理性受到了质疑,摒弃"中体西用"说成为当时有识之士的共识。不仅严复提出"牛体"与"牛用"、"马

---

① 梁启超:《上南皮张尚书书》,《饮冰室合集·文集》之一,中华书局1989年重印本,第105页。

② 《总理各国事务奕劻等折》,国家档案局明清档案馆编:《戊戌变法档案史料》,中华书局1958年版,第449页。

体"与"马用"密不可分的理论论证了"西学"是一个文化整体,何启、胡礼垣也在1898年的《新政安行》一文中指出:

> 本末者,……指一事之全者而言,谓其有是本,因而有是末也。……其本为嘉禾,则其末必不为稂莠;其本为稂莠,则其末必不为嘉禾。体用者,身之全量也,指一身之完者而言,谓其有是体,因而有是用也。……其体为羽翼,其用则为冲天;其体为鳞甲,则其用为伏地。泰西之学有是末也,由其有是本也;泰西之学有是用也,由其有是体也。①

何、胡二人在这里告诉人们:无论是"中学"还是"西学",都是一个有本有末、有体有用的、完整而不可分割的文化体系。"西学"之用为"嘉禾",其体也必为"嘉禾";"中学"之末为"稂莠",其本也必是"稂莠"。这就从根本上否定了封建统治者企图保"中学"之体,而又要采纳"西学"的"嘉禾"之用的可能性。

在这里,严复、何启等启蒙主义者实际上是主张把"西学"视为完整而不可分割的近代文化体系,但绝不是"全盘西化";②他们所批评和反对的是出于狭隘政治功利性目的、人为地将文化(包括"中学""西学")硬行分割为体与用或本与末,但并不反对有选择地引进"西学"。他们实际上是主张,必须以本民族的文化为母体,以对国家富强为目标的"有用"与否为标准,去选择、吸纳并消化外国的先进文化,以建设新的民族文化。这里的"有用",标准仍是功利性的(这是由中国近代文化运动的根本特征所决定的),但它已跳出狭隘的政治功利目标下的文化秩序圈子,而立于更高的国家富强的境界,更为宽广的文化心态和视野,从而没有了那种

---

① 何启、胡礼垣:《新政安行》,郑大华点校:《新政真诠——何启胡礼垣》,辽宁人民出版社1994年版,第301页。
② 严复在《与外交报主人书》中就明确反对"尽去吾国之旧"的做法。见王栻编:《严复集》(三),中华书局1986年版,第5—60页。

将"中学"或"西学"强行分割为本与末或体与用之等级类别的必要。而一旦本与末、体与用的界限不复存在,"以有用为宗"即以时代和社会实际作为文化选择的唯一标准,知识的人类共同性、通用性的认识也随之产生,中与西、新与旧的界限遂成为人们冲击的对象。陈继俨提出的"夫理者,天下之公理也,法者,天下之公法也。无中西也,无新旧也。行之于彼则为西法,施之于我则为中法也,得之今日即为新法,征之古昔则为旧法也"①这类主张,代表了那个时代文化发展的趋势。严复所主张的学"以有用为宗",不必问其中西,也不必问其新故,凡不利于富强者,虽"出于父祖之亲、君师之严,犹将弃之",凡有利于富强者,"虽出于夷狄禽兽,犹将师之",②渐渐成为中国人文化选择的基本准则和基本态度。

于是,甲午战后突破并超越"中体西用"框架,提出"中西会通"文化主张,也就成为顺理成章的事。不但康有为提出了"泯中西之界限,化新旧之门户"的主张,③清廷制订的《京师大学堂章程》也把"中西并重,观其会通"作为办学的一项原则。④"中西会通"在当时中国社会已被有识之士广泛接受,成为逐渐取代"中体西用"论的文化纲领。这是一个历史性飞跃。

当戊戌时期维新派提出"中西会通"主张时,洋务派张之洞却坚持"中学为体,西学为用"的立场,并且与顽固派站在一个营垒,与维新派进行论战。这次文化论战的最根本问题并不在于要不要"兴民权",且看张之洞在《劝学篇》中纲要性的一段话:

中学为内学,西学为外学;中学治身心,西学治世事。不必尽索

---

① 陈继俨:《论中国拘迂之儒不足以言守旧》,《知新报》1898年5月30日。
② 严复:《与外交报主人书》,王栻编:《严复集》(三),中华书局1986年版,第560页。
③ 康有为:《奏请经济岁举归并正科并各省岁科试迅即改试策论折》,汤志钧编:《康有为政论集》上册,中华书局1981年版,第295页。
④ 总理衙门:《筹议京师大学堂章程》,中国史学会主编:《中国近代史资料丛刊·戊戌变法》(四),上海人民出版社1957年版,第489页。

之于经文,而必无悖于经义,如其心圣人之心,行圣人之行,以孝悌忠信为德,以尊主庇民为政,虽朝运汽机,夕驰铁路,无害为圣人之徒也。①

可见,在张之洞看来,"西学"可以引进,并且也可以与"中学"同处一室(张氏也称之为"会通"),但它们之间的关系应是油与水的关系,各司其职,截然两立。显然,他反对"中学"与"西学"真正的融会贯通,以阻止"西学"渗入中国人的伦理观念和政治理想(即"体")之体系内,从而保证"中学"——传统"政教"体系的纯洁性。

维新派从最根本处否定了这一理论。何启、胡礼垣撰文驳斥张之洞此论,曰:

……无其内,安得有其外?苟能治身心,即能应世事;苟能应世事,即可知其能治身心,身心世事一而二,二而一也。无实学之心,焉能为格致?无富国之心,焉能为铁路?无自强之心,焉能为兵备?无持平之心,焉能设陪员?今止言学其外而不学其内,此而名之曰会通,何会之有?何通之云?②

这里实际上是阐述了这样一个道理:文化及文化的功能、价值是一整个体系。"中学"既然不能"应世事",就不可能"治身心";"西学"既然能"应世事",也必定能"治身心"。如果没有符合西器之"心"(近代观念),也就不可能运用好西器。真正的"会通",应该既学其"外"(文化功能),也学其"内"(文化观念)。但这并不是说要完全抛弃"中学",正如梁启超在代总理衙门起草的《筹议京师大学堂章程》中所指出的:

---

① 张之洞:《劝学篇·会通第十三》,《张文襄公全集》(四),中国书店1990年影印本,第589页。
② 何启、胡礼垣:《劝学篇书后·会通篇辩》,郑大华点校:《新政真诠——何启胡礼垣》,辽宁人民出版社1994年版,第392页。

> 考东西各国，无论何等学校，断未有尽舍本国之学而能讲他国之学者，亦未有绝不通本国之学而能通他国之学者。中国学人之大弊，治中学则绝口不言西学，治西学者亦绝口不言中学。此两学所以终不能合，徒互相诟病，若水火不相入也。①

也就是说，中国人在学习西方，改造并发展中国文化的过程中，只有真正地读深、读通中学，才能真正地"通"西学，引进西学，并发挥西学的作用。所以，中国之"经史大义"仍是必读之书，只是要剔除其中"支离芜衍，或时过境迁，不切于今日之用者"；绝不是全盘照抄"西学"，而是要"必深究其所谓迭相牵引，互为本原者，而得其立法之所自，通变之所由"。②这实际上是主张把"中学"（民族文化）作为进行文化选择的母体来对待，基于此而从"西学"中汲取其内在精神（包括世界观、历史观、价值观、方法论）。在此基础上使"中学""西学"融为一体，而不是中与西的简单相加。用梁启超的话说，是"采西人之意，行中国之法；采西人之法，行中国之意"③，即以中国的"法"和"意"（民族文化体系，前述的中国"政教之条理"）为母体，让西方的"意"和"法"（即西方文化精神，前述的"公理""公法"）贯穿其中，发挥指导作用，使中国文化朝着西人的"意"和"法"所代表的近代文化方向发展。这才是真正的"中西会通"。

当然，这种过于抽象的对于"意"与"法"的表述，本身就说明了戊戌时期的"中西会通"理论上的稚嫩。这是因为，甲午战争后急迫的国家和民族生存危机，也使进步思想家们的改革要求更高、更迫切，急需新的学术体系支持"救火追亡"般的政治改革，但在当时中国普遍的小农经济及

---

① 总理衙门：《筹议京师大学堂章程》，中国史学会主编：《中国近代史资料丛刊·戊戌变法》（四），上海人民出版社1957年版，第488页。
② 梁启超：《湖南时务学堂学约十章》，中国史学会主编：《中国近代史资料丛刊·戊戌变法》（四），上海人民出版社1957年版，第503页。
③ 梁启超：《变法通议》，《饮冰室合集·文集》之一，中华书局1989年重印本，第19页。

其社会关系之上,还不可能培育出以民主、科学精神为核心的近代文化,只能依赖于从西方引进"西学",而此前从西方引进的,又大多是"格致之学"或"制造之学","于政治、哲学,毫无所及"。① 启蒙主义者只能从这些自然科学中去发掘"公理""公法",于是便出现了梁启超后来回忆的这种状况:

> 那时候,……我们要把宇宙间所有的问题都解决,但帮助我们解决的资料都没有,我们便靠主观的冥想。

的确,处在这种急切的改革之情与"学问饥荒"相矛盾的情况下,只能靠思想家们的天才"冥想"。但他们并不完全是凭空"冥想",用梁启超的话说,是以先秦儒家原典和诸子学说,以及从译书中得来的"外国学问"(即从"格致之学"或"制造之学"中求得的"实测之学"之类的科学方法,所寻找并归纳出的"公理""公法")"这三种元素混合构成"的"新学"。② 或者说是在"中学"与"西学"融会贯通的基础上,"冥思枯索,欲以构成一种不中不西、即中即西之新学派"③。这就是所谓的"中西会通"。

康有为的理论创制活动,可说是那个时代"中西会通"、构筑"不中不西、即中即西"文化体系的典范。

19 世纪 80 年代初,康有为因目睹西人在香港、上海租界的"治术"而歆羡西学,开始"大购西书""大讲西学";继而从大多是介绍近代自然科学的译书中汲取了唯物论世界观和进化论历史观,并以此为指导,在《实理公法全书》《康子内外篇》等著作中阐述了人道主义哲学,按照几何公

---

① 梁启超:《康南海先生传》,《饮冰室合集·文集》之六,中华书局 1989 年重印本,第 62 页。
② 梁启超:《亡友夏穗卿先生》,《饮冰室合集·文集》之四四,中华书局 1989 年重印本,第 20—22 页。
③ 梁启超:《清代学术概论》,《饮冰室合集·专集》之三四,中华书局 1987 年重印本,第 71 页。

理的模式,将人的权利和自由作为"人类公理";依此"公理",康有为在《礼运注》《大同书》等著作中,运用儒家《礼运》中有关"大同"说的语言,以西方的"天赋人权"说、空想社会主义观点为指导,勾画了一个"凡隶天下者皆公之""无贵贱之分,无贫富之等,无人种之殊,无男女之异"的"平等公同"的人道主义理想王国——"太平之世",即"大同"社会。① 其后,康有为开始构筑通往"太平之世"的途径。他将自己的学术方向从古文经学转向今文经学,并以今文经学为武器,改造经学,著《新学伪经考》,论证东汉以来的古文经都是刘歆为辅佐王莽篡权而伪造的,与孔子无涉。这实际上是以釜底抽薪的手法,否定了当时思想界所尊信的儒家经典的神圣性,否定了当时在观念领域位居主流的理学、汉学等经学派之正统性依据,从根本处动摇了两千年来的"王者礼乐制度",从而为下一步的"立"扫清了通道。接着,康有为又以偷换"义理"的手法著《孔子改制考》,在《新学伪经考》所造成的学术平台上,将传统的"信而好古""述而不作"的孔子改塑为"托古改制"的孔子,将孔子抽象化为一种求新、求变精神。进而又借用了被指为孔子之"精义"的《春秋公羊传》,使用其中古老的"张三世"材料,构筑了一个以西方进化论为灵魂、以制度变革为主体的新"三世"说理论架构:

> 人道进化,皆有定位,自族制而为部落,而成国家,由国家而成大统;由独人而渐至酋长,由酋长而渐正君臣,由君主而渐至立宪,由立宪而渐至共和;由独人而渐至夫妇,由夫妇渐定父子,由父子而渐锡尔类,由尔类而渐为大同,于是复为独立。盖自据乱进为升平,升平进为太平,进化有渐,因革有因,验之万国,莫不同风。②

以此作为变法运动的理论指导。可见,康有为是通过借助西方哲学、

---

① 康有为:《礼运注》,杨向奎:《清儒学案新编》(四),齐鲁书社 1985—1994 年版,第 471 页。
② 康有为:《论语注》卷二,万木草堂丛书 1917 年刊本,第 10—11 页。

社会学、政治学等学说,重新解读儒家经典的途径,构筑了一个新的"中学"其表、"西学"其内的学说体系。由此,人们从康有为笔下古色古香的经学词句中,读出来的却是民权、平等、君主立宪、进化和变革等新思想。

实际上,"中西会通"精神已被贯彻于戊戌时期的整个文化运动中。体现"中西会通"的新学问体系已见雏形。如在教育领域,时务学堂"学约"规定:

> 必通六经制作之精意,证以周秦诸子及西人公理公法之书以为之经,以求治天下之道;必博观历朝掌故沿革得失,证以泰西希腊、罗马诸古史以为之纬,以求古人治天下之法;必细察今日天下郡国利病,知其积弱之由,及其可以图强之道,证以西国近史宪法、章程之书及各国报章,以为之用,以求治今日之天下所当有之事。①

其他新办学堂(如湖北中西通艺学堂、常州务本学堂等),也有与此基本相同的既植根于中国历史文化和当代社会的实际,又"证以"西国的历史经验,贯彻"西学"中的法则和精神,从而使"中学"与"西学"相互贯通、融汇为一个体系的教学内容之规定。

又如在出版领域,戊戌时期编纂出版的许多宣传"新学"的书籍,都贯穿了"合中西为一贯"的精神。著名的如求自强斋主人编的《皇朝经济文编》、扫叶山房编辑的《万国分类时务大成》、质学会编辑的《质学丛书》、麦孟华编纂的《皇朝经世文新编》等等,不仅打破了"中学"的自我封闭体系,而且也摈弃了过去那种既依知识来源分中、西,又从政治、伦理角度分割体、用的做法,完全按照知识的客观内容及其性质来分类编排。无论是中国的皇皇经典,还是泰西的"政教"学说,都被同等置于相关知识类别的位置上,在科学分类的基础上,被整合成中西融会贯通的"新学"

---

① 梁启超:《湖南时务学堂学约十章》,中国史学会主编:《中国近代史资料丛刊·戊戌变法》(四),上海人民出版社1957年版,第505页。

体系。以其中的《皇朝经世文新编》为例,编者抛弃了在传统经世学之外另立"洋务"("西学")一门的做法,完全按照知识的客观内容和性质,分成通论、君德、官制、法律、学校、国用、农政、矿政、工艺、商政、币制、税则、邮便、兵政、交涉、外史、会党、民政、教宗、学术、杂纂等21类,全部篇目均依事归类,中与西完全融为一体。如在官制类,既有对西国政治制度的介绍,如《日本职官志叙》《德国议院考序》,也有对本国旧官制改革的议论,如《叙督抚同城之损》《论拜跪之礼不可行于今》等。农政一类中,既有对西方农业科学技术的介绍,如《种植格致学》《电气利于园艺论》,也有中国学者对本国传统农业科学技术的探讨,如《请讲求务本至计以开利源折》《陆彦若所著书序》等。在旧的"皇朝经世"的名目下,在西方近代观念的指导下,宣传的是近代性质的革新思想和知识。

其他一些思想家的著作,如谭嗣同的《仁学》、严复的《原强》《辟韩》、唐才常的《觉颠冥斋内言》等,制度化了的新学堂课程、图书目录,以及丛书编辑、文学领域的新小说、"新文体"散文、"新派诗"等等,无不是"中西会通"的成果。这些新的文化形式既不是原来意义上的"西学",因为原本的"西学"已经过中国人的选择、吸收、消化,渗入相关领域,化为中国新文化体系中的重要组成部分;它们也不是原来意义上的"中学",因为原本的"中学"在经过"西学"的炉火锻造后,其内在精神已被更新,已失去了原来的本质意义。如此"会通"结果不是一加一等于二,而是一加一等于一,即中西融汇,构成中国的新文化体系。

我们从以上的叙述中可以看到,构筑这个新文化体系的材料是庞杂的,用康有为的话说是"合经子之奥言,采儒佛之微旨,参中西之新理,穷天人之赜变,搜合诸教,披析大地,剖析古今,穷察后来"①。用来表述思想的语言也多来自经学文本,如"气""仁""大同""变易""三世""性""道""理""欲""智""德"等等,但所表达的文化内容却是全新的:

---

① 康有为:《康南海自编年谱》,中国史学会主编:《中国近代史资料丛刊·戊戌变法》(四),上海人民出版社1957年版,第117—118页。

其一，价值观。甲午战争的失败，进一步导致中国人对价值观领域中传统内容的怀疑，以至否定。在前此的知识更新的基础上，有识之士们将西方近代自然科学中的一些原理、法则当作人类社会的"公理"，用来诠释和评价人文和社会现象，这实际上是将自然科学的法则演绎为价值准则。同时，在开始发展起来的工商经济和社会所提供的人文主义土壤上，在西方民主学说的启发下，以个人为本位的新价值观已在戊戌时期开始建构，关于人的权利、尊严等观念一再被思想家们所强调，康有为、谭嗣同等人关于"平等"是人类社会的普遍法则，梁启超等人关于"自主之权"是人的自然属性，严复关于自由是人的最根本价值等理论，开始被中国人所接受，并被作为考量政治、社会和思想的准则而运用。

其二，世界观。戊戌时期的思想家们接过了西方17、18世纪的"以太"学说、康德—拉普拉斯星云学说等唯物主义世界观，推翻了理学家们"理在气先"的谬说，并以这个新世界观去观察世界，认识社会，作为新文化观的哲学基础。

其三，社会历史观。戊戌时期的思想家们从天文学、地质学、生物学中汲取了进化论学说。其中最著名的是康有为、严复，前者利用进化论阐述了社会不断进步的"三世"说，走出了传统的循环"变易"怪圈；后者则"反复三致意"于"物竞""天择""优胜劣败""适者生存"这一"天演哲学"，唤醒了更多的中国人起来变法自强，也为社会和文化变革提供理论依据。

其四，政治观。甲午战后的思想家已不满足于仅限于上达民意、民情的"君民共主"说。他们依据从西方引进的孟德斯鸠"三权分立"理论、卢梭社会契约论，学习外国成功的宪政经验，提出了更为完善的，具有崭新国体、政体、民权内容的近代政治构想："立行宪法，大开国会，以庶政与国民共之，行三权鼎立之制。"[1]

---

[1] 康有为：《请定立宪开国会折》，汤志钧编：《康有为政论集》上册，中华书局1981年版，第339页。

其五，伦理观。维新派提出了自然人性论，指出："凡人皆天之子也。"①以此为基础，他们提出了"人欲"在"天理"之中，"人人独立，人人平等，人人自主，人人不相侵犯"等"人类之公理"②的观念。

其六，思维方式。先进思想家们极力提倡"贵自得而贱因人，喜善疑而慎信古"③的科学精神，力求在思维方式上创新，以打破传统的唯经、唯圣、唯古的僵化思维方式。如康有为即运用了几何学中的演绎方法，从他认为是不证自明的"公理"出发，经过严密的逻辑推理，推导出人类社会应有的"公法"，即基本价值规范；严复则推崇"内籀之术"，主张通过"考订"—"贯通"—"试验"的方式去研究社会。

这是戊戌时期的中国人致力构建的超越于中西之上的近代民族文化体系，人们一般称之为"新学"。

## 二、"民"的发现和"民权"的张扬

### 1. "民"的发现

19世纪60年代后30多年的近代文化运动，是一个不自觉的由"外"（文化客体）而"内"（文化主体）的文化革新过程。所谓不自觉，是指这一时期的文化运动，主要的并不是基于主体的内在自觉，而是在国家富强这一价值目标的召唤下，从文化的客体——富强之"器""用"为开端，逐渐向文化主体推进。当然，这只是我们对当时呈现出的这股由外而内的文化趋势之指向的概括性表述，因为直到戊戌时期，近代文化运动仍只触及文化主体的边缘——"民"及"民权"问题，而未触及更为内在的文化主体，以及文化主体的内在自觉——"人"及"人权"观念的觉醒。而"民"和"人"毕竟分属于文化的两个层次——"人"所表达的是一个个体的概念，"人权"所表达的是作为与国家、社会的权力相对立的个体的自由和

---

① 康有为：《请尊孔圣为国教立教部教会以孔子纪年而废淫祀折》，汤志钧编：《康有为政论集》上册，中华书局1981年版，第281页。
② 康有为著、楼宇烈点校：《孟子微·总论》，中华书局1987年版，第13页。
③ 严复：《原强（修订稿）》，王栻编：《严复集》（一），中华书局1986年版，第29页。

权利；而所谓"民"则属于"群"的范畴，并不是一个个体的概念，"民权"所强调的是作为"群"的组成分子，作为与"君"相对应的"民"的权利。它的意蕴更多是制度的，而不是观念的。它是对中国传统的"民本"思想的超越，但多少还带有以君权为中心的"民本"观念之痕迹。它已接近"人权"，但毕竟不是"人"及"人权"觉醒的本身。

这是中国近代文化运动的特点所决定的。这个运动既然是由外而内的，那么，中国人也就只能循此路线，在国家富强价值目标的引导下，从向"西学"寻找"力""富""学"，直至发现"民"。而所谓发现"民"，是指中国人看到了"民"在国家富强中的重要地位和巨大作用。

这一发现，首先得自西方经验的启示。中国人在向"西学"中探讨国家富强途径的过程中，先后穿越了"火器""制器之器""致富之术"等层次，这时他们已接触到的是西方文化中的更深层次——人及人权的边缘。只是，当时中国人尚只有功利的动机而没有相应的文化观念为底蕴，个体独立的要求相对较弱，而"群"（国家、民族）的独立要求非常强烈，因而个体的独立与解放尚未形成强有力的社会要求。在此背景下，中国人是以自己的思维和理解方式、文化语言，将西方文化中的"人"与"人权"降格翻译为更为政治化、具体化的"民"和"民权"。正是在这一认识基础上，最早是那些出使或游历过西方的中国人，以各种形式记录并传播他们对西方政治的观察所得。曾任驻英公使的郭嵩焘1878年在日记中写道：英国"国政一公之臣民，其君不以为私，其择官治事，亦有阶级资格，而所用必皆贤能，一与其臣民共之。……朝廷又一公其政于臣民，直言极论，无所忌讳，庶人上书，皆与酬答，其风俗之成，酝酿固已深矣"。因此他对西方政治做了如此概括："西洋政教以民为重，……民权常重于君。"[①]薛福成在担任公使时也对西方政治进行了探讨，他指出，"西国富强之原"在

---

① 郭嵩焘：1898年1月20日、5月19日日记，《郭嵩焘日记》（四），湖南人民出版社1982年版，第393、506页。

于"通民气""保民生""牖民衷""养民耻""阜民财"。① 发现了"民"是国家政治的根本,富强的主体,这对于正追求富强的中国人来说,是非常有意义的。

同时,同光年间中国工商经济的发展,导致现实的社会生活、社会关系发生了深刻的变化。社会风习也出现了"好言利""好言富"的趋势。思想家们敏捷地感悟并反映这一变化,而且对这一变化及其趋势做出高度的理论概括。他们把"人人欲济其私"②的思想主张,升华为一项值得肯定的伦理准则,进而又把它外化为"利民""富民"口号,并上升为治国的政治原则,使个体价值得到了前所未有的弘扬。继而,这种以富强目标为唯一的思路,推动思想家们又从"重商"(重视商务,重视商民)观念推出"商富即国富""富强之业、资之民商"③的思想主张,前所未有地提升了"商"的地位。资本主义经济规律把中国人的思想认识带到了民主政治的浅层面:"民"(商)是国家富强的主体。

尽管是浅层面,但一旦承认了"民"(商)是国家富强的主体,其合理的逻辑推演,就是承认过去在政治上绝对服从于君主的"民",在国家经济和政治生活中应居于主导地位,拥有相应的权利。这就在中国人的观念世界里,将过去的"率土之滨,莫非王臣"式的君主一元政治架构,演化为君民共同主导国政的二元政治架构。于是,思想家们的思路又从"民"是富强之主体,具体归结到"民"是国家政治之主体的政治主张之上。因此,19世纪80年代后,思想领域中关于建立议院,实行"君民共主"制度以反映民情、民意的讨论渐趋热烈,"民权"一词开始出现在一些思想家的论著中。

甲午战后,"民"的旗帜更是被高高举起。而其推动力,则来自中国

---

① 薛福成:1893年7月26日日记,丁凤麟编:《薛福成选集》,上海人民出版社1987年版,第626页。

② 薛福成:《商政》,丁凤麟编:《薛福成选集》,上海人民出版社1987年版,第541页。

③ 郭嵩焘:《致李傅相》,杨坚校:《郭嵩焘诗文集》,岳麓书社1984年版,第239页。

人从救亡的角度进一步看到的提高"民"的政治地位的重要性和迫切性。启蒙主义者透过甲午战败、国家贫弱这一事实进一步认识到,西洋国家之民,其地位之高"过于王侯将相","设有战斗之事,彼其民为公产公利自为斗也",所以国强;而中国之民,"其卑且贱,皆奴产子也","民之自视,亦如奴隶焉,彼奴隶者……视国事若于己无与焉",国家一旦有事,"驱奴以斗贵人,固何所往而不败"①。也就是说,西方国家之强,是因为"民"拥有平等的政治地位;中国之所以弱,是因为在专制政治、宗法伦理的压迫下,"民"居于奴隶地位,溺于奴隶心理。

这一认识,推动启蒙主义者们深入地批判封建君主专制制度和纲常伦理。在戊戌时期,不仅有对历代专制君主的痛斥,如严复公然称"秦以来之为君,正所谓大盗窃国者耳"②,梁启超则直斥二十四朝君主"皆民贼也"③;更有对君主专制制度的深入分析和批判。康有为以其理智而深邃的笔触分析了君主专制"如浮屠百级,级级难通;广厦千间,重重并隔"的"体制":

> 自知县号称亲民,而吏役千数人,盘隔于内,山野数百里,辽隔于外,小民有冤,呼号莫达。累上而为知府,则千里剖符之寄。又累上而为司道,则百城屏藩之任,然上未得具折以上达,下须行县乃逮民。若夫督抚之尊,去民益远,百县之地,为事更繁。积弊如山,疾苦如海……皇上九重深邃,堂远廉高,自外之枢臣,内之奄寺,此外无得亲近,况能议论? 小臣引见,仅望清光,大僚召见,乃问数语。天威俨穆于上,匍匐拳跪于下,屏气战慄,心颜震怖,何能得人才而尽下情哉? ……尊严既甚,忌讳遂多,上虽有好言之诚,臣善为行意之媚,乐

---

① 严复:《辟韩》,王栻编:《严复集》(一),中华书局1986年版,第36页;梁启超:《改革起源》,《饮冰室合集·专集》之一,中华书局1989年重印本,第113页。
② 严复:《辟韩》,王栻编:《严复集》(一),中华书局1986年版,第35页。
③ 梁启超时务学堂课艺批语,转引自苏舆编:《翼教丛编》,上海书店出版社2002年点校本,第147页。

作太平颂圣之词,畏言危败乱贼之事,故人才隔绝而不举,积弊日深而不发。①

正是这种专制集权体制,不仅导致民毫无权利可言,也造就了民的"奴性",以及对国家政治的冷漠心态,从而使政治百弊丛积,国家衰败贫弱,以致国将不国。可见戊戌时期的思想家们对压制"民"的专制政治已深入制度层次的理性分析和批判。

在戊戌时期启蒙思想家看来,对"民"的束缚更甚的是儒家纲常伦理,因而抨击和批判儒家纲常伦理更是他们的锋芒所在。其中最具锐气的当然是谭嗣同,他以"君亦一民也,且较之寻常之民而更为末也。民之于民,无相为死之理"说,来否定"君为臣纲";以"子为天之子,父亦为天之子,父非人所得而袭取也,平等也",否定了"父为子纲";以"男女同为天下菁英……平等相均"说,否定了"夫为妻纲",并号召"冲决一切网罗"。②

破是为了立。深入而有锋芒的批判,不仅是要将旧制度、旧伦理的不合理、甚至罪恶性昭示于世人面前,更是要把"民"从专制政治制度造就的奴隶地位中解放出来,提升到救国和改革运动的中心位置上;把"民"从纲常伦理关系的束缚中解放出来,而置身于以政治关系为本位的作为国家主体的地位中。于是,"民"被放大,被写上了启蒙运动、救国运动的旗帜;"民"的地位和作用被肯定、被张扬,朝着国家主体及国家政治之主导的位置迈进。不仅"民"成为报刊论述、新学书籍以至政府文件上出现得十分频繁的词汇,而且更重要的是,它已成为救国和改革志士们思考问题的核心——不仅被作为二元政治和文化架构中的另一元,而且在他们的强调下,"民"在国家政治中的重要性,事实上已盖过"君"(或朝廷)。

---

① 康有为:《上清帝第七书》,汤志钧编:《康有为政论集》上册,中华书局1981年版,第219、220页。

② 谭嗣同:《仁学》,蔡尚思等编:《谭嗣同全集》下册,中华书局1981年版,第339、348、304页。

也就是说,"民"已成为那个时代政治及文化运动的核心。这在数千年中国政治文化的历史上是一个重大的突破:中国政治文化的核心在事实上已开始被"民"占据,而"君"(或朝廷)则逐渐边缘化,直至淡出。

由此,甲午前的"重民"和"民权"说的涓涓细流,在甲午后喷薄而成颇有声势的"兴民权"社会潮流。

**2. "民权"的张扬**

"民"才是救国和政治改革的根本,政治文化的核心,这一定位推动启蒙主义者们认识到进一步提升"民"的地位的重要。在戊戌时期,人人"平等""人人有自主之权"被启蒙主义者一再宣传、强调,被确立为政治之基本原则、"富强"之因果链上的两端——民有权则国权立,民人人有自主之权则可以救亡,可以兴国,可以强国。

于是"民权"成为那个时代的最强音,成为众多报刊宣传或讨论重要的内容,"兴民权"的要求被写进了奏折,代表西方民权理论的《民约通义》这类译著成为"应时"的"时务书";[①]阐发"民权"说是这一时期士人们著书立说的新内容(例如《仁学》《新政真诠》《孟子微》等);"兴民权"成为变法运动中经济、教育、政治等各项改革的中心议题。以至呈现出"凡朝野上下,焦虑忧思,为救时之策者,必曰兴民权"[②]的场景。即"兴民权"几乎是有志救亡者的一致呼声,成为戊戌时期的时代精神。

戊戌时期的"兴民权"潮流不仅在规模上大大超过了同光年间的"重民"和"民权"说呼声,而且在深刻性、系统性方面也超越了后者。这主要表现在:

第一,戊戌时期的民权主张,已开始形成较为系统的思想理论体系。

戊戌时期的"兴民权"理论,既是救亡激情的产物,也含有对个体解放的追求,其理论基础主要有二:

一是进化论学说。严复根据生物进化理论中的细胞学说,指出一个

---

① 《广告》,《湘报》第123号,1898年8月9日。
② 《衡州士绅开设俚语报馆禀》,《湘报》第141号,1898年8月30日。

社会机体(包括国家、民族)的强弱取决于社会个体的品质,而个体品质的优劣则主要表现为民的自由和权利状况。①梁启超进一步发挥道:"地者积人而成,国者积权而立,故全权之国强,缺权之国殃,无权之国亡。何谓全权?国人各行其固有之权。何谓缺权?国人有有权者,有不能令自有其权者。何谓无权?不知权之所在也。"②也就是说,国权是各个单个具体民权的相加,人人有权则国家强盛。中国之复兴,自然寄希望于"兴民权"。

二是自然人性论。这既是戊戌启蒙主义者们对"西学"探讨、感悟的成果,也是他们对中国近代以来的现实社会生活变化、发展趋势的概括。其中,康有为最早、最系统地提出了自然人性论。他在为救国理论探寻根本依据的过程中揭示了人的自然本质,即"人各合天地原质以为人"③。并且说:"夫性者,受天命之自然、至顺者也。不独人有之,禽兽有之,草木亦有之。"又说,"人性之自然,食色也,是无待于学也。人情之自然,喜怒哀乐无节也,是不待学也"。④也就是说,人性本于自然,因此属于人的自然本性的"欲""私"以及权利是天然的、合理的。与康有为相一致,严复也指出了人的"与生俱生"的"背苦趋乐""自营为私"的自然人性。⑤说明至少是在启蒙思想家们的理论层次上,已初步感悟到"人"的基本意义与价值,以及权利是与生俱来的,是人的本质的表征。基于这一认识,戊戌时期的思想家们不仅提出了"遂人之欲""遂人之情"的要求,而且还提出了"人有自主之权"的主张。从而使戊戌时期的"兴民权"理论既有政治动力——救亡,有其一定的观念底蕴——人文主义,也具有近代启蒙

---

① 严复:《原强(修订稿)》,王栻编:《严复集》(一),中华书局1986年版,第18页。
② 梁启超:《论中国积弱由于防弊》,《饮冰室合集·文集》之一,中华书局1989年重印本,第99页。
③ 康有为:《实理公法全书》,姜义华等编校:《康有为全集》(一),上海古籍出版社1990年版,第279页。
④ 康有为:《长兴学记》《性学篇》,汤志钧编:《康有为政论集》上册,中华书局1981年版,第88、12页。
⑤ 严复按语。赫胥黎著、严复译:《天演论》,商务印书馆1981年版,第46页。

主义的文化指向。

同时,戊戌时期的民权论,是以比较清晰的政治哲学为指导的,其中最主要的是社会契约论、天赋人权论。中国从西方的卢梭、孟德斯鸠、伯伦知理、斯宾塞等思想家那里引进了政治学、哲学理论,经吸收、消化和改造后,形成了自己的社会契约论和天赋人权论。

关于社会契约论,许多思想家都有不同程度的阐述,如严复、康有为、梁启超、谭嗣同等,其中最早提出这一理论的是何启、胡礼垣。他们于1895年的《新政论议》一文中说:

> 横览天下,自古至今,治国者唯有君主、民主,以及君民共主而已。质而言之,虽君主仍是民主。何则?政者,民之事而君办之者也,非君之事而民办之者也。事既属乎民,而主亦属乎民。民有性命恐不能保,则赖君以保之;民有物业恐不能护,则借君以护之。至其法,如何性命始能保,其令,如何物业方能护,则民自知之,民自明之。而惟恐法令之不能行也,于是奉一人以为之主。故民主即君主也,君主亦民主也。①

明确地指出,君主是"民"推举出来保护人民生命财产的;除了办"民事"外,君主没有特殊的利益和权利;"民"是"主",君主只能按照"民"的意志办事。

思想更激进的谭嗣同在《仁学》中不仅有与此相似的表述,而且还从"君"为"民"所"共举"说,进一步推演出了"民本君末"论,甚至认为:

> 夫曰共举之,则且必可共废之。君也者,为民办事者也;臣也者,

---

① 何启、胡礼垣:《新政论议》,郑大华点校:《新政真诠——何启胡礼垣》,辽宁人民出版社1994年版,第127—128页。

助办民事者也……事不办而易其人,亦天下之通义也。①

以主权在民和平等观突破了主权在君的传统政治理论,在中国历史上第一次把"民"抬到与君并列,甚至高于君的地位。也首次触及强调自主平等之人民主权的近代民主思想之实质。

天赋人权说也是许多思想家讨论民权理论时所提出的思想主张。其中最早论述天赋人权说的是严复,1895年他在《辟韩》一文中明确表示:"民之自由,天之所畀。"而阐述最为明确的仍是何启、胡礼垣:

> 权者乃天之所为,非人之所立也。天既赋人以性命,则必畀以顾此性命之权;天既备人以百物,则必与以保其身家之权。……一切之权,皆本于天。然天不自为也,以其权付之于民,而天视自民视,天听自民听,加以民之所欲,天必从之。是天下之权,唯民是主。②

民权并不是君主赐予的,而是人与生俱来的。从而把传统的"君权神授"改写为民权天赋,进而将主权在君改换成主权在民。

自然人性论、社会契约论、天赋人权论等理论的提出,不仅剥去了封建君权身上的神圣外衣,戳穿了"君权神授"的谎言,从而使近代中国的民权理论趋于丰满,理论轮廓趋于清晰,更有社会号召力。而且它在中国历史上首次使民成为一个独立的权利主体,从而从理论上清楚地使民权独立于君权一元的传统政治体制之外,形成与君权相对的另一权利主体。同时,它也从理论上使"民"作为一个独立的权利主体而脱离传统的纲常伦理网络。

第二,戊戌时期的进步思想家们明确地以自由、平等和权利观念作为

---

① 谭嗣同:《仁学》,蔡尚思等编:《谭嗣同全集》下册,中华书局1981年版,第339页。

② 何启、胡礼垣:《劝学篇书后·正权篇辩》,郑大华点校:《新政真诠——何启胡礼垣》,辽宁人民出版社1994年版,第397页。

民权论的内核。

关于自由观念,康有为、谭嗣同、梁启超等人都有论述。梁启超把自由的缺失作为中国民愚国弱的"最大病源",指出自由的本质意义是使人"得全其为人之资格而已"[1]。也就是说自由是人之所以为人的根本表征,应是民权政治的根本。对此阐述最为深刻的是严复。他认为,所谓"自由者,各尽其天赋之能事,而自承其功过者也"[2]。即自由所要强调的是以个人为本位的独立自主的人格、人的主体意识和地位。所以,自由对人来说是不可剥夺的,是人天赋的权利。它是人的根本价值所在,得之乃为完全意义上的人,失之则"其生也不如其死,其存也不如其亡"[3]。也正因为自由所强调的是人的独立自主的人格、主体意识和地位,因而它应是民主政治的本质内容,而民主只不过是人的自由的外在表现,民权是自由的必然要求。据此,严复提出了他的文化变革纲领:"以自由为体,民主为用。"亦即社会个体的独立、自主、自立,是民主政治的核心,或曰基础。必须承认,严复的"自由为体,民主为用"说在当时虽和者无多,但确实是为民权理论注入了最为根本的思想内容。

关于平等,这一时期很多思想家都把平等作为一项不可移易的根本原则。康有为认为人类平等是"几何公理";[4]谭嗣同将平等作为"以太"运动的本质,即世界生存和发展的根本法则。又把平等等同于"仁",即人的根本价值;樊锥也把平等作为人类社会的"公理",[5]等等。他们都指出,不平等是实现民权政治的障碍,当然也是中国衰败落后的肇因。也都看到,专制政治和纲常伦理是不平等的根源。因此,谭嗣同从"仁—通—平等"这一原理出发,号召人们冲决纲常伦理的"网罗",以达到"仁"—

---

[1] 梁启超致康有为函,引自丁文江、赵丰田编:《梁启超年谱长编》,上海人民出版社1983年版,第237页。
[2] 严复:《主客平议》,王栻编:《严复集》(一),中华书局1986年版,第118页。
[3] 严复:《原强(修订稿)》,王栻编:《严复集》(一),中华书局1986年版,第23页。
[4] 康有为:《实理公法全书》,姜义华等编校:《康有为全集》(一),上海古籍出版社1990年版,第279页。
[5] 樊锥:《开诚篇三》,方行编:《樊锥集》,中华书局1984年版,第11页。

"平等"的境界。康有为不仅设计了一个破"家界""国界""种界""形界"而实现"一切平等"的"大同之世"的理想社会,在现实的变法运动中,他也提出了改变君权太尊、庶民无权状况的要求,主张仿照日本变法,让"下之民皆自由,华族亦降营农工商之业,渐至平等",建成"平等独立之国体"。① 一些士人还提出了非常具体的平等主张,认为中国也应当像泰西一样,"贱贵不分,上下尚简","君视臣一等,君视士一等,君视工一等,君视商一等,君视农一等,士农工商之相视亦一等,士农工商之视君亦一等"。② 这些平等主张虽然在理论上还很粗疏而不成熟,但它也是中国人为民权理论营建核心精神的努力。

自由、平等是民权论的内核,而权利观念则是民权论最直接的表现。戊戌思想家们提出民的权利问题的根据,是主权在民论。他们依据唯物论哲学、救亡的需要,以及对现实社会发展变化之趋势的概括,初步论证了"民"是国家的主体。不仅许多著名思想家提出了"国者,国人公共之物,当与民公任之也",③"民积民成国,国积国成天下。天下非一人之天下,亿兆京垓人之天下也"④的主张,一些报刊上也常开展"国者民之积,民气者国家之元气也"⑤这类讨论。而且,戊戌时期的思想家们更侧重于论述民是国家政治的主体。何启、胡礼垣说:"天下之权,唯民是主。"⑥严复则更清楚地指出:"政者民之事",民为"天下之真主也","国者斯民之公产也;王侯将相者,通国之公仆隶也"。⑦ 进而从民是国家政治之主体

---

① 黄明同、吴熙钊:《康有为早期遗稿述评》,中山大学出版社1988年版,第135、166页。

② 皮嘉祐:《平等说》,郑大华等编:《强学——戊戌时论选》,辽宁人民出版社1994年版,第259页。

③ 康有为著、楼宇烈点校:《孟子微·自序》,中华书局1987年版,第20页。

④ 唐才常:《各国政教公理总论》,湖南省哲学社会科学研究所编:《唐才常集》,中华书局1980年版,第92页。

⑤ 《论中国之弱由于民智不开》,《申报》1898年9月28日。

⑥ 何启、胡礼垣:《劝学篇书后·正权篇辩》,郑大华点校:《新政真诠——何启胡礼垣》,辽宁人民出版社1994年版,第412页。

⑦ 严复:《辟韩》,王栻编:《严复集》(一),中华书局1986年版,第35、36页。

引申到国民应拥有对国家政治的参与权。如康有为认为,所谓民权的主要表现是参政权,应该让民有权与君"共议一国之政法"①。一些有识之士还进一步提出了"唯民是依""大地变法,皆民为之"②的激进观点。而对民权论阐发得颇为精到的是梁启超。他认为民权之真谛是"人人有自主之权",它包括人人"各尽其所当为之事,各得其所应有之利"。③ 这是对民权内容的一种高度概括。

当然我们也应当看到,戊戌时期中国人的民权论中理论内容虽然丰富,但它大多来自中国人在救国政治激情推动下的对西方民主政治"原著"的抄袭,而很少是发自主体的自觉要求。尽管如此,它在中国历史上第一次把民确立为国家政治的主体,第一次把自由、平等和权利作为民权的内核,又第一次表述了民权的具体表现,并从理论上肯定了民所应享有的各项权利,这是非常有启蒙意义,也是有政治意义的。

第三,戊戌时期的民权说,已开始从理论走向实践,并力图为民权政治构建可操作的制度体系。

甲午战后,在战败耻辱和民族生存危机的刺激下,维新派们将民权论从著书立说中的理论阐述,推向可付诸政治实践的救亡工具。他们从西方经验中看到,民权的政治形式,或者说民权在制度上的保障是设议院、立宪法等。因为他们从国体、政体的角度看到,所谓民权的本质表现是民有"议事之权","办事之权仍官操之"。④ 而这个"议事之权"是通过议会实现的。"以民所乐选、乐举者,使之议国政、治人民,其事至公,其理至顺",⑤即民通过自由选举的议员"议国政",使议院成为"君与民共议一国

---

① 康有为:《请定宪法开国会折》,汤志钧编:《康有为政论集》上册,中华书局1981年版,第338页。
② 《衡州士绅开设俚语报馆禀》,《湘报》第141号,1898年8月30日。
③ 梁启超:《论中国积弱由于防弊》,《饮冰室合集·文集》之一,中华书局1989年重印本,第99页。
④ 谭嗣同:《壮飞楼治事十篇·平权》,蔡尚思等编:《谭嗣同全集》下册,中华书局1981年版,第439页。
⑤ 康有为:《日本变政考》卷六按语,紫禁城出版社1998年版,第3页。

政法"①的场所,作为民权、民意的总代表。所以,维新运动刚开始,康有为等人就一再上奏,要求速开国会,并且于省、府、州、县"咸令开设"议院。② 而宪法则代表着民权,对于国家来说,"犹船之有舵,方之有针",决定着国家的方针和发展方向,君与民"同受治焉",③即人人(包括君主在内)都必须遵守的根本大法。所以维新派把制定宪法作为变法的"第一义",④上奏要求光绪帝"改制立法","特开立法院于内廷……草定章程,酌定宪法"。⑤ 同时立"行政之官""司法之官"等,共同行使民权制度。这个制度,维新派将它清楚地表述为"立宪政体",并且清楚地表述"立宪政体"之内容的"三权鼎立":

> 盖自三权鼎立之说出,以国会立法,以法官司法,以政府行政,而人主总之,立定宪法,同受治焉。……伏乞上师尧、舜、三代,外采东西强国,立行宪法,大开国会,以庶政与国民共之,行三权鼎立之制,则中国之自强,可计日待也。⑥

而且维新派已经对落实这一制度设计做了实践探索。例如当"设议院"要求受阻后,他们即准备设立"制度局",作为过渡性的议事机构;通过奏请光绪帝谕准士民上书言事的形式,让平民参与议政;通过组织学

---

① 康有为:《请定宪法开国会折》,汤志钧编:《康有为政论集》上册,中华书局1981年版,第338页。
② 康有为:《上清帝第四书》,汤志钧编:《康有为政论集》上册,中华书局1981年版,第158页。
③ 康有为:《请定宪法开国会折》《请君民合治满汉不分折》,汤志钧编:《康有为政论集》上册,中华书局1981年版,第338、340页。
④ 梁启超:《南海康先生传》,《饮冰室合集·文集》之六,中华书局1989年重印本,第86页。
⑤ 康有为:《请讲明国是正定方针折》,汤志钧编:《康有为政论集》上册,中华书局1981年版,第263页。
⑥ 康有为:《请定宪法开国会折》,汤志钧编:《康有为政论集》上册,中华书局1981年版,第338、339页。

会、创办报刊,让民众参与讨论国家政治,等等。虽然,维新派推行民权政治的努力在实施的过程中遭遇了挫折,但作为中国近代第一次民主政治方案的实践努力,不仅意味着民权说已从知识、理论而走向实践,也标志着中国政治文化的一大进步。

第四,戊戌时期启蒙主义者所发现的"民"、所张扬的"民权",并非西方人文主义理论中抽象的自然的"人"及"人权",但他们在救亡需要的推动下,使"民"及"民权"理论朝着另一个更为政治化、具体化的方向发展——启蒙主义者们进一步地把"民"的概念具体化为政治视野下的"农人""工人""商民"。后来成为著名学者的杨昌济在1898年的《湘报》上发表文章,提请人们重视农、工、商的地位。他说:"农以生物者也,工以成物者也,商则转而运之,而群天下之人则皆食而用之者也。"[①]他们在社会上应当受到尊重。同一时期《申报》上也多次发表文章,认为应当重视农人、工人在国家富强过程中的作用,以及他们目前的地位问题。[②] 代表着中国近代文化运动的特点,也预示着中国近代文化的发展方向。

从发现"力"、发现"富",到发现"民",并张扬"民"及"民权",这正是中国近代文化运动从客体向主体推进,文化变革从外层指向内核的逻辑进程。这也正是戊戌时期文化运动的主轴。尽管这一时期的"民"及"民权"还不可能走出"君"及"君权"的阴影,政治视野下的"民"及"民权"说也不可能有厚重的人文主义内涵,但它的确是以启蒙主义精神反对蒙昧主义文化、以民主(民权)主义对抗封建专制主义文化,朝着近代文化的方向迈进。正因为如此,它必将带动其他领域的变革和进步,更为波澜壮阔的政治文化潮流也就由此启动。

于是,我们所看到的戊戌时期的民权说就不只是一个满溢激情的口号,更是一个有着理性精神、内容丰富的思想理论体系,一个开始架构成

---

① 杨昌济:《论湖南遵旨设立商务局宜先振兴农工之学》,《湘报》第153号,1898年9月13日。

② 《论农为工商之本》,《申报》1897年1月5日;《书报记创兴艺学校》,《申报》1898年5月22日。

形的近代政治文化形态：

理论基础：自然人性论、进化论；

政治哲学：社会契约论、天赋人权论；

政治原则：自由、平等、权利；

政治制度：三权分立制度。

### 三、"智"的发现和近代知识体系的提出

#### 1."智"的发现和崇尚

甲午战后救亡需要的推动，西方民主政治成功经验的启示，以及甲午前后初步发展的近代工商业经济所孕育出的人文主义观念，分别导引中国人沿着由外而内、由内而外的途径发现了"民"，并呼唤"民权"。而所谓发现"民"的实际意义，在于启蒙主义者们发现了在传统社会里只是作为被动的受支配的"民"，在近代完全可以成为一个能动的发挥国家富强及立宪政治之主体作用的社会群体。而且，当启蒙主义者将注意力转向"民"的能动作用的发挥的时候，便合乎逻辑地将文化观念的触角指向属于更深层次的"民"的能动作用之所以能发挥的基础——人的理性的自觉问题。

具体地说，戊戌时期的中国人分别是从这两个途径指向这一问题的。

循着由外而内的认识路线，中国人相继发现了"力"、发现了"富"、发现了"民"，进而去探讨"民"如何能成为国家富强之主体时，发现了"民"之所以能成为国家富强之主体的根本条件、人的更为本质的属性："智"——人的知识素质，人的理性的自觉。严复的社会有机体论思路，可说是这一认识路线的代表。严复认为，国家富强的一个根本条件是"利民"，而要"利民"，首先必须使"民各能自利"，民能"自利"又必须以其获得"自由"为基础，"自由"的取得当以"民各能自治"为前提，而民有无"自治"的能力则取决于民的"智"性的优劣。[①] 从而画出了一条文化启

---

① 严复：《原强（修订稿）》，王栻编：《严复集》（一），中华书局1986年版，第27页。

蒙主义的路线:"智"→"自治"→"自由"→"自利"→"利民"→国家富强。将国家富强的根本归结为民的"智"。从"民"是国家富强的根本,推进到有"智"才能使"民"成为国家富强的根本,是中国近代文化运动深入发展的一个表现。

梁启超等人则是直接从"民"是国家政治的主体的命题而直接指向"智"的。当梁启超等思想家看到"兴民权"是国家富强之根本时,更深入的文化思考和探讨又使他们看到了"智"、民权、国权之间的逻辑关系:

> 今之策中国者,必曰兴以权,民权斯固然矣,然民权非可以旦夕而成也。权者生于智也,有一分之智,即有一分之权;有六七分之智,即有六七分之权;有十分之智,即有十分之权。是故国即亡矣,苟国人之智与灭我之国之人相等,则彼虽灭吾国,而不能灭吾权,阿尔兰(今译爱尔兰)见并于英国是也。……其智全塞者,则其权全亡,非洲之黑人、美洲之红人、南洋之棕人是也。[①]

这一理论为当时的许多有识之士所认同并复述,都认为国家"以智强"[②],"大抵国之智者,势虽弱,敌不能灭其国;民之智者,国虽危,民不能残其种"[③]。因为民有"智"才会有"民权",有"民权"才会有国权,才有国家的强。

尤其是甲午战后政治改革的潮流将"兴民权"的历史任务推到了前台,并且由理论推进至实践,启蒙主义者们在宣传并张扬"民权"的过程中,近代人文主义观念指引他们进一步看到了更深一层的近代文化规律:

---

① 梁启超:《论湖南应办之事》,《饮冰室合集·文集》之三,中华书局1989年重印本,第41页。
② 康有为:《上海强学会后序》,中国史学会主编:《中国近代史资料丛刊·戊戌变法》(四),上海人民出版社1957年版,第388页。
③ 张之洞:《劝学篇·益智第一》,《张文襄公全集》(四),中国书店1990年影印本,第567页。

"权生于智","权之于智,相倚者也"。① 即人的权利必须得到理性基础的支持,认识到"民权"政治的实现,必须建立在"智"——人的理性自觉的基础上。因此,戊戌时期思想家们"权生于智"的命题,实际上是以曲折的方式,还不清晰的语言,表述了一个道理:"人"的解放(主要是理性的自觉)是实现民权政治的前提。所以,这一时期思想家们对"智"的肯定、赞美和崇尚,实际上是对人的理性的呼唤,也是对"人"的解放问题的深入探索。

循着另一条由内而外的人文主义的思路,启蒙思想家们认识到人是一个感性实体,并肯定了人的自然本质,否定了儒家的关于人性只是"天理"——伦理道德之体现的理论。但他们并不否认"理"的存在,只是"理"并非"天理",而是"人理":"夫有人形而后有智,有智而后有理。理者,人之所立。"② 即"理"生于"智",而"智"是人的本性使然。沿着这条唯物主义的认识路线,启蒙主义者们认为人同时又是一个思维实体,看到了人的本质的另一部分是理性。他们把人的理性本质概括为"智",认为这是人与一般动物的本质区别:

> 虽然,爱恶仁义,非惟人有之,虽禽兽之心亦有焉,然则人与禽兽何异乎?曰:异于智而已。③
>
> 夫强者有二:有力强,有智强。虎豹之猛,而视于人,虎豹不能学问考论则愚,人能学问考论则智,是智胜也。至于天人鬼物、昆虫草木,莫不考论,则益智,故贵学。④

---

① 梁启超:《论湖南应办之事》,《饮冰室合集·文集》之三,中华书局1989年影印本,第41页。
② 康有为:《康子内外编》,姜义华等编校:《康有为全集》(一),上海古籍出版社1990年版,第197页。
③ 康有为:《实理公法全书》,姜义华等编校:《康有为全集》(一),上海古籍出版社1990年版,第176页。
④ 康有为:《上海强学会后序》,中国史学会主编:《中国近代史资料丛刊·戊戌变法》(四),上海人民出版社1957年版,第388页。

梁启超在《西学书目表》、张之洞在《劝学篇》中也都有与此相同的议论，都认为人之强于禽兽、之所以能"槛虎豹"、制"野人"，在于有"智"。都指出人与一般动物的根本区别、文明人与野蛮人的根本区别在于"智"，①从而肯定了人的理性本质。进而，他们又看到了"智"的力量："智愚之分，强弱之原也。"②"人惟有智，能造作饮食宫室衣服，饰之以礼乐政事文章，条之以伦常，精之以义理，皆智生也。……故惟智能生万理。"③即理性必然战胜蒙昧，人的"智"是创造世界万物、万理之根本条件，"智"是人的力量之所在。17世纪英国哲学家培根揭示的"知识就是力量"之真理，终于在两个世纪后被中国人发现，并且把它用中国人的语言概括为"智"。

启蒙思想家们不仅发现了"智"及其理性力量，并且也极力地肯定"智"、弘扬"智"，甚至将"智"推崇为时代的主旨："上古之时，智为重；三代之世，礼为重；秦汉至今，义为重；后此之世，智为重。"④于是"智"成为19世纪末20世纪初引领启蒙主义者前进的旗帜。

对"智"的强调、崇尚和弘扬，直接导致对封建主义伦理的再一次清算。这种清算实际上是在文化体系中给"智"以重新定位。儒家伦理学说主张"以仁统智"，即知识服务于道德，理性服从于伦理，对知识的获取只不过是为达到"仁"的道德境界的途径。而启蒙思想家们出于启蒙的需要，改写了"仁"与"智"的关系："智为上，礼次之，义为下"，"惟智能生万理……惟其智者，故能慈爱以为仁，断制以为义，节文以为礼，诚实以为

---

① 梁启超：《西学书目表·读西学书法》，光绪二十三年刻本，第9页；张之洞：《劝学篇·益智第一》，《张文襄公全集》（四），中国书店1990年影印本，第566页。

② 陈虬：《治平通议》，中国史学会主编：《中国近代史资料丛刊·戊戌变法》（一），上海人民出版社1957年版，第220页。

③ 康有为：《实理公法全书》，姜义华等编校：《康有为全集》（一），上海古籍出版社1990年版，第190页。

④ 康有为：《实理公法全书》，姜义华等编校：《康有为全集》（一），上海古籍出版社1990年版，第192页。

信","有智而后仁、义、礼、信有所呈"。所以,就人之"本然"而言,是"智其体,仁其用也"。因而伦理("仁""义"等)与理性("智")的关系就必须重建:"智为上,礼次之,义为下。"①把"仁""义""礼"等伦理规范列于"智"之后,亦即伦理服从于理性。而且戊戌时期持这一认识的已不只是个别的思想家,1898年《申报》的一篇论说,就典型地反映了这一趋势。作者以"执笔人"与"客"的对话形式,阐述了"智"与"仁""勇"的关系,驳斥了所谓"自古名臣托孤寄命、临大节不可夺,多不以其智而以其愚,即旋乾转坤、拨乱反正之才,亦多以其愚而不以其智","由此观之,中国患愚者之不多,不患智者之或少"的谬论,指出:"智大则勇亦大,智不及,勇不可及,自然愚不可及。""古来大智之人未有不兼大勇者"。若"空谈忠孝而不知御变,恐虚骄之气,为患更甚。古来为学未有不尚智而尚愚者,《大学》诚正修齐治平之原,必由于格致圣功。王道均以智始,子岂未之闻乎?"②,亦即有"智"才会有"勇","智"不仅应当置于"三大德"(智、仁、勇)之首,而且应作为实现"仁"和"勇"的前提条件。这实际上是让"智"——人的理性挣脱伦理枷锁,置于高过一切的地位,表现出可贵的理性的觉醒。

### 2. 近代知识体系的形成和提出

这里必须说明的是,无论是传统的儒家,还是近代的启蒙主义者,所谓的"智"("知")实际上包括三个层次:动态的"智"(即获取知识的过程)、静态的"智"(或称为"学",即外在的知识体系)、人的内在的"智"(人的知识素质)。传统的以"知仁"为方向的"智",其动态的"智"即朱熹所提倡的"格物致知"过程;其静态的"智",是以"知仁"为核心思想的四部分类框架统率下的知识体系;而内化为人的内在的"智",则是以"知仁"为取向的"理"。

戊戌时期的启蒙主义者不仅发现了"智",并崇尚、弘扬"智",还赋予

---

① 康有为:《实理公法全书》,姜义华等编校:《康有为全集》(一),上海古籍出版社1990年版,第192、191页。

② 《读陕抚魏午桥中丞奏设游艺学塾折书后》,《申报》1898年2月21日。

"智"以近代认识论内容——将传统的以"知仁"（即向内在的主观世界求知的道德体认过程）为方向的"智"，推向以了解客观世界为内容的"智"。他们批判并否定了孔子的"知者利仁"、朱熹的"格物致知"等唯心主义认识论主张。因为在儒家孔子看来，对客观世界的"知"只是为了认识"仁"、进而达到"仁"这一理想道德境界；在理学家朱熹那里，所"格"所"即"的虽然是"物"，但所"致"的"知"、所"穷"的"理"却是通过内省直觉而得来的"仁""天理"。所以在儒家学说当中，所谓的"智"（求知）的过程，亦即"知仁"——更完美地了解并实践儒家伦理道德。戊戌时期的思想家们否定了这一内向的，即由客观到主观的认识路线。严复在1895年发表的《救亡决论》一文中就批评了传统的"格物致知"说对于大门以外之"人情物理"，便一无所知"，因此是"无实""无用"，"所托愈高，去实滋远。徒多伪道，何裨民生也哉？"，他极力倡导西学的格致之"道"——科学实验精神，即"一理之明，一法之立，必验之物物事事而皆然，而后定之为不易。……迨夫施之民生日用间，则据理行术，操必然之券，责未然之效，先天不违，如土委地而已矣"①。所以，启蒙主义者虽然有时也借用传统的"格物致知"这类命题，但他们所主张的"格物"，是对客观事物的"考订""贯通""试验"②，即科学实验方法；所致之"知"、所穷之"理"，则是要像瓦特那样的"因沸水而悟汽机之理"，像牛顿那样的"因苹果落地而悟巨体吸力之理"③ 即反映客观世界的运动及其规律的"理"。或者说所求的是"人理"而非"天理"，即人基于"脑气筋"之"灵"而向客观世界探索所得到的"理"，而不是主观冥想的"理"。④ 总之，他们是主张通过外向的对客观世界的探索、研究，获得认识并驾驭客观世界的知识。

事实上，近代以来，尤其是19世纪60年代以来，在西学引导下的中

---

① 严复：《救亡决论》，王栻编：《严复集》（一），中华书局1986年版，第44—45页。
② 严复：《西学门径功用》，王栻编：《严复集》（一），中华书局1986年版，第93页。
③ 梁启超：《湖南时务学堂学约十章》，中国史学会主编：《中国近代史资料丛刊·戊戌变法》（四），上海人民出版社1957年版，第503页。
④ 康有为：《实理公法全书》，姜义华等编校：《康有为全集》（一），上海古籍出版社1990年版，第196页。

国人在求知实践上,已经不自觉地朝着这一方向努力。而且,随着中国人的求知方向逐渐由内在的主观世界转向外在的客观世界,内容全新且丰富多彩、奥秘无穷的客观世界知识,便越来越多地涌入中国人的求知视野,使中国人所要掌握的"学"不仅数量上大大超越前人,性质也迥异于传统,这就为知识体系的更新做着量与质两方面积累。至戊戌时,"智"的理性化,使得向客观世界求知开始成为中国人的自觉行动,其物化的表现即传统知识体系完全被打破,并且开始具有整合近代知识的能力。

以朱大文和凌赓飏所编的《万国政治艺学全书》为例,该书虽然到1902年才出齐,但上半部在1894年即已经出版,因而可以说它代表了戊戌时期有识之士们对"新学"内容的整体性把握。该书各卷的大标题是:

> 疆域考、盛衰考、交涉考、度支考、税收考、币政考、官制考、民俗考、礼政考、刑政考、学校考、农政考、工政考、商政考、矿政考、兵政考、船政考、铁路考、电报考、邮政考、算学考、化学考、电学考、气学考、光学考、声学考、重学考、格物学考、天学考、地学考、身理学考、动物学考、植物学考、矿物学考、图学考附史学、医学考、兵学考、农学考、工学考、商学考等。①

这是一个已初步实现中西会通和整合的知识体系,内容远比《西学大成》《经世博议》们丰富,而且还将继续不断更新、不断扩展。中国人越来越清楚地认识到,无论是传统的四部分类体系,还是"经世文编"体系,都已无法驾驭和容纳它们了。于是,建构新的知识分类框架以进一步把握这个内容全新、科目细密且内容丰富的知识体系,便成为中国近代文化运动必须解决的任务。

正是在这样的文化趋势下,启蒙主义者们既摈弃了传统的四部分类法所代表的知识分类体系,也批评了前此"采西学"活动中"门类不分,精

---

① 钟少华:《论清末"新学"》,载《学习与探索》1996年第1期。

粗不辨"的缺陷，[①]清楚地看到了"新学"体系内部因知识的性质不同而形成的门类区分，以及各门类之间存在着的内在联系。对近代知识的了解已不再是零星、散乱或片面，而开始有了系统的、整体的，且深入其内的认识和把握。在此基础上，戊戌时期的启蒙主义者们开始按照客观世界的本来面目，按照客观事物的不同性质和特征，在《万国政治艺学全书》这类已经初步实现中西会通的知识体系之基础上，整合已有的新学知识，逐渐形成并提出了中国人自己的近代知识体系。所以，这一时期各种反映近代知识体系，以及反映这一近代知识分类观念的各新式学堂课程表、各种图书目录、一些学会制订的学习和研究内容的目录等纷纷问世，其中仅为治新学者指示读书门径的目录书就有 1896 年梁启超的《西学书目表》、1897 年康有为的《日本书目志》、卢靖的《增订西学书目表》、胡兆鸾的《西书考》、1898 年王韬的《泰西著述考》、黄庆澄的《中西普通书目表》、1899 年徐维则的《东西学书录》等。这些书目和课程表都已打破前此的《西学大成》《经世博议》等书目那样的中学、西学判然两立不按学科内容分类的框架，更不是张之洞那样按照"中学统摄西学"原则，硬是将西学塞入旧的四部的以旧传统新体系，也不像《万国政治艺学全书》那样庞杂无序，而是按照知识的内容和性质分门别类，不论中西，整合编排。例如康有为编的《日本书目志》，将近代知识分成：生理、理学、宗教、图史、政治、法律、农业、工业、商业、教育、文学、文字语言、美术、小说、兵书共 15 门；礼部尚书孙家鼐为京师大学堂制定章程，拟分十科立学，即天学科、地学科、道学科、政学科、文学科、武学科、农学科、工学科、商学科、医学科。且"总古今，包中外"，[②]即中西融会；1899 年 9 月的《湘报》上《士用议》一文，则基本上是从士所必具的"智"（知识素质）之构成的角度，整

---

① 陈其璋：《清整顿同文馆疏》，高时良编：《中国近代教育史资料汇编·洋务运动时期教育》，上海教育出版社 1992 年版，第 30 页。
② 孙家鼐：《议复开办京师大学堂折》，汤志钧等编：《中国近代教育史资料汇编·戊戌时期教育》，上海教育出版社 1993 年版，第 123 页。

合编排当时已知道的近代知识,提出了一个很有代表性的知识分类体系:①

```
         ┌ 经学 ┬ 注疏 ┬ 中国历代王霸兴革
         │      │      └ 西国政治制度沿革
         │      └ 性理 ┬ 四书、周秦诸子、宋五子
         │       (哲学)└ 西人性理书
         │
         │      ┌ 教事 ┬ 中国古今刑名、法术
         │ 法学 │      └ 西国法律、各国教术
"智" ────┤      │
         │      └ 政事 ┬ 中国史鉴、地理、六政利弊
         │             └ 公法、约章、西国富强之术
         │
         │      ┌ 算学、测量
         │      │ 中国小学、音韵
         │      │ 各国语言文学
         │ 智学 │ 格致
         │      │ 制造
         │      │ 乐律
         │      │ 论著
         │      └ 图绘
         │
         └ 医学 ── 西医学
```

几有纲举目张,将各类近代知识一网打尽之效。这种在对近代知识深入了解的基础上产生的知识分类体系,正说明了中国人对近代知识的了解已不再是零星、散乱或片面的,而开始有了系统的、整体的认识和把握。更重要的是,这个知识分类表所体现的是一种近代理性精神——它已经没有或极少传统地从政治、伦理的或是从急功近利的"用"的角度去区分或取舍知识的色彩,基本上是以追求人生完备的知识素养为目的。从这个分类表的本身看,"中学"在启蒙主义者的"智"的体系中仍居一席

---

① 程颂万:《士用议》,《湘报》第150号,1898年9月9日。

之地,但它不再高居于"本"的地位,而是按照各自的内容,被同等地划分到各个相应的知识门类。"西学"不仅在量上占据优势,实质上也居领导地位,决定着"智"(人的知识素质)的性质和发展方向。同时无论从总体看还是从具体类目看,"中学"与"西学"知识都已融会为一个有机的整体。其间有学科间的区别,更有学术结构性的联系。也正是在这种对近代知识的系统性、整体性的认识和把握,以及对中、西学知识不断深化的融会贯通的基础上,戊戌时期的启蒙主义者们逐渐形成并提出了一个(梁启超后来概括的)"不中不西、即中即西"的"新学"——近代知识体系。这个近代知识体系洋溢着人文主义精神,体现了近代启蒙主义思想,它是19世纪末、20世纪初近代文化运动的内在动力,或者说是基础,也为近代意义的创造知识的活动做好了准备。

**3. 由"学"而"智"的理路**

在启蒙主义精神的引导下,启蒙主义者们构建了"新学"——近代知识体系。它是静态的、外在的"智"。要使"学"成为人的内在的"智"(知识素质),必须经由一个内化的过程。这一过程,康有为、张之洞等人将其概括为"学则智""智生于学"。[①] 我们今天也可以将它表述为:"智"即人的知识素质,"学"即知识体系及获取知识体系的过程。因而"智"是"学"的内化,"学"是"智"的外在表现。

须知,在传统文化体系中,"智"只为"君子"所专有。而戊戌时期的启蒙主义者们则认为,"智"是人的共同本质特征,是人人所应有的素质。尤其是在这个亟须"智"的时代,更须恢复人的这一本性,开发人的这一素质,其途径则是由外在的"学"的普及进而内化为人的"智"。因而,启蒙主义者们在弘扬"智"的过程中,也一再强调"学"(知识体系)是人的生存价值所在。在甲午战前,中国人即已把近代知识概括而称为"学",但那时的中国人在很大程度上只把近代知识看作是外在于人的理性本质

---

[①] 康有为:《上海强学会后序》,中国史学会主编:《中国近代史资料丛刊·戊戌变法》(四),上海人民出版社1957年版,第388页;张之洞:《劝学篇·益智第一》,《张文襄公全集》(四),中国书店1990年影印本,第566页。

的"求强""求富"之"用";而戊戌时期的中国人已自觉地将"学"看作是"智"——人的理性本质的外在表现,而且认为这是人之所以为人的表征,是人应当具备的素质:"同是物也,人能学则贵,异于万物矣;同是人也,能学则异于常人矣;同是学人也,博学则胜于陋学矣;同是博学,通于宙合,则胜于一方矣;通于百业,则胜于一隅矣。通天人之故,极阴阳之变,则胜于循常蹈故拘文牵义者矣。"①也就是说,人只有通过"勉强为学"而具备"学"(知识),才能成为完整意义的人,即具有"智"之本性的人,而且"学"越高深,越是能达到人生的更高境界。

因此,与洋务时期只把"西学"作为少数"专才"手中的工具不同,戊戌时期的思想家们主张"新学"应成为每个人都必须具备的基本知识,亦即人的基本文化素质。梁启超在1896年写的《读西学书法》中就认为,"人日居天地间",凡数学、格致、天学、地学、全体学、动植物学,以及外国历史、官制、法律、外语等等"可以增益智慧"的知识都应当学。而且主张自幼至长,循序渐进,幼年入学之始即应"教之以粗浅之事物,如算学、天文、地理之类",及长后再渐进至"专门之学",②即主张把新知识的学习作为人的终身行为。而张元济在1897年创办通艺学堂时,列出了近20门"新学"课程,构成一整个近代知识体系,并且指出,这些都是人的"成德"与"达材"之学。③ 无论是"德"还是"材",都是人的文化素质的具体表述。所以,"人人有学"在戊戌时期中国社会是比较普遍的主张,不仅兴办新式学堂的活动是致力于向所有的人(包括士农工商兵、贵贱与贫富者)同等普及知识教育,其他如报刊出版、学会活动,也都围绕着向所有的人普及知识这一中心,都表现出对"智"——人的理性的关注、对人的理性自觉的期待。

---

① 康有为:《长兴学记》,姜义华等编校:《康有为全集》(一),上海古籍出版社1990年版,第547—548页。
② 梁启超:《西学书目表·读西学书法》,光绪二十三年刊本,第4、11页。
③ 张元济:《通艺学堂章程》,汤志钧等编:《中国近代教育史资料汇编·戊戌时期教育》,上海教育出版社1993年版,第152页。

更能说明问题的是"普通学"一词开始在教育、出版等领域和学会活动中出现并流行。在"人人有学"的口号下,当时不仅许多学堂出现了"普通学""专门学"之分,把公理学(中外哲学)、中外史志、格致算学之"粗浅者"等作为"人人所当习"的"普通学";[1]直隶总督荣禄在奏请编译"新学"书籍的奏折中,主张分"普通学""专门学"两种;[2]总理衙门不仅主张学堂应分出"普通学"和"专门学",并且解释说,这种以西学为主干的"普通学"是"尽人所当习者",[3]亦即它是所有人都必须具备的基本知识。而且无论是学会还是学堂,都十分强调"普通学"的学习。认为"普通学"(或曰"兼习之学")是"智"之"体",[4]亦即人的知识的主体,是人所必具的最基本的文化素质,也是高深致用之学("专门之学")的基础。这就使学问(包括"西学"和"中学")从过去的贵族化的"专才"之学或专"用"之学变为普及于人人的"普通学"。这绝不是学问地位的跌落,而是进步。因为这不仅符合近代文化世俗化的发展总趋势,而且它力图使"学"普及并内化为每个人的文化素质——"智",从而使"智"既不同于传统的以完善人的伦理道德为目标的"致知",也不同于洋务时期仅仅为了"求强""求富"之"用"的"专才"之学,而是为人生而知识、为知识而知识的求知行为和精神,体现了一种可贵的关注人性、昂扬人的理性的人文主义精神。

在"学"的普通化、普及化的同时,启蒙主义者在对"智"的外在形式的"学"(知识体系)有了较清楚的层次结构认识的基础上,开始掌握"炼心积智""为学穷理",即由"学"而"智"的门径。

在戊戌时期,随着对近代知识结构的深入了解,以及对知识学习规律

---

[1] 如湖南时务学堂、江苏常州务本学堂等,见《时务学堂功课详细章程》《常州务本学堂读书简明章程》,《湘报》第102号、173号,1898年7月4日、10月6日。

[2] 直隶总督荣禄折,国家档案局明清档案馆编:《戊戌变法档案史料》,中华书局1958年版,第283页。

[3] 总理衙门:《筹议京师大学堂章程》,中国史学会主编:《中国近代史资料丛刊·戊戌变法》(四),上海人民出版社1957年版,第488页。

[4] 《武昌质学会章程》,《知新报》第25册,1897年7月20日。

的掌握，人们开始认识到近代知识体系并不是一堆可任意分割、随意取用的工具，它是一个须按照其自身规律，由各个由浅入深、层级递进的层次组成的知识整体。因而外在的知识要成为人们内在的"智"，必须经由若干个由浅入深、层级递进的层次才能逐步完成。所以在许多有识之士那里，"学"已被清楚地划分为若干个既有层级区分又有学术规律联系的层次。戊戌时期众多的"新学"书籍目录、学会章程和新式学堂的课程表就有这样的知识层级划分。最早这么做的是"西学"启蒙大师严复，他以英国哲学家斯宾塞的知识分类法为参照，从如何"考求学问"的角度，把近代知识体系按照各学科的性质和特征，和由"玄"（抽象）而"著"（具体）、由"公家之用"（基础学科）至"专门之用"（专门学科）的学术规律划分成若干层级：

玄学：名学、数学；
玄著学：力学、质学；
著学：天学、地学、人学；
群学：政治、刑名、理财、史学；
专门之学：农、兵、机器、医药、矿务等。

而且，他在指出了各个知识层级的不同内容和特征的同时，还揭示了各个知识层级之间存在着由"玄"而"著"的"大例"（"玄学"："审必然之理"——"玄著学"："知因果之相待"——"著学"：因"公理大例"而用于"致专门之物者也"）的内在关联，亦即知识体系的内在规律。严复一直认为，学习近代知识的主要目的是"炼智虑而操心思"，掌握"致思穷理之术"，"观物察变之方"，因而学习近代知识必须循着这一由"玄"而"著"，即由抽象而具体的"大例"（规律），从"察不遁之理，必然之数""知因果

功效之相生",进至运用"术"与"方"而"致专门之物"。①

如果说,严复是从介绍西方知识分类方法的角度提出了知识体系的层级及学习规律问题的话,那么梁启超的见解则是更真实地代表了中国人的"西学"知识量的积累,对近代知识体系的探索和了解,以及所达到的对近代知识体系由表及里、由零散而整体的认识。他认为近代知识体系内部有着"条理万端,迭相牵引,互为本原"②的联系。由此,他从人学习知识之规律的角度,把近代知识划分为由理论知识("学")到应用知识("政")这案密联系的三个大类：

学部：算学、重学、电学、化学、声学、光学、汽学、天学、地学、全体学、动植学、医学、图学；

政部：史志、官制、学制、法律、农政、矿政、工政、商政、兵政、船政；

杂类：游记、报章、格致总、西人议论；

其他。

这个由"学"到"政"的关系,即梁启超所说的"迭相牵引、互为本原"的近代求知规律的联系。他是这么解释的：

凡一切政,皆出于学,则政与学不能分；非通群学不能成一学,非合庶政不能举一政,则某学、某政之各门不能分。③

也就是说,在整个知识体系中,理论知识与应用知识"互为本原",是

---

① 严复：《西学门径功用》《原强(修订稿)》,王栻编：《严复集》(一),中华书局1986年版,第94—95、17—18页。

② 梁启超：《论译书》,《饮冰室合集·文集》之一,中华书局1989年重印本,第65页。

③ 梁启超：《西学书目表·序例》,《饮冰室合集·文集》之一,中华书局1989年重印本,第123—124页。

紧密相连的。同时,在理论知识、应用知识内部,也有着"先虚而后实"的联系。"虚"即"无形质之学",如学部的算学、重学,政部的史志、官制、学制、法律;"实"即"有形质之学",如学部的电、化、声、光等"学",政部的农、矿、工、商等"政"。"有形质之学皆从无形质生也",亦即各个门类知识之间也是"迭相牵引",紧密相连的。说明中国人已开始了解由"虚"渐推至"实",由"无形质之学"产生出"有形质之学"的"大例",从而掌握由"学"而"智"的途径和规律。

实际上,不仅仅是严复和梁启超这样的精英学者,知识界的许多人都接受了这种按照学术规律划分知识层级的观念。尤其是在教育领域,已开始实行按照知识学习的规律实施分级教学的制度。如熊希龄,在1897年的《条议大学堂章程》中,把近代知识划分为这样几个由浅入深,由"普通"而"专门"的层次:

第一级:
中外语言、文字、绘图、算术、天文、历法、度量衡
"学所由入门也""所从措手也";
第二级:
格致科:水、火、光、汽、声、化、电学
"所以学为艺,备农工商兵之用也";
政治科:职官、赋税、典制、法律、军政、邮政、交涉
"所以学为政制,农工商兵之宜也";
第三级:
专门学:
农学:种植科、矿石科
工学:制造科
商学:转运科
兵学:水师科、陆师科

"各择一科",是为"专门之学"。①

层次比较分明地按学习的先后次序,将近代知识划分为三个层级,形成了一个宝塔形的层级递进的知识结构。而且从每一个层级的说明看,他对各个知识层级的地位和作用也有清楚的了解。

也有不少新学堂课程、学会章程是将近代知识划分为"普通学"(或"兼习之学")和"专门学"两个由基础而专门的层级。② 但无论是二级或是三级划分,它都包括这样两个层次:

一是基本知识。在"人人有学"的口号下,有识之士们已在"新学"中划出了"普通学"(或曰"兼习之学")。而所谓的"普通学",即上文所述的"人人所当习"的常识性、基础性的知识,是人所必须具备的基本文化素质,作为学习"专门学"的学术基础。

二是专门知识。戊戌时期许多人都认识到,在"普通学"之上有"专门学",它是"学"的进一步深化。因为近代学术贵在"精专","有溥通乃能致博,有专门乃可致精"。③ 因此许多学会、学堂都在章程上规定,学习者应在完成"普通学"的基础上,"各择一门",继续钻研。它是"智"的功用。

这种比较科学的层级划分不仅意味着有识之士们对近代知识体系开始有了体系的把握能力,认识到西学是一个有机的整体。更重要的是,中国人开始找到了一个由"虚"而"实"(或曰由"玄"而"著"、由"学"而"政"),即由抽象到具体,由基础到应用的顺序排列的学习掌握近代知识的路径,或者说是由"学"而达到"智"的境界的阶梯路径,构筑成一个完整有序的近代型认知体系。这个体系也可以说是"开民智"的有效途径。

所以说,戊戌时期启蒙主义者所提出的"智",体现了人文主义精神,

---

① 《熊编修条议大学堂课程》,《集成报》第二册,1897年5月16日。

② 见《武昌质学会章程》,《知新报》第25册,1897年7月20日;《时务学堂功课详细章程》,《学会汇纂》,《湘报》第102号,1898年7月4日。

③ 《续常州务本学堂读书简明章程》,《湘报》第173号,1898年10月6日。

因为它是以呼唤人理性本质为目标;它体现了近代科学精神,因为它提出了一个基本符合科学规律的向客观世界求知的认知体系;它更是一个近代知识体系,为近代文化的自觉发展和建设奠定了基础。

## 四、"开民智"口号下的文化启蒙运动

### 1. "开民智"为"第一义"

"民"的发现和"智"的发现的结合,逻辑性的结果是"开民智"主张的提出及启蒙运动的开展。因为,"开民智"正是"兴民权"主张和呼唤人的理性自觉的具体实践和落实。

甲午以后,启蒙思想家们发现了"民",并肯定"民"是国家政治的主体,进而为强国、救国而呼吁"兴民权",又为使民权政治的制度化而呼吁设议院、立宪法、建立立宪政体。但是我们从整个维新运动过程中可以发现这一事实:从王韬、郑观应以来,"设议院"的口号喊了近20年,至戊戌变法开始阶段,除严复以外,康、梁维新派又将"设议院"要求多次写上奏折,力图付诸实践。但到维新运动进入高潮阶段时,维新阵营"设议院"的呼吁却由热而趋冷。不仅梁启超接受了严复的劝告,认为中国还不能立即设议院,并把"兴民权"修正为"兴绅权";康有为也在1898年7月先后在《日本变政考》中、在《国闻报》上发表的《答人论议院书》中指出,立即在中国开议院是不适当的,"适增其阻挠而已",极力劝阻别人发表速开议院的言论,并把"设议院"方案修正为"设制度局"。① 这是因为,当维新派热切地呼号"民权",并将"民"真正置于国家政治之主体的地位时,便开始意识到,他们从西方政治学说中转抄来的"民",与当时中国现实社会中的"民"在内涵上有很大的差距。西方近代政治学说中的"民"主要是指具有一定的文化和科学知识水平,也有一定的政治能力的"市民阶级"(Bourgeisie)。正如一些人所看到的,泰西之民"农工商兵,人皆知

---

① 康有为:《日本变政考》卷六按语,第四册第3页;康有为:《答人论议院书》,《国闻报》1898年7月16日;康有为:《康南海自编年谱》,中国史学会主编:《中国近代史资料丛刊·戊戌变法》(四),上海人民出版社1957年版,第159页。

学;妇女童稚,人尽知书"①;而中国当下社会的"民",则极大部分是农村农民,再加上少量的手工业者、工人、商人和浸泡在儒家经典中的士人。在农工商诸民中,"识字之人百不二三;其一二识字之人,而知文义者又百不二三"②,即大多处于文盲状态。作为社会精英阶层的士,则沉溺于八股试帖之中,此外一概不知。总之中西之民"智愚悬越",即文化和政治素质上的差距相当大。在这样的社会、文化基础上设立民选议会,建立君与民"共议国政"的立宪制度是非常困难的。所以,维新派的思想触角越是深入"民"是立宪政治的主体这一层次、越是接近民权政治实践时,对中国当下的"民"之文化素质及其承载民权政治的能力也就越是怀疑和担忧。于是,中国文化运动的触角又从"民"的政治功能(救亡和实现民权政治)指向这个政治功能赖以建立的基础——"智",并力图使"民"与"智"结合,亦即使近代知识在"民"的头脑中内化,成为"民"的文化和政治素质。这就是"民智"。

最早提出"民智"问题的是启蒙思想家严复。系统的"西学"教育、亲临西方社会的观察,使他对西方民主政治有了深入而全面的了解,认识到民主制度绝不只是政治形式问题,还要有坚实的国民心理和文化素质的基础;他所信奉的斯宾塞社会进化论学说,给了他这样的启发:像生物有机体一样,社会、国家也是一个有机体,它的个体——"民",则是组成这个有机体的细胞。就像生物有机体的状况取决于细胞一样,国家、社会的盛衰、强弱也同样是取决于社会个体"民"的"品质"如何。这个"品质",严复将它概括为"力、智、德"。于是便得出了这样的结论:"国之强弱贫富治乱者,其民力、民智、民德三者之征验也。"而在当时中国,三者之中"又以民智为最急也"。基于此,1895年3月严复发表《原强》一文,首先提出了"开民智"口号,并且说:"民智者,富强之原,此悬诸日月不刊之论也。"由此,严复提出了一个由"开民智"而国家富强的公式:开民智—民

---

① 《山东道监察御史杨深秀折》,国家档案局明清档案馆编:《戊戌变法档案史料》,中华书局1958年版,第2页。

② 《衡州士绅开设俚语报馆禀》,《湘报》第141号,1898年8月30日。

能自治—自由—自利—利民—富强。①

受严复的影响,梁启超也认识到了"开民智"的必要,说:"昔之欲抑民权,必以塞民智为第一义;今日欲伸民权,必以广民智为第一义。"②康有为也接受了严复的理论,指出:"才智之民多则国强,才智之士少则国弱。"③而且,严复等思想家们先后提出的"开民智"理论在中国知识分子阶层中立即得到广泛的响应,"为救时之策者必曰兴民权,为兴权之法者必曰开民智"。④ "开民智""广民智""启发民智""开通民智""智民""牖民"等等,不仅大量出现在当时的报刊、书籍中,也成为上自在朝士大夫,下至在野士绅非常流行的口号,并且也成为有众多有识之士参加的、影响广泛的社会文化实践活动。实际上,这是启蒙主义者们在救国、强国目标的驱动下,在国家面临急迫的民族危机需要尽快实行政治改革,但中国社会并未形成强有力的实行民主政治之内在要求这一巨大的反差之下,企图以"开民智"的手段消除或缩小这一反差,尽快使国家实现富强。

那么,如何"开民智"呢?戊戌时期的启蒙思想家都认为,人的一切善恶智愚等,并非天生的,而是后天习得的:

> 人之有大脑小脑也,脑气筋之有灵也,差不知其然也。天地之气,存于庶物,人能采物之美者而服食之,始尚愚也同。一二圣人少补其灵明,而智生矣。合万亿人之脑,而智日生;合亿万世之人之脑,而智日益生,于是理出焉。⑤

---

① 严复:《原强(修订稿)》,王栻编:《严复集》(一),中华书局1986年版,第27页。
② 梁启超:《论湖南应办之事》,《饮冰室合集·文集》之三,中华书局1989年影印本,第41页。
③ 康有为:《上清帝第二书》,汤志钧编:《康有为政论集》上册,中华书局1981年版,第131页。
④ 《衡州士绅开设俚语报馆禀》,《湘报》第141号,1898年8月30日。
⑤ 康有为:《康子内外篇》,姜义华等编校:《康有为全集》(一),上海古籍出版社1990年版,第196页。

即"智"是人类生产和社会活动的经验积累,"智"的获取则依赖于后天的学习,因而"民智"完全可以通过后天的各种文化教育活动而获得。所以,启蒙主义者们的"开民智"活动,主要是兴办近代教育、创办报刊、改革语言文字、文学革新等。所有这些活动,无不贯穿着近代文化启蒙主义精神,无不表现出文化世俗化的进步趋势。

**2. 兴办近代教育**

这一时期的兴办新式学堂活动,集中体现了"开民智"的文化启蒙精神。无论是"开民智"的理论和实践活动,都很重视"兴学校"。不仅启蒙思想家们说,"智恶乎开?开于学,学恶乎立?立于教"①,士大夫当中也有许多人主张兴办新式学校以"开民智"。戊戌时期,上奏要求创办新式学堂的官员达数十人,都认为:"中国民众数万万,其为士者十数万,而人才乏绝如是,非天下不生才也,教之之道未尽也。"要求"自京师以及各省府州县皆设学堂"。②而且他们中的许多人还积极投入创办新式学堂的实践活动中。如1898年盛宣怀创办南洋公学;1897年张之洞创办江南储才学堂;浙江巡抚廖寿丰创办求是书院,等等。至于基层社会官绅们更是把设立新式学堂作为实践"广开民智""陶冶群才"的主要途径。他们或捐款办学,如浙江临安士绅陆树藩,捐出巨款,并献出所有的家藏书籍,建立湖州中西学堂;或是集款办学,如江苏省松江马桥镇的士绅"联群集款",创办高等学堂等;或是禀请官府办学,如陕西士绅邢庭策等禀请巡抚同意,创办高学堂等。据不完全统计,在1895—1898年期间,全国创办的新学堂至少有183所。③

而且,戊戌年间兴办新式学堂的热潮中,还表现出这样三个符合近代启蒙主义方向的新趋势:

---

① 梁启超:《变法通议》,《饮冰室合集·文集》之一,中华书局1989年重印本,第14页。
② 李端棻:《请推广学校折》,中国史学会主编:《中国近代史资料丛刊·戊戌变法》(二),上海人民出版社1957年版,第294—295页。
③ 系笔者根据汤志钧编:《中国近代教育史资料汇编·戊戌时期教育》及《湘报》《时务报》等报刊资料统计。

第一,从教育的指导思想说,这一时期的兴办近代教育活动,已从洋务运动时期的以"中体西用"为导向,以培养"专才"为目的,进至以"开民智"为导向,以"人人有学,人人有才"为目的。① 启蒙主义者们主张所有的人都应平等地得到受教育的机会,"文武同途,男女并学,官民一气,良贱瞽废并育"②同,"必使全国四万万民皆出于学,然后智开而才足"③。而且他们一再主张应当列为教育对象的"民",并非抽象的概念,而是具体而明白的"农、工、商、兵"等下层民众,主张让他们都有入学堂接受教育的机会,实现"农有学堂,则树艺饲畜之利日溥;工有学堂,则开物成务之效日辟;商有学堂,则操奇计赢之术日工"的目标。④ 即使是"贫贱贩负之家,工农樵牧之侣"的子弟,也应"及时教以义方,敦以实学,破其愚蒙,启其智慧"。⑤ 这里所表现出的,实际上是平等观念、启蒙主义精神指导下的近代全民教育的思想。

有识之士不仅是这么主张,也是照此实践的。他们在"开民智"的口号下,设立了各种校门朝向工人、农民、商人、妇女的新式学堂。如在籍刑部主事胡光煜等人在江宁创办劝工学堂,召集当地生徒,入学堂学习纺织、书算等技能和知识,以使"国无游民"⑥;几乎同时,湖广总督张之洞在湖北省城创办了农务学堂,募正副教习各一人,专以"教导学生、农人";又设工艺学堂一所,延请教习"教课学生、工匠"⑦;1898年,绅商经元善拟在浙江余姚、上虞创办农工学堂,教授农学和各种工艺技术。同时为"使妇人各得其自有之权","为大开民智张本",经元善等人又在上海创办

---

① 康有为:《请废八股以育人才折》,汤志钧编:《康有为政论集》上册,中华书局1981年版,第285页。
② 戴德诚:《变学刍议》,《湘报》第8号,1898年3月15日。
③ 康有为:《请饬各省改书院淫祠为学堂折》,汤志钧编:《康有为政论集》上册,中华书局1981年版,第311—312页。
④ 《论中国之弱由于民智不开》,《申报》1898年9月28日。
⑤ 栗万钟:《蒙学堂宜立章程说》,《湘报》142号,1898年8月31日。
⑥ 《江宁试办劝工学堂禀稿》,《申报》1898年5月19日。
⑦ 《湖广总督湖北巡抚告示》,《湘报》第93号,1898年6月22日。

"女学堂",招女学生学习算学、医学、法学等。① 这一时期,上海等城市还出现了多所面向"贸易中人"或"年岁已长,日间有事"者的夜校,②等等。这股办学潮流表现出与同文馆、福州船政学堂明显不同的文化方向和特点。

第二,正因为这一时期的兴办近代教育活动是以开民智为导向,以"人人有学,人人有才"为目的,因此从教育形式说,创办新式学堂活动的重点已从专科教育转向普通教育。中国人从西方的经验中看到,近代教育有"普通学"和"高等专门学"之分。所谓"普通学"即中小学。许多有识之士认为,教育既以"作国民为人才"为宗旨,重点就应放在兴办面向普通民众的中、小学上。因为"小学、中学者,教所以为国民,以为己国之用,皆人民之普通学也"。建议建立三级教育制度,"遍令省、府、县、乡兴学。乡立小学,令民七岁以上皆入学;县立中学;其省、府能立专门、高等学、大学,各量其力"。③ 所以,发展普通教育,创办中、小学堂成为这一时期兴学活动的主要内容。当时有许多学堂已明确称为二等学堂(或称中学堂)、三等学堂(或称小学堂)。最早的普通中学是1895年盛宣怀在天津创办的中西学堂中的"二等学堂"。此后又有1897年的安徽二等学堂、1898年的顺天府中学堂等。创办小学堂尤其受到启蒙主义者的高度重视。这是因为当时的启蒙主义者把振兴中国的希望寄托在"今日十五岁以下之童子"④。二是他们认为,按照教育的规律,"人生百年,立于幼学",教育普及应当从重视小学教育开始,小学堂因此而在各地纷纷出现。1896年,钟天纬在上海创办"三等公学",是为中国较早的普通小学。此后又有1897年的上海南洋公学外院、无锡三等公学、1898年的北京八

---

① 经元善:《拟办余上两邑农工学堂启》《创议设立女学堂启》,虞和平编:《经元善集》,华中师范大学出版社1988年版,第244—247、224—225页。
② 如《惜英女学塾启》《法文馆启》等,《申报》1898年2月8日。
③ 康有为:《请开学校折》,汤志钧编:《康有为政论集》上册,中华书局1981年版,第306—307页。
④ 梁启超:《蒙学报演义报同叙》,《饮冰室合集·文集》之二,中华书局1989年重印本,第56页。

旗奉直第一号小学堂。1898年,钟天纬又在上海创办了4所三等学堂,且不让学生背经书,自编教材,采用新式教育方法,等等。

　　教育形式上的启蒙主义方向还表现在近代社会教育的出现。戊戌时期,一些启蒙主义者建议"开大书藏",遍设"藏书楼"。这种沿用旧名的"藏书楼",实际上已是萌芽状态的公共图书馆。因为它不仅以收集、整理和保藏图书为职能,更重要的是它还"许人人入楼观书",①以此传播新知识,提高民众的文化水平。这种向民众开放的"藏书楼"当时已在一些学会、学堂中产生,它们或是让"有志读书者出资借阅"②,或是完全开放,"任人观看","以开民智"。③一些士绅还在各地办起"阅报会""阅报社",让民众通过阅报了解信息,学习新知识。如汉口的"阅报总会"备有国内数十种报刊,并在《申报》上刊登广告,欢迎人们前往阅览,称:"阅看分文不取,到报风雨无阻。"④同样承担社会教育职能的博物馆已在酝酿中。维新派建议"开博物院",陈列各种新器、图器、矿石、动植物标本,"以为益思集思之助"。⑤前述的各种面向成年人、农人、工人、商人的夜校和职业培训学校,也属于社会教育范畴。

　　第三,这种以开民智为导向,以"人人有学,人人有才"为目的的兴学活动,表现在教学内容上,是"普通学"受到高度重视。当时人不仅把承担普通教育的学校(中、小学)称为"普通学",也把基础教育内容称为"普通学",认为普通学是人人所应当具备的基本知识及基本素质,因而是"尽人所当习者"。⑥同时它也是学习更高等或专门知识的基础,"有普通

---

　　① 李端棻:《请推广学校折》,中国史学会主编:《中国近代史资料丛刊·戊戌变法》(二),上海人民出版社1957年版,第294页。
　　② 《金陵开劝学会》,《国闻报》1898年9月23日。
　　③ 《衢州府开办任学会章程》,《湘报》第17号,1898年2月25日。
　　④ 《汉口大夹街新设阅报总会》,《申报》1898年9月15日。
　　⑤ 《上海强学会章程》,中国史学会主编:《中国近代史资料丛刊·戊戌变法》(四),上海人民出版社1957年版,第391页。
　　⑥ 总理衙门:《筹议京师大学堂章程》,中国史学会主编:《中国近代史资料丛刊·戊戌变法》(四),上海人民出版社1957年版,第488页。

学乃能致博",有普通学才会有"专门学"。① 可见当时有识之士们对基础教育的内容及其重要性的了解和重视。因此戊戌时期新创办的学堂不少都有人人必习"普通学"之规定。而且,关于"普通学"的内容,也有了较成熟的考虑和建构,例如梁启超制定的《时务学堂功课详细章程》中,是将学堂学生所学的知识分为两部分,一是"人人皆当通习"的"溥通学";二是每人各占一门的"专门学"。其中普通学有5类:

1. 经学:包括《春秋公羊传》《礼记》等;
2. 诸子学:孟子、墨子、庄子、老子等;
3. 公理学:中外哲学;
4. 中外史志;
5. 格致算学之粗浅者。②

由此可见,他们所建构的这一作为人的"立身之本"的"普通学"体系,包括了近代知识体系中的哲学、社会科学和自然科学中的基础部分,大体相当于现代普通教育中的中学教育内容。这在教育内容上的确是从传统走向近代的一次革命。而且我们知道,这个"普通学"在这以前的洋务时期仍是一分为二的。其中的"中学"部分,作为立国之"体"和立身之"本",为的是培养封建统治的经学家或政治家;其中的"西学"部分作为富强之"用",为的是培养"中体西用"的洋务人才。亦即这些原来都是"专才"之学。这些知识,尤其是其中的"西学"知识从"专才"之学变成"普通学",不仅意味着有识之士们开始发现近代文化科学及其教育的内在规律和结构,从而把"博考"中外政治、历史、地理、哲学、自然科学作为思想、学术等等发展的前提,以宽厚、扎实的古今中西知识基础作为"万事万理"之"根据",开始摆脱了前此的采西学活动中急功近利的浮躁态度,而且,这些已完全不同于传统的近代知识体系是被作为"人人皆当通

---

① 《常州务本学堂读书简明章程》,《湘报》第173号,1898年10月6日。
② 《时务学堂功课详细章程》,《湘报》第102号,1898年7月4日。

习"的"普通学",作为人生所必需的基本素质,即"为知识而知识,为人生而知识",这是近代文化启蒙运动已深入启发人的理性阶段的重要标志。

### 3. 创办报刊

戊戌年间,启蒙主义者从西方的经验中发现,报刊具有面向社会民众且受众广泛的"通"(即大众传播媒介)的特性,其间众多的报刊,本身就是启蒙主义者作为面向大众的传播媒介而纷纷创办的。而当时他们最为强调的,是报刊的传播知识——"开民智"的作用,极力地要利用这个大众传媒,发挥传播知识、启迪民智的文化功能。梁启超说:"觇国之强弱,则于其通塞而已……去塞求通,厥道非一,则报馆其导端也。……阅报愈多者,其人愈智;报馆愈多者,其国愈强。"①一些开明士绅甚至说:"报馆之开民智,其效视学堂、学会为尤捷也。"②将报刊作为最有效的"开民智"途径。因此,当时著名的维新派人士几乎人人都参加了办报刊的活动。如康有为创办《万国公报》(后改为《中外纪闻》)、梁启超主持《时务报》、谭嗣同创办《湘报》、严复创办《国闻报》、康广仁创办《知新报》,等等。而且,各家报刊都以"开民智"作为其主要的办报方向。如《湘报》创办之初即声明,它的宗旨是要将"民"从"小儒腐说"的束缚中解放出来,使之"脑筋震荡,人人有权衡国是之心,而谋变通,而生动力","一举而破二千余年之积习,一人而兼百人、千人之智力,……使中国为极聪强、极文明之国"。③ 一些报刊在创办时即选择特定的社会群体作为其启蒙的对象。如《农学报》表明,它是以"农人"为主要启蒙对象,以传播"农学"知识为主,以"广开风气,维新耳目"④为目的;《蒙学报》则明确是以少年儿童为对象,"以启蒙为主",传播"浅易"知识,并研究"启发童蒙之法";⑤作为中国第一份妇女报刊的《女学报》,是由 20 多位思想先进的妇女创办并

---

① 梁启超:《论报馆有益于国事》,《饮冰室合集·文集》之一,中华书局 1989 年重印本,第 100—101 页。
② 《衡州士绅开设俚语报馆禀》,《湘报》第 141 号,1898 年 8 月 30 日。
③ 唐才常:《湘报序》,《湘报》第 1 号,1898 年 3 月 7 日。
④ 梁启超:《农学报序》,《时务报》第 23 册,1897 年 4 月。
⑤ 叶瀚:《蒙学公会公启并简章》,《时务报》第 42 册,1897 年 10 月。

主持，并且是面向妇女传播新知识。更值得注意的是这一时期创办的一些白话报，其本身就是以大众化的传播工具、大众化的语言，大众所需的知识，以人数更多的工、农、商、兵大众为启蒙对象，追求"开民智"效果。其中著名的如1897年11月创刊的《演义白话报》，其办报宗旨是："本报专用白话，务使人人易晓。约分时事、新闻二门。时事以感发人心为主，新闻以增广见识为主。"①1898年5月，裘廷梁、裘毓芳父女创办《无锡白话报》，在创刊号上发表《无锡白话报序》，说："中外大通，环球尽变，一人智而天下皆愚，能富强昔日之天下，绝不能富强今日之天下。谋国大计，要当尽天下之民而智之，使号为士者、农者、商者，各竭其才，人自为战，而后能与泰西诸雄国，争胜于无形耳。"②湖南衡州士绅在开办《俚语报》的禀文中不仅喊出了"唤醒吾民"的口号，而且还陈述了创办白话报的10条理由，实际上可概括为两条：农、工、商中能识字并知文义者极少，而前此所办各报词句华丽，说理过深，"但可开士人已智之智，而不能开农工商未智之智也"；"凡言兴作、言变政，靡不欲借力于工、借财于商、借食于农，……夫用人之财力不能使其心豁然，知非公家之谬举，而为小民人人身家之计，欲其勿梗塞阻挠、输将踊跃，不亦难哉！"③这里表现出的是更为激进的启蒙主义思想和清晰的世俗化的文化倾向。

这种世俗化倾向更表现在报刊的内容上。

为维新变法做思想动员和理论阐述，固然是这一时期报刊宣传的重要内容（如大量的政论文），但除此以外，还有相当大一部分是以面向民众"开风气""扩见闻""长见识"为目的，包括西方资产阶级政治学说、自然科学知识、世界时势等新知。

一些报刊的体例即反映了这一启蒙倾向。如《新学报》（1897年8月创刊于上海），设有5个栏目：圣谕广训恭录、算学、政学、医学、博物。《求是报》（1897年创刊于上海），分内编（国内新闻）和外编（国外新闻和

---

① 《演义白话报广告》，《申报》1897年10月27日。
② 裘廷梁：《无锡白话报序》，《时务报》第61册，1898年5月。
③ 《衡州士绅开设俚语报馆禀》，《湘报》第141号，1898年8月30日。

"西学"知识)两部分。内编下有3栏目:交涉类编、时事类编、附录。外编有6栏目:西报译编、西律新译、格致类编、制造类编、泰西稗编(小说)、路透电音。这样的体例、栏目设置,说明这些报刊并不是以刊载新闻为主,更侧重于面向大众传播通俗的新知识。

所以,在这些栏目下选登的,也多为介绍通俗新知识的文章。如《无锡白话报》第四期刊登了如下文章:

五大洲邮电杂录(即国际时事);
中外纪闻:津镇铁路　编修出洋;
孟子年谱　胜朝事略　富国策　史氏新学记(即心理学)　农学新法　养民新法;
海外奇闻:鸟兽识数　种葵有益　救命机器;
海外拾遗:不嗜杀人　慧后感王　贤王励兵　古国遗址。

包括了新闻、学术(包括史学、经济学、心理学、自然科学知识),以及带有趣味性、知识性的外国奇闻逸事等。

一些以宣传变法为主的政论报刊,也以相当的篇幅刊登普及新知识的文章。如《知新报》第20册(1897年5月31日),刊登了《论日本自强之故》等两篇政论文、"京外近事"(国内新闻)7篇、国外新闻12篇,此外在农事、工事、商事、矿事、格致等栏目下,刊登了:养蚕学校、能治鸡瘟、考求铜质、电镀铁线、茶商日困、矿学新法、树叶照相、考论脑质等22篇介绍农、工、商、矿、医等方面通俗化新知识的文章。

即使是报刊上的新闻,实际上也是要向民众普及全新的知识。如《时务报》上所刊载的新闻,一般都是译自两三个月前的外国报刊,新闻价值已经不大,但就当时中国人来说,他们关注并从中受益的主要的并不是那些过了时效的新闻本身,而是那些前所未闻或罕闻的新颖而有思想启蒙性的报道中所包含的知识价值。例如:《美国共和党宣论新政》(第3册)、《美国选举总统》、《欧洲党人倡论民主》(第10册)、《日相论制定宪法》（第 27 册）、《法国女律师操业》（第 47 册）等消息报道，灌输给中国人的是西方国家近代政治制度和法律制度知识；《欧洲外交政策》（第 9 册）、《欧洲现时形势》（第 46 册）、《论英日同盟》（第 51 册）、《欧洲各国注意中国》（第 55 册）、《欧洲各国兵力》（第 60 册）、《美西开战始末》（第 64 册）等，中国人能从中更清楚地看到所面临的世界局势，得到令人警醒的世界知识；《法国农务》（第 49 册）、《英国纺纱厂情形》（第 48 册）、《印度茶叶商务》（第 49 册）、《澳洲铁路情形》（第 50 册）等，让中国人比较及时地了解到外国经济发展状况；《日斯巴尼亚度支》（第 50 册）、《俄京银行》（第 49 册）之类的报道，使中国人了解西方的财政和金融体制；《伦敦学校岁报》（第 9 册）、《俄国教育》（第 50 册）、《佐治康大学医学院章程》（第 62 册）、《日本各学校规则》（第 66 册）等报道，则让中国人看到新型的教育制度和教育体制；《英改变军制》（第 47 册）、《日本新添水师战舰》（第 48 册）、《俄国水陆各队近情》（第 51 册）、《美国水师新章》（第 53 册）等，不仅让中国人看到先进的军事制度、军事装备的知识，更由此看到中外军事的主要差距，等等。

的确，有史以来，只有报刊才发挥了这么广泛、深入的传播新知、开通民智的作用。

至于报刊的论说文，更是发挥了从政治上唤醒民众、启发民众及社会动员的作用。启蒙思想家们创办报刊的政治目的就是："报馆之议论既浸渍于人心，则风气之成不远矣。"所谓"议论"，即政论文。据统计，在戊戌时期风行全国的《时务报》《知新报》《湘报》《国闻报》上，政论文的篇幅至少有三分之一。大多是《变法通议》《论君政民政相嬗之理》（梁启超撰）、《中国自强策》（汪康年撰）、《辟韩》《原强》（严复撰）、《开诚篇》（樊锥撰）、《平等说》（皮嘉佑撰）等等一类的文章，充满了"变亦变、不变亦变""不穷则不变，不变则不通，不通则不久，不久则中国几乎绝也"这类呼吁，以及"平等""民权""救亡""冲击网罗"这类口号，或满纸激愤，锋芒毕露,或"哀哀长鸣,血泪盈简"。① 连张之洞也承认报刊的巨大思想启蒙作用:"一孔之士、山泽之农,始知有神州;筐箧之吏、烟雾之儒,始知有时局,不可谓非有志四方之男子学问之一助也。"②

### 4. 西书翻译

西书翻译活动在鸦片战争后即已开展,但在"西学为用"的方针指导下,译书或是由外国传教士代庖,或是由官府主持,译书内容也受政治功利支配,多为应用性的科学技术方面的,即声光化电、农矿工商之类的书籍。甲午以后,在"开民智"潮流的推动下,译书得到启蒙思想家们进一步的重视,不仅从理论上常常强调译书"为第一义"、译书"为根本",而且在实践上,从政府到民间、从著名的启蒙思想家(如严复、康有为、梁启超等)到一般士人,都积极参加了西书中译的实践活动。这一时期清朝政府对翻译西书也给予了更大的重视。1896年,清政府设立官书局,内设刊书处,译刻各国律例、公法、商务、农务、制造、测算等"有益国计民生"的书。1898年创办的京师大学堂还设有"编译局"。但更能反映这一时期译书活动特点的是译书活动已有众多的士人主动参与,不再由官方译书机构所专营。在"富强"和政治改革目标的召唤下,启蒙主义者进一步认识到通过译书向社会普及西学知识的必要,因而译西书及读译书的社会风气很是兴盛。民间自发的译书机构纷纷创立,著名者如1897年梁启超在上海开办的大同译书局,该局申明"首译各国变法之书",次译"章程书""商务书","以备今日取法";③同年,董康与赵元益在上海创办译书公会,并宣布该会"以采择泰西东切用书籍为宗旨"。"凡有关政治、学校、律例、天文、舆地、声、光、化、电气诸学、矿务、商务、农学、军制者,次第译成,以飨海内同志先睹为快之意"。当年该会翻译西书就有:《交涉纪

---

① 易鼐:《论西政西学治乱兴衰俱与西教无涉》,《湘学报》第28册,1898年2月21日。

② 张之洞:《劝学篇·阅报第六》,《张文襄公全集》(四),中国书店1990年影印本,第574页。

③ 梁启超:《大同译书局叙例》,黎难秋编:《中国科学翻译史料》,中国科学技术大学出版社1996年版,第468页。

事本末》《中日构兵记》《拿破仑失国记》《维多利亚载记》《威灵吞大事记》《英民史略》《英岁政比较》《五洲舆地图考》《西事纪原》《泰西志林》《五洲通志》《东游随笔》《日本日新丛书》等。其他又如强学书局、中西书籍公会、东亚译书局、上海印书公会、上海译书局、浙江译书局、杭州合众译书局、新民译书局等，至少有十多家译书机构相继加入翻译出版西学书籍的行列。同时，一些学校、报社和学会也先后加入译书活动中，如1895年成立的强学会，其章程中规定："以译书为第一义。"1896年盛宣怀创办南洋公学，并附设译书院，准备广购日本及西国新出之书，择要翻译。《时务报》专门聘请英、法、日、俄文的专职翻译，翻译西方的自然科学和社会科学著作。不久便翻译并印行了《奥斯马加国（今译奥匈帝国）商办铁路条例》《伦敦铁路公司章程》《法国印花税章程》《重译富国策》《日本教育制度》等。说明译书不仅有广泛的社会需要，也动员了相当大的社会力量，因而翻译西书活动达到了较大的规模。据梁启超编纂的《西学书目表》统计，至1896年时，数十年间各地共译西学书籍352种；又据徐维则《东西学书录》的统计，至1899年，已译西学书籍达560种。换言之，19世纪90年代的最后三四年出版的西学译书就有200余种。可见西书翻译已成为戊戌年间民间自主进行的一项自觉的且非常活跃的文化启蒙活动。

更为重要的是，由于文化启蒙——"开民智""开绅智""开官智"成为西书翻译活动的宗旨，使译书在内容上发生了很大的变化，并且表现出这样三个新特征：

第一，近代以来中国人对西学认识的不断深化，西学知识的日积月累，在西学——近代文化规律的引导下，中国人学习西方的视野已从实用科学逐渐扩展到了政治制度领域。尤其是甲午以后，维新派在发起政治改革运动的同时，认识到向中国社会传播近代政治知识的必要，因而将西学中的近代政治知识作为文化启蒙——"开民智""开绅智""开官智"的最重要内容。基于此，有识之士对前此的以译书活动为代表的"采西学"活动进行了深刻的反思。高凤谦的这段话，即代表了当时有识之士的反思的成果：

> 泰西有用之书至蕃至备,大约不出格致、政事两途。格致之学近人犹知讲求,制造局所译多半此类。而政事之书则鲜有留心,译者亦少。盖中国之人震格致之难,共推为泰西绝学;而政事之书,则以吾中国所固有,无待于外求者。不知中国之患,患在政事之不立。而泰西所以治平者,固不专在格致也。①

中国更需要学习外国政治制度,因而更应侧重翻译西方的"政事之书"。于是启蒙主义者的译书活动重心逐渐由实用科学向社会科学转移。译书"以政学为先,而次以艺学"②,是这一时期有识之士译书活动的共同趋向。而且有识之士还非常强调应选择翻译其中的"新"书、"新识之佳作"③,以能"发人士之通识"作为指导方针。说明启蒙主义者的译书活动不仅要为正在开展的政治改革运动提供模仿的样本和知识的支持,还期望通过译书来革新中国人的思想观念和思维方式。因而在戊戌时期翻译出版的西学书籍中,社会科学方面的书所占比例逐渐增大。据梁启超的《西学书目表》统计,在1896年前的西学译著中,社会科学类(包括史志、法律、西人议论、学制、报章、商政、官制、其他)译著为85种,占总数(354种)的24.38%;据徐维则的《增版东西学书录》统计,1901年前(其中包括1896年前翻译)的译书中,社会科学类(包括史志、政治法律、学校、交涉、商务、理学、幼学、宗教游记、报章、议论、杂著)译著为356部,占总数(924种)的38.53%。较清楚地反映出中国近代文化由外而内的层级递进规律。

---

① 高凤谦:《翻译泰西有用书籍议》,黎难秋编:《中国科学翻译史料》,中国科学技术大学出版社1996年版,第331页。

② 梁启超:《大同译书局叙例》,黎难秋编:《中国科学翻译史料》,中国科学技术大学出版社1996年版,第469页。

③ 康有为:《请广译日本书派游学折》,汤志钧编:《康有为政论集》上册,中华书局1981年版,第302页。

第二,戊戌时期的启蒙主义者们认为,西学不应当只作为"制器"的知识支持,更应广泛地内化为中国人的"智"——文化素质。所以注重"智"的启蒙,淡化"用"的功利,是这一时期译书活动的明显特色。因而本时期的西书中译,既有一些旨在改造中国人观念世界的比较高深的西方学术论著,如严复译的《天演论》、时务报馆译的《重译富国策》《斯宾塞尔文集》、东亚报社译的《社会学新义》等;但大多是属于知识普及型的。很多翻译出版机构都像译书公会一样,"志在开民智、广见闻,故以广译东西切用书籍报章为主"①。所谓"切用",主要是指西方国家政治制度,以及经济发展、文化教育、科学技术等方面的经验性知识,为的是中国能以最快的速度和捷径移植西方文明成果。像《威灵吞大事记》《英民史略》《西事纪原》《泰西志林》《五洲通志》《日本日新丛书》这类书,目的是要使中国人从西方国家由弱而强的过程中汲取有益的历史经验;像《英岁政比较》《伦敦铁路公司章程》《法国印花税章程》《日本教育制度》,以及《德国议院章程》《美国宪法》等书,则是给中国人的政治、经济、文化教育等方面的改革活动直接提供制度借鉴;而这一时期出版的《农务化学问答》《牧羊指引》《制肥皂法》《照像器》《算磅捷诀》《化学原质新表》《天文略解》《舆地启蒙》《居处卫生论》《简易体操法》《理学须知》这类译书,更是向民众普及一般的科学文化知识。尤其是这一时期报刊上刊载的翻译论著,大多是大众化、通俗化的普及新知识性质的通俗读物。如《蒙学报》所译大多为东西方儿童科普知识;《格致新报》每期以问答形式译载专题科学知识;《通学报》则主要编译并刊载理化、世界地理与历史等知识内容。再以几期报刊的译文为例:

《时务报》第五册(1896年9月17日)英文报译:《俄国理财权术》《英国下议院议论土乱及英国应如何办法》《英重鱼雷快船》;法文报译:《木路火车》《自行车环游地球》《地球人数》《英国兵食》《纸炮新制》。

《农学报》第六册(1897年7月)西报选译:《新式焙茶机器图说》《治

---

① 《广告·译书公会》,《申报》1897年9月1日。

蚕蛆法》《农学初阶》《农学入门》《农具图说》《木棉考》《农学论》。

《东亚报》第一册(1898年6月29日)译著:《国际公法总论》《新发明潜水艇》《德军创新器械》《精制驱除动植物虫害药》《发明驱除害虫器》《德国蓄电池工业》《新制天然晴雨表》《地球重量》《社会学新义》《美国宪法》《万国公司新法》。

无论是社会科学、自然科学或新闻方面的译文,大多讲求通俗、浅显,以及知识性、甚至趣味性,真正是以面向民众的"开民智、广见闻"作为指导思想。中国人从这些报章译作中所看到的,是世界大势、西方强国的先进制度、经济体制、科学技术和文化教育。对于当时中国人来说,的确起了巨大的文化启蒙的作用。

第三,戊戌时期的译书活动已是自觉的知识和观念引进的活动。启蒙主义者在主动、积极地择译西书之同时,也努力进行新知识的整合活动,力图在译书的基础上进行知识整合或整合目标下开展译书活动,使翻译引进的西学知识体系化,亦使中国人掌握的西学知识系统化。众多的西学丛书相继编辑出版便是证明。如《西国富强丛书》《西政丛书》《农学丛书》《古今算学丛书》《中西算学丛书》《质学丛书》《农学丛书》《西学启蒙丛书》《格致汇编丛书》《通学斋丛书》等。这些丛书都像梁启超编的《西政丛书》一样,是编者从大量的译书中按既定的内容标准选择其中"最要者",并依一定的体例"汇为一编"出版发行的。① 例如1895年张之洞支持之下编辑的《富强丛书》,围绕"富强"这一主题,收入了数十种自然科学(如:《地学浅释》《电学纲目》《兵船汽机》《工程致富略论》《行军铁路工程》等)、社会科学(如:《俄史辑译》《佐治刍言》《各国交涉公法论》《公法总论》等)方面的译书,构筑成一个国家"富强"学的知识体系;1897年梁启超辑录的《西政丛书》,则编入有关"西政"(即西方国家各部门的制度、各门类的应用型知识)的西学书籍,包括:有关西国政治制度

---

① 梁启超:《西政丛书序》,《饮冰室合集·文集》之二,中华书局1989年重印本,第62页。

发展的《希腊志略》《罗马志略》,介绍西方教育制度的《肄业要览》《西国学校》,有关国际关系准则的《公法总论》,有关军事制度和军事技术的《德国军制述要》《陆地战例新选》,有关经济政策和经济学理论的《富国养民策》《保富述要》《生利分利之别论》《工程致富论略》,有关工、农业应用技术知识的《考工记要》《农事论略》《农学新法》等,从而形成了一个"西政"知识体系。

译书的知识体系化整合努力还可以从这一时期众多的译书目录书中得到证明。有识之士们认为,读西书应当"审门径""知别择",[①]为此编出了许多西学目录书,在整合知识体系的基础上为中国人探寻新知指示路径。如梁启超的《西学书目表》(1896年)、康有为的《日本书目志》(1897年)、卢靖的《增订西学书目表》(1897年)、胡兆鸾的《西书考》(1897年)、黄庆澄的《中西普通书目表》(1898年)、冯澄的《算学考初编》(1898年)、刘铎的《若水斋古今算学书录》(1899年)、徐维则的《东西学书录》(1899年)、述庐的《通学书籍考》(1899年)、丁福保的《算学书目提要》(1899年)等。都将已知的西学书籍按内容分类编排,整合成新知识体系。说明这一时期的西书翻译已由量的积累而向体系化发展。也说明中国人通过译书活动进一步加深了对西学的了解,并且已初具整合新知识的能力。

总之,通过这一时期的译书活动,西学知识得以更广泛地向中国社会传播,中国人所获取的近代知识进一步扩大并加深,近代文化开始成体系地向前发展。

### 5. 文字语言改革

文字、语言都是信息传递的文化工具。这一地位,决定了文字和语言的世俗化是中国近代文化启蒙运动的最基本的任务。在贫穷、落后、普遍文盲的近代中国,如果离开了这项最基本的任务,任何启蒙工作都只能是一句空话。

---

① 梁启超:《西学书目表·读西学书法》,光绪三十二年石印本,第1页。

正像其他各项文化启蒙工作一样,中国的启蒙主义者则是从中西间贫富强弱之差距和原因的探讨中看到文字改革及识字普及工作之重要。他们指出:"西国识字人多,中国识字人少,一切病根,大半在此。"中国识字人少,故民日以昏愚,国日以贫弱。① 而所谓识字者多则国强的主张中,已包含着有识之士一个文化观念的根本转变——关于文字功能的新认识:文字不能只作为士大夫们身份之表征,只用于表达士大夫们古老而玄虚的悠悠之情感,更应当作为社会最基本的文化和信息传播的工具,获取知识的工具,表达和交流思想的工具。

文字既是一种文化工具,这个工具就必须简易方便,让更多的民众掌握这个工具。正是从这一思想观点出发,有识之士们提出了这样两个为文化启蒙服务的主张:

一是文字必须走出贵族的圈子和士人的书斋。在几千年的中国封建小农经济社会中,由于对信息传递的需求非常之低,也由于专制政治的需要,文字在很大程度上被封建贵族、士人所垄断。正如启蒙主义者所批评的,在传统社会中,"文字之于民生,尊而不亲"。"文字乃为士林所独有之事","视为枕中鸿宝,俗目不许窥觎",从而将文字视为贵且雅的"圣物"。他们主张应当把文字交给大众,像欧美各国一样,"农夫贩竖、妇人孺子,无不识字之人"。②

二是文字应朝着简易的方向改革。中国文字作为一种历史悠久、非常成熟的符号系统,其稳定性大于演变性。至 19 世纪末,文字的不变与社会的激变、"如峨冠博带,古物庞然"的古老文字与快速飞驰的火车、轮船形成强烈的反差。尤其是在中西对比中,许多人看到了中西"切音"与"象形"文字的优劣:中国文字"计字体四万九百余字,士人常用者惟四五千字,非读十三经不得聪明,非十余年功夫不可。人生可用者几次十年?因是读书者少,融洽古今、横览中外者更少";而泰西文字"以二十六母相

---

① 宋恕:《六字课斋卑议》,胡珠生编:《宋恕集》,中华书局 1993 年版,第 16、135 页。
② 张鹤龄:《文敝篇》,郑振铎编:《晚清文选》,上海书店 1987 年影印本,第 520—522 页。

生,至于无穷,中人之才,读书数年,便能诵读挥写,故通国男女,鲜不学之人"①。其间难易繁简的差距的确很大。面临19世纪政治、经济、文化、社会变革潮流汹涌奔驰的时代,面临社会变革潮流催逼下的文化启蒙任务,启蒙主义者呼吁改革文字,即梁启超说的"(文字)必得简法以驭之,乃可便宜"②。使文字由繁渐趋于简,由难渐趋于易,让更多的人识字、读书。

甲午前后从"必得简法以驭之"的角度提出改革文字理论并投入改革实践的,已不只是个别人的行为,而是已形成一股文化新风,成为启蒙运动的重要组成部分。从1891年宋恕主张创造切音文字开始,至少有十余人提出文字改革的主张或方案,并在士人中引起反响。从这些文字改革的主张或方案看,它们都是想通过推广"至灵至浅,至简至易"的"快字""拼音字"等,使"农工妇稚"皆能识字读书,掌握知识,从而达到"男女有学","立强国于无形之实基"的目标,③因而都贯穿着启蒙主义精神。请看这一时期提出的8个文字改革主张的方案:

(1)1891年,早期改良派宋恕著《六斋卑议》,首次提出创造"切音文字"的主张,开中国近代文字改革主张之先河。

(2)1892年,福建人卢戆章著《一目了然初阶》,创制了55个字母(其中包括拉丁字母和拉丁字母变体字)作为切音字,采用声母、韵母双拼制,自称为"中国第一快切音字"。认为无论男女老幼,只要掌握这55个字母,"虽一生未入孔子门,亦能无师自识汉字"。④ 这是中国第一个汉

---

① 王炳耀:《拼音字谱序》,王炳耀撰:《拼音字谱》(拼音文字史料丛书),文字改革出版社1956年版。
② 梁启超:《变法通议》,《饮冰室合集·文集》之一,中华书局1989年重印本,第51页。
③ 见卢戆章:《中国第一快切音字原序》,卢戆章撰:《中国第一快切音字》;蔡锡勇:《传音快字凡例》,蔡锡勇撰:《传音快字》;沈学:《盛世元音序》,沈学撰:《盛世元音》;王炳耀:《拼音字谱序》,王炳耀撰:《拼音字谱》,等,均为拼音文字史料丛书,文字改革出版社1956年版。
④ 卢戆章:《新字初阶序》,引自倪海曙:《清末汉语拼音运动编年史》,上海人民出版社1959年版,第29页。

语拼音方案。

(3)1895年,吴敬恒采用独体篆文创制"豆芽字母",但一直没有公布于世。据说在与他妻子的通信中一直是采用"豆芽字母"。①

(4)据梁启超在《沈氏音书序》中说,这一年康有为从"小儿初学语之声,为天下所同"的事实中受到启发,"取其十六音为母",创制切音字,但未曾向外界公布。

(5)1896年,福建人蔡锡勇著《传音快字》,根据他在清驻美国使馆任职时看到的西方国家使用的速记符号,创制出56个字母(包括24个声母、32个韵母),采用"一声一韵,两笔相连,切成一音"(即双拼制)的方法,拼写白话,以使"妇孺可学"。

(6)1896年,江苏吴县人沈学发表《盛世元音》,也采用速记符号作字母。符号有18种,兼作声母,其区别在笔画的大小,也称作"天下公字"。

(7)1896年,福建人力捷三著《闽腔快字》,所采用的字母与蔡锡勇的《传音快字》一样,所不同的是《闽腔快字》用于拼写福州音。

(8)1897年,广东人王炳耀的《拼音字谱》出版。采用速记符号与拉丁字母相结合的办法,创制出22个声母,53个韵母,用以拼读方言或"北音"(即普通话),以使"男女易习"。

这8个方案,无论是采用速记符号,还是拉丁字母,都以"简""易"为追求的目标,都采用了"切音为字",即汉语拼音方案。而且在这些方案中,还出现了这样一些新内容:

第一,提出了语言统一的主张。如卢戆章在《一目了然初阶》中建议以南京语音作为"各省之正音",使全国各地"语言既从一律,文话亦皆相通",②便于知识传播和文化发展。

第二,在推广切音字过程中,积极提倡白话文。如蔡锡勇在推广"传

---

① 黎锦熙:《国语运动史纲》卷一,商务印书馆1935年版,第21页。
② 卢戆章:《一目了然初阶自序》,卢戆章撰:《一目了然初阶》(拼音文字史料丛书本),文字改革出版社1956年版。

音快字"时说明:"此学专为传述语言而设",即用于拼写白话文。甚至主张将"古人之训谟,当代之典章,异邦之制作,皆可以切音演为常语",①便于农工商兵学习知识。

第三,强调文字的工具性。沈学认为,文字只是一种"利器","以愈利为愈妙"。而"欲利于记诵,笔愈省愈便"。② 开始触及汉字简化问题。

第四,为方便民众读书、作文,他们反对将时间和精力花在"吮毫磨砖"、一味追求书法的美观上,并提倡汉字横写。③

第五,为了便于阅读,王炳耀在《拼音字谱》中还提出了一套标点符号方案,包括:

一读之号(,)
一句之号(·)
一节之号(。)
一段之号(√)
句断意连之号(:)
接上续下之号(——)
慨叹之号(!)
惊异之号(;)
诘问之号(?)
释明之号(⌊⌐)

共10个。④ 更可贵的是,这些有识之士不仅提出文字改革的主张和

---

① 蔡锡勇:《传音快字序》,蔡锡勇撰:《传音快字》(拼音文字史料丛书本),文字改革出版社1956年版。
② 沈学:《盛世元音·字谱》,沈学撰:《盛世元音》(拼音文字史料丛书本),文字改革出版社1956年版。
③ 沈学:《盛世元音·书法》,沈学撰:《盛世元音》(拼音文字史料丛书本),文字改革出版社1956年版。
④ 王炳耀:《拼音字谱序》(拼音文字史料丛书本),文字改革出版社1956年版。

方案,而且还身体力行,亲自去推广他们的方案。如卢戆章不仅在报纸上宣传、介绍他的切音字,而且还在他的家乡(厦门)积极向民众推广切音字。沈学为推广他的"天下公字",常去茶馆向群众传授他这套切音字及其使用方法,还在《申报》刊登广告,欢迎人们前来学习切音字,甚至设计出一种专门书写字母的笔,创制出盲人书写切音字的工具和识字卡片等,都是认真、热心地帮助民众学习文化知识。

这些的确是鲁迅所说的"将文字交给大众"的努力。而让民众掌握文字,是开民智——文化启蒙的首要环节,或者说是文化启蒙最基本、最重要的工作之一。

同样,中国语言也具有稳定性大于演变性特点。至19世纪末,随着近代经济、科学、文化在中国产生并发展,以及人们的求知要求,数千年基本未变的中国语言,因其无法在新时代承担自由地交流思想、表达情感和传播知识的工具作用,而成为人们指责的一个目标,被启蒙主义者看作是封建蒙昧主义的一个重要组成部分。

启蒙主义者对中国语言首先提出的批评是"语言与文字离"的现象,亦即书面语言(当时人称为"文字")与口头语言(当时人称为"语言")差距太大。直至清末时期,书面语言仍以先秦经籍和诸子百家的文章为典范。但先秦时期因文章是写在竹简、木牍上的,必然要求文句简约,文字精炼(即"炼字")。但时间已过了两千多年,书写材料早已从简、牍变为纸张,且出现了近代印刷技术,"炼字"已失去其实用价值;而且实际运用的口头语言在两千多年来已发生了很大的变化,尤其在近代社会,像"逸马杀犬于道"这类高度概括、不求甚解、只能意会的语句,已满足不了近代政治、法律、外交、经济、科技等对语言叙述高度精确的要求。更重要的是,因其与广大民众日常的口头语言差距太大,极大地妨碍了民众对文化知识的学习,这就是黄遵宪在甲午战前就指出的"语言与文字离,则通文者少;语言与文字合,则通文者多,其势然也";[①]裘廷梁所说的"文义太

---

① 黄遵宪:《日本国志》,岳麓书社1985年版,第662页。

深"造成民"不通古今,不知中外,不解字义,不晓文法,商不知角逐,工不知制造,农不知变硗瘠为膏腴,二千年来寂处幽室,为光力所不及"。① 于是,"语言与文字合",就成了"开民智"工作的一个重要组成部分。

所谓"语言与文字合"的实质,是启蒙主义者们主张让书面语言改变其传统的功能,摆脱"为士林所独有"的贵族化境地,成为"四民所同有""驱之为我所用"的大众文化工具。② 因而对语言的要求,主要的应是"迟速""繁简"问题,而不应一味追求古雅。亦即主要是从工具的角度、"开民智"的角度,确立语言的功用和价值标准。在这一新的价值标准下,有识之士们选择并提倡使用"语言与文字合"的白话文。

创办《无锡白话报》的裘廷梁第一个提出以白话文取代文言文主张——"崇白话而废文言"。他在《论白话为维新之本》一文中指出"白话文之益"有八,其中最重要的是有利于节省时间的"省日力",有利于普及教育的"便幼学",有益于训练思维能力的"炼心力",有益于"开民智"的"便贫民"等。因此,白话文是"智天下之具"。③

当时提倡白话文的并不只是裘廷梁。在他之前的不仅有黄遵宪(1887年),主张"语言与文字合","令天下之农工商贾妇女幼稚,皆能通文字之用";④有梁启超(1896年),撰文批评"中国文字能通于上,不能逮于下。盖文言相离之为害,起于秦汉以后,去古愈久,相离愈远,学文愈难";⑤有陈荣衮(1897年),指责文言文已"不适于用",提倡"中国俗话"。此后(1899年)又提出:变法之本在开民智,开民智之本在"改革文言";⑥同时期还有张鹤龄也主张改革"文字与语言隔阂"的现状⑦等等。总之,

---

① 裘廷梁:《无锡白话报序》,《时务报》61册,1898年5月。
② 张鹤龄:《文敝篇》,郑振铎编:《晚清文选》,上海书店1987年影印本,第522页。
③ 裘廷梁:《论白话为维新之本》,《近代史资料》1963年2期。
④ 黄遵宪:《日本国志》,岳麓书社1985年版,第662页。
⑤ 梁启超:《沈氏音书序》,《饮冰室合集·文集》之二,中华书局1989年重印本,第1—2页。
⑥ 陈荣衮:《俗话说》《报章宜改用浅说》,《近代史资料》1963年2期。
⑦ 张鹤龄:《文敝篇》,郑振铎编:《晚清文选》,上海书店1987年影印本,第522页。

提倡白话文的呼声随着开民智活动的高涨而高涨。

当时有识之士对白话文的提倡也绝不只是停留在口头上,更有身体力行的实践。1997年11月,浙江人章伯初、章仲和(章宗祥)等人在上海创办了《演义白话报》。其第一号上的《白话报小引》对该报的创办动机做了这样的说明:

> 中国人要想发愤立志,不吃人亏,必须讲求外洋情形、天下大势,必须看报。要看报,必须从白话起头,方才渐渐明白。眼下我们中国读书人中,略有几个把外国书翻作中国文理,细心研究外洋情形。但是通文既不容易,看书也费心思,必须把文理讲做白话,看书便不吃力。①

从办报的指导思想到报刊中所用的语言,都尽可能地"俗"化。

在《演义白话报》后,又有1898年的《无锡白话报》、湖南《俚语报》等。《俚语报》的创办,就是本着这一方针:

> 俚报言之无文,而观者易晓。无论为农、为工、为商,有一知半解、能开口识字即可取阅,广见闻,助谈说,扶风化,激忠义,务使前睡今醒、前昏今明、前塞今通。②

《无锡白话报》不仅论说文、新闻报道和介绍新知识的文章都采用白话文体,甚至所刊载的皇皇上谕也被译成白话文。如该报刊载的1898年9月4日光绪帝处分礼部六堂官的谕旨,其原文中一段:

> ……礼部尚书怀塔布等,竟敢首先违抗,借口于献可替否,将该

---

① 《白话报小引》,《近代史资料》1963年2期。
② 《衢州士绅开设俚语报馆禀》,《湘报》第141号,1898年8月30日。

部主事条陈一再驳斥。经该主事面斥其显违谕旨,始不得已勉强代奏。似此故为抑格。岂以朕之谕旨不足遵耶?若不予以严惩,不足儆将来。礼部尚书怀塔布……均着即行革职。至该主事王照,不畏强御,勇猛可嘉,着赏给三品顶戴,以四品京堂候补,用昭激励。

该报则将它译成白话:

……不料礼部尚书怀塔布等,竟敢头一次违背朕的话,推说好条陈可以代奏,坏条陈不能代奏,把该部主事王照的条陈再三批驳。后来该主事说他显违谕旨,他方才不得已,勉强代奏。照此故意违背朝廷的旨意,阻格大家条陈的路,岂不是把朕的谕旨,不能算数么?若不给他一个重重的责罚,将来更不能儆戒。礼部尚书怀塔布……都着即行革职。至于该主事王照,不怕势力,又勇又猛,实在好极,着赏给三品顶戴,算四品京堂候补,是朝廷激励的意思。①

这本身就是一个大胆举动。其目的是要让民众通过这种"俗"化的语言,及时了解当时政治变革的进程。

在一些并未标有白话名称的报刊上,也常出现用通俗语言普及知识的文章。例如《湘报》,就常刊登一些像皮嘉佑的《平等说》《醒世歌》,吴凤笙的《大家想想歌》这类的白话诗文。如《醒世歌》即以通俗的语言宣传了世界知识:

若把地球来参详,中国并不在中央,地球本是浑圆物,谁是中央谁四旁?西洋英俄德法美,欧洲各国争雄起。纵然种族有不同,何必骂他是鬼子。……②

---

① 范放:《中国官音白话报》,《近代史资料》1963年2期。
② 皮嘉佑:《醒世歌》,《湘报》第27号,1898年4月6日。

无论是其内容还是语言形式,都比较适合一般民众阅读。

提倡白话文,实际上是让一直高高在上的具有贵族身份的语言文字脱雅入俗,落户尘世,成为大众都能接受并运用的文化传播工具。其启蒙主义的意义之大和深远,是不言自明的。

启蒙主义者还对中国语言没有"律例"——没有总结出语法规律提出了批评。如1897年成立的"蒙学会",批评传统的中国语言没有"文法","无一定之准绳,无次第之条理",是学校教育的一大困难。① 当然,对这一问题更早、更清楚认识到的是马建忠。对西方文化及语言学的深入了解,使他看到中西语言学方面的巨大差距:"余观察泰西童子入学,循序而进,未及志学之年,而观书为文无不明习。……计吾国童年能读书者固少,读书而能文者又加少焉,能以其余年讲道明理,以备他日之用者,盖万无一焉。"其中重要原因在于:"西文有一定之规矩,学者可循序渐进,而知止境;华文经籍,虽亦有规矩隐寓其中,特无有为之比拟揭示之。"

马建忠所指出的问题,的确是传统中国语言学的一大弊病。满足于"意会",即整体的、大概的了解,读书只求神而明之,不求甚解;只求知其然,不一定要知其所以然,对于探讨语言的结构和规律的语法学当然就无所求。因此,中国自古以来有发达的训诂学、语音学,却没有完整意义上的语法学。随着近代社会的发展,人们对读书已不满足于"神而明之"。尤其是"开民智"——普及教育、普及知识的历史任务,迫切要求人们通过掌握中国语言的"律例""规矩",加快语言的学习,以加快对近代知识的掌握、加快教育的发展。鉴于此,马建忠著《文通》(第二版后改名为《马氏文通》),1898年由商务印书馆出版。本书的中心内容,是作者所说的:"因西方已有之规矩,于经籍中求其所同所不同者,曲证繁引,以确知华文义例之所在,而后童蒙入塾能循是而学文焉,其成就之速必无逊于西人,然后及其年力富强之时,以学道明理焉""而后进学格致、数度,旁及

---

① 叶澜:《蒙学报缘起》,《近代史资料》1963年2期。

舆图、史乘,绰有余力"。① 亦即运用西方已有的语法理论,以中国古代经籍作为分析的材料,从中总结并揭示出中国语言的语法规律。

从语言学的角度说,《马氏文通》的意义在于它首次提出了汉语语法理论体系;而从中国近代文化史的角度说,它所提出的语法理论,能使中国语言适应近代社会,使中国人更快更好地学习中国语言,进而更快更好地学习近代文化科学知识。

总之,卢戆章们是要扩大识字者的队伍,裘廷梁、马建忠们是要帮助人们加快"学文"的速度,他们都为近代文化启蒙做出了贡献。

### 6. 文学的俗化

在传统时代,文学没有自己独立的地位,它从属于经学,它的使命是"载道",也就是所谓的"文以载道""诗以言志",即以典雅的文言、华丽的辞藻,来表达儒家伦理和政治观念,达到使人"明道"的目的。显然,无论从文学的形式看,还是以内容看,文学只属于贵族。

但从"文以载道""诗以言志"说中也可以看到,文学只是文化载体,其内容不能不随着时代的变迁而变迁。甲午以后,变法运动的兴起,使封建主义的"道"和"志"遭到越来越多人的厌弃;而"开民智"潮流的奔腾,又对作为文化载体的文学提出了新的要求。这一切,都在推动着文学的变革。

实际上文学的变革同其他领域一样,也是循着文化启蒙运动的轨道向前行进的。它表现出这样两个趋势:一些原本不登"大雅之堂"的俗文学(如前述的白话文,以及小说、里巷歌谣等)因被作为"开民智"的工具而得到有识之士的提携,其地位在"高升";一些原来端坐于"大雅之堂"的雅文学(贵族文学,如诗、文等),也因"开民智"的需要而向"俗"的方向发展,"下嫁"平民大众。这两个趋势的总方向是一致的,即面向民众的文化启蒙。

在俗文学的"高升"方面,最突出的表现是小说的地位得到肯定。

---

① 吕叔湘、王海棻编:《马氏文通读本》,上海教育出版社1986年版,第7页。

在传统文化中,文学本身属于雅文化,但它的范围只包括诗、文两门,而不包括小说。小说一直是被打入"邪宗""末技"的行列。尽管平话、章回体裁的小说历来受到民众的欢迎,但它也只能以俗文学的形式苟且偷生于文化庙堂之外,"言不齿于缙绅,名不列于四部"。但小说又是民众喜爱的文学形式,"妇孺农氓,靡不以读书为难事,而水浒、三国、红楼之类,读者反多于六经"①。正因为如此,启蒙主义者把眼光投向了小说。

最早提出用小说来教化民众的是启蒙思想家梁启超。他在1896年《论幼学》一文中即主张:"今宜专用俚语,广著群书,上之可以借阐圣教,下之可以杂述史事,近之可以激发国耻,远之可以旁及彝情,乃至官途丑态,试场恶趣,鸦片顽癖,缠足虐刑,皆可穷形极相,振厉末俗。"②总之,用小说来教育思想,传播知识。梁启超在这里表现出的对"说部之书"的热忱和重视,导致他不久后提出了"小说界革命"的口号。

康有为对小说的地位与作用的肯定又进了一步。他主张:"可增七略为八,四部为五",把小说单独列为一个部类,与经、史、子、集并列。认为凡"六经不能教,当以小说教之;正史不能入,当以小说入之;语录不能喻,当以小说喻之;律例不能治,当以小说治之"③。并且把提倡小说作为"今日之急务",即小说可以发挥至尊至雅的经史所难以起的作用。

1897年,严复与夏曾佑更是以系统的理论,从启发民智的角度分析了小说的作用。夏氏从西方国家文化启蒙的历史经验中看到,小说具有经史所没有的"五易传"的优点:其一,所用之文字为民众"所行用";其二,所用之语言"与口说语言相近";其三,语言描写"微细纤末,罗列秩然",读其书"恍若亲见";其四,书中所言皆"日习之事",即生活中可能有的,或可以"仰测"者;其五,书中"稍存实事,略作依违",但必符合"人心

---

① 梁启超:《变法通议》,《饮冰室合集·文集》之一,中华书局1989年重印本,第54页。

② 梁启超:《变法通议》,《饮冰室合集·文集》之一,中华书局1989年重印本,第54页。

③ 康有为:《日本书目志》,姜义华编校:《康有为全集》(三),上海古籍出版社1992年版,第1212页。

之所期"。即小说所使用的文字、语言是通行的、通俗的,艺术描写是具体、生动、形象的,其艺术特征是在基本符合生活的前提下允许做虚构,以反映社会生活,符合多数人的心理愿望。因此,小说"其入人之深,行世之远,几几出于经史之上,天下之人心风俗,遂不免为说部之所持","本原之地、宗旨所存,则在乎使民开化"。①

把小说与经史相并列,认为小说可以"使民开化",可见启蒙主义者们对小说的启蒙作用期许之高。因此在这以后,小说便成了"开民智"的重要工具,并且越来越兴盛。

其实不只是小说,有识之士们为了开启民智,努力发掘和利用一切俗文学形式,如俚歌、歌谣、歌诀等等。据说当时广东有人已编成《直省府厅州县韵语》《历代纪元歌》,浙江有人编成《天文歌略》《地理歌略》等歌诀、歌谣,传播各种知识。梁启超也主张借用这一俗文学形式,将中国传统文化和历史知识编为诸如《历代学术流派歌》《古今大事歌》《历代官制歌》《中外古今名人歌》等歌诀;并把各门"新学"知识也编成歌诀,如:《诸星种名号歌》《测候浅理歌》《五洲万国名目歌》《外国大商埠名目歌》《地质浅理歌》《原质名目歌》《动物情状歌》《植物情状歌》《变法自全歌》《爱国歌》等,作为民众的启蒙读物,让人自幼讽诵,"明其所以然,则人心自新,人才自起,国家未有不强者也"②。

他们极力肯定和提倡这些俗文学形式,主要目的是要发掘这些俗文学形式的启蒙价值,让它们发挥文化启蒙作用。

而雅文学的"下嫁"——文学走出贵族圈子,则是一件更为困难的工作。

散文,是传统文学中的重要组成部分。以典雅的文言为表述形式的传统散文,既是士大夫们的专长、专利,也是士大夫的身份标志。而且,这

---

① 几道、别士:《本馆附印说部缘起》,陈平原等编:《二十世纪中国小说理论资料》(一),北京大学出版社1989年版,第10—11页。
② 梁启超:《变法通议》,《饮冰室合集·文集》之一,中华书局1989年重印本,第52—53页。

种典雅的语言形式是与古老的"道"相适应的——即所谓的"文以载道"。因而直到戊戌时期,传统散文无论是形式还是内容,都与"开民智"的需要相背离,都必须变革。

本着"开民智"的需要,戊戌时期的启蒙思想家们对旧体散文做了革新,创造了一种冲破"义法""雅法"束缚的"新文体",并奠定了它的文学地位。这种新文体因其著名于梁启超主持《时务报》时期,所以最早人们称之为"时务体";又因这种新体散文后来在梁启超的《新民丛报》时期风靡于海内外,因此又被称为"新民体"。

这种新体散文的思想内容,当然与"载道"的旧体散文完全不同,梁启超等启蒙思想家们,或用以鼓动政治变革,或用以批判现实社会和政治,而且形式上也挣脱了"桐城派"的种种清规戒律,力求语言自由通俗。用梁启超自己的话说,是:作文"务为平易畅达,时杂以俚语韵语及外国语法"。即行文流畅,半文半白,深入浅出,掺入大量的中国俗语或外国典故名词,有很强的文字表现力。

新文体的另一特点,是直抒胸臆,激情洋溢,用梁启超自己的话说,是"纵笔所至,不加检束","然其文条理明晰,笔锋常带感情,对于读者,别有一种魔力焉"。"学者竞效之,号新文体"。[①] 例如梁启超的成名作《变法通议》就给了读者这种感受:

> 大地既通,万国蒸蒸,日趋于上,大势相迫,非可阏制。变亦变,不变亦变,变而变者,变之权操诸己,可以保国,可以保种,可以保教;不变而变者,变之权让诸人,束缚之,驰骤之,呜呼,则非吾之所敢言矣!

议论动人心魄,慷慨激昂,说理透彻服人,确实能产生时人所说的

---

[①] 梁启超:《清代学术概论》,《饮冰室合集·专集》之三四,中华书局1989年重印本,第62页。

"惊心动魄,一字千金:人人笔下所无,却为人人意中所有,虽铁石人亦应感动"①"一纸风行,海内观听为之一耸"②的效果。

新文体达到了他们自己提出的"适用于今,通行于俗"③的目的,即形式和内容在"开民智"的前提下达到高度的统一,是文学领域中"开民智"的成功实践。

同样,古体诗也在这一时期发生了由"雅"而"俗"的变迁。古体诗到了清代,其陈旧的尊古守旧、章募句效的体例,以古为雅,以雅保古的诗风,超脱功利、养性自怡的追求,造成诗坛远离社会,更远离民众,变革势在必行。最早是诗人黄遵宪,在甲午战前即主张以"新意境""新语句"写诗。

所谓"新意境",即诗歌必须反映新的思想和新的社会生活内容,而不是像旧体诗那样,专以毫无生气的风花雪月、才子佳人入诗。如新派诗人们所说的"直开前古不到境,笔力纵横东西球"④,"能熔铸新理想以入旧风格"⑤。因此当时新派诗人们所作的诗,大多用来歌颂爱国英雄,宣传变法、吟咏新事物、反映民情民意等。所谓"新语句",即诗歌语言的通俗化,如黄遵宪所说的"以民间流行最俗、最不经之语入诗",或直接从民歌中汲取养料,"当斟酌于弹词、粤讴之间,或三、或九、或七、或五、或长短句,或壮如陇上陈安,或丽如河中莫愁,或浓至如焦仲卿妻,或古如《成相篇》,或俳如俳枝辞。易乐府之名而曰杂歌谣;弃史籍而采近事",⑥不受旧体诗格式的束缚。这是对旧体诗"六经字所无,不敢入诗篇"原则和"恶俗恶熟"诗风的否定。举几首诗为例:如谭嗣同的《有感一章》:

---

① 黄遵宪:《致饮冰室主人函》,《中国哲学》第8辑,三联书店1982年版,第397页。
② 严复:《与熊纯如书》,王栻编:《严复集》(三),中华书局1986年版,第648页。
③ 黄遵宪:《日本国志》,岳麓书社1985年版,第661页。
④ 丘逢甲:《岭云海日楼诗钞·说剑堂集题词为独立山人作》。
⑤ 梁启超:《诗话》,《饮冰室合集·文集》之四五(上),中华书局1989年重印本,第2页。
⑥ 黄遵宪:《致饮冰室主人函》,《中国哲学》第8辑,三联书店1982年版,第398页。

世间无物抵春愁,合向苍冥一哭休。四万万人齐下泪,天涯何处是神州!①

表达了作者炽热的爱国主义情感,语言也很通俗。
又如黄遵宪一首诗:

一家女儿做新娘,十家女儿看镜光。街头铜鼓声声打,打着中心只说郎。

完全是民歌形式。黄遵宪的另一首诗:

噫嘻呼儒生读书不识羞,动夸虎头燕颔径取万户侯。万户侯耳岂足道,乌知今日裨瀛大海还有大九州。②

采用了散文化的句式做诗,打破了古体诗旧格律的束缚,又不失诗的韵律和节奏。
至于以新名词入诗更是比比皆是。例如丘逢甲的诗:

迂儒见不出海表,苦信地大日轮小。安知力摄万星球,更着中间地球绕。
墨澳欧非尺幅收,就中亚部有神州。普天终见大一统,缩地真成小五洲。
举国睡中呼不起,先生高处画能传。黄人尚昧合群义,诗界差存

---

① 谭嗣同:《有感一首》,蔡尚思等编:《谭嗣同全集》下册,中华书局1981年版,第540页。
② 黄遵宪:《山歌九首》《和周朗山见赠之作》,钱仲联注:《人境庐诗草笺注》,古典文学出版社1957年版,第20、29页。

自主权。①

中国人从书、报中看到的平等、民权、合群、自主、火车、轮船、巴力门、拿破仑、卢梭等等的新名词，都在他们的诗中出现。

应该说，这些文和诗已经走出"大雅之堂"，比较接近民众了。就在这雅文学走向俗化、俗文学入座文学正殿的过程中，近代启蒙主义精神也由此昂扬焕发，并发挥作用。

### 五、新文化的架构

#### 1. "再立堂构"

近代启蒙运动的开展，推动了中国文化内在结构的根本变革；文化内在结构的变革，则为新的文化形式（学堂、学会、报刊、译书等）的发展和新文化体系的形成，提供了直接动力。

如前一章所述，洋务运动时期，一些新的文化事业已开始出现。但洋务派出于狭隘政治功利的"兴西学"活动，只是在"中体西用"的原则下，让一些有助于清朝统治"强"和"富"的或至少是不会直接对封建政治、伦理构成危害的新文化事业在中国建立。这种不自觉的新文化建设，正如后来的许多有识之士所批评的那样，实为"仅及皮毛""令甲令乙""补苴罅漏"之谋，而绝不可能使新文化事业成规模、成体制、成体系地发展。

戊戌时期，维新派们极力主张"全变""大变"，力图使中国社会的各个领域实现全面转型。文化领域自然也在全面转型的范围。尤其是"开民智"主张的提出及其活动的开展，促使启蒙思想家对各个具体的文化、教育部门提出了兴革的要求，而且还以较宽广的文化视野和气魄，提出了

---

① 丘逢甲：《海中观日出歌》《题地球画扇》《题兰史独立图》《岭云海日楼诗钞》，安徽人民出版社1984年版，第408—409、381、392页。

全面的文化革新主张。所谓"全变""大变"口号,"扫除更张,再立堂构"①的主张,实际上也代表了他们在文化领域全面革新的愿望和设想。这一时期有识之士们提出的变法方案即可证实这一点。

1895年康有为制定的《强学会章程》可以说也是一个文化全面革新的纲领。鉴于"中国之弱由于学之不讲,教之未修",在"求中国自强之学"的总纲下,该"章程"提出了一个比较全面而系统的文化革新主张:兴办学校、设"学术专会"、译印图书、刊布报纸、开大书藏、开博物院等,涉及教育、科学研究、出版、新闻、图书馆、博物馆等各个领域的变革,②也可以说是画出了一幅新文化结构的蓝图。

不仅维新派,作为士大夫一员的李端棻也在次年的上奏中提出了文化全面革新的方案。他认为文化变革应当是"相须而成",即成体系地发展,因此建议以设大学堂、官书局为之"经",而以设藏书楼、创仪器院、开译书局、广立报馆等为之"纬"。如此,则"十年以后,贤俊盈廷,不可胜用"。③

一些士绅在地方的"兴西学"活动也着眼于全面的文化革新,湖南在全国可说是典型,其他有一些省甚至州县的文化革新也不再是"令甲令乙""补苴罅漏"式的,而是全面、成体系进行的。如1897年江西士绅禀请巡抚,要求"于合省内遍设时务学堂,并建藏书楼、仪器院、翻译馆",得到巡抚的支持。④ 其他如安徽的芜湖,江苏的镇江、无锡,浙江的温州,湖南的衡州等地也都是以全面的文化革新作为变法活动的目标。

这些说明,在启蒙主义精神的导引下,有识之士们在认识到近代知识及文化的系统性、整体性,进而认识到了"开民智"——近代文化启蒙是

---

① 康有为:《上清帝第四书》,汤志钧编:《康有为政论集》上册,中华书局1981年版,第153页。

② 《上海强学会章程》,中国史学会主编:《中国近代史资料丛刊·戊戌变法》(四),上海人民出版社1957年版,第389—391页。

③ 李端棻:《请推广学校折》,中国史学会主编:《中国近代史资料丛刊·戊戌变法》(二),上海人民出版社1957年版,第292—296页。

④ 《江西禀设学堂》,《集成报》第16册,光绪二十三年九月初五日。

一项系统化的综合工程,认识到建设近代文化事业、形成相对完整的近代文化体制,是实现"开民智"的前提。也正是在这样的背景下,近代文化事业的各个部分,在戊戌时期几乎是齐头并进地、成体制地建设和发展起来。

### 2. 近代教育体制的雏形

学校教育是戊戌时期最受中国人重视的领域。与洋务运动时期比较,戊戌时期由于受人文主义精神的导引,"智民"——启蒙的需要,不仅新式学堂的数量有增加,而且开始打破封建教育的等级性,使学校教育走出了培养贵族、精英的狭小圈子,朝着普及化、世俗化的方向发展。因此这一时期兴学活动的重点在普通教育,并且开始设计并构建近代教育体制。1896年1月,御史陈其璋最早提出了仿照外洋,建立由初等(小学)、中学至上学(大学)的新学校体制。不久清廷上谕基本认可了这个方案,并谕令在全国推行由小学、中学至大学的近代三级学制。[①] 1895年,盛宣怀在天津创办中西学堂,内分头等、二等学堂,分别是中国第一所大学、第一所普通中学。1896年,钟天纬在上海创办的三等公学,是中国较早的普通小学。此后,三级学校在各地纷纷出现。

下表是记载所见的戊戌年间出现的大学及部分中、小学:

---

① 陈其璋:《清整顿同文馆疏》,《皇朝蓄艾文编》卷十四;《光绪朝东华录》第四册,中华书局1958年版,总第4093页。

| 大　学 | 中　学 | 小　学 |
| --- | --- | --- |
| 天津中西学堂头等学堂 | 天津中西学堂二等学堂 | 上海三等公学 |
| 上海南洋公学上院 | 上海南洋公学中院 | 上海南洋公学外院 |
| 京师大学堂 | 上海育材书塾 | 无锡三等公学 |
| | 湖南时务学堂 | 苏州三等公学 |
| | 北京通艺学堂 | 八旗奉直小学堂 |
| | 安徽二等学堂 | 长沙正蒙学堂 |
| | 绍兴中西学堂 | 北京五城小学堂 |
| | 浙江求是书院 | 芜湖小学堂 |
| | 上海经正女学 | |
| | 广州时敏学堂 | |
| | 陕西中学堂 | |
| | 元和二等学堂 | |

上表的意义，并不在于这一时期建立了多少新式学堂，而在于它所显示的一个由小学、中学直至大学组成的近代三级教育体制，已在中国显现雏形。

与此同时，以"智吾民"为动力，社会教育也开始在戊戌时期产生。例如前节所述的作为公共图书馆萌芽的开放型"藏书楼""阅报社"，面向成人和农、工的成人教育学校和夜校的出现，开始酝酿建立的博物馆等等，都是近代社会教育已在中国产生的标志。总之，近代型教育结构在戊戌时期已初步架构成形，并且开始成体制地发展。

**3. 大众传播机制的初建**

文化的发展，在很大程度上是人们创造并使用传播媒介及其能力的发展。在传统社会，在一元政治体制和文化体制之下，传播也是一元的，不仅传播的话语霸权被专制王朝、被儒学所垄断，传播的路径基本上只有自上而下的纵向传播，而横向的平行传播受到极大的限制。我们从上一节可以看到，至 19 世纪末，随着报刊的大量创办，近代出版事业的产生，图书馆事业的萌发，作为旧的一元传播体制之工具的文字、语言、书籍等

开始走出贵族化的圈子而被强调为"交给大众"的工具,使这种一元纵向的传播体制受到挑战,并开始被打破,从而在旧的纵向传播体制之外,开始构建横向的传播机制。其中最突出的表现是新闻和出版事业的发展。

在"兴西学"浪潮的带动下,一方面,启蒙主义者对办报的积极性陡然高涨,出现了中国历史上第一个创办报刊的高潮;另一方面,社会对报刊也表现出极大的热情,使报刊发挥了"朝登一纸,夕布万邦"[①]的效力。报刊在戊戌年间成为中国社会最重要的传播工具。

短短两三年时间里,数十家报刊出现于全国各地。但更值得注意的并不在于其数量的急剧增加,而在于:

其一,新闻事业开始形成一定的规模和体制。戊戌年间,报刊已遍布全国各地,一些偏远、闭塞的地区也不例外,如广西的《广仁报》,四川的《渝报》《蜀学报》,江西萍乡的《菁华报》,湖南衡州的《俚语报》等。而且报刊的种类已比较齐全,除了数量最多的政论报刊如《时务报》《知新报》《湘报》《强学报》等报刊之外,还有偏重于新闻报道的《福报》《亚东时报》《时务日报》,科学学术类的《农学报》《算学报》《利济堂学报》《新学报》,面向妇女、儿童的《女学报》《蒙学报》专事翻译的《译书公会报》,面向下层民众的众多白话文报刊如《俚语报》《演义白话报》,等等。

其二,报刊已得到社会的广泛承认和欢迎。戊戌时期,挟时代潮流威势的报刊已在中国社会站稳了脚跟。清朝统治者已不可能再坚持传统的言论禁令阻挠之,而且一些地方官府还顺应潮流,认为报刊"有裨时政,有裨学术,为留心经世者必不可少之编",[②]报刊"所以增益智识,练习事理",[③]都表态支持报刊创办,甚至协助报刊发行。社会大众更是对报刊持欢迎态度,开始把报刊视为汲取信息和思想素养的重要来源和表达公共舆论的场所。我们从这两三年时间里报刊的家数、发行数量的迅速上

---

① 梁启超:《论报馆有益于国事》,《时务报》第 1 册,1896 年 8 月 9 日。
② 张之洞:《鄂督张饬全省官销时务报札》,《时务报》第 6 册,1896 年 9 月。
③ 廖寿丰:《浙抚廖分派各府县时务报札》,《时务报》第 18 册,1897 年 2 月。

升,从"阅报社"在各地相继出现的事实中,从"风靡海内""举国趋之,若饮狂泉"①这类记载中,即可看出民众对报刊的态度。也可见新闻事业作为大众传媒的地位已经确立。

近代出版业的产生,则主要是基于这两个条件:一是 19 世纪末,西方机械化印刷术传入中国,并开始取代手工业雕版印刷术而渐渐成为我国印刷业的主流;二是由于"开民智"文化潮流的推动,"书肆中时务之书汗牛充栋",购买和阅读新学书籍者"如蚁附膻"。② 于是,中国的出版事业开始从传统向近代转型,亦即从传统的刊印旧学书籍的手工作坊方式的官书、坊刻以及家刻等刻书业向以民营为主的、以出版"新学"书籍为主要内容的近代型的机器出版业转型。其最重要的表现是,新型出版机构纷纷建立。在这两三年时间里,仅上海一地就有经济书局等 10 多家新型出版机构,湖南一省仅见于《湘报》广告的新型出版机构就有学战公司、维新书局等 9 家。除了这些新型出版企业外,至少有十多家报馆(如时务报馆、农学报馆、昌言报馆、萃报馆、知新报馆等)、多家新学堂(如南洋公学、杭州蚕学馆、同文馆、天津学堂等)也参与了新书出版工作,近代出版事业已初具规模。尤其是 1897 年以出版新文化书籍为主的大型近代出版企业商务印书馆成立,标志着近代民间出版业的兴起,更标志着近代出版事业走向成熟。

更为重要的是,在"开民智"潮流的引导下,出版已不仅仅是为了延续传统文化,更是为了向社会传播新的知识。所以,这一时期的出版事业开始把出版"新学"书籍作为主要的发展方向。可以以这三个事实为证:一是这一时期不仅那些新型出版企业宣示是以出版"新学"书籍为主,如大同译书局所出的书就有:《大同合邦新义》《意大利侠士传》《俄士战记》《孔子改制考》《春秋董氏学》《桂学问答》《新学伪经考》《五上书记》《四上书记》《日本书目志》《六上书记》《皇朝经世文新编》《中西学门径》

---

① 梁启超:《清议报一百册祝辞并论报馆之责任及本馆之经历》,《饮冰室合集·文集》之六,中华书局 1989 年重印本,第 52 页。

② 《论考试之弊》,《申报》1897 年 9 月 5 日。

《伪经考答问》等；即使是旧式的刻书机构，其经营内容也不能不跟着时代潮流转向。如京师官书局也开始着手"译刻各国书籍，举凡律例、公法、商务、农务、制造、测算之学及武备、工程诸书，凡有益国计民生与交涉事件者，皆译成中国文字，广为流布"①；二是各出版机构纷纷加入出版译书的行列中。由上一节可见，戊戌时期至少有10多家专门翻译机构，以及众多的报社、学会、学校积极从事译书活动。三四年间各出版机构至少翻译出版了西学译书200余种。其中既有较高深的学术译著（如严复译《天演论》等），更大量的是传播新的政治、经济、科技、文化教育方面知识的译书（如：《泰西志林》《五洲通志》《伦敦铁路公司章程》《法国印花税章程》《农务化学问答》《制肥皂法》《舆地启蒙》《居处卫生论》《简易体操法》等）；三是各出版机构同时也将出版本国人自著"新学"书籍作为重要内容。如唐才常著《君主民主君民共主表》、沈敦和著《英法俄德四国志略》、叶瀚著《法国维新大事》、邹弢著《万国近政考略》、李钧鼐著《学校通议》、蔡锡龄著《公法指南》、钱恂著《中外交涉类要表》、罗振玉著《日本农业维新记》、黄庆澄著《工商必读》、邹凌沅著《格致答问类编》等等。总之，出版业开始成为传播新知的重要媒体。

戊戌时期作为大众传媒的新闻事业的发展，出版事业向近代转型并且成为面向大众传播知识的媒介，以及图书馆事业的产生（见本章第四节），标志着近代大众传播机制开始在中国建构。这在中国近代文化史上可说是意义深远——它意味着精英文化在向大众文化转型。因为在传统时代，无论是刻书（知识的生产）、藏书（文化的累积），甚至包括读书（精英阶层的表征或进入精英阶层的途径），都是与身份紧密相联系的，或者说都属于社会上层的文化行为。而报刊的创办并日益普及为大众读物，出版事业以向大众传播知识为第一职志，图书馆以"公共"为特性，使民众也拥有了获取知识、信息和文化教育的途径。文化开始从精英阶层

---

① 孙家鼐：《官书局奏定章程疏》，中国史学会主编：《中国近代史资料丛刊·戊戌变法》（二），上海人民出版社1957年版，第423页。

下行民众而逐渐大众化;它还意味着官府独占信息和言论的垄断地位被打破了。因为无论是报刊的创办、出版事业的近代转型,还是公共性图书馆的建立,实际上也是公共舆论空间的形成和拓展。报刊的作用更是如此。甲午以后的报刊,"论说"是其中最重要的栏目。知识分子将报刊作为公共论坛,以"论说"的形式评议国政,抨击黑暗,并对社会变革和公共事务发表自己的主张,或者及时报道商情物价、城乡风潮、民众呼声、民情疾苦、水旱灾害等,反映社会舆论,成为社会各界表达自己意愿的"代言者"。这就形成了一个对现存统治有威胁的体制外的舆论力量。

### 4. 近代科学研究体制的探索

戊戌时期的开民智潮流不仅推动着近代文化运动向日益宽广的方向拓展,也向着深度演进,近代科学研究体制的探索和开始建构是其重要标志。这具体表现在:

其一是科学之价值的发现。启蒙主义者在开民智的理论探讨过程中,没有停留在"智"的表层,即感性知识层面,而是进一步深入理性知识的层面。所谓"泰西所以富强,在于有学"[1],"中国之弱由于学之不讲"[2],其中更深一层的意思是,国家的强弱更决定于有没有一个能不断地创造及更新知识的学术体系,以及其学术研究水平的高低。所谓"自强生于力,力生于智,智生于学"[3],这实际上是张之洞以倒叙的手法指出了知识再创造的科学研究对于国家自强的巨大作用。而所谓"不为数学、名学,则吾心不足以察不遁之理,必然之数也;非为力学、质学,则不足以审因果之相生,功效之互待也;……尤必藉天地二学,各合而观之,而后有以见物化之陈迹,……知成物之悠久,杂物之博大,与夫化物之蕃变也;

---

[1] 《山东道监察御史杨深秀片》,国家档案局明清档案馆编:《戊戌变法档案史料》,中华书局1958年版,第446页。

[2] 《上海强学会章程》,中国史学会主编:《中国近代史资料丛刊·戊戌变法》(四),上海人民出版社1957年版,第389页。

[3] 张之洞:《劝学篇·益智第一》,《张文襄公全集》(四),中国书店1990年影印本,第566页。

……唯群学明,而后知治乱盛衰之故,而能有修齐治平之功"①,则是启蒙主义者对科学价值的极度崇尚和更深入的阐发。所以有识之士当时提出了这样的口号:"兵战不如商战,商战不如学战"②,即科学及学术的竞争是更为根本性的竞争,科学研究事业的发展是自强的最根本的途径。这在当时虽是一种空想,却表明了近代文化启蒙运动的深入发展——对科学本质力量觉悟的开始。

其二是学术研究团体的纷纷成立。启蒙主义者从西方经验中看到,近代科学的建立和发展必有赖于学术研究团体的建立:"西人之为学也,有一学即有一会,……故学无不成,术无不精,新法日出,以前民用,人才日众,以为国干,用能富强甲于五洲,文治轶于三古。"而且,他们认为,作为学术研究团体的学会,必须为研究者提供学术研究的条件,如:"有书以便翻阅,有器以便试验,有报以便布知新艺,有师友以便讲求疑义"③,即学术研究的资料、实验及成果的交流、讨论、发布等学术研究机制。从史实看,戊戌时期的有识之士已朝着这个方向努力。他们在理论上不仅提出了广泛组织各种进行科学研究的学会(如农学会、矿学会、兵学会、工艺会、商学会、法学会,以及天、算、声、光、化、电等各学会)的方案,在实际行动上,也纷纷在各地组织各种以"研求实学""讲学术""以学问相砥砺",即以进行科学研究为主要活动内容的学会。而且许多学会都已开展了自觉的近代科学研究活动。他们或者是以某一学科为自己的研究方向,在学会内部"分门考究";或者是置办仪器,探求格致学之"新理";或者是专门考究本国和各国政事。举一些专门学会为例:④

---

① 严复:《原强(修订稿)》,王栻编:《严复集》(一),中华书局1986年版,第17—18页。

② 《兵战不如商战商战不如学战论》,《湘报》第145号,1898年9月3日。

③ 梁启超:《论学会》,《饮冰室合集·文集》之一,中华书局1989年重印本,第33页。

④ 本表根据各种资料综合而成。

| 自然科学学会 ||||  社会科学学会 ||||
| --- | --- | --- | --- | --- | --- | --- | --- |
| 学会名称 | 成立时间 | 地点 | 研究方向 | 学会名称 | 成立时间 | 地点 | 研究方向 |
| 算学社 | 1895 | 浏阳 | 数学 | 任学会 | 1898 | 衡州 | 各国政治 |
| 算学会 | 1896 | 上海 | 数学 | 明通学社 | 1896 | 吴江 | 政治学 |
| 测量会 | 1897 | 南京 | 测绘 | 奋志学社 | 1898 | 南昌 | 政治学 |
| 地图公会 | 1896 | 长沙 | 地图学 | 法律学会 | 1898 | 长沙 | 法律 |
| 郴州学会 | 1898 | 郴州 | 地理学 | 公法学会 | 1898 | 长沙 | 国际公法 |
| 格致学会 | 1898 | 上海 | 物理学 | 群萌学会 | 1898 | 浏阳 | 社会学 |
| 务农总会 | 1896 | 上海 | 农学 | 蒙学会 | 1897 | 上海 | 儿童教育 |
| 务农分会 | 1896 | 温州 | 农学 | 公理学会 | 1898 | 长沙 | 法律 |
| 蚕学会 | 1898 | 福州 | 蚕学 | 工商学会 | 1898 | 上海 | 商学 |
| 化学公会 | 1897 | 杭州 | 化学 | 圣学会 | 1897 | 桂林 | 政治学 |
| 医学会 | 1897 | 上海 | 医学 | | | | |
| 医学会 | 1898 | 苏州 | 医学 | | | | |

还有一些学会(如1896年成立于上海的新学会、1897年立于武昌的质学会、1898年成立于常德的明达学会、同年成立于南昌的励志学会和成立于长沙的学战会等),可说是综合性的科学研究团体。大致都像武昌质学会一样,列出所当研究的若干专业,"分别条流,提纲辨业,随质所近,各占一科,……磨砻浸润,量夕孜孜,庶同源分流,各底于成"①,都将学术研究视为创造知识的专业活动。

当然,以现在的标准看,这些学术团体及其所从事的科学研究还是十分幼稚的,但幼稚正是成熟的开端。这数十个学会的建立及其学术研究的开展,正是科学研究机构建立的开端,更是近代科学事业制度化的开端。

其三是近代科学研究思想和研究方法的提出。趋新学者已开始具备科学研究专业化的思想。科学研究的专业化,是近代科学发展的重要前

---

① 《武昌质学会章程》,《知新报》第25册,1897年7月20日。

提,许多人开始认识到这一点,并竭力提倡。梁启超就指出:"专门之业不分,致精无致也"。① 唐才常也认为:"学问之道,不专不成","惟泰西格致之学及一切公法律例专科,则断不能剽窃绪余,卤莽灭裂,蕲为世用。故往往攻一艺而终其身焉"。② 所以"士有专业"成为当时很多学术团体和新式学堂的口号,都要求学者"各占一门"学问,"分门考究","合力讲求",即既有分工,也有合作地进行科学研究,探求"学理"。③ 趋新学者还开始重视科学原理和方法的探讨。严复认为,治学应重"筌蹄"(工具、方法)而轻"鱼兔"(研究成果)。④ 梁启超提倡人们在对客观世界的"观物察变""致思穷理"的探索活动中,"随时触悟",如同"瓦特因水沸腾而悟汽机之理","奈端(今译牛顿)因苹果落地而悟巨体吸力之理"那样,"将所以然之理揭示之",使"他日创新法、制新器、求新学,皆基于是"。⑤ 实际上,众多学术团体的成立和展开学术研究的事实,即已证明,趋新学者们已不满足于"鱼兔"的获得而致力于探求并构造自己的"筌蹄"。趋新学者们同时还重视实验方法,不仅理论上认识到"试验愈周,理愈靠实"⑥,科学研究须"多借实验,始能发明",借助各种仪器,"以为实力讲求之助"。⑦ 在实践上,许多学会都购置仪器,进行科学实验,如农学会、金陵测量会等。1898年上海还建立了第一个农业试验机构——上海育蚕试验场。

---

　　① 梁启超:《变法通议》,《饮冰室合集·文集》之一,中华书局1989年重印本,第19页。
　　② 唐才常:《尊专》,湖南省哲学社会科学研究所编:《唐才常集》,中华书局1980年版,第33页。
　　③ 梁启超:《湖南时务学堂学约十章》,中国史学会主编:《中国近代史资料丛刊·戊戌变法》(四),上海人民出版社1957年版,第502页。
　　④ 严复:《原强(修订稿)》,王栻编:《严复集》(一),中华书局1986年版,第29、17、18页。
　　⑤ 梁启超:《湖南时务学堂学约十章》,中国史学会主编:《中国近代史资料丛刊·戊戌变法》(四),上海人民出版社1957年版,第503、504页。
　　⑥ 严复:《西学门径功用》,王栻编:《严复集》(一),中华书局1986年版,第93页。
　　⑦ 陈学恂主编:《中国近代教育史教学参考资料》上册,人民教育出版社1986年版,第437页。

总之,近代科学价值的发现和重视、科学研究团体的建立,近代科学思想和方法的提出,说明近代科学体制已在中国初现。

## 5. 新文字语言体系的成形

戊戌年间,启蒙主义者们为了"开民智",即让更多的民众识字、读书、学知识,开始改革传统的文字、语言体系。有识之士们最早是从文字改革着手,提出了6个(未向外界公布的不计入)切音字方案。这6个方案的共同特点是:它们提出的"新字"都是仿照西方文字的"切音为字",即表音符号,"相切相拼","传音达意",①只以记录语音为功能;各个方案都着眼于"农夫贩竖""妇人孺子"易于识字学知识,因而都以"易"(如卢戆章的"新字","虽一生未入孔子门,亦能无师自识汉字")②、"简"(如王炳耀的"拼音字谱","以最简之笔画作字……声母一笔,韵母一笔,每字独二笔")③、"捷"(如蔡锡勇的"传音快字","一笔连书,可代数字")④为目标。它们是中国最早的拼音文字,也是中国最早的面向大众的文字改革方案,为现代拼音文字体系形成的前路先导。

中国语言也在这一时期发生了深刻的变革。其主要标志是马建忠著《马氏文通》,首次提出了探讨语言的结构和规律的汉语语法学理论体系,使中国的语言开始跟上近代文化的前进的脚步,也为现代语言及语言学体系的建立奠定了基础。从文化启蒙的角度说,它为广大民众更快地学习和掌握中国语言、更好地使用中国语言提供了方便。

中国语言的另一重大变革是白话文运动的开展。在"语言与文字合""崇白话而废文言"的口号下,普通民众中通行的白话文开始成为报

---

① 蔡锡勇:《传音快字·凡例》,《传音快字》(拼音文字史料丛书本),文字改革出版社1956年版。

② 卢戆章:《新字初阶序》,转引自倪海曙:《清末汉语拼音运动编年史》,上海人民出版社1959年版,第28页。

③ 王炳耀:《拼音字谱序》,《拼音字谱》(拼音文字史料丛书本),文字改革出版社1956年版。

④ 蔡锡勇:《传音快字序》,《传音快字》(拼音文字史料丛书本),文字改革出版社1956年版。

刊、书本、文人学士演说中的语言,中国语言开始成为普通大众都能接受并运用的文化传播工具。

总之,一个面向广大民众的新语言文字体系开始产生。建立一个由拼音文字、科学的语法体系、言文一致、全国统一的语言体系为内容的新语言文字体系,直到五四后也仍是语言文字改革运动的方向。而这个体系的雏形,则是诞生于戊戌时期。

**6. 新文学体系的建构**

近代新文学的特征是通俗的、面向民众的、反映社会潮流的。我们看到,在启蒙主义者的努力下,"融新理想以入旧风格",即语言趋于通俗、思想内容全新且充满新名词的"新派诗"开始出现并流行于文坛;以半文半白的浅近语言表达新思想、反映新的社会生活的"新文体"散文开始风行于社会;原来不入流的小说登上了文学殿堂的正统之座,而且一些启蒙思想家还主张以"俚语"作小说(梁启超);上海等地还出现了《指南报》《游戏报》《趣报》《采风报》等通俗文艺小报,刊载短篇小说,意味着小说开始借助近代传媒向大众推广;著名的翻译家林纾此时已开始与人合作翻译《巴黎茶花女遗事》,一种新的文学体裁即将问世。作为文化启蒙运动的产物,中国近代新文学开始产生,并向民众普及。

于是,在戊戌时期"开民智"热潮的推动之下,中国近代文化体系基本架构成形:

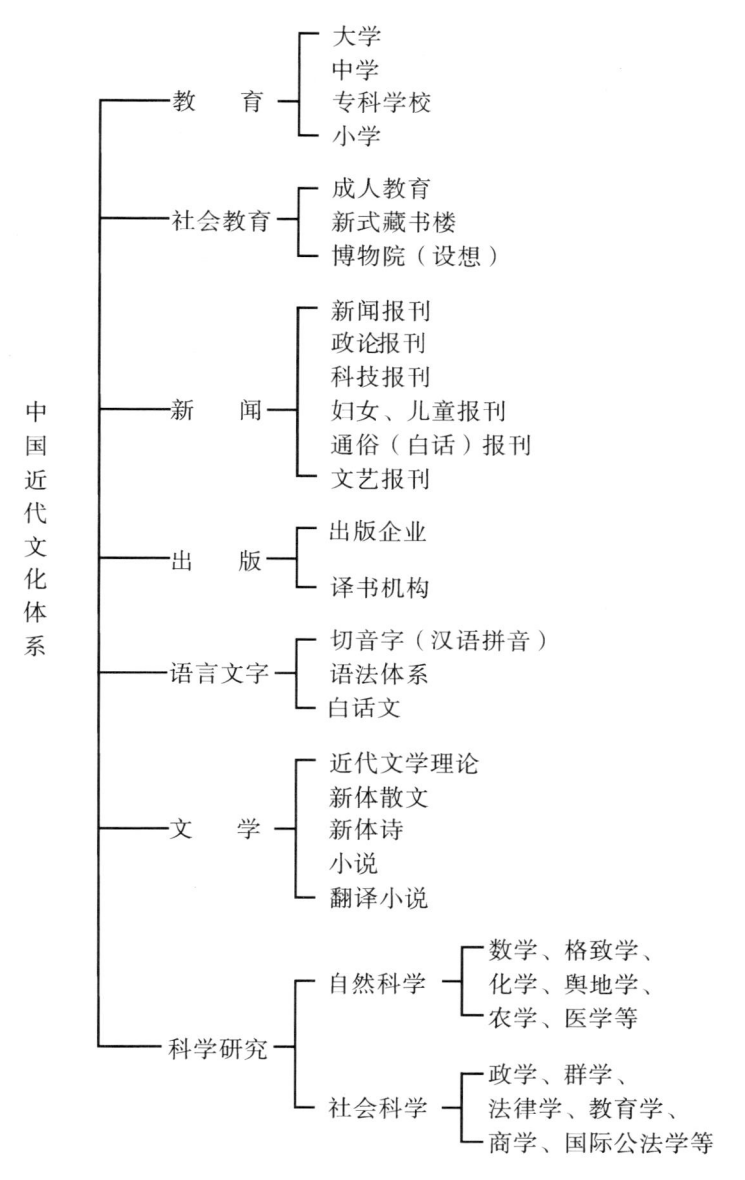

```
                              ┌─ 大学
                              ├─ 中学
                    ┌─ 教  育 ─┤
                    │         ├─ 专科学校
                    │         └─ 小学
                    │
                    │         ┌─ 成人教育
                    ├─ 社会教育 ┼─ 新式藏书楼
                    │         └─ 博物院（设想）
                    │
                    │         ┌─ 新闻报刊
                    │         ├─ 政论报刊
                    │         ├─ 科技报刊
                    ├─ 新  闻 ─┤
                    │         ├─ 妇女、儿童报刊
                    │         ├─ 通俗（白话）报刊
中国近代文化体系 ─────┤         └─ 文艺报刊
                    │
                    │         ┌─ 出版企业
                    ├─ 出  版 ─┤
                    │         └─ 译书机构
                    │
                    │         ┌─ 切音字（汉语拼音）
                    ├─ 语言文字 ┼─ 语法体系
                    │         └─ 白话文
                    │
                    │         ┌─ 近代文学理论
                    │         ├─ 新体散文
                    ├─ 文  学 ─┼─ 新体诗
                    │         ├─ 小说
                    │         └─ 翻译小说
                    │
                    │         ┌─ 自然科学 ─── 数学、格致学、
                    │         │              化学、舆地学、
                    │         │              农学、医学等
                    └─ 科学研究 ┤
                              │
                              └─ 社会科学 ─── 政学、群学、
                                             法律学、教育学、
                                             商学、国际公法学等
```

这是一个全新的文化体系。它并不完善，缺憾甚多；而且它只能建构于传统文化庙堂的阴影之下，显得脆弱、单薄。但它毕竟已在中国产生并架构成雏形，成为此后建筑现代文化大厦的基础。它是戊戌时期"开民智"潮流的硕果，此后也必将推动文化启蒙和建设运动更大规模、更深入地向前发展。

# 第四章　建设民族新文化

"输入文明而不制造文明,此文明仍非我家物。"[①]这是20世纪初年青年知识分子们比较一致的文化态度。自近代以来,中国人开展了越来越宽广、深入的"采西学"——"兴西学",即"输入文明"的活动。尤其是自戊戌变法以来,中国人开始以自觉的态度,力图通过"输入文明"进而"制造文明",实现国家的富强。在这一过程中,他们的文化视野越来越开阔,对近代文化也从蒙昧、半蒙昧而逐渐达到自觉,创造出近代文化的有形(各项近代文化事业的初创)的和无形(近代知识和观念体系的提出和中国人对近代文化的自觉)的成果。从这个意义上说,近代以来60年的近代文化运动,是近代文化的前建设时期。因为它所创造的无形的、有形的近代文化成果,为在中国建筑近代文化大厦,构建起了已成雏形的框架结构。正是在这一基础上,借助"政治革命"的东风,中国人在20世纪初开展了更为全面、深入的近代文化建设运动。这个运动及其成果同样也表现在有形的和无形的两个方面:在启蒙运动的作用下,中国人的近代知识体系得以确立,新的意义世界正在构建,一个世俗化的具有本民族特征的近代文化体系正日趋建构成形并趋于完善。这个类似剥笋的过程,正合乎逻辑地向五四新文化运动接近。

## 一、近代文化方向的确立和"中西会通"的深化

### 1. "若厉"到"若膻"的急速转换

从文化史的角度说,戊戌时期康、梁等启蒙主义者所致力的是"中西会通"——中学与西学融会贯通的"新学"。但启蒙主义者们毕竟太势单

---

[①] 志忞:《音乐教育论》,张静蔚编:《中国近代音乐史料汇编》,人民音乐出版社1998年版,第195页。

力薄,且功力不深,火候未到,他们的努力遭到了坚持不让西学渗入中学的洋务派、坚持排斥一切西学的顽固派的联手反击。结果,代表封建文化的守旧势力凭借其强大的政治的、文化的、社会的力量发动了政变。紧接着而来的是急转直下的文化反动。

戊戌年的9月21日后,几乎所有的新政都被停罢裁撤。以刚毅、徐桐为代表的极端顽固势力把持了朝政,倡言"新法万不可用,必当扫除净尽,而新党之人也必须屏斥一空"①。这里所说的"新法"已包括机器制造等"洋务","新党"之狱竟殃及洋务派。这不仅中断了甲午以来"中西会通"的文化进程,甚至也否定了甲午以前"采西学"以自强的理论及活动的必要性、合理性。而且,慈禧集团的倒行逆施造成了一股虽说短暂却是气势汹汹、急转直下的文化倒退逆流,中国陷入了第二次鸦片战争以来最为黑暗的"新法遏绝之时代"。一时间,"朝野上下,咸仰承风旨,于西政、西学不敢有一字涉及,何论施行"②。"天下豪俊之士,鉴于康梁之覆辙,亦复钳口结舌,不敢再置一喙。"③在这种政治空气的窒息之下,"新法"不仅不可能推行,也难以生存,只能让腐臭的"祖宗旧制"一统天下。而且,在这种政治空气以及来自朝廷的反对革新、反对科学、仇视所有新事物的意识形态导向之下,社会风气倒退,本来已呈颓势的鬼神迷信等代表中世纪的旧观念重又嚣张起来。所谓"灵符治病""太极真人传授仙草""相面算命""赤脚大仙神药"之类的广告堂而皇之地登在报刊之上;④"大王显圣""神仙下凡"之类的传言流播于大江南北各地民间;⑤"天灵灵,地灵灵,奉请祖师来显灵"之类的咒语、"神出洞,仙下山,扶助人间把拳玩"之类的揭帖,以及供有钟离大仙、玉皇大帝、如来佛、孙悟空、诸葛亮、关公、二郎神、托塔李天王、哪吒、姜太公、铁拐李、张果老等神位的神

---

① 《报纸新闻·一人刚断》,中国史学会主编:《中国近代史资料丛刊·戊戌变法》(三),上海人民出版社1957年版,第443页。
② 《论中国必革政始始能维新》,《中外日报》1904年3月31日。
③ 《复行新政说》,《汇报》1899年9月27日。
④ 见《申报》1899年1月26日、2月27日、3月3日、3月7日等日广告。
⑤ 《各地来函·汉口》,《中外日报》1900年11月24日。

坛在北方地区几乎是遍地开花。在这种文化氛围下,那些正在为濒临绝境的国家,也为身陷绝境的自己寻求活路而又文化低下的农民大众重新搬出了这些迷信术,企图借助神的号召力和超自然威力,实现民族独立和国家复兴的目的,形成了义和团反帝爱国运动。不可否认,义和团农民群众的种种神术、符咒或是枪林弹雨中的冲锋陷阵,所要表达的最核心的意思是"为的咱们国,为的咱们活"①,所弘扬的是"大梦将觉"者"中国者,中国人之中国也"②的思想。但同样不可否认的是,农民们的蒙昧已被那些同样蒙昧且竭力要营造蒙昧的统治者所利用,农民们缺乏理性的反抗侵略的民族情绪不自觉地与正统封建统治者摧残理性、仇视西学的复辟情绪汇为一流,演出了一出历史悲剧。

但历史留给封建文化反动的空间是极有限的,洋务、戊戌以来文化运动的最大成果,是铸定了中国走近代化的方向。当慈禧一伙将这股文化反动潮流推到了要排斥一切"洋"事物、要让"中学"一统天下的文化最低谷之时,实际上也就是历史潮流的回旋之机——开倒车昏了头的慈禧集团竟然向整个西方世界宣战,结果被碰得头破血流。历史借助洋人之手,消灭了代表正统封建文化的顽固派集团。于是,戊戌政变后不到三年,历史潮流就发生了触底反弹式的大转折。在文化反动的路上经历了九死一生的清王朝终于意识到倒退是条死路,出路在于做些许变革。1901年1月,清政府下诏变法,称:"深念近数十年积弊相仍,因循粉饰,以致酿成大衅。现在议和,一切政事尤须切实整顿,以期渐致富强。"③由此开始了"新政",或者说是"变法"。

这是一个具有重大历史意义的事件。意义之重大,主要的并不在于清政府的变法诏令及其后开展的变法活动的本身,即并不在于变法诏令

---

① 刘崇丰搜集:《义和团歌谣》,载《民间文学》1959年第3期,第83页。
② 赫德语,转引自梁启超:《灭国新法论》,《饮冰室合集·文集》之六,中华书局1989年影印本,第44页。
③ 光绪二十六年十二月丁未谕,朱寿朋辑:《光绪朝东华录》(四),中华书局1958年版,总第4601页。

中说了些什么,以及这以后开展的新政活动达到了什么程度,而在于1901年的变法诏令是清廷以无可奈何的态度拨动了历史潮流重新前进的机栝,或者说是被迫撤去了挡住历史潮流前进的堤防。于是,庚子、辛丑年(1900年、1901年)在中国就不仅仅是时间意义上新、旧世纪交替的标志,更是具有深远历史意义的戊戌以来旧文化倒退逆流终结、又一轮新文化发展潮流启动的历史转折点的标志。

对于世纪之交的中国文化潮流转折之迅猛,许多人都深有感触。目睹这一变化的外国人以局外旁观者的身份,带有几分惊讶地记述道:

> 自义和团动乱以来,包括政府官员、知识界、绅士及商人阶级在内的人士,几乎普遍地确认,向西方学习是十分必要的,反对西式教育的人几乎不见了。[1]

之所以惊讶,是因为这与庚子以前中国社会对待西方文化的态度,形成了强烈的反差。甚至作为局中人的梁启超,对庚子前后"世风"变化之剧烈也有几分吃惊:

> 丁戊(丁酉、戊戌)之间,举国慕西学若膻;己庚(己亥、庚子)之间,举国避西学若厉;今则厉又为膻矣![2]

从丁酉、戊戌(1897年、1898年),己亥、庚子(1899年、1900年)至庚子以后这三个时期,经历了从视西学若"膻"至若"厉",复又回复至若"膻"的过程。这一过程犹如一个"V"字。

当然,复杂的历史事变不是简单的符号所能准确表达的。无论是从

---

[1] 《海关十年报告之三(1902—1911)》,徐雪筠等译编:《上海近代社会经济发展概况——海关十年报告译编》,上海社会科学院出版社1985年版,第164页。
[2] 梁启超:《新民说》,《饮冰室合集·专集》之四,中华书局1989年重印本,第48页。

规律还是从事实看,庚子以后中国人输入西学的活动,绝不会是戊戌时期兴西学潮流的简单重复。从历史发展的规律看,自近代,尤其是甲午以来,文化的变革与发展,在中国已经成为一个步伐越来越坚定、有力而急促的历史大趋势,这个趋势任何人都不可能人为地阻延或将它消灭。慈禧一伙的倒行逆施、疯狂反扑,最多只能使历史潮流出现短暂的停滞。但历史的前进运动既然已形成一股潮流,其前进的趋势就不可能长久地被遏止。而且和江河奔流的道理一样,人为地阻遏其前进,只能使其能量得到不断积蓄,至最后不得不撤去堤防时,这股被压抑(或曰能量积蓄)多时的新文化潮流便如同高闸放水一般,朝近代方向的奔流会更加确定不移,向前奔腾得会比以前更有气势,也更有力度和速度。况且从当时中国社会事实看,20世纪初年中国的处境已更加危急,中国人所承受的救亡之历史责任更为急迫而沉重;经过戊戌文化革新洗礼的一代青年知识分子已登上历史舞台,他们的思想境界、知识水平以及对改革的期望值都已远远超过康、梁一辈;尤其是庚子后得到新式教育的青年学子,已具有更为广阔的文化视野,更为丰富多彩的新知识和新思想学说的来源,以及可以相对自由地学习新知识、探讨新问题和发表新思想观点的环境;更重要的是,这一时期的引进西学活动的后面,具有更强有力的社会推力,或曰社会氛围:

——中国社会一般人士都认为,庚子惨祸完全是守旧所致,所以,随着嚣张一时的刚毅、徐桐、载漪、赵舒翘等顽固派首恶分子遭遇自尽、被处死、被革职、被监禁、被流放等下场,守旧普遍遭世人憎恶。自此朝野"无一人敢自命守旧"①,变革以救亡的思路不仅在思想界被重新肯定,在朝廷成为政治原则,而且成为整个社会的普遍要求。"祖宗之法不可变"已成为无人理睬的谬论,变与不变已不是思想界争论的话题,分歧只存在于是急变还是缓变,以及变的程度如何。

---

① 沧江:《读十月初三日上谕感言》,张枬、王忍之编:《辛亥革命前十年间时论选集》(三),三联书店1977年版,第669页。

——人们从庚子事变中进一步看到了妄自尊大、抱残守缺"以底于灭亡"的惨痛教训，不仅"引以为愧，翻然思变"，以至于"言非同西方之理弗道，事非合西方之术弗行，掊击旧物，唯恐不力"。① 于是便在 20 世纪初的中国出现了对西方之学"举世风靡""户肄大秦之书，家习劫卢之字"②的较普遍的社会景象。

——戊戌时期只有少数几个思想家信奉、提倡的平等、民权观念，在这一时期不仅成为更多的青年知识分子的信仰，而且至少是在舆论层次上，已成为中国社会较普遍认同的价值准则，在话语层次上取得了霸权地位。而基于这一准则的立宪政治（包括君主立宪、共和立宪）已成为几乎是全社会所共谋进取的政治目标。即使在统治集团中，公然对抗立宪的人也会被众人指为"非愚则狂"③。这种新政治理想的树立和对制度变革的企盼，最有力地推动了对西方政治"学理"做了解、探讨的渴求和活动，成为辛亥时期引进西学热潮中的主要推动力。

所以，庚子后中国人对西学的渴求和欢迎，几乎像救火者求水般的迫切；中国社会对引进西学活动的踊跃和热烈，如同决堤之江河般汹涌澎湃，急速向前，其程度绝不是戊戌时期所能比拟的。可资证明的是，延续了半个多世纪的"夷夏""中西"之争，在进入 20 世纪初后已基本消失。文化争论的中心已不是西学应不应该进入中国文化体系，而是中国应不应该全盘"欧化"、"国粹"应不应该保存的问题。人们所关注的是中国文化往"西"急走或慢走，以及走多远的问题，是"中学"（民族文化）今后如

---

① 周树人：《文化偏至论》，鲁迅先生纪念委员会编：《鲁迅全集》（一），人民文学出版社 1980 年版，第 38 页。
② 《拟设国粹学堂启》，张枬、王忍之编：《辛亥革命前十年间时论选集》（二）下，三联书店 1977 年版，第 630 页。
③ 《许静山先生家传》，许珏著、陶世凤编：《复庵集先生集》附录，民国十五年铅印本。

何生存下去的问题。① 人们在当时所看到的社会文化景象是,旧学日益遭人唾弃,"六经且视同刍狗,凡事之近于古者,必欲屏绝之以为快"②。而西学则被人们普遍看作是国家生存发展以至人生所必需,于是西学急剧升温,"趋时之士或走四方以求师,争购西书惟恐不及"③。一些人甚至将这一趋势推向极端,所谓:

> 告以尧舜禹汤文武周孔之道,汉唐宋明贤君哲相之治,则皆以为不足法,或竟不知有其人。近日南中刊布立宪,至有四千年史一扫空之语。惟告以英德法美之制度,拿破仑、华盛顿所创造,卢梭、边沁、孟德斯鸠之论说,而日本之所模仿,伊滕、青木诸人访求而后得者也,则心悦诚服,以为当行。④

自此,西学在中国文化中的地位,再也不可撼动了;中国文化往"西",即往近代方向走,再也不可移易了。

### 2. 西学的泛漫扩张

庚子、丑辛年以后,中国文化以誓不回头的态度向着近代方向前进,步伐坚定有力。如同冲决了堤防的西学洪流,几乎是以汹涌澎湃之势,不可阻挡地泛漫至整个中国社会,向各个社会阶层、各个领域扩张。

可以说,这一时期已经没有任何一个地方或一个人,愿意或者能够坚拒西学于门外。封建文化能够固守的物化的阵地已所剩无几,即使是那些最坚固、核心的堡垒也不例外。作为封建主义文化集中代表的宫廷,也

---

① 这个例子很具有典型意义——19世纪80年代中,张之洞将来自西方的算学、格致、公法等称为"绝学",期望"绝学宏开"(张之洞:《延访洋务人才启》,《张文襄公全集》(二),中国书店1990年影印本,第529页);20年后,张之洞又将旧的经学、史学、辞章称为"绝学",亟呼"存绝学"(张之洞:《致瑞安孙仲容主政》,同上书(四),第525页)。
② 贺涛:《题陈少室先生印存》,徐世昌编:《贺先生文集》卷三,民国三年刊本。
③ 贺涛:《复吴辟疆书》,徐世昌编:《贺先生文集》卷三,民国三年刊本。
④ 《出使德国考察宪政大臣于式枚奏立宪不可躁进不必预定年限折》,故宫博物院明清档案部编:《清末筹备立宪档案史料》上册,中华书局1979年版,第306页。

在这一时期兴起了学西学之风。据说,光绪三十年(1904年)时,慈禧命人于京师南海创办了一所女学,并亲自赐名为"毓坤会",令在京的王公贝勒之福晋、格格,三品以上京官之命妇、女子,均报名入读,学习东西洋文字。① 不少王公、贝子、贝勒聘请了教习,在自己家中教授格格们学习西语。② 慈禧还请人入宫给她讲述西洋史,并且还"殷殷垂问,如罗马之在何处,苏彝士(今译苏伊士)运河之属某国,等等,极为注意"③。作为封建文化另一代表的翰林院,本是研究经史的专职机构,这一时期也开始发生变化,直接参与了引进西学的工作。1902年,翰林院成立了编书处,汇集历年已译的东西各国书籍,编辑《钦定各国政艺通考》,至1909年时已编成775卷,其中包括农学、化学、法律、官制、地理、学校、兵政、财政、各国历史等。并在此基础上成立讲习馆,为翰林诸臣研究西国政学之所。④ 连皇宫、翰林院也向西学敞开了大门,西国政艺之学被"钦定"传播,可见西学在中国社会各阶层的流播以至普及是再也不可阻挡了。也可说明,这一时期加入和引进西学活动的,已不仅仅是几个有识之士,也不限于哪一个阶层,而几乎是整个中国社会。

于是便在20世纪初年的中国,形成了一个颇为壮观的新文化运动。人们称这一时期是"学生日多,书局日多,报馆日多"⑤。"教学之校相望于郊畿,阅报之人遍于妇孺,有藏书之楼,有俱乐之部,有体操之场,有演说之坛,有议政之会"⑥。"逾海负笈者月以百计,学生填黉塾,译本如鲫

---

① 金梁:《四朝佚闻》下卷,民国二十五年铅印本,第25页。
② 《各省教育汇志·京师》,《东方杂志》第2年第1期,1905年2月。
③ 严修光绪三十三年十一月初九日日记,严修自订、高凌雯增补:《严修年谱》,齐鲁书社1990年版,第206页。
④ 《钦定各国政艺通考》,刘锦藻撰:《清朝续文献通考》(三),浙江古籍出版社1988年影印本,第10093页。
⑤ 梁启超:《敬告我同业诸君》,《饮冰室合集·文集》之十一,中华书局1989年重印本,第36页。
⑥ 《福建之现势》,黄藻编:《黄帝魂》,(台北)国民党党史史料编纂委员会1968年影印本,第210页。

鱼,言论惊老宿,声势摄政府,自今以往,思想界之革命,沛乎莫之能御矣"①。呈现出一个其广度和力度远远超出戊戌时期的新文化发展高潮。

从以下这组数字看,这一时期(1901—1911年)也的确是晚清以来西学输入,以及新文化发展的最高潮:

——创办新式学堂的活动达到近代以来的最高潮。至1912年时,全国各类新式学堂总数达到87272所,在校学生293万余人。②

——留学教育达到近代以来的最高潮。出国留学人数达到2万余人,仅1906年在日本的留学生即有12000余人。③

——新闻事业的发展达到了近代以来的最高潮。据统计,1905年至民国初年,先后发行的报刊有600余种。④

——译书活动达到近代以来的最高潮。仅据《译书经眼录》统计,至1904年时,译书已达533种。而且其中多为西方学术名著,如:卢梭《民约论》(杨廷栋译)、孟德斯鸠《万法精理》(张相文译)、那特硁《政治学》(冯自由译)、伯伦知理《国家学纲领》(饮冰室主人译)、穆勒《群己界权论》、甄克思《社会通诠》、斯宾塞《群学肄言》《穆勒名学》(以上严复译)、穆勒《自由原理》《斯宾塞社会学原理》、达尔文《物种由来》(以上马君武译)、《培根文集》(达文社译)、《美利坚独立檄文》、《法兰西人权宣言》(以上小颦女士译),等等,流传很广,影响深远。

——中国人编著新学书籍的活动达到了近代以来的最高潮。仅据《译书经眼录》中第八卷("本国人辑著书")统计,至1904年时中国人编、著的新学书即达631种,如杜士珍的《政治思想篇》、汪鸿年的《宪法法理要义》、蒋百里的《教育家言》、无逸的《经济原理》等等。

这些数字,正是辛亥时期的新文化运动达到近代以来最高潮的物化

---

① 梁启超:《论中国学术思想变迁之大势》,《饮冰室合集·文集》之七,中华书局1989年重印本,第104页。
② 据王苗:《清末近代学堂和学生数量》,载《史学月刊》1986年第2期。
③ 据李喜所:《近代中国的留学生》,人民出版社1987年版,第127页。
④ 据刘增合:《媒介形态与晚清公共领域研究的拓展》,载《近代史研究》2000年第2期。

表现。当然,更精确地说,这些数字所表明的是新文化传播渠道的扩大。因而更能表明这一时期新文化运动之规模和程度的,则是这些新学堂、留学教育、报刊、新书籍等等的新文化媒介所承载并传播的新学说、新知识、新观念。

我们可以看到,这一时期通过译书、报刊及新式教育等途径引进并介绍给中国人的各种新学说、新"主义"、新思想之繁多是空前的。从学科看,不仅有前此已引进的自然科学各学科,以及军事学、政治学、社会学,还有这一时期开始引进的哲学、经济学、法学、逻辑学、伦理学、心理学、美学、教育学、历史学、文学、语言文字学等。学科之完整前所未有,各种新主义五花八门。不仅有人文主义、经验主义,还有国民主义、民族主义、国家主义、帝国主义、功利主义、达尔文主义、军国民主义,以及无政府主义、各种社会主义等,纷纷登台亮相;从古希腊的毕达哥拉斯,到当时名震欧洲的马克思,各个历史时期、各个流派的思想家及其思想学说纷纷进入中国人的视野。仅《新民丛报》介绍的思想家及其学说先后就有培根、笛卡尔、达尔文、孟德斯鸠、卢梭、康德、亚当·斯密、毕达哥拉斯、亚里士多德、边沁、约翰·穆勒、斯宾塞、赫胥黎、颉德、马克思、洛克、黑智尔(今译黑格尔)、圣西门、伯伦知理、梭格拉底(今译苏格拉底)等。人们尽情采撷,放手引进,几乎是西方有过什么学说就立刻引进什么学说,有过什么主义就引进什么主义。西学知识引进的广度,正说明西学已迅速泛漫至各个领域,中国社会几乎已没有哪个领域不被西学泛漫浸润了。

最能表明新知识、新思想输入之宽广程度的,是"新学语"的大量产生。庚子以后,林林总总的新学科、形形色色的新主义、百花争艳般的思想学说几乎是倾泻而来,作为这些新知识、新思想学说之符号的"新学语"(即新名词)也被成批地"生产"、流通和使用。翻开20世纪初年的报纸、杂志、书籍,以至奏章、公牍、私函、诗文,甚至上谕,五花八门的新名词扑面而来,令人目不暇接,而且已远远突破了前此的自然科学的范围。诸如国际、国民、公民、公仆、经济、财政、哲学、社会、权利、人格、人权、主权、反动、革命、共和国、君主立宪、文明、文化、帝国主义、社会主义、无政府主义、自治、政党、民法、法人、法定、法学、抗议、金融、物质、精神、保证、批判、批评等等，在各种文献上几乎是俯拾皆是。1908年担任考察宪政大臣的满洲贵族达寿递上的一份要求实行立宪的奏折，便典型地反映了当时"新学语"流行、普及的程度。这份奏折既考察了欧洲立宪政体的历史沿革，也指出了欧洲立宪政体根于"学说之阐明"：

> 自十八世纪以来，欧洲人士竞谈新学，所谓权利、自由、独立、平等诸说，次第而兴。当时之君固亦视同妖言，斥为邪说。其后大势所趋，终难钳塞矣。英国首采其说，叠次改正宪法，……而实以学者之议论，为之先河。其后法人孟德斯鸠，考究英国政治，著《法意》一书，创三权分立之论。而卢梭又著《民约论》继之。三权分立者，谓行政、立法、司法三权，宜各由特别之机关独立对峙，互相节制之谓也。而《民约论》之大旨，则主张天赋人权，谓人本生而自由，不受压制，惟当共结社会契约，以社会之总意，分配权利于人民，人民对于总意，受其拘束，此外悉可自由，此二氏立论之大概也。自孟德斯鸠之书成，而欧洲列国之政体咸以是为基础；自卢梭之论出，而拉丁民族之国体咸因此而变更。①

"新学语"可说是成串连篇。而且我们必须看到，这既不是报刊的"时评"，也不是新学家们的论著，而是一位清朝大臣的奏折。这更能说明，代表新知识、新观念的"新学语"的传播和使用已非常广泛。

"新学语"涌现的数量之大，以至于学者们开始感叹中国的"言语"已"苦其不足"②，难以应付。"新学语"应用之广也已到了几乎是无孔不入、无处不用的程度。即使是那些痛恨"新学语"的人也会不知不觉地在笔

---

① 《考察宪政大臣达寿考察日本宪政情形折》，故宫博物院明清档案部编：《清末筹备立宪档案史料》上册，中华书局1979年版，第26、28页。
② 王国维：《论新学语之输入》，姚淦铭等编：《王国维文集》（三），中国文史出版社1997年版，第40页。

下冒出"新学语"。据说,光绪末年张之洞兼管学部时,"凡奏疏、公牍有用新名词者,辄以笔抹之,且书其上曰'日本名词'。后悟'名词'两字即新名词,乃改称'日本土话'。当时学部拟颁一检定小学教员章程,张以'检定'二字为嫌,思更之,迄不可得,遂阁置不行"[①]。

这并非张之洞个人的词穷墨尽,而是说明新时代的新文化潮流下,"新学语"不仅已无法不用,且已无法限制。张之洞在"名词"上的困境,折射出对张之洞们来说是无可奈何的文化趋势。因为这里的意义不仅仅是语言学上说明"新学语"已成为中国语言不可分的一部分,更有超越于语言学之上的文化意义:每一个"新学语"都代表着一个新知识,或是一种新学说、一项新制度、一种新观念,甚至是一个新学科,所以"新学语"的广泛流行、普遍使用及不能不用的态势,正说明新知识、新观念、新制度、新文化已不可阻挡地迅速扩张并成长,还说明当时中国的政治、经济、文化、教育等各领域已离不开"新名词"所代表的新知识、新观念、新学说。这正说明"新名词"所代表的西学正深深地渗入中国文化,并已成为中国文化中的一个不可分割、不可须臾离的部分。

### 3. 新文化运动的深化

综上,可证时人称这一时期是"新思想之输入如火如荼"[②],文化领域"欧花怒放",并非虚语。但仅仅以"如火如荼""欧花怒放"来描述这一时期的新文化运动是远远不够的,因为辛亥时期的新文化运动不只是在力度、广度、速度及量的方面,更是在深度上超越了戊戌时期。

这首先表现在,这一时期启蒙主义者对中国传统文化进行了比较全面而深入的清理和批判。

文化的发展本来就是一个辩证的否定过程,即文化的发展总是以对传统文化的扬弃——剔除其中不适应时代的落后部分,继承并发扬其中优秀的传统文化作为前提,进而创造出民族新文化。近代以来,从"经世

---

① 江庸:《趋庭随笔》卷一,民国二十三年北平铅印本,第3页。
② 梁启超:《清代学术概论》,《饮冰室合集·专集》之三四,中华书局1989年重印本,第71页。

致用"到"中体西用",中国人一直是以"中学"作为接受西学,以及培植新文化的平台。时至20世纪初,随着西学输入的扩大和深化,有识之士们看到这个未经清理的"中学"已经不可能继续作为接受西学、培植新文化的平台,相反,它已成为更大规模输入西学,进一步发展新文化的障碍。而且,这一时期中国的有识之士已达到了一定程度的文化自觉,已初步具备理性地审视、清理传统文化和外来文化,并做出自主选择的能力。可资证明的是,一些启蒙主义者提出了对中国旧文化应当"拾其精英,弃其糟粕"[①]的主张,并且对传统文化不再概以"中学"称之,而是以理性作为对传统文化进行审视及清理的准则。其中一些青年知识分子将传统文化区分为"君学"和"国学"便是一个典型的例子。他们指出:"夫君学者,以人君之是非为是非者也","经历代帝王之尊崇,本其学说,颁为功令,而奉为治国大经、经世良谟者也",即"君学"是为君主专制政治服务的;而"国学者,不以人君之是非为是非者也",它是"一二在野君子,闭户著书,忧时讲学,本其爱国之忱,而为是经生之业,抱残守缺,以俟后世而已"[②]。因此"国学"不仅有"族性"之特征,更有"政治之界说",它与"君学"的"只知有君而不知有国"的内容正好相反。也就是说,"国学"是与君主专制相对立的,是以国家、民族、国民利益为中心的新文化。

在这一番审视及清理之后,"糟粕"与"精英"基本分明,作为"糟粕"的"君学"也就成为启蒙主义者批判以至剔除的对象。他们不仅指出,致使神州不振,外祸迭起,中夏瓦解,鱼烂而不可救者,"皆君学之无用有以致之"[③],而且对"君学"的内容也深入进行批判。他们对封建专制主义理论的抨击更具锋芒:"以四百兆积民成国,积国成天下者之公产,为一二由战争、由盗篡、由世袭者攘为一人之私产业,……其位神明,其道崇尚,出言

---

① 高旭:《学术沿革之概论》,杨天石等编:《南社史长编》,中国人民大学出版社1995年版,第46页。

② 《拟设国粹学堂启》,张枬、王忍之编:《辛亥革命前十年间时论选集》(二)下,三联书店1977年版,第632页。

③ 邓实:《国学真论》,《国粹学报》第27期,1907年4月。

则为圣旨,署纸则为上谕,徽号则为圣神,命名则为天子,一人曰是,其众人不敢为非,一人为非,万众不敢曰是,……此之谓专制。"①对儒家学说的批判也更加尖锐,指出儒学"皆奴隶之学也"。"儒家之病,在以富贵利禄为心","淆乱人之思想"②,为"中国贫弱之根源"③。对孔子的批判不仅深刻,且直言不讳,指出正是孔丘的学说"砌专制政府之基"④,"伤吾人类之平等自由极矣"⑤,孔子教义"实足以养成支那人奴隶之性、诈伪之性及怯懦之性"⑥,并且提出了"孔丘革命""迷信之大革命"⑦"三纲革命"⑧等口号。

批判是为了剔除"糟粕",保存"精英"。除了一小部分"欧化主义"者外,多数人都能在承认西学先进、承认引进西学之必要性的同时,看到中国旧有文化中也有其"精英"部分,并且也都认识到,一个要求独立、发展的民族,是绝不能丢弃自己的优秀文化传统的。正如梁启超所说的,它是"群乃结"、"国乃成"、民族赖以自立于世界的"一种独立之精神","独具之特质","民族主义根柢源泉也",应当在"淬厉"的基础上"保存"之。⑨而且,他们对于民族文化中的"精英"之内容也做了梳理。从当时一些有识之士的讨论来看,民族文化中的"精英"主要有二:一是指秦皇、汉武"窜乱经籍"、确立文化"专制统一"之局以前的先秦诸子之学,⑩从中

---

① 遁国:《专制之结果》,《扬子江》第 4 期,1904 年 10 月,第 17 页。
② 章太炎:《诸子学略说》,汤志钧编:《章太炎政论选集》上册,中华书局 1977 年版,第 289、291 页。
③ 蛤笑:《论中国儒学之误点》,《东方杂志》第 4 年第 6 期,1907 年 8 月。
④ 绝圣:《排孔征言》,张枬、王忍之编:《辛亥革命前十年间时论选集》(三),三联书店 1977 年版,第 208 页。
⑤ 悍儿:《悍儿之厌世主义》,《河南》第 7 期,1908 年 8 月。
⑥ 《论都兰人种之思想及与他人种思想之异同》,《大陆》第 1 期,1902 年 12 月。
⑦ 绝圣:《排孔征言》,张枬、王忍之编:《辛亥革命前十年间时论选集》(三),三联书店 1977 年版,第 208—209 页。
⑧ 真:《三纲革命》,张枬、王忍之编:《辛亥革命前十年间时论选集》(二)下,三联书店 1977 年版,第 1015 页。
⑨ 梁启超:《新民说》,《饮冰室合集·专集》之四,中华书局 1989 年重印本,第 6 页。
⑩ 黄节:《国粹学报叙》,张枬、王忍之编:《辛亥革命前十年间时论选集》(二)上,三联书店 1977 年版,第 42 页。

可以"淬厉"出近代理性精神;二是从周代的伯夷直至晚明的黄梨洲、顾亭林、王船山等延续数千年不曾中断的"诸先生之学",①其中包含着与"道统"相对立的反专制思想和民族主义精神。总之,是符合近代精神的优秀文化传统,可用以激动种性,增进爱国热肠,重塑"国魂",发挥延续民族历史、强化民族凝聚力的作用,并且在经过近代观念和方法的"淬厉"后,可成为民族新文化的基本组成部分。

其次,辛亥新文化运动的深度还表现在,中国人对西学也有了更深入的了解,因而有了更主动而自觉的选择。

20世纪初年,"如火如荼"的西学输入大大丰富了中国人的西学知识,从而使他们对西学有了从量到质、由表及里、比较全面而透彻的了解。可以梁启超为例。戊戌时期,绝大多数向往西学的中国人都像梁启超一样,"未克读西籍,事事仰给于舌人,则于西史所窥,知之甚浅也"②。所接触的西学多为《地学浅释》《化学鉴原》这类自然科学书籍;至20世纪初年情况就大不一样了,"自居东以来,广搜日本书而读之,若行山阴道上,应接不暇,脑质为之改易,思想言论与前者若出两人"③。

像梁启超这样旅居海外以及数量众多的留学生可以直接广搜西学书而读之,即使在国内的求知者也可以通过"如雨后春笋"般的新学书籍和报刊习西学。这就使中国人对西学认知的广度和深度都大大超越了以前的任何时代。无论是历时意义上西学的发展历程及其阶段性,空间意义上各国、各民族文化的特征及其相互之间的区别,还是文化结构意义上的西学内部各领域、各层次的不同性质、不同内容及其相互间的关系等,中国人都有了比较全面而深入的认识和把握。随之而来的,一是对待西学的态度发生了深刻的变化。最明显的是,中国人开始以一种更高的境界、

---

① 邓实:《国学真论》,《国粹学报》第27期,1907年4月。
② 梁启超:《论君政民政相嬗之理》,《饮冰室合集·文集》之二,中华书局1989年重印本,第10页。
③ 梁启超:《夏威夷游记》,《饮冰室合集·专集》之二二,中华书局1989年重印本,第186页。

更开阔的视野和理性态度看待西学。许多人认为,"学"无所谓中西,"世界非白人所专有,夫学岂白人所得私哉?"①,"科学在二百年来,忽涌现于西方,此非应西人独得之智识也,此乃人类积时代为开明,适至此时,人类之心思与材力,适足取科学而发明之,于是世界有科学。起点在西与东,不过发脚之先后。世界既有其物,固必普及于人类者也"②。即科学并非西人所独有,中国人可以也应该运用之。二是中国人在西学面前已没有以前那种拘谨或盲目,而多了几分建立在深入了解基础上的自信、自主和自觉。面对"古今五洲万国之学术",他们完全是以自觉的文化主体的姿态宣布:"以吾为主观,以他人为客观,而研究之,而取舍之。"③甚至主张对泰西学术也要"取其精华,弃其糟粕"④,即自主、自觉的文化选择,而不是盲目引进。例如制度建设方面,当时人较普遍的看法是择优引进。立宪派主张"汇择其长者而取之"⑤,在对欧美各国的政治制度进行比较后,得出了君主立宪制最适宜中国的结论。孙中山更是认为,"总要择地球上最文明的政治法律来救我们中国",因而始终致力于追赶世界先进潮流:"我们中国的前途如修铁路,然此时若修铁路,还是用最初发明的汽车,还是用近日改良最利便之汽车?此虽妇孺亦明其利钝"。所以选择了共和制度。⑥ 而且,为了彻底解决中国的政治、社会问题,孙中山还从欧洲时兴的社会主义学说中吸取营养,试图"举政治革命、社会革命,毕

---

① 张继煦:《湖北学生界·叙论》,张枬、王忍之编:《辛亥革命前十年间时论选集》(一)上,三联书店1977年版,第442页。
② 燃:《书神州日报东学西渐篇后》,张枬、王忍之编:《辛亥革命前十年间时论选集》(三),三联书店1977年版,第476页。
③ 邓实:《鸡鸣风雨楼独立书·学术独立第三》,《政艺通报》癸卯第24号,1904年1月。
④ 姚光:《国学保存论》,杨天石等编:《南社史长编》,中国人民大学出版社1995年版,第189页。
⑤ 梁启超:《新民说》,《饮冰室合集·专集》之四,中华书局1989年重印本,第6页。
⑥ 孙中山:《在东京中国留学生欢迎大会的演说》,广东省社会科学院历史研究室等编:《孙中山全集》(一),中华书局1981年版,第281、280页。

其功于一役"①。三是中国人已摆脱了"经世致用"思路的束缚,过去对待西学那种浮躁的、实用主义的态度已大大淡化。虽然,急迫的救国任务使得这一时期中国人引进西学和建设新文化的活动仍具有一定的政治功利色彩,但对西学更直接、深入而系统的了解,已使他们的眼光能透过政治功利层面,认识到引进和学习西学,不可以仅仅"求诸形迹",而应当进一步"探乎学理","否则仅知其当然,仍不知其所以然。盖各国之经济结构,莫不本乎学理之推定"②,看到欧美国家"政治人群之进化",是斯宾塞、达尔文这样一些思想家"精神鼓荡而驱使"的结果,都是"哲学家为其先锋,科学家为其后劲,推阐新理,精益求精"的结果。③ 探求"学理"是引进西学的根本。因此这一时期不仅有见诸"形迹"西方宪法、议会、内阁制度、地方自治制度、法律文本等政治制度方面的探讨和引进,更有基础性的"学理""新理"(如从古希腊的毕达哥拉斯、苏格拉底、柏拉图、亚里士多德,文艺复兴时期的蒙台涅、哥白尼、伽利略,17至18世纪的笛卡尔、斯宾诺莎等大陆理性派和培根、霍布斯、洛克等英国经验派,18世纪的英国古典经济学家亚当·斯密,尤其是18世纪的启蒙思想家孟德斯鸠、卢梭、狄德罗、霍尔巴赫、爱尔维修,以及德国古典哲学家康德、黑格尔、费尔巴哈,19世纪中叶以来的叔本华、尼采、孔德、斯宾塞,直至马克思等等的哲学、政治学、社会学、经济学、伦理学等)方面的介绍、学习和研究,以了解西方政治制度的"所以然",并且成为这一时期引进西学的重点,从而使这一时期中国人对西学的了解更为全面、更有深度,在西学面前不再是盲昧或半盲昧的被动者,而正成为主动、理性的自觉者。

辛亥新文化运动的深度也表现在,这一时期中国人完全告别了经学时代,其中最主要的表现是对经学思维方式的突破。戊戌时期,由于受到

---

① 孙中山:《民报发刊词》,广东省社会科学院历史研究室等编:《孙中山全集》(一),中华书局1981年版,第288页。
② 《译书汇编发行之趣意》,《译书汇编》第2年第1期,1902年4月。
③ 张继煦:《湖北学生界·叙论》,张枬、王忍之编:《辛亥革命前十年间时论选集》(一)上,三联书店1977年版,第437页。

知识水平和时代条件的限制,启蒙主义者们的"中西会通"并没有完全突破经学思维方式的限制。他们所阐释的"新学",虽然其内核是从近代科学中汲取的"公理",但总是免不了采用"托古改制"式的经学论证方式,以"子曰""诗云"之类的经学语言穿凿附会,牵强比附。至20世纪初年,中国人对西学的了解已达到相当深入、系统的程度,而且政治、文化氛围也要宽松得多,经典权威开始从孔、孟、朱子这些"先圣"著作,转移到卢梭、孟德斯鸠等"西哲"及西书中。因此,他们的语言已基本抛弃了"子曰""诗云"这种"通经致用"的立论方式,即使是大臣给朝廷的奏折中,也多为"查英国宪法……""按三权分立之制……""考日本国会之制……""……此乃泰西内阁制之惯例也",以及某某"西哲"所言这类参照最先进制度、最先进学说,作为立论的依据和评判的标准。在阐释变革理论时,他们已基本摒除了"托古""托圣"的论证方式,而只有近代文化准则下的应然、必然与否。或根据世界潮流:"世界潮流,由神权流到君权,由君权流到民权,现在到民权,便没有办法可以反抗。"①或根据社会和人民之需要:"政治者,社会最大之组织,求有以达吾人栖息于此社会之目的者也。吾人之目的在幸福,而社会之究竟为极乐,此进化家所唱道,抑亦为人类所公认也。然则政体之变也,亦准是而已耳。"②或根据已吸收、消化了的哲理、法理:"人类为政治动物,对于政治莫不各有自由之意思,若强制之使不得达,实胚胎危险之种子。"基本上已没有了先验的经学前提、主观的理论预设。

### 4. "中西会通"以"造就新世界"

辛亥时期的新文化运动重新确定了中国文化近代化方向,在新文化运动已成浩荡之势的条件下,中国人对建设民族新文化的问题有了更为明确而自觉的思考和勾画。

---

① 孙中山:《三民主义》,中国社会科学院近代史研究所等编:《孙中山全集》第9卷,中华书局1981年版,第267页。

② 竞盦:《政体进化论》,张枬、王忍之编:《辛亥革命前十年间时论选集》(一)下,三联书店1977年版,第541页。

戊戌时期,启蒙主义者已提出了"中西会通"以建设"新学"的主张,但它只是试图通过比较模糊的"泯中西之界限,化新旧之门户"的途径,建设一种还很粗疏而不完善的"不中不西、即中即西"之"新学"。而辛亥时期的启蒙主义者们在继承了戊戌时期"中西会通"以建设"新学"的成果之后,对如何实现"中西会通"以建设民族新文化的问题做了比较有深度的、更清晰的理论探讨。

第一,这一时期的中国人对"中西会通"的必要性有了更深一层的认识。许多人认为,要建设民族新文化,就必须反对这两种错误倾向:第一种是主张全盘"开新",即"欲造新中国,必将中国一切旧学扫而空之,尽取泰西之学,一一施诸吾国";第二种是坚持守旧立场,认为"我欲强我国,行我古代圣王之法而有余,不必外求,或但取其艺学"。他们认为这两种倾向均不可取,"所谓楚则失矣,齐亦未为得也"。正确的文化主张应是"吸食与保存两主义并行",因为:

> 夫我国之学,可遵守而保持者固多,然不合于世界大势之所趋者亦复不少。故对于外来之学,不可不罗致之;他国之学,固优美于我国,然一国有一国之风俗习惯,夏裘而冬葛,北辙而南辕,不亦为识者所齿冷乎?然则,对于我国固有之学,不可一概菲薄,当思有以发明而光辉之;对于外国输入之学,不可一概拒绝,当思开户以欢迎之。①

中国必须赶上世界潮流,因而必须引进西学;一国有一国的风俗习惯,因而不能一概否定中国固有之学,吸收西方先进的文化,保存本民族的优秀文化,进而会通之,这是中国文化应走的道路。而且,"居今日之世,讲今日之学,未有西学不兴,而中学能兴者;亦未有中学不兴,而西学能兴者",亦即引进和汲取西学才能使中学获得新生;同时也须保存和发

---

① 高旭:《学术沿革之概论》,杨天石等编:《南社史长编》,中国人民大学出版社1995年版,第46页。

展中学,才能使西学在中国文化中生存并发挥积极作用。在当时的中国,中学与西学是"盛则俱盛,衰者俱衰,风气既开,互相推助"①的关系。因此"中西会通"是当时中国文化进一步发展的需要。这种看法,显然比戊戌时期的会通主张要科学而理性得多。

  第二,这一时期的中国人对如何"会通"中西文化,也有了更清醒的认识。所谓"吸食与保存两主义并行",实际上是有识之士力图从理论上解决如何实现"中西会通"的问题。这里所谓的"吸食"和"保存"都不是盲目的,而是建立在对本国国情、民情的了解之基础上的,即他们所说的"酌本邦国体、民情为根据而立论"。无论是"吸食"还是"保存",都要与"其土地、人民、宗教、政治与风俗、气质、习惯相交通、相调和……知其宜则交通、调和之,知其不宜则守其所自有之宜,以求其所未有之宜而保存之,如是用可成一特别精神之国家"。② 其次,这种"吸食"和"保存"是要在对中、西文化理性认识之基础上,以经过"淬厉"的本土固有文化为主体及文化建设平台,而以经过选择的西学"真精神"作为价值内核和思想指导。就像梁启超所说:欲速西学之"真精神"普及于中国,则承担传播之任者"必邃于国学";而西学输入果昌,则"必使吾国学别添活气"。③ 在深入了解中国文化的基础上输入西学,以进一步发展中国文化。王国维以哲学做譬喻,认为中国人必须了解本土哲学,"而欲完全知此土之哲学,势不可不研究彼土之哲学",而后推进本国的哲学研究。④ 即使是国粹派在坚持以国学教育为本的同时,也主张"借皙种之学参互考验,观其

---

  ① 王国维:《国学丛刊序》,姚淦铭等编:《王国维文集》(四),中国文史出版社1997年版,第367页。
  ② 黄纯熙:《国粹保存主义》,《政艺通报》壬寅第22期,1902年12月。
  ③ 梁启超:《论中国学术思想变迁之大势》,《饮冰室合集·文集》之七,中华书局1989年重印本,第104页。
  ④ 王国维:《奏定经学科大学文学科大学章程书后》,姚淦铭等编:《王国维文集》(三),中国文史出版社1997年版,第71页。

会通"。① 这显然要比戊戌时期所谓的中西"意""法"之说更有深度、更为明确。因此,这一时期的中西会通并非"摭拾"西学与"株守"中学的简单拼凑,也不是中与西的率意相加,而是更深层次的"中西会通":

> 必揩拭双眸,盱衡六合,甄采老、墨,吸纳佛、耶,驱策化、电、声、光,观摩培(根)、笛(卡尔)、达(尔文)、赫(胥黎),然后提挈儒术,互相衡量,醇疵毕见,始萃一炉,鼓铸既烈,精光四溢。②

即在深入观摩和理性认识的基础上,淬厉中学,深研西学,从"学"的本身辨明其"真伪""虚实""是非",③而后弃"糟粕",取中西"精华"萃于一炉,实现真正意义上的中、西文化融会贯通,然后鼓铸冶炼出民族新文化。

第三,更为重要的是,启蒙主义者们在更高水平的"中西会通"的基础上,明确提出了建设民族新文化的主张。如署名"凡人"的《开通学术议》一文,作者主张在"适用学理,融会东西之学说"的基础上"求其是",以"造就新世界"。④ 这个"新世界"亦即民族新文化。周树人在《文化偏至论》中主张,在"外之既无后于世界之思潮,内之而仍弗失固有之血脉"的前提下,"取今复古,别立新宗,人生意义,致之深邃,则国人之自觉至,个性张,沙聚之邦,由是转为人国"⑤,即建立以张扬个性的人文主义为核心的民族新文化。而《湖北学生界》的《叙论》则是提出了超越论:"取他

---

① 《拟设国粹学堂启》,张枬、王忍之编:《辛亥革命前十年间时论选集》(二)下,三联书店1977年版,第631页。
② 周祥骏:《答国粹学报胡仲明书》,杨天石等编:《南社史长编》,中国人民大学出版社1995年版,第186页。
③ 王国维:《国学丛刊序》,姚淦铭等编:《王国维文集》(四),中国文史出版社1997年版,第366页。
④ 凡人:《开通学术议》,张枬、王忍之编:《辛亥革命前十年间时论选集》(三),三联书店1977年版,第341、344页。
⑤ 周树人:《文化偏至论》,鲁迅先生纪念委员会编:《鲁迅全集》(一),人民文学出版社1980年版,第53页。

人之学能食而化之",且"取东西而熔为一冶","调和"新旧,"水乳交融",然后进一步"发挥之,光大之,青青于蓝,冰寒于水",建立超越于中西学之上的"一国之学",即本民族的新文化;①梁启超更是将"中西会通"生动地比喻为"泰西文明"与"泰东文明""两文明结婚",曰:"吾欲我同胞张灯置酒,迓轮俟门,三揖三让,以行亲迎大典,彼西方美人,必能为我家育宁馨儿以亢我宗也。"②这个中西文化会通而生产出的"宁馨儿",自然是民族新文化。总之,会通中西以建设民族新文化,已是20世纪初中国近代文化运动的中心内容。

这个正在建设的民族新文化再也不是戊戌时期那个"四不像"式的"不中不西、即中即西"文化。尽管它还带有许多过渡时代的特点,但它已经具备比较完整的近代形态。首先是这个民族新文化是被奠定在更为坚实的平整的地基上,即前述的这一时期启蒙主义者们对中国固有文化做了比较认真的清理、批判和继承,对西学做了更深入的了解和自觉的选择,同时也摆脱了旧的经学思维和"经世致用"思路的局限。其次是启蒙主义者们对民族新文化已有了较清楚的性质界定。他们强调了民族新文化的"政治之界说",即新文化与"知有君而不知有国"的旧文化是截然相反的。③新文化的核心是"国民主义",所谓"国民之气焰""国民之势力""国民之价值",昂扬奋发的"国民主义"精神,使新文化有了充实而有活力的内容;同时也指出了这个新文化的民族之界限,指出作为一个国家、一个民族应当有它自己独立的文化。学习西方是必要的,但"尽弃其旧以从人"是不可取的,"自己无一点独立的学说,是先不能培养起国民独立的性根来,后来还望国民有独立的资格吗?"④因此,"学术之界可泯,种

---

① 张继煦:《湖北学生界·叙论》,张枬、王忍之编:《辛亥革命前十年间时论选集》(一)上,三联书店1977年版,第442页。
② 梁启超:《论中国学术思想变迁之大势》,《饮冰室合集·文集》之七,中华书局1989年重印本,第4页。
③ 邓实:《国学真论》,《国粹学报》第27期,1907年4月。
④ 孙中山:《在东京中国留学生欢迎会的演说》,广东社会科学院历史研究室等编:《孙中山全集》(一),中华书局1981年版,第281页。

族之界不可忘也"①。总之,新文化的本质是国民主义、民族主义的。

孙中山的三民主义,便是20世纪初年"中西会通"文化潮流下的一个产物。

孙中山在数十年间探讨救国、强国道路的过程中,始终以"发扬吾固有之文化,且吸收世界之文化光大之","将取欧美之民主以为模范,同时仍取数千年旧有文化而融贯之"②作为准则,即以西方近代民主主义的价值理念、政治思想为指导,同时也继承民族文化中的优秀部分,使世界潮流与中国国情、现代性与民族性相结合、相协调,由此而建构并提出了三民主义政治方案。用他自己的话说,在三民主义中,"有因袭吾国固有之思想者,有规抚欧洲之学说事迹者,有吾所独见而创获者"③。具体地说:

所谓民族主义,即孙中山吸收了欧美国家的近代民族主义观念,并且对"先民所遗留"的民族主义思想"发挥而光大之,且改良其缺点",国内各民族之间"平等共处","于世界诸民族,务保持吾民族之独立地位"④,即对内实现民族平等,对外争取民族独立。

所谓民权主义,即孙中山从西方采摘了社会契约论、人民主权论、天赋人权论、三权分立学说,以及法国、美国的政治模式,并且糅进了中国传统的"民为邦本""天下为公"的原始民主观念和"民贵君轻"的民本思想,并且还汲取了中国古代政治制度中对官吏选拔、监督的考试与监察制度,提出了具有"独见而创获"的"五权分立"制的民主共和国方案。

所谓民生主义,是孙中山总结了西方国家资本主义发展过程中的经

---

① 刘师培:《孙兰传》,刘师培著:《刘申叔遗书》(下),江苏古籍出版社1997年版,第1805页。
② 孙中山:《在欧洲的演说》,广东省社会科学院历史研究室等编:《孙中山全集》(一),中华书局1981年版,第560页。
③ 孙中山:《中国革命史》,中山大学历史系等编:《孙中山全集》(七),中华书局1985年版,第60页。
④ 孙中山:《中国革命史》,中山大学历史系等编:《孙中山全集》(七),中华书局1985年版,第60页。

验教训,汲取了当时流行于欧美的各派社会主义学说,同时也是受中国古代"不患寡而患不均"之说的平均主义思想和井田制度的影响,提出了以平均地权为内容的民生主义。

可以说,这是以比较清晰的民主主义为文化内核,以比较明确的近代化为方向,同时也继承了民族文化的优秀传统,兼顾中国国情的"中西会通"。它显得更为合理、更有深度,也更具文化自觉和理性。它为民族新文化建设的实践发挥了重要的指导作用。

不可否认,从19世纪中叶的"经世致用",到五四时期"德先生""赛先生"的启蒙和现代新文化的建立,"中西会通"是承前启后的一"站"。

## 二、民族主义——祖国主义——国民主义

任何时代的文化潮流都有一个根本观念做指导,如14—16世纪的欧洲文艺复兴运动,便是以人文主义作为根本观念的,因为新兴的欧洲资产阶级要求冲破教会神学的束缚。20世纪初年的中国所面临的是民族和国家的生存危机,所以,建立富强的民族国家是中国人必须承担的历史任务。为此,启蒙主义者从西学中提炼、从时代和社会要求中归纳出了一组观念:民族主义(国族主义)——祖国主义——国民主义,并组成一整个体系:以民族主义为思想武器,以祖国主义为政治诉求,以国民主义为核心观念,主导着20世纪初年汹涌奔腾的文化潮流。

### 1. 整合国族：民族主义

中华民族多元一体的格局在历史上存在已久,以"夷夏"之辨为核心的种族观早已成为中国人的一种传统观念,但进入近代后,面对西方国家对中国日益升级的侵略、掠夺,以文化为本位、以"夷夏大防"说为核心的传统种族观,显然无法从理论上回答西方国家对中国侵略的原因、内容及后果,也无力从思想上动员和团结整个中华民族抵抗外国的政治、经济和军事侵略,并有效地维护民族利益和国家主权,所以屡遭失败。但这种传统的明辨"夷夏"的种族观也是一种历史资源,可成为近代民族观产生的一个基础:"夷人"——"洋人"——"外国人"侵略、掠夺的刺激,以及与

"万国"交往实践的启发,使中国人在传统"夷夏大防"说的基础上,逐渐形成了对本民族的自我认同感——面对外敌的侵夺凌辱,中国人开始越来越强烈地关注自己所属的这一民族群体的生存危机和整体利益的安危,日益强化着"中国人"的群体团结感、利益与荣辱的连带感和族群归属感,以及对这一群体的忠诚情结。尤其是甲午战败的奇耻大辱及战后西方列强的瓜分活动,更使中国人的民族自我认同感及民族一体感的意识越来越趋于清晰和强烈。这一时期知识分子们围绕"种界""族界"问题的辨析和"保种之道"的讨论,①正是这一趋势的集中表现。

进入 20 世纪初年,传统的"夷夏大防"种族观与封建顽固派一起在庚子事件中彻底败亡,戊戌时期的"保国、保种、保教"说在奉行"膨胀主义""扩张主义"政策的帝国主义面前也显得空洞且苍白无力。同时,在更为深刻的民族危机现实下,中国人面临着巨大而艰难的整合、动员全体人民投入救国斗争,以实现民族、国家的生存和复兴的历史任务。在这一历史任务的召唤下,启蒙主义者在向西方探寻真理的过程中,找到了民族主义,看到民族主义在当时正"以万丈之气焰,磅礴激于全世界人人之脑中,顺之者兴,逆之者亡"。也从西方国家的历史中看到了民族主义在国家走向独立和政治民主化过程中所起的巨大作用:民族主义不仅使法国、德国、意大利等国家走上独立和民主化的道路,也使希腊、罗马尼亚、塞尔维亚、爱尔兰等弱小民族得以"仰首伸眉"而独立。"今日欧洲之世界,一草一石,何莫非食民族主义之赐?读十九世纪史,而知发明此思想者功不在禹下矣。"②这一历史经验对于当时身受重重外来压迫的中国人来说,是十分宝贵的。启蒙主义者们期望中国也像欧洲这些国家一样,经由民族主义的途径而独立、而富强。因而他们极力地呼吁并强调:"今日者,民族主义发达之时代也,而中国当其冲,故今日而再不以民族主义提倡于

---

① 见《强学会序》《知耻学会后序》《关西学会缘起》等篇,中国史学会主编:《中国近代史资丛刊·戊戌变法》(四),上海人民出版社 1957 年版,第 384、456—457、426 页。

② 梁启超:《国家思想变迁异同论》,《饮冰室合集·文集》之六,中华书局 1989 年重印本,第 19—20 页。

吾中国,则吾中国乃真亡矣。"①于是中国人接受了西方的民族主义"学理",并以之作为思想和行动的指导。

正是在西方民族主义"学理"的启导、西方侵略造成的民族危机的刺激下,中国人的民族情感日趋强烈而理性,对民族的认识也开始走出狭隘的传统种族观的范围,民族意识达于自觉,民族概念及民族观日益清晰而深刻,从而在20世纪初年的中国产生了近代性质的民族主义。

之所以说中国人的民族观已成为"主义",当然是因为对民族问题的见解在中国人中开始产生较为系统的思想及学说;或者说,中国人已开始运用近代政治"学理"来诠释民族问题。其中一个很明白的表现是,关于民族的概念已比较清晰。一些启蒙主义者根据西方近代的民族主义学说,从理论上指出了构成民族的"特质"或曰"条件":其始也同居于一地,其始也同一血统,同其肢体形状,同其语言,同其文字,同其宗教,同其风俗,同其生计,等等。② 所谓"其始也",亦即还有超越于此上的更为重要的联结,即内在的精神联结和共同的政治基础。民族主义者解释说:

> 民族之所以生,生于心理上道德与感情之集合;因道德与感情之集合,而兴起政治组织之倾向。③

这里所说的"道德与感情之集合",亦即近代中国人在民族生死存亡危机压力下,由对"中国人"这个群体的情感认同、利益认同的强化,进而产生出"能为永久的结合""成不可破之团体"④的政治意愿,并明确为

---

① 余一:《民族主义论·绪言》,《浙江潮》第1期,1903年2月。
② 见梁启超《政治学大家伯伦知理之学说》,《饮冰室合集·文集》之十三,中华书局1989年重印本,第71、72页;精卫:《民族的国民》,张枬、王忍之编:《辛亥革命前十年间时论选集》(二)上,三联书店1977年版,第83页。
③ 《民族主义之教育》,张枬、王忍之编:《辛亥革命前十年间时论选集》(一)上,三联书店1977年版,第405页。
④ 精卫:《民族的国民》,张枬、王忍之编:《辛亥革命前十年间时论选集》(二)上,三联书店1977年版,第83页。

"兴起政治组织之倾向"。这个"政治组织"亦即国家。把民族认同推向国家的认同,这就从根本上使得传统的以文化为本位的"夷夏"之辩观念、以血统界分的"种"(即戊戌维新派仍在争辩的"种界")的观念转变为近代民族主义理论下的国族概念,即超越种族和传统文化畛域的、以国家为本位的民族概念。当时中国的许多思想家、政治家,甚至一般的新知识分子群体也都产生了这样的观念,都认为民族的界域既不是"种"(血统),也不是"礼"(文化),而是政治共同体——"国",即与"日本民族""俄罗斯民族""美国民族"之类非中国民族相对而言的"中国民族"。因而民族的认同主要是政治(国)的认同,而不是"种"(血统)或"礼"(文化)的认同。例如一位满族御史在奏折中也说,在时局艰危,强邻环视的形势下,无论满、汉各族,"国"是共同的:

> 时至今日,竟言合群保种矣,中国之利害,满与汉共焉者也。夫同舟共济,吴越尚且一家,况满汉共戴一君主,共为此国民,衣服同制,文字同形,言语同声,所异者不过满人有旗分无省分,汉人有省分无旗分耳。①

也就是说,同为中国之国民,同处此群体,同浴此文化,同享此利益,同面临外侮,在"合群保种"问题上不应当有吴越之分,"自分界限,致蹈危机"。这就把戊戌时期的"合群""保种"这类口号提升到了民族主义的高度。

因而即使是革命派,尽管在宣传中非常强调"种族革命"——"反满""排满""扑满",但他们同时也说明,反满在很大程度上是一种"政略"。② 包括强调反满最有力的章太炎也曾声明,排满并非排一切满人,"所欲排

---

① 《御史贵秀奏化除满汉畛域办法六条折》,故宫博物院明清档案部编:《清末筹备立宪档案史料》下册,中华书局1979年版,第922页。
② 蔡元培:《释"仇满"》,中国蔡元培研究会编:《蔡元培全集》(一),浙江教育出版社1997年版,第415页。

者,为满人在汉之政府"①。1903年《新湖南》作者的这段话,是对革命派反满"政略"的明白注解。他说,救国必须反满,因为:

> 顾不离绝满政府,则无由凝固其吸集之力,不能吸集而伈伈俔俔,必与顽愚迷乱之满政府,同毙于白种人鸩醴毒脯之下,日日安坐而望满政府,则亦日日安坐而就屠割。……内部之吸集力与外部之刺激力相触而生者也。以排满与排外二重之刺激力,迸入于汉种之心目,乃可以言吸集。汉种能自相吸集,而后能提携满、蒙、卫藏,使自相吸集。汉种能自相吸集,且能提携满、蒙、卫、藏使自相吸集,而后能集权于亚洲中央政府以抗御白祸。②

即反满、排满只是"吸集"国内各民族抵御外国侵略,反对专制政治,实现国家独立和民主化的途径,其最终的目标是要在各民族"自相吸集"、互相"提携"的基础上建立一个新国家。武昌起义后"五族共和"成为各省到中央的"政体",即证明了这种"政略"的本质是以国家为本位、最终目标是建立民族国家。

所以,建立独立、富强之"民族的国家"是所有民族主义者认同的政治理想,"民族建国主义"是民族主义的价值指向。无论是主张推翻现政府还是主张维持现政府的民族主义者,都已经从挽救民族危机,解决国家贫弱落后和人心涣散的现实需要中看到了"建立民族的国家"的必须。他们论证说:立于当时那个"竞争世界",唯有结成"民族的国家","乃能合其权以为权,合其志以为志,合其力以为力,……以谋全体之利益也",③即凝聚全民族的力量以救国;他们还以西方政治学说论证,现代国

---

① 章太炎:《排满平议》,章太炎著、张勇编:《学术文化随笔:章太炎》,中国青年出版社1999年版,第111页。
② 湖南之湖南人:《新湖南》,张枬、王忍之编:《辛亥革命前十年间时论选集》(一)下,三联书店1977年版,第614页。
③ 余一:《民族主义论·民族主义之定义》,《浙江潮》第1期,1903年2月。

家在法律形式上应以民族国家作为主权单位、以国民作为法律主体,只有全民族"联合以创一国之时",才能立于竞争之世界并获得发展。① 所以他们一再呼吁:"今欲存支那者,不可不集合支那民族以自相提携,自相固著,……不可不言民族建国主义"②,"欲抵敌外来民族之势力,不可不建设本民族之国家"③。

在"民族建国主义"的价值指向下,中国人的民族主义必然地超越传统民族观和种族主义局限,而以国家为本位。同时也必然地在对民族境遇、利益和前途的共同感知、对外国侵略的共同抗争意志的基础上,提出国内各民族融合为一体的"大民族主义"的主张:

> 吾中国言民族者,当于小民族主义之外,更提倡大民族主义。小民族主义者何?汉族对于国内他族是也。大民族主义者何?合国内本部、属部之诸族,以对于国外之诸族是也。……自今以往,中国而亡则已,中国而不亡,则此后所以对于世界者,势不得不取帝国政略,合汉、合满、合蒙、合回、合苗、合藏,组成一大民族,提全球三分有一之人类,以高掌远跖于五大陆之上,此有志之士所同心醉也。④

尽管当时的知识界仍沿用"民族"一词,但这种由各小民族融合为一体的"大民族",实际上就是后人所概括的"国族"概念。

明确提出国内各小民族融合为一大民族——构建国族之主张的,绝

---

① 梁启超:《政治学大家伯伦知理之学说》,《饮冰室合集·文集》之十三,中华书局1989年重印本,第72页。

② 《民族主义之教育》,张枬、王忍之编:《辛亥革命前十年间时论选集》(一)上,三联书店1977年版,第405页。

③ 《国家学上之支那民族观》,《游学译编》第11册,1903年10月。

④ 梁启超:《政治学大家伯伦知理之学说》,《饮冰室合集·文集》之十三,中华书局1989年重印本,第75、76页。

不只是梁启超,也不只是立宪派。① 可以说,民族共同体的意识已经在当时的中国思想界、政治活动家和知识分子当中产生并发挥作用。而这个民族共同体意识,绝不是那种狭隘的"汉种""华夏"之类的定义,而是以国家观念为本位的"大民族"——"中国人"的国族意识:

> 中国者,中国人之中国,非外国人所得而干涉也。具此精神,具此气魄,用文明排外之手段,则中国庶几为中国人之中国乎!②
> 今日欲回吾民族之厄运,非以中国为中国人之中国不可,非以中国主权为支那人种全体之主权不可。③
> 中国者,中国人之中国也,惟中国人能有中国,他人不能有也,他人而欲有之,吾中国人当竭力反抗,至死不变也。④

这类清晰的基于以国家为本位的近代民族主义言论,在当时的报刊上、时人论著等比比皆是。正是在此基础上,一些启蒙主义者将国族思想和理论具体化为:"中国民族"——"中华民族":

> 中国者,中国民族之中国。⑤
> 现今之中华民族自始本非一族,实由多数民族混合而成。⑥

---

① 可见杨度:《金铁主义说》,刘晴波主编:《杨度集》,湖南人民出版社1986年版,第304页;枫浦:《论宪政与国会》,《牖报》第6号,1907年10月;孙中山:《临时大总统宣言书》,中国社会科学院近代史研究所等编:《孙中山全集》(二),中华书局1981年版,第2页。
② 《论中国之前途及国民应尽之责任》,张枬、王忍之编:《辛亥革命前十年间时论选集》(一)上,三联书店1977年版,第466页。
③ 《列强在支那之铁道政策译后》,张枬、王忍之编:《辛亥革命前十年间时论选集》(一)上,三联书店1977年版,第379页。
④ 高自立:《中国灭亡之大问题》,《童子世界》第31号,1903年5月。
⑤ 重光:《国民与人民之分别》,高旭等编:《觉民月刊整理重排本》,社会科学文献出版社1996年版,第198页。
⑥ 梁启超:《历史上中国民族之观察》,《饮冰室合集·专集》之四十一,中华书局1989年重印本,第4页。

庶乎中国全体之人,混化为一,尽成为中华民族,而无有痕迹界限之可言。①

至中华民国成立后,"民族之统一"②成为中国人的共识,"中华民族"概念,遂被全体中国人所认同。这不仅仅是概念,而是中国人民族意识完全觉醒的最主要标志,是近代民族主义观念被普遍接受的主要表现。

民族主义的价值指向——建立独立、民主的"民族的国家",决定了它的反对封建专制、反对外国侵略的政治性质。启蒙主义者在进行民族主义宣传时,十分强调这两个方面:"民族主义者,……其在于本国也,人之独立;其在于世界也,国之独立",凡与此相抵触者,必以"我所固有之民族主义以抵制之"。③

所谓"人之独立",即反对封建专制压迫。它在政治上的表现,即以民权政治反对专制政治。启蒙主义者明确宣布:"民族主义与专制政体不相容者也。"因为民族主义的目的,在于以自由、民权精神"统一同族以立国"④。而所谓的"统一",即"以政治为团结力之中心",是整个民族对民主、平等政治原则的认同。所以,立宪派提出了各民族"立宪的统一""于立宪之下,合汉满蒙诸民族皆有政治之权,建设一大民族之国家"⑤等主张;革命派则主张以"种族革命"——反满为手段,以"自由、博爱、平等之精神"为核心,建设共和政体的"平民的政府"⑥。而无论是主张君主立

---

① 杨度:《金铁主义说》,刘晴波主编:《杨度集》,湖南人民出版社1986年版,第371—372页。
② 孙中山:《临时大总统宣言书》,中国社会科学院近代史研究所等编:《孙中山全集》(二),中华书局1981年版,第2页。
③ 梁启超:《国家思想变迁异同论》,《饮冰室合集·文集》之六,中华书局1989年重印本,第20—22页。
④ 余一:《民族主义论·民族主义发达之历史》,《浙江潮》第2期,1903年3月。
⑤ 蒋智由:《变法后中国立国之大政策论》,张枬、王忍之编:《辛亥革命前十年间时论选集》(二)下,三联书店1977年版,第1065页。
⑥ 鸿飞:《对于要求开设国会之感喟》,张枬、王忍之编:《辛亥革命前十年间时论选集》(三),三联书店1977年版,第280—281页。

宪还是共和立宪，他们都共同地要以民权主义作为民族主义的灵魂，以民主政治原则作为未来的"民族的国家"的政治基础。这就使民族主义具有近代民主主义的价值内核和政治目标。所以我们看到，无论是革命派的反清革命运动，还是立宪派的立宪请愿运动，无不扛着民族主义的旗帜进行斗争。

所谓"国之独立"，即反对外国的侵略。民族主义在中国一开始即表现出强烈的反对外来侵略，争取民族独立的思想内容。无论是革命派还是改良派，都曾以"排外"口号作为民族主义的必有之"义"[1]，而且指出，"排外"是任何民族及其成员的天性——"天赋之公同性质"[2]。但他们所主张的"排外"是理性的"排外"，即"文明排外"，或曰"心力排外"。[3] 它完全是以国族为出发点，以国家主权、民族平等原则为基础。一方面，对国家主权"一丝儿"也不退让。[4] 对外国侵略问题所关注所忧恨的已不再是"以夷凌夏""用夷变夏"之类的文化情结，而是列强对中国国家主权和利益的窃夺问题。因而这一时期中国人在民族主义旗帜下进行的"排外"斗争，从拒俄运动、拒约运动、抵制日货，到收回利权运动；从兴中会宣言提出"振兴中华，维持国体""亟拯斯民于水火，切扶大厦之将倾，庶我子子孙孙，或免奴隶于他族"[5]，到同盟会总章宣示的"中国者，中国人之中国，中国之政治，中国人任之，驱除鞑虏之后，光复我民族的国家"[6]，以及立宪派主张的"同族则相吸，异族则相拨，苟为他族所钳制压抑者，

---

[1] 陈天华：《警世钟》，刘晴波等编：《陈天华集》，湖南人民出版社1982年版，第80—83页；伤心人：《排外平议》，《清议报》第68册，1901年1月。

[2] 伤心人：《排外平议》，《清议报》第68册，1901年1月。

[3] 陈天华：《警世钟》，刘晴波编：《陈天华集》，湖南人民出版社1982年版，第85页；伤心人：《排外平议》，《清议报》第68册，1901年1月。

[4] 陈天华：《警世钟》，刘晴波编：《陈天华集》，湖南人民出版社1982年版，第85页。

[5] 孙文：《香港兴中会宣言》，中国史学会主编：《中国近代史资料丛刊·辛亥革命》（一），上海人民出版社1981年版，第87页。

[6] 邹鲁：《中国同盟会总章·军政府宣言》，中国史学会主编：《中国近代史资料丛刊·辛亥革命》（二），上海人民出版社1981年版，第14页。

虽粉身碎骨,以图恢复,亦所不辞"①等斗争,都不是为了"驱夷""灭洋""澄清中夏",而是为了捍卫国家各项主权和民族尊严,都是为了建立一个独立、富强的国家。另一方面,"文明排外"并非盲目排外。因为,"国之独立"并不排斥与外国平等交往和对外开放,在"保持吾民族之独立地位,发扬吾固有之文化"的同时,也"吸收世界之文化而光大之,以期与诸国并驱于世界"。②激烈如陈天华,在高喊"杀洋鬼子"的同时,还劝告中国人:"要拒外人,须要先学外人的长处","平日待各国的人,外面极其平和"。③ 总之,这是一种具有抗争精神,又不失理性、开放的近代民族主义。

正是在这种全新的民族观的基础上,启蒙主义者为民族主义下了这样的定义:

> 民族主义者何? 各地同种族、同言语、同宗教、同习俗之人,相视如同胞,务独立自治,组织完备之政府,以谋公益而御他族是也。④
> 民族主义之于世界,犹个人之于社会,对于内有绝对之所有权,对于外有绝对之独立权。若一民族起而建立独立自治之国家,无论何人无对抗之权利,此民族主义之本旨。⑤

中国人的民族主义观念走向觉醒。

## 2. "知有国家":祖国主义

在近代中国,伴随着挽救民族危机及强化民族凝聚力的意愿而来的,

---

① 梁启超:《论民族竞争之大势》,《饮冰室合集·文集》之十,中华书局1989年重印本,第11页。
② 孙中山:《中国革命史》,中山大学历史系等编:《孙中山全集》(七),中华书局1985年版,第60页。
③ 陈天华:《警世钟》,刘晴波等编:《陈天华集》,湖南人民出版社1982年版,第85页。
④ 梁启超:《新民说》,《饮冰室合集·专集》之四,中华书局1989年重印本,第4页。
⑤ 《民族主义》,《江苏》第7期,1903年10月。

是对政治上建立和维护强大祖国的炽热追求,于是民族主义与爱国主义相伴而生,民族认同与国家认同成为相向而行、方向一致的政治指向。所以,"中华民族"这一国族概念的发现及提出,是民族主义思想与近代国家观念相结合而共同构建的产物。或者说,"中国人之中国"的民族主义情感,在政治上必然推导出"祖国主义"这一具有神圣意味的政治诉求。因此当时人即清楚地指出了民族主义与爱国主义的关系:"民族主义者,实制造近世国家之原动力也。"[1]民族主义"乃为爱国心之源泉"[2]。"祖国主义者何?根于既往之感情,发于将来之希望,而昭之于民族的自觉心"[3],即民族主义是"祖国主义"的精神驱动力,而"祖国主义"——爱国、救国又是民族主义的政治目标,是民族主义的一个价值指向。

的确,近代以来中华民族灾难和屈辱的经历,使中国人越来越清楚地认识到,建设一个民主、富强的国家之必要。尤其是进入20世纪初后,中国人面临着空前未有的生存危机;与此相对应,中国人对自己国家的处境、局势和命运的关注,对强国的期盼,也达到了前所未有的程度。再加上西方观念和知识的启导,西方历史经验的昭示,使中国人对国家命运的关注、对救国运动的思考上升到了理性阶段。正是在这一基础上,刚跨入20世纪的青年知识分子即高举起"祖国主义"的旗帜。翻开那个时代的报刊、书籍,最能直接感受到的是中国人如火的爱国、救国热忱扑面而来。他们或者是义愤填膺,奔走疾呼:"支那其亡矣!支那其亡矣!"

> 诸君!诸君!不闻印度、波兰灭亡,旅大、台、胶分割之不可说、不忍说之惨状乎?苟非禽兽,曷能勿哭?曷能勿痛?呜呼!印、波之惨,旅大、台、胶之惨,人人痛哭,人人声哑,而今日万倍印、波,亿倍旅大、台、胶之惨,吾悲其痛哭无人,哑声无人。……异日披图临风而吊

---

[1] 梁启超:《论民族竞争之大势》,《饮冰室合集·文集》之十,中华书局1989年重印本,第11页。

[2] 飞生:《国魂篇·国魂之定义》,《浙江潮》第1期,1903年2月。

[3] 飞生:《国魂篇·中国之国魂安在乎!祖国主义》,《浙江潮》第3期,1903年4月。

古于河之梁、江之干者,岂尚是我支那人乎?我述至此,哭无泪,哭无声。①

或是鞭辟入里,深刻揭露:

今外人之对我中国,曰势力范围,曰特别利益,为各国独营之政策;曰国债,曰教务,曰商务,曰开矿筑路,曰内河航行,为各国公司之政策,美其名曰交通利益,输入文明。从表面观之,一似平和无事,依然锦绣之山河,而不知夺我主权,灰我民气之狡谋,其毒不知几千万倍于枪林弹雨也。……无形之瓜分更惨于有形之瓜分,而外人遂亡我四万万同胞于此保全领土,开放门户政策之下。②

或振臂高呼"强中国!强中国"③的口号,全力以赴于各项改革。

无论是哪个角度,他们所指向的是一个中心:"祖国主义"。"祖国主义"——"强中国",是20世纪初的最强音,是那个时代的主旋律。

当然,"祖国主义"——爱国,救国,一直是近代以来中国文化运动、也是整个近代历史运动的主题。所不同的是,这一时期中国人对祖国的热爱之情更为深切,救国热忱更为高涨,这是以前任何一个时代所无法比拟的。更重要的是,"祖国主义"已不仅仅是爱国、救国情感的表露,从理性层面上说,更是中国人告别传统,国家观念走向觉醒的集中表现。

在传统时代,由于专制政治的压迫,宗法制伦理的束缚,散漫的小农经济及其社会生活习性,以及与世界隔绝的闭塞环境,使中国人没能自觉意识到作为政治实体的国家之存在。在中国人传统的观念和知识体系

---

① 《温州留学生敬告同乡书》,杨天石、王学庄编:《拒俄运动》,中国社会科学出版社1979年版,第140页。
② 《论中国之前途及国民应尽之责任》,张枬、王忍之编:《辛亥革命前十年间时论选集》(一)上,三联书店1977年版,第460页。
③ 文诡:《浙声》,《浙江潮》第1期,1903年2月。

中,"国家"二字主要是指"家""国"同构的朝廷,而不是现代意义国家,因此梁启超批评几千年来中国人的头脑中"岂尝有国家哉?不过有朝廷耳"①,即只知有朝廷而不知有国家;同时,在中国人传统的观念和知识体系中,"国家"又与皇帝的"天下"是同义词,因此中国人有文化意义上的"天下"观念而没有主权意义上的国家观念,用梁启超的话说是"只知有天下而不知有国家"②。以至在近代出现了这样的社会现象:

> 今夫种族之戚、屠戮之惨,天下之至痛也,而吾中国则甘之;竞争之剧,抵制之烈,天下之至危也,而吾中国则安之;夺吾主权,隳吾国防,蹂躏窃割吾祖宗坟墓之地,子孙生息之乡,天下之至辱也,而吾中国则置之听之。彼其心宁不知凡若此者,诚至可痛至可危至可辱之事也,而卒甘之安之置之听之者何也?亦曰吾身一私人也,吾国一世界公国也,世界大矣,何患无君。夫是以其视中国也,恒不以我之中国视中国,而以君主之中国视中国。且不以中国人之中国视中国,而以天下人之中国视中国。遂乃以顺民之资格,实行公天下之主义,箪食壶浆以迎来者,以蕲为奴为隶,于异性异种之钳制之下而不自愧。③

也就是说,由于缺乏近代国家观念,以至人们"以君主之中国视中国""以天下人之中国视中国",因而对国家安危缺少深切而直接的感受。许多人都认识到,这种状况是实现国家独立、富强的最大观念障碍。于是,在日益深重的民族危机的刺激下,肩负救国重任的启蒙主义者们从西方引进了霍布斯、洛克、孟德斯鸠、卢梭、康德,以及伯伦知理等人的近代国家学说,不仅使自己获得了完全的"国家思想"的陶冶,并积极向民众

---

① 梁启超:《少年中国说》,《饮冰室合集》之五,中华书局1989年重印本,第9页。
② 梁启超:《新民说·论国家思想》,《饮冰室合集》之四,中华书局1989年重印本,第17页。
③ 论说:《公私篇》,《浙江潮》第1期,1903年2月。

做"知有国家"的近代国家观念启蒙。在进入新世纪的最初几年时间里，中国的思想界和舆论界针对国民国家观念淡薄的现状，比较集中地对国家学说进行了深入的探讨和广泛的宣传。如《国民报》《清议报》《新民丛报》《游学译编》《大陆》《浙江潮》《政艺通报》等，发表了诸如《原国》《中国灭亡论》《中国之改造》《公私篇》《国魂篇》等文章，对近代国家理论——包括国家的概念、内容及其思想流派等方面，做了比较深入浅出的阐述。

在中国历史上，启蒙主义者第一次较清楚地阐述了关于国家的定义、概念和内涵。其中说得最浅显易懂的是梁启超所著的《宪政浅说》一书。他在书中指出，国家是人类社会"生存竞争"的产物。因为，人类要竞生存，就必须固结为"地域团体"，对外要与其他"地域团体"相竞争，对内须以权力"坚树于内"，"取害群之事而镇压之"。于是便产生了"统治权"。"既有统治权，斯国家形成矣"。因此，国家就不仅仅是一个地理概念，国家也不仅仅是人民，更不是指君主。他给国家下了一个非常简单明了的定义："国家者，在一定土地之上，以权利组织而成之人民团体也。"其具体内涵有三：

> 第一，国家须有一定之土地，……谓之领土；第二，国家须有人民，……同栖息于一地域，故利害相共，而自然结合，谓之国民；第三，国家须有权力，……谓之统治权。

土地、人民、权力（主权），此即"国家成立之三要素"。[①] 从而向民众清楚地描述了国家的概貌和特征，也清楚地指明了国家与"天下"、国家与朝廷在内容上的区别。

这种国家成立之"三要素"说，正是19世纪末流行于西方的国家学

---

[①] 梁启超：《宪政浅说》，《饮冰室合集·文集》之二三，中华书局1989年重印本，第33—42页。

说。启蒙主义者们将它引进并介绍给中国人，而且在中国思想界得以流行。很多人不仅接受了这一学说，并且受当时中国国家主权沦丧之现实的刺激，受黑格尔、伯伦知理的国家主权说的启发，更强调三要素中的国家主权之重要地位，认为主权更是国家的本质属性。从当时的言论界看，持这种看法的已不是个别，很多人都指出："主权者，国家之最高无上之特征具，不受其他制限之性质也。"①土地虽割，朝代虽易，政府虽覆而国不亡，"惟失其主权者国亡"。②"吾闻世界所谓完全无缺、独立强盛之国，非徒以其土地之大、人民之众也，恃其有特立不羁、至尊无上之主权者也。世界之国，不论为君主、为民主、为君民共主，凡有主权者则其国存，无主权者则其国亡"③，都指出了主权是一个国家的最高属性，是国家得以生存、发展的根本所在。

而且，他们对国家主权的内涵也有较清楚的理解。《国民报》在1901年第2、3、4期上连载的《中国灭亡论》中就指出，国家主权除了领土主权以外，还应包括兵权、法权、江海权、财政权、交通权等，它们都是国家独立自主的象征。④也有一些人则明确指出了国家主权上的两重表现："国法上之主权乃政治上加被治者以权力，故生服从之义务；国际上之主权则反是，不服从他国，亦不能致他国之服从。要之，国家主权其体虽一，其用不同。在于自国，曰国法上之主权；对于外国，曰国际法上之主权。世所用对外主权一语，即国际法上主权之变文也"⑤，即国家主权对内表现为政治上的统治权，对外则表现为国家的独立自主。

---

① 芙峰：《叙德俄英法条约所载高权及管辖权之评论因及舟山条约之感慨》，《浙江潮》第2期，1903年3月。

② 《原国》，张枬、王忍之编：《辛亥革命前十年间时论选集》（一）上，三联书店1977年版，第63页。

③ 《中国灭亡论》，张枬、王忍之编：《辛亥革命前十年间时论选集》（一），三联书店1977年版，第79页。

④ 《中国灭亡论》，张枬、王忍之编：《辛亥革命前十年间时论选集》（一），三联书店1977年版，第80页。

⑤ 黔首：《国际法上之国家》，《二十世纪之支那》第1期，1905年6月。

对国家主权的理论认识在当时已被贯彻于爱国斗争的实践中。我们可以看到,那些青年爱国者对国家的现状和前途所忧患的,已不只是军事上的失败或是领土被占、赔款多少的问题,而是这些现象背后的主权沦丧问题:

> 嗟乎!吾观太平洋之大势,而不禁为吾国危也!……所谓兵权、商权、矿权、交通权,一任他国之经之营之,操之纵之,攫夺而占取之,无一事谋抵御之策,无一时筹应付之方,数年以后,知极东一局,势将轰天裂地,以演出一种不可思议之活剧。①

那个时期此伏彼起的爱国斗争,无论是拒俄,还是反美,无论是争路权,还是收回矿权,其中心都是为了捍卫国家主权。于是中国人的"国家"概念中,主权内容取代了伦理的、文化的玄思,从而使"国家"有了充实的政治内涵。

传统观念中不仅国家的内涵是空洞玄虚的,其概念的边界也是模糊不清的,国家、皇帝、朝廷、社稷等概念之间没有明确的区分。但有一点是非常明确的,即皇帝、朝廷或社稷高于一切。近代后,这一理论受到了国际交往现实的挑战。从曾纪泽、薛福成这些早期外交家,到王韬、郑观应这些早期改良派,不仅较明白地看到了"国家"这一政治的、民族利益的实体,并且也逐渐抬高它的地位,日益凸显其政治内涵。至戊戌时期,维新派不仅对国家观念趋于明晰,而且实际上已将国家的荣辱、利益和存亡置于朝廷之上。顽固派分子指责维新派"保中国不保大清",即从反面证明了这一事实。至 20 世纪初,青年爱国者提出了"祖国主义"口号,其本身即意味着国家高于一切的思想,从根本上明确否定了传统的皇帝、朝廷或社稷高于一切的观念。而且他们还从理论上做了较清楚的阐释,告诉人们,国家并不等于是政府(朝廷),国家的主人是国民而不是政府。因

---

① 慧僧:《二十世纪之太平洋》,《浙江潮》第 3 期,1903 年 4 月。

为国家是建设在"国民总意"之上的,这个总意即人的"群"性:凡人皆有天赋之自由、平等权利,"人生而欲保护其自由权及增进其自由权,故不能无群,群之始成于民约者,此国家所由成立之原理也。惟国家以民约集合而成,故以集约诸人之希望为目的,而不得以一二人之希望为目的,以集约诸人之幸福为趋向,而不以一二人之幸福为趋向。……故政府者,为国家之一部,国民者,为国家之全体"①。

这就说明了近代国家的另一根本特征:国家之成立来自"国民总意",国家之合法性来自国民以及国民的政治认同和参与。这就使古老的"朕即国家"所代表的朝廷观念、"忠君爱国"所代表的忠君观念,都失去了存在的理由。

可以说,启蒙主义者们比较好地回答了中国人一直模糊不清的国家是什么、国家最为根本的是什么的问题。于是,中国人对自己所热爱的、所要拯救的"国",不再是一个内容不清晰、边界不确定的对象,对爱国、救国的内容及行动目标,自然有了清楚的认识。

正是在这个认识基础上,启蒙主义者们提出了"国家思想"(即国家观念)建设的问题。他们呼吁国民应当"养成国家思想",指出,有无"国家思想"是"国民"与"部民"的根本区别。也就是说,国家观念是近代国民最根本的特征。那么,国家思想的内涵是什么?启蒙主义者从"界说"的角度做了阐释:"一曰对于一身而知有国家",即"必人人焉知吾一身之上,更有大而要者存,每发一虑、出一言、治一事,必常注意于其所谓一身以上者"。此"一身以上者",即国家也。这实际上是提倡国家至上的观念。"二曰对于朝廷而知有国家"。"国家如一公司,朝廷则公司之事务所,而握朝廷之权者,则事务所之总办也。……夫事务所为公司而立乎?抑公司为事务所而立乎?"不仅清楚界定了朝廷与国家的区别,而且实际上也指出了朝廷的利益同样要服从于国家利益、朝廷只是个为国家办事

---

① 湖南之湖南人:《新湖南》,张枬、王忍之编:《辛亥革命前十年间时论选集》(一)下,三联书店1977年版,第632—633页。

的机构之事实。"三曰对于外族而知有国家",即必须了解"国与国相峙而有我国"之义。"故真爱国者,虽有外国神圣大哲,而必不愿服从于其主权之下,宁使全国之人流血粉身靡有孑遗,而必不肯丝毫之权利让与他族",即对外保持国家的独立和主权。"四曰对于世界而知有国家"。认为国家间的竞争一日不可停,而在国家间的竞争中,应当"以国家为最上之团体,而不以世界为最上之团体",以国家作为"私爱之本位,而博爱之极点"。① 于是,国家观念开始成为一个轮廓分明、内容清晰的政治概念。

启蒙主义者们对国家学说的阐述、对"国家思想"的启蒙宣传作用是巨大的。20世纪初在全国各地风起云涌、一浪高过一浪的群众性反帝爱国运动,就是这种启蒙宣传的直接成果。因为在这些激愤而不失理性的反帝爱国斗争的背后,是中国人——至少是那些新型知识分子、资产阶级和城市市民国家意识、主权意识的觉醒。这说明"国家"以及国家主权和利益不仅进入了他们的视野,并且已成为他们言行的最高价值准则;爱国已取代"忠君"而成为最高道德标准,救国、强国成为那个时代最高的召唤,成为中国人一切思想、政治、军事、经济、科学、教育直至文学艺术等活动的中心目标:

> 愤于国力之弱也,则曰讲求武备;痛于民生之窘也,则曰讲求实业;政体不更、宪法不立,而武备、实业终莫能兴也。则曰讲求政治、讲求法律;民智不开,民气不伸,而政治、法律卒莫能变也,则曰讲求学问,讲求教育……②

于是,都以建立富强国家为追求的目标的"立宪救国""革命救国""教育救国""实业救国""科学救国"等口号同时并起。"祖国主义"已成

---

① 梁启超:《新民说》,《饮冰室合集·专集》之四,中华书局1989年重印本,第16—18页。
② 《与同志书》,张枬、王忍之编:《辛亥革命前十年间时论选集》(一)上,三联书店1977年版,第393页。

为飘扬在中国人心中的一面旗帜。

### 3. 权利与义务：国民主义

按照当时中国思想界流行的国家主义思路，国家"积民而成"，即创立近代型强国的基础是打造强的国民，所以当建立民族国家这一政治目标被提出来后，本来就与之相连的国民概念自然就跃上了20世纪初的中国言论界、思想界论坛上国民主义便成为20世纪初中国文化运动的一个中心。众多的青年知识分子把思考和讨论的重心指向国民问题，异口同声地指出，一个国家的强盛或衰败，关键在于有无"国民"，而当时中国最严重的现实问题是"无国民""不知有国民"：

> 然则今日之中国有国民乎？无国民乎？此二十世纪之一大问题也。中国而有国民也，则二十世纪之中国，将气凌欧美，雄长地球，固可跷足而待也；中国而无国民也，则二十世纪之中国，将为牛为马为奴隶，所谓万劫不复者也。故得之则存舍之则亡，存亡之机间不容发。国民之不可少也如是。

这的确是"二十世纪之一大问题"，即打造合格的国民，是关乎民族和国家生死存亡的最重要的历史任务。[①]

于是，在启蒙主义者的弘扬光大下，"国民"成为20世纪初"叫号于志士，磅礴于国中之一绝大名词"，[②]更是那个时代中国思想界和言论界的核心概念、核心观念——"国民"是这一时期书籍、报刊，甚至奏议、公牍上，直至演说、谈论中使用频率最高的新名词之一，仅通过《申报》的简单检索，可发现使用"国民"一词的新闻或评论等，1901年至少有29条，

---

[①] 汉驹：《新政府之建设》，《江苏》第5期，1903年8月；《说国民》，张枬、王忍之编：《辛亥革命前十年间时论选集》（一）上册，三联书店1977年版，第74页；梁启超：《论近世国民竞争之大势及中国之前途》，《清议报》光绪二十五年九月十一日。

[②] 章士钊：《章太炎〈客民篇〉附论》，《苏报》1903年6月3日。

1903年增至55条,1905年跃升至538条。① "国民"成为当年众人认可的政治目标,因而被许多新兴政治团体用以冠名,据张玉法等人统计,清末以"国民"或"公民"冠名的革命与立宪团体至少有9个以上;② "国民"也成为当年思想宣传的中心内容,因此也被用于报刊命名,清末海内外各类报刊以"国民"为名称的至少有15种。③ "国民主义"旗帜大张,体现一国之民人人平等的"国民""国民政治""国民主义"等概念成为思想界权威性的话语。国民的平等参政权成为当时几乎是举国上下共同认可的原则,体现这一原则,即为保障国民平等的议会、宪法、三权分立等"国民政治"的制度设置也得到大多数人的拥护。青年知识分子从心底里发出欢呼:

> 今日中国,国民主义之时代也。……如火如荼者,国民之气焰也;如风如潮者,国民之势力也;如圭如璋者,国民之价值也。吾安得不顶礼膜拜、馨香祝之,而愿我国民早日出世,以增进我同胞之幸福也。④

"国民",是对戊戌时期提出的"民"的概念的一大发展。戊戌时期启蒙主义者突破"率土之滨,莫非王臣"的一元政治架构,发现了"民",极力弘扬"民"。但此时所说的"民",很大程度上是一个与"君"相对待的概念,所搭建的是"君"与"民"共主国政的二元政治架构,而且,对"民"的概念的界定还不是很清晰。戊戌变法失败后,思想界的精英分子们从变法失败的教训中认识到:"凡一国之进步也,其主动者在多数之国民,而

---

① 数据系检索"爱如生申报馆"(http://sb.ersjk.com)中的相关资料得来。
② 张玉法:《清末的立宪团体》,台北"中央研究院"近代史研究所1971年版,第90—144页;《清末的革命团体》,台北"中央研究院"近代史研究所1975年版,第657—691页。
③ 史和等编:《中国近代报刊名录》,福建人民出版社1991年版,第216—219页。
④ 《论中国之前途及国民应尽之责任》,张枬、王忍之编:《辛亥革命前十年间时论选集》(一)(上),三联书店1977年版,第462—463页。

驱使一二之代表人以为助力者,则其事罔不成;其主动者在一二之代表人,而强求多数之国民以为助动者,则其事鲜不败。"①也受到伯伦知理等西哲国家学说的启发,认为中国的最大问题是虽有国但"国之形体不具",因而伯氏的国家有机体论是当时中国最"急需"的理论。按照这个理论,中国首要的任务是建立现代民族国家,而建国的关键是塑造合格的国民。②还从西方国家的建国历史中汲取了国家独立的前提是国民独立自由的历史经验——"脱君权之压制而一旦自由者,法国是也;脱外权之压制而一旦自由者,美国是也。故凡受君权之压制而不能为法国人所为者,非国民也;凡受外权之压制而不能为美国人所为者,非国民也";③更从当时中国面临的与"万国"生死竞争的现实中看到冶铸国民之急迫性:"今日世界之竞争,国民竞争也",今日中国"民不知有国,国不知有民,……今也在国民竞争最烈之时,其将何以堪之!其将何以堪之!!"④由此发现了与此前的"民"不同的"国民",认识到了打造国民在创立民族国家过程中的重要性。

所谓不同于戊戌时期的"民",我们从以上启蒙主义者发现"国民"的认识轨迹中已可看见,20世纪初成为中国思想界、言论界核心概念的"国民"与此前的"民"的概念最主要的区别就在于,"民"的概念之理论基础是卢梭的"主权在民"思想,而"国民"概念的理论基础是伯伦知理的国家主义学说。梁启超1902年的一篇文章中指出了此二者的区别:"前之所谓国家为人民而生者,今则转而云人民为国家而生焉,使国民皆以爱国为第一之义务,而胜强之国乃立,十九世纪末世界之政治则是也。"⑤我们由

---

① 梁启超:《过渡时代论》,张枬、王忍之编:《辛亥革命前十年间时论选集》(一)上册,三联书店1977年版,第7页。

② 梁启超:《政治学大家伯伦知理之学说》,《新民丛报》第38、39期合刊,1903年10月4日。

③ 《说国民》,张枬、王忍之编:《辛亥革命前十年间时论选集》(一)上册,三联书店1977年版,第73页。

④ 哀时客:《论近世国民竞争之大势及中国前途》,《清议报》第30册,1899年10月。

⑤ 梁启超:《论学术之势力左右世界》,《新民丛报》第1号,1902年2月8日。

此可以理解为:"民"的理论是以人民(个人)为本位;"国民"理论是以国家为本位。而且,"国民"理论明确是以创建民族国家为目的的,它是国族理论的重要组成部分。也可以说,启蒙主义者是把国民理论作为当年型塑国族、创立民族国家过程中可以通贯全程的中心、呼应前后的关键而提出、倡扬的。

当然,这当中也包含着这样一层意思,即戊戌时期提出的"民"在20世纪初的思想界和言论界被与"国"字连缀而成新语词,以此被明确改称为"国民",也意味着中国人这一时期对"民"的政治属性的发现,或者说是对"民"与国家的关系有了清楚的认识。当时不少知识界精英从国族理论出发,指出国家与国民实质上"本为一物,异名同实,要不能离为二也"。因为国家乃成立于"国民之公同心",国家实为"国民之公同体"。① 这里所说的"公同心"即国民的国家观念和国民总意志,"国民之公同体"亦即国民之整体,这是国家得以成立的基础。所表达的,实际上是另一些青年知识分子所说的:"夫国民者,富于国家观念,与国家为一体之民也。"② 他们的结论是:"无国民者无国家","无国家者无国民"。③ 即国家只有在全体国民的基础上才能成立,国民只有在国家的政治范畴中才能存在。国家与国民共荣共生,相辅相成。

按照这个理论,国民理所当然应在国家占主体地位:

> 国民实为国家之主体,以总握国家之权,匪特对于国内政治、法律,一切由己主持,即对于他国之国际交涉,罔不以国民为最高之机关,以自行办理。其所委以直接办理者,无非国民中之一人,即全权在握,而当任满之时,仍当还其权于国民,非可久假而不归也。④

---

① 伤心人:《论中国国民创生于今日》,《清议报》第67册,1900年12月22日。
② 墨之魂:《地方自治精神论》,《云南》第1期,1906年10月15日。
③ 伤心人:《论中国国民创生于今日》,《清议报》第67册,1900年12月22日。
④ 铁厓:《中国立宪之观察与欧洲国会之根据》,张枬、王忍之编:《辛亥革命前十年间时论选集》(三),三联书店1977年版,第703页。

国民不仅是"国家之主体"(国家的主人),也是国家的"最高机关"(国事的决策者),理所当然,国民是国家的所有者,这就是许多论者所说的"国者民之国,天下之国即天下之民之国","人民为国家之主人,国家为人民之产业",①而君主或总统、政府官员只是国民委任并受国民支配的办事者而已。持这一观点的已不只是少数知识精英,即使一般知识分子甚至许多平民也达到了这一认识水平。无论是在立宪运动中,还是在捍卫国家主权的斗争风潮中,城市中的知识分子、平民大众都响亮地发出这样的呼喊:国民是国家的主人,国家的一切为国民所有,国事应由国民做主;君主、政府官员只是仆役,或曰办事者,他们应当为国民服务。一些论者甚至以公司来做比喻,说:中国是一个拥有四万万人的公司,四万万人都是公司的股东,朝廷只是公司的掌柜,"凡生于中国之一人,即有中国之一份,中国之事,皆其身内之事,非身外之事,无所不当亲理,无所不当干涉"②。

于是,传统时代只是纳粮贡赋之主体的民在被定位为国民后,不仅成为国家得以成立的基础,更被视为对国家具有所有权,以及对国家事务具有支配权的主人。传统的君主与臣民的关系首先在理论上被彻底颠覆,由此得出的合乎逻辑的推论便是"天生人而皆平等,人人可为权利、义务之主体"③,即以人人平等为"国家主体"论的前提,权利与义务是"国家主体"论的表现。

所谓国民为权利之主体,是"国家主体"论的首要表现。而且,从戊戌时期与"君"相对应的"民",进至20世纪初的"享一国之权"的"国民",其本身就意味着对民权——国民权利的清晰而完整的肯定。因此

---

① 《说国民》,张枬、王忍之编:《辛亥革命前十年间时论选集》(一)上,三联书店1977年版,第72页;汉驹:《新政府之建设》,张枬、王忍之编:《辛亥革命前十年间时论选集》(一)下,三联书店1977年版,第583页。

② 欧榘甲:《新广东》,张枬、王忍之编:《辛亥革命前十年间时论选集》(一)上,三联书店1977年版,第279页。

③ 杨度:《金铁主义说》,刘晴波主编:《杨度集》,湖南人民出版社1986年版,中华书局1989年重印本,第256页。

这一时期的民权论——民权主义已向前跨进了一大步:戊戌时期民权论的致力所向是在君权总框架下提升民的政治地位,而这一时期的民权论——民权主义,则是在国民是国家之主体这一国民主义理论框架下,旨在鼓励国民对"公产业"——国家行使主权,"以一国之民,治一国之事,定一国之法,谋一国之利,捍一国之患"①。"一切平民皆有参与国权行使之权焉,盖一切平民之意思即为统治权之源泉"②。

但平民要拥有"参与国权行使之权"是有前提条件的,亦即梁启超说的"国民之资格";而具备"国民之资格"就必须摆脱奴隶"人格",具有国民"人格",才能成为真正的国民。③ 无论哪个政治派别,都认同这个国民"人格"的基本条件:要有"权利"观念,包括"身体自由之权利""参预国政之权利";要有"责任"观念,担负起国家之责任;要有"自由"观念,摆脱"外权"(外国)、"君权"及传统的"风俗、思想、教化、学术"之压制;要有"平等"观念,冲决一切"尊卑上下"之"网罗";要有"独立"观念,在身份上、人格上都不屈从于、依附于君相或外国势力,等。④ 也就是说,作为构成国家之分子,必须是人格上自由、平等、独立的,才能成为真正意义上的国民。意味着民权论——民权主义理论已表现出中国近代文化运动的一个具有历史意义的指向:从以群体为本位开始向个体为本位转型。

当然,这在当时还只是一个指向,或曰倾向。因为在国家为本位的理论框架下,中国启蒙主义者所说的"国民",并非抽象的自然人,而是现实功利的、国族主义理论框架下政治身份的"国民"。所以民权论——民权

---

① 梁启超:《新民说》,《饮冰室合集·专集》之四,中华书局 1989 年重印本,第56 页。

② 鸿飞:《对于要求开设国会者之感喟》,张枬、王忍之编:《辛亥革命前十年间时论选集》(三),三联书店 1977 年版,第 283 页。

③ 梁启超:《政治学大家伯伦知理之学说》,《饮冰室合集·文集》之十三,中华书局 1989 年重印本,第 72 页;梁启超:《新民说》,《饮冰室合集·专集》之四,三联书店 1977 年版,第 2 页。

④ 《说国民》,张枬、王忍之编:《辛亥革命前十年间时论选集》(一)上,三联书店 1977 年版,第 72—77 页。

主义理论最为强调的并不是西方式的个人人身权利(如人的自由权、生命权、财产权等),而是作为国家主体一分子应有的政治权利,即"人人皆有国家主权之一份"[①],人人可以参与国家政治,即国民参政权。[②] 这种国民权利论,在近代中国更为具体,更有实践意义。也可见,20世纪初几乎倡行于中国各地区、各阶层、各政治派别的"民权"论,更多的是政治的色彩、政治的内容。

正因为清末的国民观念是以国家间竞争和民族生存为主要指向的,因而清末启蒙主义者关于国民是义务之主体的理论,同样也是以国家为本位的,国家的存亡强弱,是他们论说国民义务的角度:"人民为国家之主人,国家为人民之产业","人民与国家有密切之关系,亡则人民与国家俱亡,存则人民与国家俱存",[③]所以国民人人对国家"即有应尽之义务,以维持其间"。而且,义务与权利是互相依存的,国民在享有权利的同时,也必须承担相应的义务,若"举国相率而弃其义务,欲其国之隆昌也,何异缘木而求鱼;四万万人分为四万万之国而不暇,而望其统一也,不其难乎?"[④],按照这种国家本位的思想路径,启蒙主义者结合中国政治文化的实际,最为强调的国民之义务,不是纳税、服兵役等,而是政治上的"对于国家、社会之义务",其中主张最力的是国民要有权利思想和向"民贼""国贼"争"民权"和"国权",积极参与国家政治等,以尽国民"政治上之责任"。[⑤] 具体而言,即国民人人都要自觉地"以国为己国,以国事为己

---

[①] 蒋智由:《变法后中国立国之大政策论》,张枬、王忍之编:《辛亥革命前十年间时论选集》(二)下,三联书店1977年版,第1067页。

[②] 鸿飞:《对于要求开设国会者之感喟》,张枬、王忍之编:《辛亥革命前十年间时论选集》(三),三联书店1977年版,第283页。

[③] 汉驹:《新政府之建设》,张枬、王忍之编:《辛亥革命前十年间时论选集》(一)下,三联书店1977年版,第583页。

[④] 《权利篇》,张枬、王忍之编:《辛亥革命前十年间时论选集》(一)上,三联书店1977年版,第480页。

[⑤] 汉驹:《新政府之建设》,张枬、王忍之编:《辛亥革命前十年间时论选集》(一)下,三联书店1977年版,第583页。

事,以国权为己权,以国耻为己耻,以国荣为己荣"①。这既是国民权利,也是国民义务。国民义务论与权利论结合,构成了民权论——民权主义的基本内容。

权利与义务的结合,构成国民的基本特质,也构成"国民为国家之主体"理论的根本内容。而它的实践形式或曰集中体现,则是"国民政治",它包括"国民立宪""国民革命"。从"国民为国家之主体"论出发,立宪派认为,立宪运动之"原动力不可不还求诸国民之自身"。②其所指当然是国民自身权利与义务观念的自觉。所以立宪派虽请愿政府立宪,同时也明确申明,他们所主张之立宪"非政府的立宪,而国民的立宪也"③。于是政治改革运动也从过去的自上而下一变为自下而上,集会、游行、请愿、组织政团、参加选举,推动着政府的立宪活动;从"国民为国家之主体"论出发,革命派则主张"国民革命":"前代为英雄革命,今日为国民革命。所谓国民革命者,一国之人皆有自由、平等、博爱之精神,即皆负革命之责任。""今者由平民革命建国民政府,凡为国民皆平等以有参政权。大总统由国民公举,议会以国民公举之议员构成之,制定中华民国宪法,人人共守,敢有帝制自为者,天下共击之!"④无论是革命过程,还是革命成果,都是落实国民的权利与义务的体现。

国民权利与义务的结合,也构筑了"国权"的基础。"国权"是国家及国家利益的集中体现。按照国家主义学说关于国家乃"积民而成"的观点,国家主权是各单个民权的集合,所以梁启超说:"民权兴则国权立,民

---

① 梁启超:《爱国论》,《饮冰室合集·文集》之三,中华书局1989年重印本,第69页。
② 《政闻社宣言书》,张枬、王忍之编:《辛亥革命前十年间时论选集》(二)下,三联书店1977年版,第1059页。
③ 李庆芳:《中国国会议》,张枬、王忍之编:《辛亥革命前十年间时论选集》(三),三联书店1977年版,第116页。
④ 孙中山:《中国同盟会革命方略》,广东省社会科学院历史研究室等编:《孙中山全集》(一),中华书局1981年版,第296—297页。

权灭则国权亡。"①这实际上是阐明了这样一个道理：是以民权主义为核心的国民主义，其最终指向是"国权"；而"国权"的政治形式则是"民族的国家"——"国民的国家"。这就是把国民主义视为推动"国民的运动"——"国民的立宪"或"国民革命"向前行进之动力的道理所在，也正是民族主义——祖国主义——国民主义的意义所在。

### 三、启蒙的深化与意义世界的更新

#### 1. 留意"新民之道"

当20世纪初中国近代文化运动在"祖国主义""民族主义""国民主义"的主导下奔腾向前时，实际上已画出了近代中国特有的文化启蒙运动的路径，即它不是近代西方式的以肯定人性，以及人的价值和尊严为出发点，进而批判教会神权和封建制度，崇扬理性，宣传民主思想的启蒙运动，而是以爱国、救国为出发点，进而将文化关注的焦点集中在组成国家的个体——国民，以及国民的地位、权利、能力等政治问题上。

这不完全是后人的概括，而是当时人对中国近代文化运动路径的设计。那些启蒙主义者不仅承续了戊戌时期的思路，肯定"民"是国家的主体，还把中国近代文化运动大旗上的"民"改写为"国民"，使组成国家的个体在地位上有了本质的飞跃；进而把国民的素质优劣，作为国家盛衰强弱的关键，把民族复兴、国家富强的希望，寄托在造就高素质的达到近代文化自觉的新型国民之基础上。这个新型国民，梁启超将它概括为"新民"。此"新民"既为名词——新型国民，也是动词——即马君武所说的"以新造吾国民"②，梁启超所说的"维新吾民"③。总之是要以新知识、新观念宣传和教育民众，使传统的中国人转变为具有新的知识结构、政治理

---

① 梁启超：《爱国论》，《饮冰室合集·文集》之三，上海古籍出版社1989年重印本，第73页。
② 君武：《创造文明之国民论》，《译书汇编》第2年第12期，1903年3月。
③ 梁启超：《新民丛报章程》，丁文江、赵丰田编：《梁启超年谱长编》，上海人民出版社1983年版，第272页。

想、伦理精神和价值观念的近代型中国人。

这是符合社会及文化发展规律的,因为社会的发展本质上是人的发展,即马克思所说的从"人的依赖性"向"人的独立性""自由个性"演进的"个体发展的历史"①。而它的前提,则是文化启蒙的开展;同时,这也是响应当时的时代和社会呼唤。几乎所有的有识之士都认识到,中国必须进行一场大规模的政治变革。而且这场政治变革将是规模宏大、非常深刻的,它必须以同样是大规模的、深刻的文化启蒙运动来构筑相应的知识体系和意义世界,为这场政治变革提供文化支持。主张革命的青年知识分子们从"国民革命"的角度指出:"社会之动变必应于思想之动变,国民而怀有一大理想焉,其国未有不发一大运动者也。"18 世纪法国大革命之兴起,就应归功于当时横溢欧陆的"启明思潮","以理性主义与个人自由主义二者,仇君权教权",使国民"灵府感通,现为自觉。人权既认,奋斗乃兴",然后才有"惊天动地之革命事业"②;主张君主立宪的立宪派们吸取了戊戌维新因只依靠一个皇帝和几个"大人君子"而失败的教训,不仅提出了"国民立宪"的主张,而且认识到"国民立宪"必有待于国民的觉悟,所以,梁启超认为,"欲维新吾国,当先维新吾民","苟有新民,何患无新制度,无新政府,无新国家"。中国数十年的改革之所以没有成效,主要原因是"于新民之道未有留意焉者也"③。而所谓"新民",即上自道德观念,下至风俗习惯、知识技能等都不同于"部民"的新型国民。连清政府也认识到,推行宪政的前提是通过启蒙教育提高国民之"程度",造就国民之"资格"。"彼山野椎鲁之民,其于国家之休戚,或懵然而不知,或漠然而不以为意者,此非民之无良也,无以喻之则不晓,无以激之则不动,

---

① 马克思:《致巴·瓦·安年柯夫》,《马克思恩格斯选集》(四),人民出版社 1972 年版,第 321 页。
② 疏其:《兴国精神之史曜》,张枬、王忍之编:《辛亥革命前十年间时论选集》(三),三联书店 1977 年版,第 299、300 页。
③ 梁启超:《新民说》,《饮冰室合集·专集》之四,中华书局 1989 年重印本,第 2 页。

无以训迪之则知识不进,而忠义之气虽发而不能中节,是则司教育者之责也。"①总之,文化启蒙——政治变革——强国,是当时各阶层人士共有的思路,"新民""新民德""开民智""觉民"等,是当时所有力主救国的中国人共同的呼声:

> 夫积民而成国,断无昏昏沉醉之民,而能立国于竞争之世。欧美之所以雄长地球者,人人有觉民之责任,若士、若农、若工、若商,皆有主人翁之资格。……吾侪堂堂男儿,觉民之责任不容放弃。……欲扫数千年蛮风,不可不觉民!欲刺激国民之神经,使知合群爱国之理,不可不觉民!欲登我国于乐土,不可不觉民!欲为将来实行地方自治之制,不可不觉民!欲破大一统之幻想,不可不觉民!欲尊人格,以尊全国,不可不觉民!②

"觉民"——文化启蒙,成为当时中国很有声势的一股文化潮流,或者说已成为一场颇有声势的社会文化运动。

而所谓文化潮流,即这场运动并不局限于思想观念的启蒙。中国近代文化基础极端薄弱,与政治变革对文化的要求,差距非常之大。这就决定了这场文化启蒙运动必须是立体式的、全方位的,既有与17世纪后欧洲国家兴起的启蒙运动大致相同观念的启蒙,也有低起点的从识字到一般文化知识(包括常识性的近代科学、政治等方面的知识)的启蒙;所谓社会文化运动,即从事于文化启蒙活动的,已不只是维新派,而是当时社会各个阶层(甚至包括当时的统治阶层)有识之士的共同行动。也正因为是社会各阶层人士进行的,也就使得这场文化启蒙运动是多色彩、多层次、立体而全面进行的。

---

① 光绪三十二年三月戊辰荣庆奏,朱寿朋编、张静庐等校:《光绪朝东华录》(四),中华书局1958年版,总第5493页。
② 《觉民发刊词》,高旭等编:《觉民月刊整理重排本》,社科文献出版社1996年版,第7—8页。

可以说，这是一场不同于西方国家的、中国式的近代文化启蒙运动。我们从以上的叙述中已可看到，近代中国文化启蒙运动的政治功利性很强，它所要造就的，是能够成为"国权"之主体的、权利与义务观觉醒的国民，并且能够尽快投入构建"新制度""新政府""新国家"的政治斗争中。因此，这场文化启蒙运动也就显得更为激切、迅猛、脚踏实地而更富有实践意义。站在历史的高度做鸟瞰，可以看到清末有识之士们的"维新吾民"活动，是一场广度和深度都是空前的近代文化启蒙运动。它为十多年后的五四新文化运动做了很好的铺垫。

### 2. "人人能识字"

当时最基本的、普及化的启蒙活动是民众识字活动。"启蒙"二字在中国本来就有开蒙识字的意思。同时，中国社会的实际情况也决定了启蒙运动的内容必须是低起点。据清政府估计，当时全国民众识字者还不足1%。[①]这不仅严重阻碍了社会的进步和发展，对于当时开展的预备立宪活动来说也是一个巨大的障碍。因为即使从立宪政治的操作层面说，普遍文盲状态下的民众无法健康有效地行使权利、推行宪政。清朝统治者所说的，"国民程度，以识字人数之多寡为进退"[②]，即民众识字率是"国民程度"的最重要的表现之一，在一定程度上是实情的表述。当时舆论也多认为："国家之强弱何自乎？自乎人民之智愚而已；人民之智愚何自乎？自乎人民之识字不识字。"[③]即国家富强取决于民众的识字率。讨论的角度不一，归结点都在重视民众识字的问题上，说明民众识字问题是当时整个社会关注的重要问题，因而成为文化启蒙运动的一个重要内容。

那么，如何尽快地提高民众识字率呢？当时整个社会在改革必须急速推进的心理驱使下，都认为按照普通学校教育的速度已跟不上改革的

---

[①] 光绪三十三年（1907年）宪政编查馆的《逐年筹备事宜清单》谓：至宪政筹备第七年（即所谓光绪四十年，1914年），争取"人民识字义者，须得百分之一"。见故宫博物院明清档案部编：《清末筹备立宪档案史料》上册，中华书局1979年版，第66页。

[②] 《苏抚瑞奏开办简易识字学塾片》，《教育杂志》第1年第10期。

[③] 戴克敦：《论识字》，《教育杂志》第1年第2期。

急迫需要,因此许多知识分子都提出了能加快民众识字进度的方案。

早在1900年,因戊戌政变逃亡海外的王照回到国内,出版了《官话合声字母》一书,介绍他创制的以汉字偏旁为形体的拼音字母(50声母,12韵母)。在此书的《出字母书的缘故》一文中说:"这字母书是为什么出的呢?全是为不识字的人兴出来的。从前无有字母书的时候,读书很难。……自从有了字母,可就容易多了。……聪明的三五天,鲁笨的不过十天,就可以学会。……汉字旁边音着字母,借着字母,就认得汉字。" 1903年,王照还在北京创办"官话字母义塾",推广"官话合声字母"。通过王照等人的努力,官话字母推广至13个省,还发行了《拼音官话报》,编印各种拼音官话书,销售至6万余部。① 各地还先后创办了向民众普及官话字母的学校,至1905年时,仅直隶省建立的官话字母学堂就有40—50所,并逐渐由北向南推广。②

自王照以后,清末提出的汉语拼音方案达20余个,其中影响较大的是劳乃宣的"合声简字谱"方案。出于使中国数亿"凡民""人人能识字"的目的,在王照"官话合声字母"的基础上,劳乃宣创制出一套"合声简字",用作汉字拼音。1905年,劳乃宣编成《增订合声简字谱》和《重订合声简字谱》并发行各地。同年,在当地官府的支持下,在南京设立了3个月一期的"简字半日学堂",两年间共有13个班数百名学生毕业,此后这数百人又分赴江浙各地创办简字学堂、简字传习所,推广合声简字。据他自己说,他的这套用作识字"利器"的"合声简字",在江浙各地"明效大验"。③

在识字"利器"纷纷问世的同时,一些有识之士还创造性地推出了各种面向贫寒子弟或年长失学者的识字教育形式。其中较著名的有:

一是半日学堂。1904年,湖南、安徽、山东、直隶等省在官府的支持

---

① 周有光:《汉字改革概论》,汉字改革出版社1961年版,第31页。
② 《各省教育汇志》,《东方杂志》第2年第11期,1905年12月。
③ 倪海曙:《清末汉语拼音运动编年史》,上海人民出版社1959年版,第124、171页。

和民间人士的努力下，陆续创办起"半日学堂"。这些学堂均招收"以贫不能学及年长失学者"为学生，"半日就读，半日营生"，或"半日读书、半日习艺"，也大多不收费。课程都是以识字、算学为主，其宗旨大体都是："开通下等社会之知识""开愚氓之知识,知治生社会之学"。① 这种扫盲教育形式很快引起清政府的重视，1905 年，给事中刘学谦从"广开民智"的角度建议在各省推广半日学堂。谕旨允准，并由学部通告各省一律举办。② 此后半日学堂便在各地逐步推广，有由教育行政部门设立的，如山东省学务处筹集官款，在省城创办 20 多所"官立半日学堂"；③ 有由地方官设立的，如直隶吴桥知县以半日学堂"所以开通下等社会之知识，最为法良意美"，在县城创办起半日、半夜学堂；④ 有由企业创办的半日学堂，如山东诸城县吴元瑞的纺织有限公司附设的"工余半日学堂"，泰州高人鉴创办的普益蚕桑公司附设的"农务半日学堂"；⑤ 更多的是由地方士绅创设的半日学堂，如苏州士绅王同愈创办了 4 所半日学堂，浙江定海士绅戴颂先筹款创建高等小学，并附设半日学堂，天津士绅董墨卿创办了 5 所"女子半日学堂"，⑥ 等。据官方统计，1907—1909 年三年间，全国创办的半日学堂共有 2317 所，学生 6 万余人。⑦

二是夜学堂。有识之士对夜学堂这一民众识字教育形式非常重视。他们认为，夜学堂作为一种"为已成人者谋补习之方法"，"开通一般多数

---

① 《各省教育汇志》，《东方杂志》第 1 年第 5、6、7、8、11 期，1904 年 7 月、8 月、9 月、10 月、12 月。

② 《给事中刘学谦奏》，清学部总务司辑：《学部奏咨辑要》卷一，宣统元年学部刊印，第 1 页。

③ 《各省教育汇志》，《东方杂志》第 3 年第 3 期，1906 年 4 月。

④ 《各省教育汇志》，《东方杂志》第 5 年第 3 期，1908 年 4 月。

⑤ 《各省教育汇志》，《东方杂志》第 3 年 12 期，第 4 年 7 期，1907 年 1 月、1907 年 9 月。

⑥ 《各省教育汇志》，《东方杂志》第 3 年第 9 期，1906 年 10 月。

⑦ 《1907—1909 年各省半日学堂统计表》，李桂林等编：《中国近代教育史资料汇编·普通教育》，上海教育出版社 1995 年版，第 88—89 页。

无知识之人民"的教育手段,实为"今日中国救贫弱之良剂"。① 关于夜学堂的性质和内容,我们可以从这则招生广告中得知。1909年,湖南士绅姜济寰等发起创办夜学堂,所刊发的白话"招学广告"说:

> 我们为日里不能读书的起见,在(长沙)北正街骆家祠堂开一个夜学堂,教认字,教写信,教打算盘,教做人的道理。无论做手艺的,做生意的,都可以听讲,不要一个钱学俸。报名的时候,只要交钱一百文,做书本钱。你们有想读书的,只要年纪满了十四五岁,请一个铺家作保,到纶章绸布庄,或豫丰泰南货馆,或同文明刻字店等处报名。只有已在各小学堂读书的就不收。特此布告。②

从报刊上看,至迟在1904年各地即已较普遍地创办夜学堂。其中最多的是城市中面向工商业职工、学徒的夜学堂,如直隶保定创办的"专课各商号学徒"的"商务半夜学堂";广州清平旨在"开商智"的"商业半夜学堂";以"金陵业商者众,恒苦失学",刘启勋所创办的"商业补习夜馆"③等。其次是面向城市贫民的夜学堂,如创办于天津萧曹祠内的"补遗学社","专取贫寒子弟及小本营生、有志向学无暇肆业者,不论衣履不齐及年岁稍长者,均可入学。每晚八钟至十钟教授字课、学算等";北京广益阅报社附设的"半夜学堂","俾贫寒子弟白昼营生,夜间就学";成都的"启悟夜课馆",所收学生主要是不识字之小贩,等;④也有不少面向工人、农民的夜学堂,如1909年邮传部札饬各路局设立的"工匠夜课所",教工人学习粗浅之中文与洋文;⑤四川江津县创办的"农学夜课","以新

---

① 周家纯:《说夜学校》,《教育杂志》第1年第11期,1909年12月。
② 《学堂消息·倡办夜学堂之广告》,《教育杂志》第1年第11期,1909年12月。
③ 《各省教育汇志》,《东方杂志》第1年第7期、第2年11期、第3年9期,1904年9月、1905年12月、1906年10月。
④ 《各省教育汇志》,《东方杂志》第1年第10期、第2年11期、12期,1904年12月、1905年12月、1906年1月。
⑤ 《记事·邮部饬立工匠夜课所》,《教育杂志》第1年第9期,1909年10月。

法启迪附近农民";直隶高阳初等小学附设的"夜课班","以教村中农民",①等。民众也对夜学堂表现出极大的热情。一则报道说：1909年,一位叫曹惠的人创办了一所夜学堂,"开学之夕,得生徒二十四人。逾一夕,突盈定额,校舍亦复不能容,乃开辟双扉,纵人观听,市夫孺子,环而立,貌肃肃,徐整衣物,目直视教师,若心领而神会焉者。课毕,徐步归,微闻人语夜学、夜学,或三数人要于路,求入夜学为弟子,教师婉词谢之,则相对啜泣,趑趄不肯去"。②

三是简易识字学塾。1906年清政府宣布"预备立宪",提高"国民程度"及普及识字教育更成为当务之急。在1908年9月宪政编查馆拟定的九年预备立宪逐年筹备事宜清单中,提高国民识字率成为"预备立宪"的一个目标。其中规定：预备立宪的第7年(1914年),人民识字率将达到1%,第9年(1916年)将达到5%。清政府为达到这一计划而设计的主要途径是在全国普遍设立简易识字学塾。③ 于是设立简易识字学塾以提高"国民程度",成为"预备立宪"活动的一项重要内容。第二年,清廷学部奏定《简易识字学塾章程》规定：简易识字学塾"以无人不学为归",专门招收"年长失学及贫寒子弟无力就学者"入学,毕业年限为1至3年不等,课程内容主要是寻常日用文字和浅易算术。④ 经朝廷提倡和各级地方官员的推广,简易识字学塾在全国各地普遍创办。据统计,至1911年时,全国各地创办的简易识字塾约3万所。⑤ 这些学塾大多由政府出资创办,如江苏提学使樊恭煦为给全省各地做示范,在省城苏州借各处祠、庙、观等创办的10所简易识字学塾,"专教年长失学贫民"。⑥ 也有不少是现有

---

① 《各省教育汇志》,《东方杂志》第2年2期、第3年第11期,1905年3月。
② 曹惠:《记夜学开学事》,《教育杂志》第1年第12期,1910年1月。
③ 宪政编查馆:《逐年筹备事宜清单》,故宫博物院明清档案部编:《清末筹备立宪档案史料》上册,中华书局1979年版,第61—67页。
④ 清廷学部:《简易识字学塾章程》,商务印书馆编:《大清宣统新法令》第11册,宣统二年铅印,第33—34页。
⑤ 《纪事·各省简易识字学塾之成绩》,《教育杂志》第3年第6期,1911年7月。
⑥ 民国《吴县志·卷二八·学校》。

的小学堂附设的,如常州创办的 5 所简易识字学塾,均为劝学所商请 5 所小学堂附设,开办夜课,每晚授课 2 小时,"专招十八岁以上之年长失学人民"。或由一些热心民众教育的有识之士所创办,如师范毕业生秦润生在南京创办的 3 所简易识字学塾。① 各学塾的课程大多照章设立识字、算术两门,如天津的城隍庙前简易识字学塾是"每晚课两小时,专授国文一小时,算术一小时,铅笔、纸本均由塾内备办,不取分文"②。苏州的简易识字学塾则有 4 门课:修身、识字、习字、珠算。③ 但无论哪里的简易识字学塾,识字是其主要课程。1910 年,学部编成了 3 种不同程度的《简易识字课本》(第一种课本约 3200 字,3 年毕业;第二种课本约 2400 字,2 年毕业;第三种课本约 1600 字,1 年毕业),作为各地简易识字学塾的统一教材。

这些识字教育形式,在当时中国社会的确发挥了减少文盲,提高国民识字率,提高国民素质的作用。当然,从文化启蒙的角度来说,民众识字运动离近代启蒙主义的根本要求距离甚远——近代启蒙主义是要建筑近代文化大厦,而民众识字运动还只是在烧制砖瓦。但也必须承认,在中国这样一个文化极为落后、民众普遍文盲的国家里,正如没有烧制砖瓦的工作就谈不上建筑大厦一样,没有民众识字运动,文化启蒙将是一句空话。

### 3. "开通社会智识"

在 20 世纪初的近代文化运动中,民众的知识水平低下,一直是启蒙主义者及许多有识之士为之日夜忧思的一个问题。在所谓"拳乱"的当年,梁启超对中国人普遍"愚昧"的现状做了量化的描述,认为在四万万中国人中,"略知中国古今之事故者"不到 10 万人,其中"知有地球五大洲之事故者"不满 5000 人,其中"能知政学之本原,考人群之条理,而求

---

① 《记事·简易识字学塾汇志》,《教育杂志》第 2 年第 3 期,1910 年 4 月。
② 《记事·简易识字学塾汇志》,《教育杂志》第 1 年第 11 期,1909 年 12 月。
③ 《纪事·简易识字学塾汇志》,《教育杂志》第 2 年第 2 期,1910 年 3 月。

所以富强吾国,进化吾种之道者,殆不满百数十人也"①。在梁启超这里,中国人"愚昧"现状确实是被夸大了,但可以确定的是,对多数下层民众而言,确实是"问中外之大势,家国之情形,则懵懵然不晓也;问以天文地理之事,亚欧非澳之名,漠然莫知所对也"②。即使是已经是秀才的陈独秀,也是到庚子以后,才晓得"世界上的人,原来是分做一国一国的,……我们中国,也是世界万国中之一国,我也是中国之一人"③。显然,国民的知识水平低下,已成为社会发展、国家富强的一大障碍,尤其是20世纪初中国的政治变革运动的障碍。也正因为如此,启蒙主义者非常重视国民的文化知识的启蒙。他们从政治变革的角度强调提高国民知识水平的重要,指出:"国政者,国民之智识力量的回光也。"④"无学问、无教育,则无民智、无民气;无民智、无民气,则无政治、无法律;无政治、无法律,则无武备、无实业。"⑤这一认识,推动启蒙主义者开展了比戊戌时期更有规模、更为广泛而深入的"开民智"——普及各类"普通知识"的文化运动。

这一时期启蒙主义者尽可能多地采用了各种直接向民众灌输新知识的社会教育形式,向更多的民众传播新知。其中影响较大的有:

(1)阅报社:阅报社在戊戌时期就有启蒙主义者在各地创办。至20世纪初,报纸及阅报社的作用被进一步强调,许多人认为,"开通民智"之道,"殊无过于广设阅报社"。⑥因为报刊是传播知识和信息的重要媒介,设立阅报社能使更多的平民百姓通过读报、"听报"而了解新的知识和信息。"中国今日多一阅报之人,即多一开通之士。人尽开通,何患不强!

---

① 梁启超:《中国积弱溯源论》,《饮冰室合集·文集》之五,中华书局1989年重印本,第21页。
② 《开民智法》,《大公报》1907年7月21日。
③ 三爱(陈独秀):《说国家》,《安徽俗话报》第5期,1904年6月14日。
④ 梁启超:《爱国论》,《饮冰室合集·文集》之三,中华书局1989年重印本,第76页。
⑤ 《与同志书》,张枬、王忍之编:《辛亥革命前十年间时论选集》(一)上,三联书店1977年版,第393页。
⑥ 无妄:《推广阅报社之益》,《大公报》1910年4月2日。

何患不富!"①因此"广设阅报社"以"开民智",成为当时社会的共识和呼声,设立阅报社的活动在各地普遍开展。不少阅报社是那些热心于"开民智"的爱国志士个人出资、出力设立的。如浙江新城的沈君止戈,个人出资"组织阅报处一所,购报十余种,供人观览。并将《杭州白话报》逐日粘牌悬挂,俾乡人之识字者亦可阅看"②。福州的张冶如孝廉所设的阅报社名曰"醒社","购备新出书报,颇称完备"③。广东嘉应县的米商杜广泰出资创办"阅报会","藉以扩充智识,联络商情"④等。也有当地官吏创办的。如山东章丘县令在县城设立阅报所,置备各种报章书籍,"每日自下午一钟至六钟止,任人入馆阅看,不收分文"⑤。江西义宁州知州创建的阅报社,不仅陈列有各种报刊,而且还让"官绅士庶互相讨论"⑥。还有妇女设立的阅报社,如广州的黄女士韵玉纠合另19位女士设立了"爱群阅报社"⑦等。总之,设立阅报社以"开民智"的活动得到了社会各阶层的积极响应,成为一项颇具规模的文化活动。即使向来风气比较闭塞的北京,也出现了四处竞相设立阅报社的情景。据统计,至1905年时,北京城已有阅报社26处。⑧

各地的阅报社都继承了戊戌启蒙运动的"开民智"思想,一些阅报社在成立时即宣布要以"开通社会智识""扩充智识""开通风气""以启民智"等为宗旨。阅报社名称也多冠以"开智""开化""启智""益智""益闻""广智"等。因而阅报社的活动也都围绕此宗旨而展开。一些阅报社不仅置备报刊任人取阅,还开展"讲报""说报"活动。如直隶束鹿县绅董设立的"研究时政馆",购置多种报刊,让绅商士庶"随时到馆阅看"。很

---

① 《论报馆之有益于国》,《东方杂志》第2年第4期,1905年5月。
② 《各省报界汇志》,《东方杂志》第4年第7期,1907年9月。
③ 《各省教育汇志》,《东方杂志》第1年第5期,1904年7月。
④ 《各省报界汇志》,《东方杂志》第4年第7期,1907年9月。
⑤ 《各省教育汇志》,《东方杂志》第1年第10期,1904年12月。
⑥ 《各省报界汇志》,《东方杂志》第5年第3期,1908年4月。
⑦ 《各省报界汇志》,《东方杂志》第1年第10期,1904年12月。
⑧ 桑兵:《清末民初传播业的民间化与社会变迁》,《近代史研究》1991年第6期。

多阅报社还开展读报或讲报活动,"其有乡民文字欠通者,并令绅董轮班讲解,必使领会而后已。"①如安庆的周姓志士在城内设立阅报社,购置各种报刊"备人取阅",而且还"将有关本国重大问题,由社员演讲,以开不识字者之知识"②。北京一位叫卜广海的医士,其创办的阅报社名称就叫作"演报社","专演说各报,每日听者甚多"③。从这些简略的报道看,这种阅报、讲报活动确实能给民众,尤其是那些社会下层的民众传播各种新的知识,所以深受社会各阶层的欢迎。各地阅报社出现的"阅者日众","阅报者联肩而至","往来之农工商贾,听讲者颇不乏人"④的景象就是证明。这股阅报、讲报热潮的后面,是进步人士们为救国、强国而启迪民智的急迫心情和可贵的爱国精神。也正是在这个"阅者日多""听者甚众"的阅报、讲报活动中,广大民众受到了前所未有的深入而广泛的新知识启蒙。

(2)书、报编著和出版活动:这是这一时期文化启蒙运动中传播新知识的另一重要途径。20世纪初中国文化启蒙运动的一大特点,是启蒙总是跟着政治变革的指向疾走。尤其是20世纪初政治变革潮流日渐高涨,政治变革成为社会各个阶层一致的呼声,而这种不是建立在人的觉悟基础上的变革,必然地会对提高人的觉悟提出要求,或者说政治变革要求文化启蒙紧紧跟上。而且这种要求日益急切,在内容上则是政治知识启蒙的重要性尤为凸显。而对于近代政治知识的启蒙来说,编著和出版书、报无疑是最好的途径。

正因为如此,这一时期出版的肩负文化启蒙重任的书籍,多为普及近代政治知识的读物,而且其中很多是通俗读物。如革命派编写并刊行的《革命军》(邹容著)、《警世钟》《猛回头》《国民必读》(陈天华著)、《万国

---

① 《各省报界汇志》,《东方杂志》第2年第12期,1906年1月。
② 《各省报界汇志》,《东方杂志》第2年第9期,1905年10月。
③ 《各省报界汇志》,《东方杂志》第2年第8期,1905年9月。
④ 《各省报界汇志》,《东方杂志》第3年第10期;《学务处添设阅报所》,《时报》1906年5月20日。

宪法比较》（戢翼翚著）、《革命》（直民著）、《中国民约精义》（刘师培著）、《各国国民公私权利考》（留学生编译）等；数量更多的是立宪派撰写并出版发行的书籍，如《宪法初纲》（东方杂志社编）、《立宪国民读本》（张元济编校）、《选举法要论》（汤一鄂译）、《公民必读》《城镇乡地方自治宣讲书》（孟昭常著）、《地方自治纲要》（钱润著）、《地方行政制度》（张家镇著）、《谘议局章程讲义》（孟森著）、《普通新知识读本》（上海文明书局编）等；清政府方面也有直隶总督袁世凯主持编纂的《立宪纲要》，学部编辑的《国民必读课本》，高步瀛等编写、南洋官书局奉谕印行的《国民必读》，等等。这些书很受社会欢迎，发行量相当大，有些书还一版再版共出了10余版，甚至20多版。孟昭常的《公民必读》仅官府和团体订购数就达到13万余册[①]，并且都以较通俗的语言向民众传播了初步的近代民主政治知识。以下列3本书为例：

同盟会员陈天华著的《国民必读》（1905年10月刊行），书的副标题就是："奉劝一般国民要争权利义务"，不仅点出了民权政治的核心问题，也概括出了本书的主要内容，而且语言通俗，开头便是：

> 请了请了，做兄弟的，今日有几句粗话，要向列位讲讲。……兄弟所讲的，没有别项，就是要凡当国民的，都要晓得争权利义务，不可坐待人家来鱼肉我们，这是兄弟对于列位的一片苦心了。……

接着，全书诠释了国民权利与义务的具体内容。关于国民的权利，有政治参与权、租税承诺权、预算决算权、外交参议权、生命财产权、地方自治权、言论自由权、结会自由权；关于国民的义务，有人人有纳租税之义务、人人有当兵之义务、人人有借钱给国家的义务。并且指出，这八项权利是义务的前提；但权利是要去向政府争的，政府"如有一项不依从的，

---

[①] 侯宣杰：《二十世纪初中国政治改革风潮》，人民出版社1993年版，第121、122页。

我们大家齐到北京去,把这不好的政府去了,另立一个好政府"①。向国民灌输了"国家""国民""权利""义务"等概念,并且明白表现出教育国民懂得权利与义务、进而为争得应有之权利而斗争的政治意向。

预备立宪公会会员孟昭常编的《公民必读》初编与二编(初编于1907年刊行,二编于1908年刊行)共18章:

初编:第一章 立宪与地方自治之关系;第二章 公民;第三章 城厢乡图;第四章 董事;第五章 议会;第六章 选举;第七章 地方财政;第八章 助长事业;第九章 地方官厅。

二编:第一章 省会总论;第二章 省会组织;第三章 省之财政;第四章 立宪国人民之地位;第五章 人民对于国家;第六章 人民对于政府;第七章 人民对于地方长官及公吏;第八章 个人对于社会;第九章 人民对于外国人。

本书完全是从为推行立宪政治做准备的角度,对国民进行有关立宪政治知识的启蒙。而且多偏重于立宪政治的一般知识介绍。如初编第二章的第二节"立宪国之人民":

> 立宪政体既已确定,则立宪国人民之地位,亦从而确定。假如我人民有苦有乐,有疾痛疴痒,则于议会表现之;有所欲则于议会发议而要求之;有所不欲,则于议会抗论而革除之。此立法之作用所以表现我人民心理者也。至决议之后,当由官吏执行,凡国家应办之事,皆惟官吏是赖。此行政之作用,所以增进我人民之幸福,而充满我人民之愿望者也。我有财产,他人夺之;我有生命,他人戕之;我有器物,他人损之;我有自由权,他人侵之,我将何如乎?曰是必诉之于裁判所。裁判所,综持法理而判决之,此司法之作用所以保护我人民之秩序而巩固我人民权利者也。②

---

① 陈天华:《国民必读》,刘晴波等编:《陈天华集》,湖南人民出版社1982年版,第183页。

② 孟昭常:《公民必读初编》初编、二编目录,光绪丁未预备立宪公会印行。

阐明了国民在立宪政体中的权利和地位。

高步瀛、陈宝泉编，南洋官书局印行的《国民必读》一书，得到清政府的批准并推广。其中第一编的目录如下：

第一编　第一课　说国家与国民的关系；第二课　说国民应尽的责任；第三课　说保护国家就是保护身家；第四课　说教育普及；第五课　说军国民教育；第六课　说军国民制度；第七课　说中国古时尚武的精神；第八课　说中国现今的大势；第九课　说各国尚武的精神；第十课　说各国现今的大势；第十一课　说各国的军备；第十二课　说外国人待我国人的情形并所以致此的缘故；第十三课　说今日中国国民救国的方法。

从该书的目录即可看出，编者有意识地绕过了国民启蒙必须有的国民权利这一最重要的内容，突出强调国民对国家的责任。但在这种片面的强调中，也宣传了一些国民观念。如第一课"说国家与国民的关系"中说：

> 此书的宗旨，是讲国民教育，所以先从国家与国民的关系说起。如今我中国的民人，有个最不好的习俗，遇着国家有事，就说这是国家的事，不与我民人相干。此等说可算最糊涂的了。……须知"国民"二字，原是说民人与国家，不能分成两个，国家的名誉，就是民人的名誉；国家的荣辱，就是民人的荣辱；国家的利害，就是民人的利害；国家的存亡，就是民人的存亡。……①

实际上是肯定了国民是国家的主体这一事实。

报刊的编辑和出版则在更广泛的层面上向民众传播了新的政治知识。其中著名的如《新民丛报》《民报》《清议报》《译书汇编》《时报》《大公报》《游学译编》《预备立宪公会报》《政艺通报》等报刊，都曾发挥了重

---

① 高步瀛、陈宝泉编：《国民必读》，光绪三十一年南洋官书局印行。

要的思想启蒙的作用,这是众所周知的。例如《时报》,自言其所刊发之著论"恒斤斤然以专制、立宪政治之得失为比较,盖欲摧挫专制之末运,奖翼宪制之新机,不厌反复详言之,使政府与国民咸洞悉所以然之故,灼然而无所疑,而一般之心理皆趋向于立宪政治之途,以舆论而造成事实"①。

而对于向广大民众普及新知识来说,作用最显著的是众多的白话报。庚子以后,随着新政的开展,清廷的文化压制有所松动,中国出现了一个创办白话报的热潮。当时报刊对此介绍说:"近年来,一班热心公益的人,知道文言报章不能普及国民,所以办起了许多白话报来。据现在出版的说起来,却也不少,各省有省会的白话报,各府也有一府的白话报,甚至那开通点的县城里、市里镇里,亦统有白话报。或是日报,或是旬报,或是星期报,却也各色都有。"②自1901年《京话报》《杭州白话报》《苏州白话报》创办后,清末10年间各地创办的白话报至少有111家,③而且这些白话报都明确宣布以向"咱们百姓"进行文化启蒙作为自己的办报宗旨。如山东总学会的李星坡等发起创办白话报,"以开通下流社会"。④ 京师的金天根,"以中国立宪为四千年未有之创局,下等社会知识未开……特集股在京创办宪法白话报,以便下等社会购阅,而养成立宪国民之资格"⑤。镇江的包开第,"以立宪在即,民智未开,因纠集同志,编辑白话报一种……辞意极其浅显,专为开通下流社会知识,以期将来立宪之一助"⑥。甚至在边远的西藏,清朝当局鉴于"藏中人士锢蔽已深",也创办了一份使用藏文的白话报,"以爱国、尚武、开通民智为宗旨"。⑦ 这一时

---

① 《中国将来议院制度之问题》,《时报》1907年6月25日。
② 铁汉:《论开通民智》,《竞业旬报》第26期,1908年9月。
③ 蔡乐苏:《清末民初的一百七十余种白话报刊》统计,丁守和主编:《辛亥革命时期期刊介绍》(五),人民出版社1987年版,第493—546页。
④ 《各省报界汇志》,《东方杂志》第2年第11期,1905年12月。
⑤ 《各省报界汇志》,《东方杂志》第3年第11期,1906年12月。
⑥ 《各省报界汇志》,《东方杂志》第5年第1期,1908年2月。
⑦ 《各省报界汇志》,《东方杂志》第4年第9期,1907年10月。

期一些著名的报刊也辟出白话专栏,用白话文宣传新知识。例如《申报》白话专栏中刊登的《开国会真正好》一文中说:

> 列位,你道这国会是什么东西?……这个国家原是我们百姓自己的国家,有了这许多百姓,占了许多土地,然后做成这个国家。既做了这个国家,则一国应办的事,我们总得商量商量罢。一年要用几多钱,这个钱总是我们百姓出的,那个出多,那个出少,我们总要分配分配罢?所用的钱,那一样不要紧,那一样要加增,那一样要节省的,我们总要估计估计罢?然而我们这个国,东西南北是几万里,人口几万万,彼此总没有见面的时候,若要商量、分配、估计,可不是要开个会叙叙么!……这个会虽是我们百姓要开的,恰是为著国家的公事,所以要公人去,约一国的公人,就是政府。政府出来约会全国之人,叫一省一省各举出几十个议员来到京城里,去开一个大会,这叫着国会。①

以非常通俗的语言向民众宣传了有关国会的基本知识。

而且白话报受众面很广。例如《杭州白话报》,发行量2000余份;《安徽俗话报》发行量有3000余份;《京话日报》的发行量更是有1万余份,且在京城中设有20多个阅报、讲报处,在北方各地设有代派处。② 可以说,白话报是向下层民众普及近代知识的一个重要的传播媒介。

(3)宣讲(演说)是这一时期较普遍采用的,而且发挥了重要作用的一种文化启蒙形式。这一文化启蒙形式受到各个政治派别的重视。主张立宪的有识之士认为,演说"最于开通风气有力量",它"感人至深",可"对著众人发明真理……可以把人的心思见解变化过来"③。提倡革命的

---

① 孟昭常:《开国会真正好》,《申报》1908年5月26日。
② 叶再生:《中国近现代出版通史》(一),华文出版社2002年版,第694、770、707页。
③ 《敬告宣讲所主讲诸公》,《大公报》1905年8月16日。

秋瑾也认为,"开化人的知识,感动人的心思,非演说不可"①。清朝统治者为了配合正在进行的改革活动,也发起了宣讲(当时演说在许多时候被称为宣讲)活动。1902年,热心新政的山西巡抚赵尔巽上奏清廷,建议通过宣讲活动"广宣教化、以开民智"。次年赵尔巽调任湖南巡抚,又拟定并颁发了宣讲章程,指出宣讲"足以开民智、裕民德,正民俗者,其功较之立学堂、阅报章,尤胜蓰倍"。令各州县教官开展宣讲活动。②赵尔巽的主张和行动,得到清廷的肯定,并下令各地推广。至1906年,学部颁行了《奏定劝学所章程》,其中规定各地一律设立宣讲所,延聘专员,随时宣讲,从而使宣讲活动制度化。也正因为如此,宣讲活动在各地广泛开展。

当然,在这当中,革命党人的宣讲活动受到了极大的限制,一般只能在新军或会党中秘密进行。因此公开的宣讲活动基本上是由官府组织,或由那些主张立宪的士绅进行的。1906年以后,大部分州县都像这些地方一样设立了宣讲所:直隶沧州知州"在州城学署明伦堂设立宣讲所,派人将《国民必读》及报中有关时局各件编成白话,每逢五、十集期详细宣讲,以开民智"③。直隶长垣知县"到任后因举办各项新政,士庶中尚多留心时务之人,而乡民绝少热心公益之辈。缘于城内设立宣讲所,仿照宣讲乡约之例,并附以各项报章,分派绅士,按期讲演。年余以来,下流社会已渐开通"④。但官设宣讲所的宣讲内容是要受到朝廷所定章程中"不得涉及政治"等规定之限制的,所宣讲的多为一些普通知识。从学部颁发的宣讲用书看,列于首位的是《圣谕广训》和有关新政、立宪的上谕,其次是《国民必读》《劝学篇》《警察白话》《欧美教育观》《普通新知识读本》《普通农学浅说》《蚕桑浅要》《致富锦囊》《普通商业问答》《蒙学卫生实在

---

① 秋瑾:《演说的好处》,中华书局上海编辑所编:《秋瑾集》,上海古籍出版社1979年版,第3页。
② 《湖南抚院赵通饬宣讲章程公文》,《教育世界》第62号,1903年11月。
③ 《各省教育汇志》,《东方杂志》第3年第1期,1906年2月。
④ 《各省报界汇志》,《东方杂志》第5年第1期,1908年2月。

易》《启蒙画报》《劝不缠足说》《黑奴吁天录》《鲁滨孙漂流记》等。① 应该说,官府所进行的宣讲活动,还是传播了许多近代科学文化知识的,客观上也传播了近代政治观念乃至新的道德观、人生观。这些工作的本身,应当视之为启蒙运动的组成部分。

而立宪派、基层社会的新派士绅、新型知识分子们进行的演说(宣讲)活动,则更为积极。如山东潍县的士绅们在成立"地方自治期成会"的同时,还在城乡各地设立宣讲所,派员讲演地方自治。② 立宪党人杨度在湖南设立"宪政讲习所",且定章每隔一二日或二三日讲演一次。③ 浙江鄞县妇女李林氏也创办了一个"讲演会","专就伦理、教育、卫生及有关女子学问者分题演说,以期开通知识"。④ 而且随着讲演活动趋热,有识之士自发组织的演说会、宣讲会、宣讲所等演说组织在各地纷纷出现。如常州演说会、瑞安演说会、江山演讲会、嵊县练习演说会、天津河东宣讲所、武清河西务宣讲所、北京西城宣讲所、天津天齐庙宣讲所等等。其演说(宣讲)形式也多种多样。如江西德育会的演说活动,"有七日演说(逢礼拜日演说)、义务演说(偶有心得,事关国政民业风俗,即约集同志一为演说,抒其一片热心血,逞其一刻好兴会,无一定时日)、特别演说(或国家与地方有大事关系极重者,临时开此会)之分别"⑤。上海学界通俗教育会的宣讲活动还配有"电光活动写真"(幻灯)和"活动影片","随演随讲,相机指点,以期开通下流社会"⑥。演说(宣讲)的内容也突破了官办宣讲所的种种局限,显得更为丰富而有深度。如1902年成立的瑞安演说会,其演说的项目就有:

(甲)论说之部:1.德义,2.科学知识,3.县政兴革,4.农工商实业;

---

① 清学部:《通行各省宣讲所应讲各书书目表》,商务印书馆辑:《大清光绪新法令》教育三,第80—83页。
② 《地方自治汇志》,《东方杂志》第5年第5期,1908年6月。
③ 《各省教育汇志》,《东方杂志》第5年第6期,1908年7月。
④ 《各省教育汇志》,《东方杂志》第4年第9期,1907年10月。
⑤ 《记德育会》,《警钟日报》1904年9月20日。
⑥ 《各省教育汇志》,《东方杂志》第4年第7期,1907年9月。

(乙)述告之部:1.中外历史,2.中外时事,3.地方新闻,4.通俗小说。且规定:"每会对于每一项目,至少须有会员一人担任讲演。又遇国、乡有重大事故,则临时紧急集会,对众讲说,以引起特殊注意。"① 曾任瑞安演说会会长的孙诒让,多次向民众做过讲演。在1906年一次有关宪政的演说中一开头就说道:

现在五大洲各国,大小通共一百多国,论其传国统系,止有两等:一为君主,一为民主。论其立国政体,亦止有两等:一为专制,一为立宪。专制政体,唯独君主国有之,这是皇帝一人独揽大权,政府大臣,帮助办事,民间一点权都没有;立宪政体,则君主国、民主国都有之。民主的立宪,皇帝是由地方百姓公举,政事都由上下议院公议,皇帝并无大权,这就是所谓共和立宪政体。君主的立宪,皇帝和大小臣工、地方绅士、百姓公议庶政,上下权力平均,这就是所谓君民共主立宪政体。……②

演说这种文化启蒙形式在当时中国社会很受欢迎,许多地方都出现热烈的场景。如常州青年学生组织的演说会经常进行演说,"以唤起国民思想,开通下流社会"。"入座听讲者,上至士林,下至贩夫走卒,每日有六七百人,座为之不容"。"每演说至慷慨悲愤之处,四座拍掌之声如雷"。③ 河南巩县的演说会,来听演说者常有数百人,"颇有风动一时之概"。"闻瓜分灭种惨祸,有泪下者"。④ 正因为如此,演说活动能收到很好的文化启蒙的效果。

---

① 孙延钊撰、徐和雍等整理:《温州文献丛书·孙衣言孙诒让父子年谱》,光绪二十八年,上海社会科学院出版社2003年版,第306—307页。
② 孙诒让:《在瑞安庆祝仿行宪政典礼大会上的演说辞》,张宪文辑:《孙诒让遗文辑存》,浙江人民出版社1989年版,第450页。
③ 《记常州演说会事》,《苏报》1903年3月23日;《论常州武阳两县令之荒谬》,《苏报》1903年5月30日。
④ 《满人干涉演说》,《警钟日报》1904年10月25日。

无论是哪一种知识启蒙的形式，都是当时启蒙主义者们寻求传播新知，锻造理性的努力，并且力图让新知成为政治变革的武器，让人的理性成为推动中国走向富强的动力。

**4. 冶铸"国民新灵魂"**

更能代表这一时期文化启蒙运动锋芒的，是启蒙主义者所进行的"新民"活动，或曰"新民德"活动。后人则将它称之为改造国民性思潮。而无论是"新民"，还是"新民德"或"改造国民性"，其核心是改造传统社会的小农经济、专制政治条件下形成的旧伦理精神。

随着中国社会逐步地从农业社会向工业社会转型，以及20世纪初年政治变革运动如火如荼地进行，旧伦理精神的障碍作用愈益明显地突显于人们面前。正在致力于建构近代民族国家的启蒙主义者们尤其关注这一问题。因为他们已经认识到，近代民族国家的建构，必须有相应的民族文化心理作为基础，其核心则是伦理精神的更新，以近代价值观念取代那个适合专制政治、小农社会的传统价值观念。梁启超将这一过程称为"新民"："苟有新民，何患无新制度、无新政府、无新国家。"①青年革命知识分子也承认这一过程的必要，主张在诉诸感情的"民族主义"政治动员之外，也应有诉诸理性的"人心风俗"的改造，"国民新灵魂"的冶铸。无论是政治上的温和派还是激进派，都认为"政治革命"的前提必须有一个伦理精神更新的过程。

必须承认，伦理精神更新的努力，是近代人文主义得以弘扬的重要表现。但也必须看到它与近代西方的启蒙主义精神有颇多的差异。正如近代中国民主政治的倡导和建设主要的并不是社会经济发展的必然，而是从政治（救国、强国）到政治（民主制度）的应然一样，近代伦理精神的建构也不是社会发展的必然，而是建设民主政治制度的应然。所以，启蒙主义者并不是把民主政治作为人文主义精神——近代伦理精神的外在表现

---

① 梁启超：《新民说》，《饮冰室合集·专集》之四，中华书局1989年重印本，第2页。

形式,或曰由内而外的自然而然的结果,而是循着:民族主义—民权主义—人文主义这一由外而内的程序,看到了近代伦理觉悟的重要和必要,进而将近代伦理精神的启蒙作为实现民主政治的途径,因而与"开民智"——知识结构更新的活动一样,"新民德"——伦理精神的启蒙和更新也总是在政治价值(民族主义、祖国主义)的观照之下——启蒙主义者们认为,民权政体(包括君主立宪与共和立宪政体)是一个可以使中国富强的最好的政体,只是中国人还缺乏民权意识、民权信仰、民权主义精神,因此中国国民必须经历一个以树立民权主义信念为指向的伦理精神更新的过程,这个过程就是梁启超等启蒙思想家所说的"新民德""道德革命"。为此,启蒙主义者们进行了深入的"新道德"启蒙。比较系统的如梁启超的《新民说》等文章,极力向国人提倡"国家思想""合群之德""独立之德""自由美德""权利观念""义务观念""乐利主义""冒险进取""尚武""自治""自尊"等。《国民报》的《说国民》一文,则认为国民应当"有权利""有责任""喜自由""言平等""尚独立"[①]等。总之是要以新的道德观念塑造近代国民精神。

如果再进一步分析,我们可以看到20世纪初启蒙主义者们所进行的新道德启蒙可分为三个层次:

第一为"国民"意识的层次。在当时,启蒙主义者们最为忧虑的是中国人只有"部民之资格""一个人的资格",而独不能为"国民之资格"。[②] 习惯于小农社会生活的中国人在道德层面上只讲求独善其身的私德,而缺乏国民公德,没有国家观念和国民观念,所以对国家及国家政治非常淡漠。出于救国、强国及政治改革的需要,启蒙主义者们极力倡导以国家意识及爱国思想为中心的国民"公德"观念,以唤起民众关注和参与国家政治的热忱。他们一再指出,所谓国民即国家主体之谓,一再要求国人明

---

① 《说国民》,张枬、王忍之编:《辛亥革命前十年间时论选集》(一)上,三联书店1977年版,第72页。
② 梁启超:《新民说》,《饮冰室合集·专集》之四,中华书局1989年重印本,第6页。

白,人民为国家之主人,国家为人民之产业,国家与国民之间是生死相依的关系。国民作为国家的成员,平等地享有应得的权利,同时也承担相应的义务,所以国民对国家及国家事务绝不能漠然处之。因为一国兴亡,其责任专在国民,"全在吾国民能尽政治上之责任与否耳"①。所谓"政治上之责任",即强化国民的责任心、爱国心,以爱国作为"无上之天职"②。在当时,它主要表现在对国家要尽"应尽之义务",争取"应得之权利"。如果政府"用其专制之权",君相擅自出卖国家之主权,而国民"若罔闻知,不能与之争",便是国民"放弃其责任者也",③也就丧失了国民的"资格"。这就使得"人民为国家之主人,国家为人民产业"这一概念更明确化了。正因为如此,"国民立宪""国民革命"成为启蒙主义者对国民进行政治动员的响亮口号。

第二为"公民"意识的层次。20世纪初年,启蒙主义者提出了"公民"概念,而且"公民"这一新名词越来越多地出现在书籍、报刊上,以致出现了"公民讲习所"这类"造就公民"的机构。④ 更重要的是,"公民"一词所代表的思想观念,成为启蒙主义者一再宣传的内容。他们指出了"公民"与一般国民的不同。康有为所撰的《公民自治篇》中就指出了"公民"与"国民"的区别:按照欧美国家的制度,凡国民取得公民之资格,必须符合一定的年龄、纳一定量的国税以及"无过犯"等条件。公民的定义是:

> 公民者,担荷一国之责任,共其利害,谋其公益,任其国税之事,以共维持其国者也。既有公民之资格,则可被选举为乡、县、郡、国之

---

① 汉驹:《新政府之建设》,张枏、王忍之编:《辛亥革命前十年间时论选集》(一)下,三联书店1977年版,第581页。

② 《论中国之前途及国民应尽之责任》,张枏、王忍之编:《辛亥革命前十年间时论选集》(一)上,三联书店1977年版,第461页。

③ 《原国》,张枏、王忍之编:《辛亥革命前十年间时论选集》(一)上,三联书店1977年版,第64、65页。

④ 《各省教育汇志》,《东方杂志》第5年第3期,1908年4月。

议员、乡官,可自举充乡、县、郡、国之议员、乡官;若无公民之资格,则不得举充乡、县、郡、国之议员、乡官,亦不得自举乡、县、郡、国之议员、乡官。①

当然,当时能够从理论上明白区分"公民"与"国民"概念的是少数。在更多的时候,"国民"与"公民"的定义及使用是界定不清的。但从当时知识分子大量的表述中仍可梳理出不同的理论侧重点:"国民"概念阐释的重点是为了使国人明了自己与国家之间的关系,打造近代性的爱国主义观念,"公民"概念阐发的重点则是为了使国人进一步明了自己在国家中的政治地位和政治权利,进而树立民主政治的信念系统。尽管不是很确切,但其所指的确是朝着近代公民观念的方向走近。

关于公民权利的叙述,由于中国近代文化运动的特点,启蒙主义者强调最多的是"公权"。如预备立宪公会出版的《公民必读》就认为,"公权"是公民的最重要的表征:公民的权利有"公权""私权"之别,"何为公权?对私权而言之也。一人与一人之交涉,如人负我债,我有取偿之权。人夺我物,我有索还之权。人侵犯我,我有排除抵抗之权。是谓私权。一分子与公团交涉,如对于国家,对于地方,有议事之权,有参与监督之权。是谓公权"②。尽管比较模糊,但还是点出了西方式的公民人身权利的一些内容,如人的生命权、财产权等。

关于"公权"的具体内容,很多启蒙主义者在其宣传论著中都有论列。1902年《政艺通报》的一篇文章列举说,所谓"公权"即"第一,参预代议之事,即有选举权,被选举权;第二,参预裁判权之事,即陪审及充当裁判僚属之权;第三,根据法律规定而为各种官吏之权;第四,参与自治之权"③。

---

① 明夷:《公民自治篇》,张枬、王忍之编:《辛亥革命前十年间时论选集》(一)上,三联书店1977年版,第175页。
② 孟昭常:《公民必读初编》,光绪丁未八月预备立宪公会印行,第5页。
③ 《各国国民公私权绪论》,《政艺通报》壬寅年第11期,1902年8月。

启蒙主义者强调权利的同时也没有忽视公民义务的宣传。正如他们所认识到的,没有义务的权利是不可能存在的,如纳租税、服兵役等,这是公民的应尽之义务。启蒙主义者经常提及的法国大革命时期的一句口号"不出代议士,不纳租税",即是这种认识的一种概括。同时还指出,义务与权利是互通的。对国家尽义务也是一国之民的权利,而"参与国家政治之职,谓曰权利,实则义务是也"①。因为,作为国家的一分子,具有权利意识、自主独立观念,也是对建设富强国家所应当尽的责任。这在当时的中国更是如此。

确立近代公民意识(政治伦理),树立明确的权利和义务意识,呼吁国民去争取公民的权利,这是20世纪初文化启蒙运动的一大热点。

第三是"人"的层次的启蒙。尽管当时启蒙主义者"新道德"启蒙的侧重点是国家和政治意识,但是,当文化启蒙运动日渐广泛而深入地开展时,近代文化运动的规律必然使启蒙的触角合乎逻辑地从国家及政治领域指向"人"的领域。邹容的《革命军》中有关"革命之教育"的论述,即画了一条从关注国家政治,指向关注个体价值的路线:

> 一、当知中国者中国人之中国也。……一、人人当知平等、自由之大义。……一、当有政治法律之观念。……由斯三义,更生四种:一曰养成上天下地,惟我独尊,独立不羁之精神;一曰养成冒险进取,赴汤蹈火,乐死不辞之气概;一曰养成相亲相爱,爱群敬己,尽瘁义务之公德;一曰养成个人自治,团体自治,以进人格之人群。②

实际上是指出,民族主义、民权主义需要"人"的觉醒做支持。或者说,要为近代民族国家的建设打造人文主义基础。

这种对国家及政治的孜孜关注,在"人"的层次的启蒙过程中成为一

---

① 攻法子:《敬告我乡人》,《浙江潮》第4期,1903年4月。
② 邹容:《革命军》,致志选编《猛回头:陈天华邹容集》,辽宁人民出版社1994年版,第205页。

个或隐或显的价值导向。从另一角度说,民族国家和民主政治建设的本身就有强调个体权利的必然和应然,因而在有关这一问题的讨论和宣传中,就不能仅停留在爱国、民权或政治自由等主张的宣传和提倡上,而必然要追根寻源,指向其内核。如关于权利问题,他们指出,人的权利是"天赋"的,"人生天地之间,既具此一分完全之体质,即具此完全一分之意识;具此完全一分之意识,即具此一分完全之权利"①。权利是人的根本价值的体现,只有具备权利观念的人,"乃得为完全之人,否则,仅具人形耳,究何异于牛马奴隶哉!"②,因而"权利之实质,即人之本分也",权利之目的,"使人全其本性而已"。③ 这就使近代以来人的权利的思想主张具有了近代人性论的根柢。

正因为"新道德"的启蒙是从国家及政治问题而指向"人"的问题的,所以启蒙主义者们首先看到,或曰最为关注并集中批判的中国旧伦理的表现便是"奴隶根性",即对独立人格意识的放弃。而所谓的"奴隶根性",是启蒙主义者对民族旧习性的高度概括。实际上它并不是我们民族的"根性",而是在几千年停滞不变的小农经济、专制政治环境、纲常伦理和宗法社会结构等交互作用下逐渐形成的一种具有时代性的旧习性。但急于救国、恨铁不立即成钢的启蒙主义者们却将它作为一种民族"根性"来批判。许多人对"奴隶根性"进行了解剖,指出了"奴隶根性"的主要表现是:无国家思想、无公德观念、无权利观念、无义务观念、无自由观念、无平等观念、无自治观念、好依赖、柔顺、迷信、保守、麻木、自私、虚伪

---

① 鸿飞:《对于要求开设国会者之感喟》,张枬、王忍之编:《辛亥革命前十年间时论选集》(三),三联书店1977年版,第272页。
② 耐轩:《杂纂·政法之友》,《政法学报》第4期,1903年10月。
③ 《权利篇》,张枬、王忍之编:《辛亥革命前十年间时论选集》(一)上,三联书店1977年版,第481—482页。

等等。① 当时有人作了一首《奴才好》的歌谣,给这种"奴隶根性"做了描画:

>奴才好!奴才好!勿管内政与外交,大家鼓里且睡觉。古人有句常言道,臣当忠,子当孝,大家且勿胡乱闹。满洲入关二百年,我的奴才做惯了,他的江山他的财,他要分人听他好。转瞬洋人来,依旧要奴才,他开矿产我做工,他开洋行我细崽,他要招兵我去当,他要通事我也会。……什么流血与革命,什么自由与均财,狂悖都能害性命,倔强那肯就范围。②

显然,这种以人的盲目服从和依赖性为总特征的传统习性,与小农经济结构、宗法性社会关系、专制政治是互为依存的,却是与近代"国民政治"(无论是共和政治还是君主立宪政治)格格不入。所以启蒙主义者的"新道德"启蒙主要是围绕着恢复中国人的独立人格意识,使之成为完整意义上的"人"这一中心而进行的。在狠批"奴隶根性"的同时,号召国人"拔去奴隶之根性",树立"新道德"——

人应当积极争得自己的平等权利。他们指出,平等权利是人的"高尚之质格"的最重要之表现:"夫人生活于天地之间,有天然之权利,父母不得夺,鬼神不得窃而攘之,并立于大地之上,谁贵而谁贱?同为天之所生,谁尊而谁卑?我愿我四万万之人,去礼法,复权利,踊跃鼓舞,以登新

---

① 《说国民》,张枬、王忍之编:《辛亥革命前十年间时论选集》(一)上,三联书店1977年版,第72—74页;壮游:《国民新灵魂》,张枬、王忍之编:《辛亥革命前十年间时论选集》(一)上,三联书店1977年版,第571—576页;《箴奴隶》,第702—713页;邹容:《革命军》,致志选编:《猛回头:陈天华邹容集》,辽宁人民出版社1994年版,第210—216页;梁启超:《新民说》,《饮冰室合集·专集》之四,中华书局1989年重印本,第40—50页;《论中国习俗之谬》,《大公报》1905年1月21日。

② 邹容:《革命军》,致志选编:《猛回头:陈天华邹容集》,辽宁人民出版社1994年版,第214—215页。

世界。"①

人要有自由之精神。他们认为:"自由者,天下之公理,人生之要具"②,"中国数千年之腐败,其祸极于今日,推其大原,皆必自奴隶性来,不除此性,中国万不能立于世界万国之间。而自由云者,正使人自知其本性,而不受钳制于他人。今日非施此药,万不能愈此病"③,号召国民不但要摆脱专制政治的压制,也要从精神上"脱数千年来风俗、思想、教化、学术之压制"④。

人要有自主、自尊、自治和独立之精神。启蒙主义者认为,作为一个有自由意识的人,其人格上是独立的,不依附于他人的,应当具有这样一种"贵我"的气概和"自尊""自重""自主"的精神:

> 我有耳目,我物我格;我有心思,我理我穷。我之所见者为是者,则断然以为是,虽一国非之,所不顾也;我之所见为非者,则断然以为非,虽一国是之,所不顾也。无所顾望,无所恐怖,为天下所不敢为,言天下所不敢言,夫然后足以当大任、支危局,立于激烈竞争之世界,而卓然有以自立。⑤

总之,是一种具有全新精神风貌的、心理结构的、适合当时中国社会转型趋势的近代"人"。

---

① 《权利篇》,张枬、王忍之编:《辛亥革命前十年间时论选集》(一)上,三联书店1977年版,第479—480页。

② 梁启超:《新民说》,《饮冰室合集·专集》之四,中华书局1989年重印本,第40页。

③ 梁启超:《致南海先生书》,丁文江、赵丰田编:《梁启超年谱长编》,上海人民出版社1983年版,第234页。

④ 《说国民》,张枬、王忍之编:《辛亥革命前十年间时论选集》(一)上,三联书店1977年版,第73页。

⑤ 《教育泛论》,张枬、王忍之编:《辛亥革命前十年间时论选集》(一)上,三联书店1977年版,第401—402页。

### 5. 意义世界的更新

无论是知识的启蒙,还是新思想、新道德的启蒙,都是启蒙主义者力图为近代民族国家的建设打造新文化(包括近代价值的知识体系、政治观念体系、伦理体系和信念体系)的基础。尽管在1905年以后启蒙主义者们把主要注意力移向了政治斗争,但以历史的眼光考察,20世纪初的文化启蒙运动,从广度和深度上都远远超过了19世纪末,因而效果是很显著的。

任何一种文化都有一个自成体系的意义世界,中国文化也不例外。中国文化在小农经济的基础上,历经数千年,营建了一个系统而严密的从宇宙到人生的意义世界,其核心是"天下归仁"的基本价值观与"天人感应"的宇宙观的组合,其根本问题是秩序(包括宇宙秩序、政治秩序、社会秩序、道德秩序),它借以维持存在的是三大纲维:"天命""神授"之类的"天道""神道"观念,"三纲五常"所代表的伦理规范,君主专制为中心的政治信念。这三大纲维可说是紧密相连,是"一荣俱荣,一损俱损"的关系。

自鸦片战争后,这个传统的意义世界受到西学越来越激烈的挑战。早在19世纪60年代,倭仁等顽固派分子便指出"采西学"将会导致文化上"用夷变夏"的后果,"明大义"(即"礼义廉耻")乃为"立国"之根本。①这一理论的确具有前瞻性。近代以来越来越扩大规模的欧风美雨的侵蚀,尤其是19世纪末、20世纪初大规模的近代知识与观念的启蒙,更是将传统文化以"大义"为表征的意义世界送上了不可逆的土崩瓦解之路,同时又以不断扩张的新观念,一砖一木地构筑起新的意义世界。

总览19世纪末以来知识与观念启蒙的内容主要是集中于两个方面:近代科学知识和观念、近代政治知识和观念;20世纪初中国人意义世界的更新也正是从这两个方面进行的。

---

① 大理寺少卿王家璧奏,中国史学会主编:《中国近代史资料丛刊·洋务运动》(一),上海人民出版社1957年版,第129页。

西方近代科学不仅仅是为枪炮、轮船制造提供了知识支持,更重要的是它改变了中国人的宇宙观。正如西学输入中国是从自然科学开始的一样,中国人头脑中的传统意义世界瓦解之路也是从宇宙观开始的。按照传统的"天人感应"思路,人类社会的一切,都是"天"("神")有意识安排的。现实社会的种种秩序(政治秩序、社会秩序、道德秩序)都是在"天"的主宰下,是"天命""神权"的体现。但是,自西方的进化论以及以经典物理学为代表的近代自然科学知识广泛传播以后,新的自然世界的图景开始在中国人面前展现。一些中国人开始认识到,"天"绝不是超自然的、主宰人间的上帝、神或者终极的道德性存在(天理),以及这两者的混合("天命")。于是呈现在他们面前的是一幅进化论学说描画的有机世界的宇宙图式。在这个图式中,"天命""神权"原则被竞争(人与人、群与群的竞争)、进化(群以至个体的进化)与进步(通过竞争而求得进步)等绝对原则所取代。在中国人的头脑中,旧的宇宙秩序以及反映这种秩序的旧观念开始崩塌了。戊戌期间进入绍兴中西学堂学习的蒋梦麟后来回忆说,当他开始接触到以前"不可思议的"西学知识后,"过去为我们所崇拜的神佛,像是烈日照射下的雪人,一个接着一个融化"。传统的宇宙观被动摇了,随之而来的是对国家政治问题的理性探讨。"我开始了解一八九四年战争的意义;日本战胜了我国是吸收了西洋学术的结果。"于是,他像当时的许多青年学子一样,在黑暗中继续向前摸索。"看到东边有一点闪霎的亮光,我就摸到东边;东边的亮光一闪而逝以后,我又连忙转身扑向西边。"至庚子后进了浙江高等学堂,更精深的西学知识使他"眼前豁然开朗,对一切都可以看得比较真切了……我才慢慢地了解西方文化的发展","我对中国以及整个世界的知识日渐增长。我渐渐熟悉将近四千年的中国历史,同时对于历代兴衰的原因也有了相当的了解"。自此,"旧观念则弃之如敝屣"[①]。也就是说,他头脑中的意义世界被改变了。

---

① 蒋梦麟:《西潮》,辽宁教育出版社1997年版,第34—43页。

更能从理论上深入而系统地揭示西方科学学说加速中国传统意义世界崩塌过程这一事实的,是宋育仁。他精通并迷恋"中学",也曾亲历欧洲,在政治、经济领域力主变法。正由于此,宋育仁对西学对中国旧文化的深层次"危害"性也就认识得更为深刻。1895年左右他在《泰西各国采风记》中说:

> 其(指西学)用心尤在破中国守先之言,为以彼教易名教之助。天为无物,地与五星同为地球,俱由吸力相引,则天尊地卑之说为诬。肇造天地之主可信,乾坤不成两大,阴阳无分贵贱,日月星不为三光,五星不配五行,七曜拟于不伦,上祀诬而无理,六经皆虚言,圣人为妄作。据此为本,则人身无上下,推之则家无上下,国无上下。从发源处决去天尊地卑,则一切平等,男女决有自由之权,妇不统于夫,子不制于父,族性无别,人伦无处立根,举宪天法地、顺阴阳、陈五行诸大义,一扫而空。①

近代自然科学的引进及其传播于中国,不仅是否定了"天尊地卑""阳贵阴贱"之类的旧宇宙秩序。正如传统时代是将宇宙秩序与伦理秩序、政治秩序,以及一些基本价值绾合在一起的一样,对宇宙秩序的触动必然会引起一连串的连锁反应。所以,近代以来科学知识对宇宙本相的昭示和宇宙秩序的更正,的确是引导人们得出了"六经皆虚言,圣人为妄作"的结论,进而,传统意义世界的宇宙秩序以及作为宇宙秩序组成部分的伦理秩序、政治秩序连连被撼动:"人身无上下"——"人伦"无上下——"家无上下"——"国无上下"——"一切平等"。天人合一宇宙观被西学"一扫而空",与传统宇宙观绾合在一起的那些儒家基本价值如同多米诺骨牌一般一个接一个地倒下——在科学知识的启蒙下,"天"被还

---

① 宋育仁:《泰西各国采风记》,王锡祺编:《小方壶斋舆地丛钞》第11帙,杭州古籍书店1985年影印本,第22页。

原为自然本相而推翻了它的人格神形象,臆造的主宰人间的"天帝"也就无法存在,皇帝也失去了神学护符;在进化论学说中,国家、民族被视为有机世界,人人都是这个有机世界中平等的一员,都有其独立的地位,于是,人们观念中一元化的皇帝——宗族——家庭——"臣民"或曰家庭成员这一宗法性秩序结构也就瓦解了;在"科学真理"之光的烛照下,"三纲五常"成为谬论:

> 君亦人也,彼何特享特权特利?曰:因其生而为君,是天子也。此乃迷信,有背科学。
>
> 就科学言之,父之生子,惟一生理之问题,一先生、一后生而已,故有长幼之遗传,而无尊卑之义理。
>
> 就科学言之,男女之相合,不外乎生理之一问题……此平等也,科学真理也。①

于是,以"科学真理"开道,高呼"三纲革命""家族革命""孔丘之革命""君主之革命"等口号,将"一切平等"确立为新的价值原则。

近代政治知识和观念启蒙的作用更为直接,效果也更为显著。20世纪初,在一片愤激的对皇帝、孔丘和儒家经典的讨伐声中,在充满书、报的爱国主义、民族主义、国民主义、民权主义思想的宣传,在响彻中国大地的平等、独立、权利、自由等口号下,旧的政治、伦理信念渐渐弱化,甚至失去了它内在的规范力量。而且,随着启蒙的深化、持久和扩大,精英分子所宣传的新观念,所提出的平等、民权、进化、竞争等政治口号,开始逐渐地内化为普通民众的价值准则;启蒙主义者所倡导的爱国主义、国民主义、民权主义思想理念,开始转变为国民行为。由此,中国人的民主意识开始苏醒。其中最为明显的表现是,国民意识取代了臣民意识,即人们不再将

---

① 真:《三纲革命》,张枬、王忍之编:《辛亥革命前十年间时论选集》(二)下,三联书店1977年版,第1016—1020页。

自己视为只是从属于君主、家族的被统治者，而是国家的主人；人们所关注的已不再是朝廷、社稷的存亡，而是国家、民族的安危荣辱和发展问题；国民行为渐渐取代了臣民行为，即人们不再只是被动地完粮纳税，接受统治，而是积极主动地去过问和参与国家事务，并且为国家的利益而奋起斗争。

这里并没有夸大之言，中国人的平等、权利、自由和人权意识的自觉，以及平等、权利等被树为基本价值，并且落实为具体行动，确实是从20世纪初年开其端的。我们可以看到，在清末历次爱国运动和政治斗争中，"国民一分子"几乎成为参加运动的人们进行爱国斗争、参与政治活动前表明自己作为参与者的身份及权利、义务的口头语。说明国民的权利与义务意识已趋觉醒，至少是知识阶层、资本家阶级及市民们已不再自视为皇帝统治下一味驯服的臣民，而是具有法律可依可据的国民。"士农工商皆有国家之责任"之说，不仅仅是报刊言论，而是许多人的共识。而且这个"责任"中，既有义务的承担，也包含着了解、过问和参与"内政外交各事"之权利的诉求。① 而这种自觉意识的内在驱动力，则是人的平等、权利观。1905年全国各地兴起了国民捐运动，运动的参加者将国民的权利与义务确立为"不可易之公理"②。所以，举国上下，上自王公贵族、各级官员，下至商人、教师、学生、工人，以至僧人、艺人、苦力、乞丐等，纷纷解囊捐款，为的是要"尽国民之义务"。1905年兴起了反美爱国运动，全国各地从商人、教师、学生、职员、小商贩，直至工人及其他城市贫民等都积极参加集会，以及抵制并查禁美货的活动。而且他们是在"士农工商四民平等""人人有自有之权"的认识基础上，以"中国一分子""国民一分子"的身份和"国民应尽之义务"③的态度参加斗争的。收回利权斗争

---

① 《中国政府不应专事秘密说》，《申报》1905年3月5日。
② 《来函：国民义务》，《大公报》1905年9月13日。
③ 《本埠及各外埠来函·人镜学社》《曾铸上伍侍郎书》《本埠及各外埠来函·双林镇同人》《本埠及各外埠来函·旅赣浙江归安章立朋》等，苏绍柄辑：《山钟集》，光绪三十二年油印本，第22、13、38、86页。

运动使社会动员进一步扩大,更多的民众,尤其是社会下层的民众参加到斗争行列中,而且表现得更为主动、积极。如1907年浙江保路拒款运动中,杭州的2000余名挑夫,不但拿出自己的"逐日撙节汗血齿积"所得,认购路股,以实际行动参加拒款护路运动,而且还在递给巡抚的禀帖中表示:"敌忾同仇,拒绝外人,担成义务,各尽国民之天职,庶路股早日集成"①。表现出更为诚挚、高昂的爱国热情。而当国民的"责任"、权利与义务的"公理"遭遇政治的障碍时,国民行为便由爱国转向政治。1909年后的国会请愿活动,参与者逐渐从精英分子扩大到基层社会的群众。第一次国会请愿活动中,各省在国会请愿书上签名者有数万人;第二次请愿活动时,各省在请愿书上签名者增至30余万人;第三次请愿的群众参与规模更加扩大,各省请愿书上签名者遍及农工商学各界,人数达2000万人以上,而且各地还出现了规模不小的群众请愿集会和游行。② 尽管从绝对人数看还谈不上是广泛的群众性,但这一过程实际上是显现了政治上中国人越来越坚定的国民平等、权利取向,以及自觉追求民权的人数越来越扩大的趋势。

社会以平等、权利为价值取向的趋势不仅集中表现在重大的政治斗争中,也被贯彻于平时的政治和社会活动中。例如:各地组织的教育会、自治会、商会、农会等团体,都采用了"公举""票举"的形式选出领导人;近代政治中的投票或举手表决等民主程序,已被广泛运用到公司、商会或其他团体的日常活动中。在商会、教育会给官府的公文上,越来越多地使用了"照会""移请""径启者"之类的用语,俨然摆出商、民与官平起平坐的姿态。商人们不再是一味做诚惶诚恐、伏地称是的驯服臣民,当民族的利益、本阶级的利益受到侵害时,也会奋起抗争,且越来越多地使用集会、请愿、报刊论辩,甚至罢市、抗捐税等斗争手段。如1909年浙江当局决定向商人加抽警捐,杭州众商人闻知后立即自动集结,赶赴巡抚衙门请愿免

---

① 《杭城内外挑夫上浙抚禀》,乌程蛰园氏:《浙路拒款始末记》第一册,文牍。
② 耿云志等:《西方民主在近代中国》,中国青年出版社2003年版,第200—207页。

捐。在遭到官府拒绝后,杭州商人们便自发地汇集开会,"众情愤激",同声抗议官府加抽警捐,批评杭州商务总会"对于众商不尽职"。而且,商人们为了捍卫自己的利益,一致决定在商会之外成立真正是商人自己的团体——"商业会议所",以维护众商利益。① 这些不仅说明了国民意识的苏醒、国民行为的形成,还说明了在中国人的意识里,旧的皇权主义信念在淡出,新的民权主义信念开始树立;旧的宗法性政治和伦理秩序在崩塌,新的以"平等"为指向的秩序观正在建构。

新的价值取向的作用甚至延伸到了人们的日常生活中。20世纪初,社会的日趋开放,专制政治、纲常伦理加于人们身上的绳索日渐松绑,中国人的社会生活也发生了很大的变化。婚姻自主已不只是有识之士的倡论,而是成了当时社会的一股新风气,因为青年男女们开始将自己视为人格独立的人。征婚广告公然出现于报刊上。② 婚姻由"男女自择",夫妇不合"妇可嫁与他家"被作为"夫妇公约"。③ "先由男女同意,始行请示父母,互换饰物,再挽冰人行传红纳彩之礼"④的风习,开始在城镇流行。安于"文弱"的旧风习已被"尚勇强"的新风打破,在军国民主义思潮的推动下,近代体育开始在各地传播,各个城市出现了许多体育团体,田径、篮球、足球、体操等运动已在各地推广,许多城市还经常举行体育运动会。服饰也日趋放任,趋新、趋简、趋洋已成风气。长衫马褂已不受年轻人欢迎,社会流行短褐、短衣。学堂学生全是西式学生装,西装革履越来越流行,这从清末留下的许多照片上、当时许多大城市都有西装店的事实中可得到证明。在西式服装受欢迎的同时,人们越来越将脑后的辫子视为累赘,甚至耻辱,剪辫之举开始从"洋学生"向社会蔓延,甚至报纸上也开展

---

① 《杭城众商集议会缘起》,《东方杂志》第6年第12期,1910年1月。
② 《求偶》,《大公报》1902年6月26日;《通信结婚法·敬告女同志》,《时报》1905年7月5日。
③ 蔡元培:《夫妇公约》,中国蔡元培研究会编:《蔡元培全集》(一),浙江教育出版社1997年版,第270页。
④ 民国:《乌青镇志·卷十九·风俗》。

了"剪辫易服"的讨论。① 这里的意义不仅仅是物质生活趋新、趋洋,其中更深一层意义是,人们的观念正"由拘谨到放任",②即摆脱封建礼教束缚的进步趋势。像秋瑾那样一身洋装或戎装,甚至女扮男装的打扮,所代表的是当时那一代青年对个性自由和解放的追求。社会交往方式也在变革。在崇尚平等、尊重人权思潮的映照下,作为封建等级制象征的跪拜礼日显荒谬。1906年春节前夕,两广总督岑春煊以跪拜礼"婢膝奴颜,有伤气节",下令官员入见上级,概用长揖礼取代跪拜。③ 此后,岑春煊的改革举措被推广至各地,甚至扩大到禁止使用"禀贺年节寿辰等信函""卑职、沐恩等字样"和"仪仗牌锣旗伞"等。④ 而用以取代旧礼仪的是他们所"叹羡""企仰"的西式礼仪。例如为同僚送行,已不是过去那种设宴行酒、吟诗赠序、作揖拜别等,而是以开会、演说、奏乐、唱歌、鼓掌、握手、合影等方式。⑤ 本应处处都体现的贵贱、尊卑、长幼之别,却越来越遭到人们的漠视、甚至蔑视。这不仅表现在物质生活上服食普遍"逾等","士官商民混一无别",⑥也表现在其他礼俗仪节上。如在称呼上,"无论老幼","仅呼一字,而以翁、老承之,虽少年稚子,无不蒙此称者",⑦颇有平等称呼的意味。而且在"平等、自由新学理"的影响下,旧的"驯谨""整肃"之风"荡然无存","后辈见尊长,倨傲妄论,毫无顾忌",表现出青年一代对自主、独立人格的追求。⑧ 同时,"敦朴畏刑""温厚礼让""遇暴慢多容隐弗较"的"古风"渐渐消退,取而代之的是"好争喜讼"的风气流行,⑨甚至"成童

---

① 《征文广告》,《大公报》1903年1月15日。
② 民国《杭县志稿·卷十三·风俗》。
③ 《粤督文明之示谕》,《大公报》1906年2月18日。
④ 《各省内务汇志》,《东方杂志》第5年第2期。
⑤ 孙宝瑄丙午年闰四月十五日日记,孙宝瑄:《忘山庐日记》(下),上海古籍出版社1983年版,第876页。
⑥ 民国:《海宁州志稿·卷四十·风俗》。
⑦ 民国:《南浔志·卷三三·风俗》。
⑧ 民国:《南浔志·卷三三·风俗》。
⑨ 光绪:《台州府志·卷六十·风俗》。

皆能肆口公庭,毫无惧色"①。不仅不"畏刑",连官长也不那么敬畏了。这里所表现出的,是人开始摆脱传统伦理、政治秩序的束缚,还原为人格独立的自然人,人权观念逐渐苏醒。

至 1906 年,千年科举制度废除;1911 年,千余年的专制皇帝在中国政治舞台上永远消失,自此,旧的意义世界因失去了外在的制度规范力量而加速瓦解,其速度甚至远远快过新意义世界的构建。

### 四、近代政治文化凯歌行进
#### 1."政治之本原"的更替

近代中国的文化潮流一直是在政治主导下向前发展的,在 20 世纪初更是如此。因此在 20 世纪初中国的文化运动中,最引人注目的应是政治文化的进程。它犹如滔滔江河,一路高涨,凯歌行进。

受中国近代文化运动特点的制约,晚清政治文化的发展主要的并不是人的觉醒这一内在动力所推动,更多的是来自这样两股动力:

一是外来的"西政"之学的启发和推动。戊戌时期,有识之士即已在探讨西方国家强盛之由的过程中,研究并介绍了这些国家的政治制度及其学说。庚子以后,更为严重的民族危机促使人们更积极地,甚至可以说是迫不及待地关注、讨论国家政治制度问题,因此介绍西方政治学或讨论政治问题的书籍大量出版。这一时期仅译书汇编社出版发行的西方政治学名著就有斯宾塞的《政治进化论》《社会平权论》、卢梭的《民约论》、伯盖内的《政治学》、威尔逊的《政治泛论》、伯伦知理的《国法泛论》、海留斯德的《社会行政论》、孟德斯鸠的《万法精理》、伊耶陵的《权利竞争论》、鲍罗的《今世国家论》、勃拉斯的《平民政治》、英里的《美国民政》等。还出现了出国留学学习法政的热潮。如 1909 年 7 月至 1911 年 7 月,各省公费、自费出国留学者共 1788 人,其中学习法政者就有 834 人,

---

① 民国:《南浔志·卷三三·风俗》。

占46.64%。① 时人称这一时期是"欧美政学,云烂霞蒸"②,"译本书如风发云举","西政"之学说"滔滔焉飞渡重洋,竞灌输吾同胞之意识界矣",③诚非虚誉。

其最直接的成果是中国人的政治认知体系发生了变化。且不论那些"洋学生"是将"欧美政学"作为基本的精神食粮,那些原来只读"四书""五经"的士大夫也在时代潮流的推动下,努力从"西政"书籍中求得新知。例如京官孙宝瑄,从他的《忘山庐日记》看,庚子以后的6年时间里所阅读的西学书籍至少有50余种,其中读得最多且最有感受的是卢梭的《民约论》、孟德斯鸠的《万法精理》、法国《人权宣言》、伯伦知理的《国家学》、美国伯盖内的《政治学》、威尔逊的《政治泛论》,以及《政治哲学》《政治学提纲》《各国公民公私权考》等等的"西政"类书籍。因而在他的日记中满目皆是"《万法精理》云……""卢梭《民约论》云……""《国家学》曰……""亚当·斯密曰……""阅法国《人权大纲》……"等等之类的"开场白"。这些"西政"类书籍不仅使中国人的近代政治学知识大大扩充了,而且政治观念也为之一变。孙宝瑄便是在阅读了"西政"书籍后,政治理想随之更新,1901年就在日记中写道,他最理想的政体是"君皆公举,民能参政"的"立宪政体",④并认为下议院乃为国家之根本,政党是国家之"精神",立宪之要在设责任内阁,等。⑤ 政治观念也发生了深刻的变化,在日记中常表露出对民权、平等、自由思想的赞同,对君主专制的批评。这正是当时"西政"学说推动中国政治文化演进的一个缩影。

---

① 王立中:《论近代中国政法留学教育及其影响》一文的统计,载《史学月刊》1993年第3期。
② 《国民报·叙例》,《国民报》第1期,1901年5月。
③ 公奴:《金陵卖书记》,张静庐辑:《中国现代出版史料》甲编,中华书局1954年版,第384、385页。
④ 孙宝瑄辛丑年十月十五日日记,孙宝瑄:《忘山庐日记》(上),上海古籍出版社1983年版,第427页。
⑤ 孙宝瑄丙午年九月七日、丁未年二月七日、戊申年七月二十四日、戊申年八月七日日记,孙宝瑄:《忘山庐日记》(下),上海古籍出版社1983年版,第934、998、1230、1236页。

二是国家观念和民族主义思想的推动。1901年以后,中国的民族危机有增无减。先是俄国图谋侵占东北,继而是英国入侵西藏,英日同盟,日法、日俄协定,各国通商航行条约的签订,以及路权、矿权陆续被列强侵夺等等,在当时的许多中国人看来,这些事件"皆为足以亡中国之导火线"。各阶层人民奋起进行救亡斗争,拒俄运动、收回利权运动、反美爱国运动、保路运动,爱国、救国运动一浪高过一浪。但清王朝在国家主权、民族尊严问题上是一以贯之的迟钝而软弱,甚至倒行逆施,民众的爱国、救国努力屡屡遭遇专制政府的阻扼,甚至打压,国家观念和民族主义思想初步觉醒的民众对清政府的愤激情绪不断升温。参加斗争的民众不能不联想到60多年来清朝政府的对内的专制、暴戾、腐败,对外种种失策、一再屈膝退让,丧权辱国,也就不能不对旧政治制度及清朝政府由失望而痛恨。有人愤呼:"呜呼,同胞!我政府不足为吾民可恃也久矣。衮衮诸公,类具奴隶性质,而无爱国思想,拥虚位食厚禄,日以苟且图存为事,……自中外开通,凡有交涉,彼外人遂利用我政府之压迫而使吾民以服从。往事之已然,真使我同胞隐忍吞声痛哭流涕者也。"①也有人明确地呼吁:"吁嗟呼!……大势行将去。吾敢警告我国民曰:政府不足恃。吾国民亟当求所以挽救之法。"②当此民族主义、爱国主义斗争运动推进到旧政治体制所能容许、旧政府所能容忍的极限之时,政治制度问题便合乎逻辑地进入民族主义者的视野中。一些思想先进者首先看到了这一问题,认为中国今日之濒临灭亡境地完全是"专制政体之结果也"③,认为现存的政治体制已成为中国人救亡斗争的一大障碍,"若徒知收回利权,而不一为根本之解决,深恐其去亡不远矣"④。于是,中国人已经滋生出来

---

① 1905年7月8日《时报》,引自和作辑:《一九○五年反美爱国运动》,《近代史资料》1956年第1期。
② 《国民之存亡生死问题》,浙江辛亥革命史研究会等:《辛亥革命浙江史料选辑》,浙江人民出版社1981年版,第283页。
③ 李庆芳:《中国国会议》,张枬、王忍之编:《辛亥革命前十年间时论选集》(三),三联书店1977年版,第113页。
④ 陈彦彬:《收回利权之宜有根本解决》,《外交报》第264期,1909年12月27日。

的国家主体意识、权利意识、反抗意识,遂由主要对外而转向主要对内,提出了革新国家政治制度、争取国民政治权利的主张。当时的报刊就看到并揭示了这一转向的必然性:"迩来爱国之热潮日益增长,岂非大可喜事?然独惜所谓爱国者,乃但对于外而不对于内。"认为对过去的"徒知对外,……而对于日日遏抑民力之专制政府则不曾过问"的做法必须反省,号召将"爱国之热潮"由对外而转向对内,"对于内而求得根本之解决也"。① 这里被许多人一再提出来的"求根本之解决",当然是指"对内""过问""解决"那个"遏抑民力之专制政府",即救国、强国的前提是实行政治变革。

可见,对国家和民族生存问题的忧虑和求索,使中国人的国家观念越来越清晰,民族主义思想越来越强烈。而日益清晰的国家观念和日益高涨的民族主义思想又成为一股巨大的推力,促使中国人在戊戌文化运动的历史基础上,进一步把文化思考和讨论的焦点对准国家政治问题,集中在对国家政治机制的剖析和重建上。也是在这个越来越急迫的思考和讨论的过程中,20世纪初年的中国政治文化越来越快速、越来越高涨地向近代方向奔流。

这两股推力——无论是大量涌入的"西政"之学,还是旨在救国的"祖国主义"——"民族主义"——"国民主义"思路,不仅推动着20世纪初年中国政治文化向前发展,也进一步确定了中国政治文化的近代方向和性质。因为在这两股推力的作用下,作为政治文化最核心的政治价值观正悄悄地发生着变化——大量涌入的"西政"之学在向中国人提供了全新的政治知识的同时,也向中国人提供了讨论、评判政治问题的新标准。而且这个新标准正在逐渐取代传统的以纲常准则为核心的政治理论,发挥了相当重要的政治价值评判标准的作用。且不论报刊上常引的"西儒""西哲"学说或西国政治制度作为评论时政的参照标准;青年学子们动辄以卢梭、孟德斯鸠的言论作为评判当下政治的新经典;那些朝廷大

---

① 《论今日国民当移对外之方针以对内》,《时报》1908年3月30日。

员的奏折中也表现出全新的政治取向,诸如"查英国宪法……""考日本国会之制……""按三权分立之制……""……此乃泰西内阁制之惯例也"这类在奏折、公文中俯拾皆是的言辞,越来越多地取代了原来的"子曰""书云"这类准则。而由国家观念、民族主义导向主张"政体"变革,则意味着评价政治的价值准则已不是皇权强化与否、朝廷安危如何,而是国家安危、民族荣辱和国民权利是否受损。而且在国家安危、民族荣辱和国民权利这一最高价值准则下,专制皇权的存在已被视为不合理。主张革命的革命党人说:"今日之事,政府不能救国,必我平民而始能救国;政府不惟不能救国,而且限制我平民为救国之计。故今日之对于政府,其依赖之行、信任之心固不可稍存丝毫。"①主张立宪的立宪派也说:"专制国遇外界之冲突,不恃人民而恃君主;立宪国遇外界之冲突,不恃君主而恃人民。……故专制国之害,害在一人政治;立宪国之利,利在多数政治。余谓不讲御外则已,若讲御外,必从政治上根本解决,则多数政治为宜急矣。质言之,所谓立宪是已。"②

国家和民族的生存和国民权利问题已成为最高价值准则,有害于国家、民族生存发展和国民权利的传统君主专制原则也就遭到越来越多人的唾弃。过去被视为经典性的"普天之下,莫非王土;率土之滨,莫非王臣"原则,被指为"荒谬绝伦之邪说";从来不容怀疑的"君使臣死,不得不死"的原则被斥为违背"人道";③一些在朝的士大夫,也抛弃了"忠君"原则,把神圣的"君为臣纲"说成是"大谬也"。④ 传统政治原则走向崩溃,政治的根本或曰政治的本质内容也就从君主转换为国民。最明显的例子

---

① 鸿飞:《对于要求开设国会者之感喟》,张枬、王忍之编:《辛亥革命前十年间时论选集》(三),三联书店1977年版,第273页。

② 李庆芳:《中国国会议》,张枬、王忍之编:《辛亥革命前十年间时论选集》(三),三联书店1977年版,第113—114页。

③ 柳亚子:《民权主义!民族主义!》,杨天石等编:《南社史长编》,中国人民大学出版社1995年版,第74页。

④ 孙宝瑄辛丑二月二十六日日记,孙宝瑄:《忘山庐日记》(上),上海古籍出版社1983年版,第317页。

是,不仅革命派、立宪派在理论和实践上把国民作为国家的根本性质——"国民的国家""国民政治""国民立宪""国民革命"等作为政治以及改革、立宪或革命的根本性质和本质内容,即使是清朝大臣这一时期的奏折中,也经常出现"国民者,政治之本原也"[①]这类话语。

所谓国民是政治的根本,即国家的一切政治活动、政治设置、政治关系都是以国民为中心、为根本。这种政治被当时的一些思想家、政治家概括为"民权"("民权主义")政治。而且,"民权主义"正逐渐转化为中国人的政治思维,被树为新的政治原则。这一原则是当时新的政治文化的核心内容。它具体又表现为尊重人权原则、主权在民原则、分权原则、法制原则等。

**2. 尊重人权原则**

从理论上说,人权原则应当作为近代政治文化的根基;就事实而言,虽然,中国近代政治文化发展的主要动力并非人的觉醒,但晚清以来历次反对外国侵略的斗争中,中国人渐渐萌生起并扩张着民族自主和反抗意识、国家权利意识,并渐渐抹去中国人原有的臣民意识和驯服习性。而且,这种自主、反抗和权利意识在救亡斗争中屡屡受压、受阻的现实刺激下,以及欧风美雨的启导下,便合乎规律、合乎逻辑地把它从国家、民族领域深入个体领域,萌生起并张扬着人权观念。

我们从前节关于"人"的层次的启蒙内容中已经看到,启蒙主义者已将人的"天然之权利""天授之权利""完全之权利"作为一项原则性的观念,列入向社会进行文化启蒙的重要内容;同时我们更应看到,人权在当时中国已开始作为一项付诸实践的原则,被越来越广泛地接受并渐渐得到贯彻。即使是清政府在施政活动中也肯定了某些基本人权。例如1904年,清政府批准了浙江鄞县士绅卢洪昶的请求,浙东贱民"永除丐

---

[①] 《出使各国考察宪政大臣戴鸿慈等奏考察各国学务择要上陈折》,故宫博物院明清档案部编:《清末筹备立宪档案史料》下册,中华书局1979年版,第965页。

籍,销去堕民名目,准与齐民同列"①。1906年,两江总督周馥上奏曰:"天生万物,人为贵,……凡属戴发含齿之伦,皆在覆育生成之列。若于微贱无告之民有所歧视,使不得自等于人类,非盛世仁政所宜也。"要求革除旧习,"永禁买卖人口","其使用奴婢,只准价雇,纳妾只准媒说,从前原有之奴婢,一律以雇工论,身体许其自主"。1909年,御史吴纬炳又上奏要求永远禁革置买奴婢旧习,违者治罪;此后契雇贫民子弟,以及旧有奴婢,均以雇工人等,今后即永无奴婢名目;旗下家奴概以雇工人论;汉人世仆及其子孙概行开豁为良;删除良贱为婚旧律,嗣后雇工人与良人为婚一概不加禁阻;律例内各分别良贱条款一律删除,等。在朝野颇为强烈的解放奴婢呼声的压力下,是年清廷颁布了禁革买卖人口旧习条款十条。本着"重视人类""同是齐氓,不应再分阶级"的精神,规定嗣后永远禁止置买奴婢,均以雇工人论,今后即永无奴婢名目;旗下家奴概以雇工人论;汉人世仆及其子孙概行开豁为良;删除良贱为婚之律,嗣后雇工人与良人为婚一概不加禁阻;律例内各分别良贱条款一律删除,等。② 在清末修律活动中,主持修律的刑部侍郎沈家本秉持"凡人皆同类","权由天畀,于法律实不应有厚薄之殊"的人道主义原则,废除了旧律中一些非人道的残酷刑罚,如凌迟、枭首、戮尸、缘坐、刺字等,并减少死刑罪名,禁止非法刑讯,罪刑法定,犯罪主体平等适用刑罚,建立辩护和陪审制度等。③ 这不仅是体现了作为清朝大臣的沈家本尊重人权、注重平等的思想,也是清朝法律制度初步实现了对一些基本人权的保护,说明在当时铺天盖地的"民权""平等"呼声下,即使是在清朝统治者方面,也出现了尊重人、尊重人权的政治趋势。

当然,当时处于先锋位置的,是革命派、立宪派对人权原则的肯定和

---

① 光绪三十年谕旨,转引自绍兴市地方志编纂委员会编:《绍兴市志》第5册,浙江人民出版社1996年版,第3378页。
② 光绪三十二年两江总督周馥奏、宣统元年清廷谕,刘锦藻辑:《清朝续文献通考》(一)卷二十六,浙江古籍出版社1988年影印本,第7782—7784页。
③ 沈家本:《奏进呈修订刑律草案折》,《大清法规大全·法律部》卷11;沈家本:《删除律例内重法折》,《寄簃文存》一。

张扬。出于救国需要,他们直接将人的解放引向政治上的解放。立宪派从人的本性来说明国民拥有政治权利是合理的:一是由于"人类为政治动物,对政治莫不各有自由之意思"。二是由于"人类以单独之个人不能生存于世界也,故有群;人人欲其躯壳及精神之幸福底于完全也,故有国家。若国家政事不使国民参预,则人亦何贵乎有群?何贵乎有国家?适以生存之累耳"。① 于是他们以人性论为根基,画了一条由人性论而导向"国民政治"的路线:追求人的"躯壳及精神之幸福"——"国民的运动"(如国民集会、游行、签名上书请愿等活动)——建设"国民政治"(即代表国民意志和利益的宪法、国会、政府等)。②

革命派则认为伸张人的权利是革命的精神基础:

> 佛朗西(今译法兰西)革命之精神,一言以蔽之曰:重视我之一字,张我之权于无限耳。易言之曰:个人之自觉耳,……其大体则固以自由精神为之础也。③

因此中国的革命应是"除奴隶而为主人之革命",革命的根本目的是:"以恢复我声明文物之祖国,以收回我天赋之权利,以挽回我有生以来之自由,以购取人人平等之幸福。"④革命之性质则是本着"自由、平等、博爱之精神"的"国民革命"。⑤ 尽管这种人权观念并不纯正,其趋向是服从于政治目标的,但作为一项最基本的原则性的观念总是为政治文化的

---

① 李庆芳:《中国国会议》,张枬、王忍之编:《辛亥革命前十年间时论选集》(三),三联书店1977年版,第117页。
② 《政闻社宣言书》,张枬、王忍之编:《辛亥革命前十年间时论选集》(二)下,三联书店1977年版,第1057页。
③ 疏其:《兴国精神之史曜》,张枬、王忍之编:《辛亥革命前十年间时论选集》(三),三联书店1977年版,第301页。
④ 邹容:《革命军》,致志选编:《猛回头·陈天华邹容集》,辽宁人民出版社1994年版,第183、202页。
⑤ 孙中山:《中国同盟会革命方略》,广东省社会科学院历史研究室等编:《孙中山全集》(一),中华书局1989年版,第296页。

近代走向提供最本质的支持。

### 3. 主权在民原则

主权是一个国家固有的权力,国家凭借这种权力,通过立法、司法、行政等手段实现政治统治。在传统时代,国家主权完全属于君主,主权的实质即君主的意志。至19世纪末以来,君主及其所代表的政府在国家主权问题上的种种"失职"和无能,已经引起了许多有识之士对传统主权原则的质疑和批评。至20世纪初,有识之士更是普遍而明确地指出,国家的主权应属于全体国民,并且将主权在民作为一项被进步人士普遍认可的政治原则。当许多人以"股东"与"办事者"的关系这类语言解释国民与政府的关系,当一些人一再宣传国家强弱其根本系于民权之强弱时,实际上是表述了这样一个观点:国家的主权属于国民。主权的实质是国民全体的意志。政府行使的政治权力并非来自"天命""神授",而是国民授予的,亦即"国民者,政治之本原也"①。

这种观点和认识不仅仅表现在前几节所述的有识之士关于国民是国家的主体、国民(公民)应拥有各项"私权""公权"的理论表述上,还表现在当时的先进人士已把主权在民原则确立为中国今后政治发展的方向。不仅革命派明确宣布了自己的政治纲领:"今者由平民革命以建国民政府,凡为国民皆平等以有参政权,大总统由国民公举,议会由国民公举之议员构成之。创定中华民国宪法,人人共守,敢有帝制自为者天下共击之。"②立宪派也认定:"今后之中国,中央则由独裁政治变而为代议政治,地方则由官治变而为自治政治,此无可疑者。"③即使是清政府,这一时期也谕令成立资政院、谘议局,颁布《钦定宪法大纲》,宣布实行地方自治,朝着主权在民的政治制度移步。当然,更重要的表现是进步人士在这一

---

① 《出使各国考察宪政大臣戴鸿慈等奏考察各国学务择要上陈折》,故宫博物院明清档案部编:《清末筹备立宪档案史料》下册,中华书局1979年版,第965页。
② 孙中山:《中国同盟会革命方略》,广东省社会科学院历史研究室等编:《孙中山全集》(一),中华书局1989年版,第297页。
③ 黄可权:《国会论》,《政论》第5号,1908年7月。

理论认识的基础上,努力将主权在民原则转化为具体的政治实践。其努力的途径主要有二:

一是国会。近代中国人提出"设议院"要求已有数十年,但从来没有像这一时期那样认识清晰、要求迫切且付诸实际行动。因为这一时期的有识之士已经比较普遍地、清楚地认识到,议会不只是议政机构,而是一个代表人民权力的民意机关。都认为,所谓议院,"即国民参政权荟萃之中心点也。国会之意思,即国民意思;国会之行为,即为国民行为。今国民欲解决政治上之问题,则当从国会着手"①。"人民之权利自由,当以国会为集中点,无国会则人民之权利消灭无形,而宪法之精神已游荡而无著"②,即通过国会让国民充分行使权利。为此,有识之士不仅在纸上精心描画中国国会的模式,更以行动——或以武装斗争,或以上书请愿、发起签名运动、集会、游行等方式争取国会的成立。当国会、省议会的雏形资政院、谘议局终于成立时,那些议员便迫不及待地以"国民代表"的身份在讲坛上滔滔不绝、情绪激昂地陈述"国民之意思"。或批评政府,或弹劾官员,或审核财政收支,或制定并通过法律文件让行政当局执行,或提出利国利民的建议,等。当武昌起义成功、各省纷纷独立后,革命派的第一个重大行动,便是筹建临时代议机构"各省都督府代表联合会",代表国民之"意思"组建民国政府。

二是地方自治。20世纪初,中国出现了一股地方自治思潮。1901年时,张謇就主张仿效日本,实行地方自治制度。③ 1902年,康有为也认为:"今吾中国地方之大病,在于官代民治,而不听民自治也。救之之道,听地方自治而已。"主张让"举国之公民,各竭其力,尽其智,自治其乡邑,深

---

① 李庆芳:《中国国会议》,张枬、王忍之编:《辛亥革命前十年间时论选集》(三),三联书店1977年版,第121页。
② 《请开国会理由书》,张枬、王忍之编:《辛亥革命前十年间时论选集》(三),三联书店1977年版,第121、127页。
③ 张謇:《变法平议》,张謇研究中心等编:《张謇全集》第1卷,江苏古籍出版社1994年版,第53页。

固其国本"①。随着政治改革运动的深入,地方自治越来越成为国民的"视线之所集",要求地方自治的呼声"日触于耳",②且日渐高涨,都认为地方自治为"民权之第一基础也",③"有扩张民权之趋向"。④ 尤其是在国家级的政权民主化改革遇上重重阻力时,人们更希望通过地方自治以实现民权政治,为国家的政治改革奠定基础,因而有识之士很早就将地方自治思想付诸实践。1904 年江苏南通成立"自治会",奉天成立"保卫公所",此后各地绅商自发成立的推进或研究地方自治的团体至少有 50 多个。⑤ 这些团体的名称可谓五花八门,有自治局、公益会、保卫公所、地方会、议事会、自治会、自治研究所等等。名称的五花八门,正说明国人对地方自治普遍的自发性的热忱。而且这些团体或组织当地民众选举产生自治领导机构,或者本身就是当地民众选举产生的自治领导机构,并且都力图通过地方自治实现"扩张民权""听民自治"。如浙江嘉兴新丰镇于1906 年成立的"公益社",通过乡民选举成立了领导机构,并宣称凡地方办理警察、卫生、劝业等,皆在该社的权限范围。⑥ 1905 年上海城厢内外工程局成立,试行城市自治;1906 年天津成立自治局,举办地方自治;1909 年,清政府颁地方自治章程,在各地全面推行地方自治,各地的有识之士又以满腔热忱投入筹备和建立地方自治的活动中。这从政治文化的角度说意义重大:中国封建朝廷第一次让民众通过投票选举的方式产生出地方立法及行政机构,第一次让民选的地方立法和行政机构管理当地的公共事务及一部分税收、司法、治安、教育等事务,从而开始在基层社

---

① 康有为:《中国改制议》,上海市文物委员会编:《康有为遗稿》,上海人民出版社1986 年版,第 282—283 页。
② 《解释地方自治之意义及其分类》,《东方杂志》第 4 年第 12 期,1908 年 1 月。
③ 梁启超:《答某君问德国日本裁抑民权事》,《饮冰室合集·文集》之十一,中华书局 1989 年重印本,第52 页。
④ 《解释地方自治之意义及其分类》,《东方杂志》第 4 年第 12 期,1908 年 1 月。
⑤ 梁景和:《清末国民意识与参政意识研究》,湖南教育出版社 1999 年版,第 158—160 页。
⑥ 《地方自治汇志》,《东方杂志》第 4 年第 10 期,1907 年 11 月。

会、在部分领域实现了以民权取代君权,以"民治"取代"官治"的民主政治制度,为国民议政、参政开辟了一条合法途径。

### 4. 分权原则

西方近代资产阶级在反对君主专制斗争中,提出了分权学说,并且在日后的民主政治建设中成为一项基本原则。19世纪末,康有为、梁启超等人将分权学说介绍给中国人。至20世纪初,分权学说已被进步人士普遍接受,并且成为中国政治变革活动中的一项基本原则。我们可以看到,根据分权学说提出的"三权分立"原则,是20世纪初各书、刊以及公私文牍上出现最多的政治术语之一。建立和实行"三权分立"制度,也是当时言论界讨论最热门的议题之一。而且思想界普遍认为,分权——"三权分立",是消灭或改造君主专制政治的必须。很多人从理论上认识到:

> 三权分立论之主旨,在使各机关分担国家政务之一部,故立法与行政常相对立。若以立法而兼行政,则其所定法律,必致有流于专横之弊;分立之,则立法机关设立一定不移之通则,以为法规,不为一时之利害所牵制。行政机关则依此法规而行,亦不敢瞻顾私情,枉法处置,而后两者始可得其公平。①

即把国家的权力分属于立法、司法、行政三个部门,以防止专制,保障民权。这一观念在较大程度上可谓已深入人心。这不仅表现在立宪派将"三权分立"作为最基本的政治主张,要求设立具有完整立法权的议院、司法独立、成立责任内阁;革命派则已提前将"三权分立"原则落实于革命团体同盟会的机构组织当中;最明显的证据是,即使是在清廷内部关于立宪政治建设的讨论中,"三权分立"几乎是一个不容置辩的政治原则。诸如"考各立宪国制度,莫不本立法、司法、行政三权鼎立之说为原则"②。

---

① 伟璠:《行政法概论》,《政法学报》第5期,1903年11月。
② 《出使德国臣杨晟条陈官制大纲折》,故宫博物院明清档案部编:《清末筹备立宪档案史料》上册,中华书局1979年版,第389页。

"立宪之精意,即以国家统治之权,分配于立法、司法、行政三机关,并保障国民之公权及私权,而后国家之土地、人民、政事三者于以相维相系而永固"[①]等,这类言论在官员们的奏折中几乎比比皆是。在实践上清政府的预备立宪也在一定程度上贯彻了"三权分立"原则。不仅所颁布的《钦定宪法大纲》赋予议院以一定的立法权和监督权,已经成立的资政院和各省谘议局也具有一定的立法权和行政监督权,"维持司法独立"已成为司法制度改革中的一项准则。至宣统年间,代表立法权的资政院,代表司法权的大理院及各级审判厅,代表行政权的内阁先后成立,显现了三权分立政治架构的雏形。这个架构在中国历史上第一次从制度上分解了君权,彰显了民权。

而且,中国人不只是简单地引进和采用西方的"三权分立"制度,而是结合中国的实际,力图发展并完善分权原则。对西方国家普遍实行的代议制持否定态度的章太炎,对分权原则却予以肯定。他主张以"恢廓民权,限制元首"为总原则,实行行政、司法、教育三权分立。"总统主行政、国防与代表外交事";司法长官不为总统"陪属","与总统敌体",不仅主"民之狱讼",且负"监督政官""处分官府之责","虽总统有罪行得逮治罢黜";学校皆独立,"长官与总统敌体",其职责在"使人知识精明,道行坚厉"。若总统及百官有违法、溺职、贪黜等罪,人人可诉于法吏,逮而治之。若司法官枉法回护,"民得请于学官,集法学者共治之",建成一个各司其职,互相联结又互相牵制的权力体制。[②]

孙中山则结合中国国情进一步丰富和发展了分权学说。他认为西方国家普遍实行的三权分立制度仍然不够完善,不能真正表达民意,保障民权。这一是因为当今的民主国家一般都通过选举来任命官员,但单凭选举来任用官员,"那些略有口才的人,便去巴结选民,运动选举;那些学问

---

[①] 《法部尚书戴鸿慈奏拟修订法律办法折》,故宫博物院明清档案部编:《清末筹备立宪档案史料》下册,中华书局1979年版,第840页。
[②] 章太炎:《代议然否论》,汤志钧编:《章太炎政论选集》上册,中华书局1977年版,第464—466页。

思想高尚的人,反都因讷于口才,没有人去物色他。所以美国代表院中,往往有愚蠢无知的人夹杂在内"。二是因为一般民主国家的监督权归议院掌握,不能独立,议院"往往擅用此权,挟制行政机关,使他不得不俯首听命,因此常常成为议院专制"。为避免这两大弊端,孙中山吸取了中国传统的考试制度、监察制度的经验,主张未来成立的中华民国,除独立的立法、司法、行政三权外,还应设立独立行使考选权的机关(孙中山后来将它定名为"考试院")和独立行使纠察权的机关(孙中山后来将它定名为"监察院"),从而创建一个"破天荒的政体"——立法、司法、行政、考选、纠察"五权分立的共和政治"。① 尽管"五权分立"在本质上与"三权分立"并没有多少区别,但它却真实反映了孙中山为贯彻真正的分权原则,建立真正的民权政治的苦心探索、孜孜追求,以及深化和扩展民权的不懈努力。

**5. 法治原则**

传统中国政治历来注重礼治。而礼治实际上是与人治、德治相通的。因为礼治实际上是要求维护等级制,突出统治者个人的作用,实质上是要以伦理纲常规范人们的言行举动。正因为如此,礼治在本质上是排斥民权,维护一人为治的专制政治体制,与以民主为内核的近代法治精神是完全相反的。当时的有识之士即已清楚地认识到法治与礼治二者具有本质上的"天壤之差":

> 定上下贵贱之分,言杀言等,委曲繁重,虽父子夫妇之亲,亦被其间离,非礼之本质乎?以平等为精髓,无压抑之理,无犯人自由之律,非法之本质乎?重礼则养成卑屈之风,服从之性,仆仆而惟上命是听,任如何非礼,如何非法,而下不得不屈从之。君可不敬,臣不可不忠;父可不慈,子不可不孝,是重礼者之代表也。卑屈服从之奴性,呜

---

① 孙中山:《在东京民报创刊周年庆祝大会的演说》《与该鲁学尼等的谈话》,广东省社会科学院历史研究室等编:《孙中山全集》(一),中华书局1981年版,第330—331、319—320页。

呼极矣！至若法律,则凡百条项,皆本诸自由平等之原则。君臣平等也,父子平等也,夫妇平等也,男女平等也,无贵族平民之别,无奴隶自由民之分,人有不受人卑屈之权利,人有不顺从人之权利。①

总之,法治的本质是尊重和保护人的平等、自由和权利,即上文所说的"权利之表为法律,法律之里即权利"。而传统礼治则相反。因此,呼唤民权的有识之士,也以同样的热情呼唤法治政治,高呼："法律神圣""法治国主义",要求"构造法治国","移法治国之效果,以播植于老大帝国"。②

而且有识之士对于"法治国"的内容也有了较清楚的了解。

其一,他们认为,法治国的法律必须源自国民之"公定"：

公定者为全体国民之意见,或直接参与其事,或选出代议士使代表众意。公定之后,非经公众再行议决,则不能改废也,……人人所公奉之法,即其所公定之法,无贵无贱,莫不受制于法律之下。③

即法治国的法律必须出自国民之"公意",代表国民之意志,才能有效地实行以法治国。

其二,必须建立一个完整的法律体系。他们认为,法治国的法律是以宪法为根本法的。因为宪法"为国家一切法度之根源,此后无论出何令,更何法,万变而不许离其宗旨者也"④。有了宪法,然后才能制定一系列其他法律：

---

① 《权利篇》,张枬、王忍之编：《辛亥革命前十年间时论选集》(一)上,三联书店1977年版,第481页。

② 汉驹：《新政府之建设》,张枬、王忍之编：《辛亥革命前十年间时论选集》(一)下,三联书店1977年版,第585—587页。

③ 亚粹：《论法治国》,《政法学报》第1期,1903年4月。

④ 梁启超：《立宪法议》,《饮冰室合集·文集》之五,中华书局1989年重印本,第1页。

有行政法，则官司不能滥用职权以自私，民亦不能违反命令以自便，朝政乡治，互相联络，而机关斯灵矣；有刑法，则犯罪者知所儆惩，被犯者得以昭雪，社会无破坏现象，而秩序斯立矣；有民法，则民间事事物物各有当循之规则，无论智愚强弱，皆不能有所异同，而人权斯平矣；有商法，则交易一准信用，不能有虚伪之迹，而实业斯兴矣；有诉讼法，则原告被告各尽其情，不致有隐蔽之患，而刑法斯中矣。①

即建立一个以宪法为根本，包括各普通法（包括各种实体法，程序法）的、能规范社会方方面面的法律体系。

其三，依法治国。即整个社会的任何人、任何事都必须置于法律规范之下。他们认为，法治国的一大原则，是在法律面前，无强无弱，无尊无卑，无智无愚，无贵无贱，都是平等的，一切人和事都应置于法律之下：

以所立之法，为一国最高之主权之机关。一国之事，皆归法以范围之；一国之人，皆归法以统治之，无所谓贵，无所谓贱，无所谓尊，无所谓卑，无所谓君，无所谓臣，皆栖息于法之下。非法之所定者，不能有命令；非法之所定者，不得有服从。②

显然，建立"法治国"的根本精神是在没有民权基础的中国伸张和保护民权，是民权政治建设的重要组成部分。

事实上，建立"法治国"在当时的中国已不仅仅是思想主张，而是已成为实践中的近代政治建设活动的重要内容。在日益高涨的"立宪法"呼声的压力下，1908年8月清王朝颁布了《钦定宪法大纲》，它在中国历史上第一次使无限专制成为有限，第一次以法的形式规定了人民的一些

---

① 亚粹：《论法治国》，《政法学报》第1期，1903年4月。
② 恨海：《满政府之立宪问题》，张枬、王忍之编：《辛亥革命前十年间时论选集》（二）上，三联书店1977年版，第547页。

权利。紧接着又开始起草正式宪法。这部宪法草案进一步限制了君权，扩大了民权，并赋予议会以一定的立法权，审判机关拥有相对独立的司法权。在确立根本大法的同时，清政府又着手进行修订各普通法的工作。从1907年开始，先后修订了《大清新刑律》《大清民律草案》《大清商律草案》《大清刑事民事诉讼法》《法院编制法》等，以及一系列单行法规。法治原则开始在现实生活中得到贯彻，而礼治原则正步步退却。

  民权主义——尊重人权原则、主权在民原则、分权原则、法治原则等，成为20世纪初中国政治文化的核心内容，从其更内在的层而说，则是中国人从内在的政治价值观、政治理想、政治观念，直至外在的政治文明都在向近代演进的反映。即在民权主义这一中心原则下，民权已开始成为判断政治现象的是非标准，成为指导政治活动的宗旨；自由、平等、权利之说不仅已成为报刊书籍上出现得最多的词汇，成为人们口头上最为流行，即最具权势的话语，而且已开始成为许多人的基本观念。"民权政治"——包括共和立宪，君主立宪已成为许多人为之奋斗的政治理想。对于君主立宪，"上自勋戚大臣，下逮校舍学子，……一唱百和，异口同声"①。同时革命论也"盛行于中国，……如决江河，沛然而莫之能御也"②；民众对近代政治，也从蒙昧而渐趋于自觉，从冷漠而渐渐参与。从拒俄运动、收回利权运动、反美爱国运动中，市民群众为捍卫国家的主权、民族的尊严，明白地以中国国民的一分子而积极参加抗议集会、抵制洋货、罢市、罢工、罢课，或捐款、集资等斗争。到立宪运动中，市民群众开始自觉地作为与专制政治对立的国民一分子，为在中国建立民权政治而踊跃加入集会、游行、签名上书等请愿立宪的政治运动行列中。至武昌起义前后，越来越多的民众更是以专制朝廷之埋葬者的身份，或是直接加入反清起义的队伍中，或是支持、欢呼革命，迎来共和政体；近代政治文明——

---

  ① 《中国未立宪以前当以法律遍教国民论》，《东方杂志》第2年第11期，1905年12月。

  ② 与之：《论中国现在之党派及将来之政党》，张枬、王忍之编：《辛亥革命前十年间时论选集》（二）下，三联书店1977年版，第607页。

主要是近代政治制度的建设不仅被中国人高度重视,且获得了非常迅速的发展。仅仅五六年间,从制定宪法大纲,成立过渡性的代议机构,制定近代法制体系,组织责任内阁,到1912年君主专制政体宣告终结,建立了完全的共和国政体。这不仅是近代政治文明的伟大成果,或政治文化的巨大进展,而且,作为封建主义文化的最高象征、作为封建主义文化赖以生存的物化的政治依托物轰然倒塌,更是中国近代文化运动的一个伟大胜利。

## 五、民族新学术的初建

### 1. 理性的学术

在整个文化体系中,学术是生产知识和观念的部门。也可以说,学术起着支持整个文化体系的运行和发展的作用;另一方面,学术也必须追随文化其他各部门的步履,当文化体系中其他层次、部门发生变动或发展到一定程度时,必然会要求并推动学术进行调整、改造或更新。晚清学术在文化领域中就是以这种互动方式向前发展的。

这里要对晚清学术略作回顾:

中国传统学术在很大程度上只是经学的代名词,它所研究的对象主要是人的内在的主观世界,学术活动的形式主要是围绕几本经书反反复复地做注疏、训释、考订、辨伪工作,所生产的知识主要是仁、义、礼、智、信一类伦理学说,其功能完全是为专制政治、为宗法伦理做理论和知识的支持。这种学术无论是内容还是形式,到19世纪中叶即已走到了尽头;19世纪40至90年代,中国的传统文化和学术体系受到了冲击,但并没有"伤筋动骨",有识之士只能是按照"经世致用"的思路,"中体西用"的框架,在旧文化、旧学术的庙堂旁边,零敲碎打地引进西学,支撑中学庙堂;戊戌时期,启蒙主义者试图"援西入中",构筑一个能"融会中西"的"新学"体系。但正如这一时期新文化体系尚不能完全脱离旧文化体系而独立存在一样,新学术也还不能完全剥离经学而自成体系。例如康有为等在理论上仍以"保教"为纲领,以儒家经典为神圣,采用经学方法和"通经致用""借经言政"的思路阐发变法理论。当然,也正是在这一时期,在蓬勃向前、规模宏大而壮观的新文化运动中,新学术体系已在经学殿堂旁渐显雏形——这一时期的有识之士在"中西会通"的口号下,开始注重西学中方法论的探讨;各种学术研究性质的学会纷纷出现,入会者被要求"各占一门""分门考究",以求得"新理";产生了较清晰的学科分类观念,对近代学术体系已有比较清晰的了解和把握。说明戊戌时期的有识之士们已不自觉地开始了建设民族新学术的工作。

至20世纪初年,有识之士提出了较为明确的建设民族新文化的目标。为此,他们确立了"中西会通"的文化革新路线,明确地把祖国主义——民族主义——国民主义作为建设中的民族新文化的根本精神。这一目标、路线和根本精神,不仅以最直接、尖锐的方式向中国学术提出了从根本上革新,即重建的要求,也推动有识之士在戊戌新学术雏形的基础上,开始自觉地建设民族新学术的行动。

所谓自觉,亦即有识之士已清楚地看到学术在整个文化体系中具有非常重要的地位和作用。署名"凡人"的学者在《开通学术议》一文中指出:

> 夫学术中于人心,关于进化,东西一揆也。西洋学术发于希腊苏格拉底氏,至亚里士多德为帝王师,得大行其道,而西洋之文明乃开;东洋学术始于吾国伏羲氏画卦作易,以王天下,下传亦多贤君,至唐虞三代益隆,而东洋文明遂进。……自今以往,为东西洋文明竞争、学战胜负之时代,必主张适用学理,融会东西之学说,乃能革旧弊,明新法,造就新世界,以立于天演淘汰之中也。①

梁启超更是以直截了当的语言,揭示了新学术与新文化体系建设的

---

① 凡人:《开通学术议》,张枬、王忍之编:《辛亥革命前十年间时论选集》(三),三联书店1977年版,第340—341页。

紧密关系:

> 有新学术,然后有新道德、新政治、新技艺、新器物;有是数者,然后有新国、新世界。①

都指出学术是文化的核心,建设新文化体系要以新学术体系的建构为前提。从中也可看到,为了造就文明"新世界"(即包括新道德、新政治、新技艺、新器物等在内的新文化)必须建设新学术,已成为那个时代知识分子的共识和目标。正是在这一明确的认识之基础上,新学界的学者们主动、积极而自觉地倾力于新学术的建设工作。

自觉的建设民族新学术活动表现在,新学界学者所致力建设的,是一个与理性社会相契合的理性学术。

理性学术的首要特性是,学术摆脱过去那种政治之仆从,伦理之婢女的地位,成为纯然的以向客观世界认知、满足人生求知欲望为目的的学术。因为理性学术的根本任务就是根据自然的本质、人的本性的要求完整而真实地认识客观世界、解释客观世界,使学术获得自身的价值与尊严。这不完全是今人的概括,而是当时新学界学者已经达到的认识水平。如王国维,就是立足于人的本性来看待学术的价值和学术活动之目的的。他认为,学术不能仅仅服务于人的功利性的"日用之生活"的目的,如果仅此而已,则与禽兽无以异。因为人"所以异乎禽兽者,则岂不以理性乎!"而这个作为人的本质的"理性",其外在的表现是人的"知力""意志""感情";发为理想,则是人的求真、求善、求美和求知的愿望;发为行动,则是对"纯粹之知识与微妙之感情"的追求,以期得到"日夜相迫于前"的"宇宙之变化,人事之错综",即对自然和社会现象的准确解释和认

---

① 梁启超:《近世文明初祖二大家之学说》,《饮冰室合集·文集》之十三,中华书局1989年重印本,第1页。

知,求得"人类之知识感情"的"满足慰藉"。① 因此学术的价值主要并不在于它能否直接有用于当下(诸如"修身""齐家"或"求强""求富"或"革政"之类),而在于它能帮助人们真实地认识客观世界,进而"豁然宇宙人生之真理",准确地解释客观世界,从而"偿我知识上之要求而慰我怀疑之苦痛"②,即满足人的求真、求善、求美和求知本性——理性渴求。因而学术研究活动所着眼的,就不应是当下的功利,而是了解整个"宇宙人生之真相",以及长远的"人类之生存福祉",这就是"由全而知曲";学术研究所致力的,应是不避"深湛幽渺",不辞"迂远繁琐",虽"宇宙中之一现象","历史上之一事实",也应求得"真"与"实",这就是"致曲而知全"。总之,是追求"无用之用"的纯学术。③

这种理性学术精神已开始在20世纪初的中国学术界中发挥作用。不仅王国维一再强调学术应有其"独立之价值"④,认为学术所争只有是非、真伪,而"无有用无用之说"⑤;章太炎也认为:"学者将以实事求是,有用与否,固不暇计"⑥;也不仅是大师们,一些普通学者也认为,学术的本质应是"智民",即求知的,否则便不是学术。⑦ 而且不仅在理论上,新学界学者在学术实践活动中也都贯穿着理性精神。我们可以看到,20世纪初中国学术很明显的一个特征是,学术活动的价值指向不仅渐渐告别了

---

① 王国维:《哲学辨惑》《哲学家与美术家之天职》,姚淦铭等编:《王国维文集》(三),中国文史出版社1997年版,第4、6页。
② 王国维:《哲学家与美术家之天职》《论近年之学术界》,姚淦铭等编:《王国维文集》(三),中国文史出版社1997年版,第8、39页。
③ 王国维:《国学丛刊序》,姚淦铭等编:《王国维文集》(四),中国文史出版社1997年版,第367、368页。
④ 王国维:《哲学家与美术家之天职》《论近年之学术界》,姚淦铭等编:《王国维文集》(三),中国文史出版社1997年版,第7页。
⑤ 王国维:《国学丛刊序》,姚淦铭等编:《王国维文集》(四),中国文史出版社1997年版,第366页。
⑥ 章太炎:《与王鹤鸣书》,汤志钧编:《章太炎年谱长编》上册,中华书局1979年版,第237页。
⑦ 《二十世纪之中国》,张枬、王忍之编:《辛亥革命前十年间时论选集》(一)上,三联书店1977年版,第68页。

"求仁"的伦理目标,也逐渐疏离政治功利性的"用"(诸如"经世致用""中体西用"之类)的目的,无论是自然科学,还是社会科学研究活动,都向着追求客观世界的认知、满足人生的求知需求的目标转移。其成果或曰表现就是学术已从政治、伦理中分离出来,日趋学科专门化,研究工作专业化。这一时期自然科学各学科门类的先后建立并体制化,真正的科学研究的初步展开,其本身既说明新学界学人对自然世界的现象及本质之认识在深化,更说明新学界正努力把更真实地认识并解释客观世界的生产知识,确立为今后的学术方向。这一时期人文和社会科学各门类也先后形成并体制化,如哲学、社会学、经济学、美学、伦理学、教育学、历史学、政治学、法学、文字语言学等,并逐步深入地开展了学术研究。像王国维的《红楼梦评论》《古雅在美学上之位置》这类研究成果,其目的是要更深入、更真实地认识并解释人类自身及其生存状态,以及社会的现象和本质。总之,这一时期的学术活动,已开始本着人的理性精神,把探索客观世界,以更真实地认识并解释客观世界,进而创造新知识,以慰藉和满足人的知识渴求作为主要目的。

理性学术更是自由地不承认任何权威的学术。

传统学术是经学"道统"桎梏下的学术。即所有的学术门类及学术活动都处于经学的统率之下,只作为经学的分支而存在。学术研究必须置于经学框架之内,以经学内容为内容,经学方法为方法,以经学结论为结论。实质上是要求学术服从于政治,知识屈从于信仰。即使是进入近代后,中国学术从"经世致用"到"中体西用",也一直是以旧学(经学)作为迎接西学的平台,而没能完全走出经学框架。至20世纪初出现的观念领域的价值多元化,政治领域的民主化,伦理领域旧规范的日渐失效,以及学术领域以新驱旧的趋势,都在事实上否定了经学的统治地位,也进一步彰显了经学"道统"对人的理性的践踏,以及对学术发展的束缚作用。于是,打破经学"道统"的束缚,推倒旧偶像,成为建设民族新学术的必要条件,也是人的理性觉醒的必然要求。那些致力于民族新学术建设的新学界学者挟着政治变革潮流的威势,以理性挑战信仰,明确表示:这个时代的学术应是独立的,只以"真"与"是"为最高追求,除此以外,"无圣""无道统",不承认任何权威与经典。① 高呼"抉破罗网"②,反对"学术专制"③等口号,直捣旧偶像,指出孔子教义"实足以养成支那人奴隶之性、诈伪之性及怯懦之性"④,主张"行孔丘之革命"⑤;横扫旧经典,勇敢地宣布:"四书六经之义理,其非一一适用于今日之用,虽临我以刀锯鼎镬,吾犹敢断言而不惮也。"⑥这是对旧权威的否定。否定旧偶像和旧经典等权威,是理性学术的题中必有之义,因为旧权威下的奴性与理性绝不可能共存。

新学界学者否定了"六经以外无学"的定论和经学专制格局,所期望营造的是一个让学者自由地各出所见,在互相辩诘中求得真理的理性学术环境。所致力创立的是一种脱离经学,"各为独立,无援引攀附之事",具"神圣之位置与独立之价值"⑦的民族新学术。这种学术在20世纪已经产生并初具规模。不仅自然科学研究不容"圣贤""群经"置喙于其中,即使是人文社会科学研究中,"圣贤""群经"也已经渐渐地丧失了话语权。超越于经学的哲学研究所讨论的是"唯物""唯心"等新范畴,伦理学成为哲学的分支,并且不再以阐明纲常伦理为唯一的内容;史学研究不再以"道统"观为思想准则,而是以国家、社会的进化为中心内容;文字学、

---

① 凡人:《无圣篇》,张柟、王忍之编:《辛亥革命前十年间时论选集》(三),三联书店1977年版,第261页;凡人:《道统辨》,张柟、王忍之编:《辛亥革命前十年间时论选集》(一)下,三联书店1977年版,第739页。

② 梁启超:《致南海先生书》,丁文江、赵丰田编:《梁启超年谱长编》,上海人民出版社1983年版,第278页。

③ 陈黻宸:《经术大同说》,陈德溥编:《陈黻宸集》上册,中华书局1995年版,第534页。

④ 《论都兰人种之思想及与他人种思想之异同》,《大陆》第1期,1902年12月。

⑤ 绝圣:《排孔征言》,张柟、王忍之编:《辛亥革命前十年间时论选集》(三),三联书店1977年版,第209页。

⑥ 梁启超:《新民说》,《饮冰室合集·专集》之四,中华书局1989年重印本,第48页。

⑦ 王国维:《论哲学家美术家之天职》,姚淦铭等编:《王国维文集》第三卷,中国文史出版社1997年版,第7页。

语言学已逐渐走出经典考据训诂的窠臼,成为一个研究文字、语言现象、结构、性质和规律的学问;新产生的政治学、法律学、经济学、社会学等,更是从一开始就成为经学的对立面、古"圣贤"的批判者。也就是说,新学界学者的学术研究活动在不断的"求真"与"求是"的求索中努力摆脱"圣贤"和"圣教"的束缚,追求学术自由、独立的真谛。

新学界学者也在努力追求自我解放,倡扬自由"竞争"的学术精神。他们在向那些政治权威大声宣告"今日之时代已入研究自由之时代,而非教权专制之时代"①的同时,也向学界同仁极力提倡扫除"学界迷信"和"学界奴性",树立一种"古人自古人,我自我"的无畏而独立、自由的学术精神:

> 我有耳目,我物我格;我有心思,我理我穷。高高山顶立,深深海底行。其于古人也,吾时而师之,时而友之,时而敌之,无容心焉,以公理为衡而已,自由何如也!②

在"公理"——理性面前,任何"圣贤"偶像、皇皇经典等旧权威统统被赶下了祭台;学术除了服从"公理",不服从任何权威。凡不符合"公理"的,"虽圣贤言之,有所不信焉;虽圣贤行之,有所不慊焉"。③

这就提示了自由学术精神的主旨——新学界学者倡言的学术自由并不是他们追求的终极目标。他们提倡学术自由,只不过是以此为武器,打破经学"道统",推倒旧的偶像、经典权威,使学术从服从信仰变为服从"公理"(理性),即让"公理"(理性)取代旧的偶像、经典,而成为新权威;不再是以"圣教"为准则,而是主张"以公理为衡"——让理性成为衡量

---

① 王国维:《奏定经学科大学文学科大学章程书后》,姚淦铭等编:《王国维文集》(三),中国文史出版社1997年版,第71页。
② 梁启超:《新民说》,《饮冰室合集·专集》之四,中华书局1989年重印本,第48页。
③ 王国维:《国学丛刊序》,姚淦铭等编:《王国维文集》(四),中国文史出版社1997年版,第365页。

一切学术的标准：

> 生今日文明灿烂之世界，罗列古今中外之学术，坐于堂上而判其曲直，可者取之，否者弃之，斯宁非丈夫第一快意事耶！①

正是在追求理性的过程中，中国的学术开始从经学中解放出来，获得了求真、求是的价值。

**2. 以科学为内核的学术**

理性学术通过倡言自由而让学术脱离信仰轨道，通过张扬人的求知本性而确立了学术以认知客观世界为目的的方向，建设近代学术。接下来的问题是：近代学术的本质内容是什么？新学界学者通过探索而找到了答案：近代学术本质上是科学，即学术的科学化。

学术的科学化当然包括学术形成学科体系（这将在后面叙述），但从学术的理性角度说，学术科学化主要是指学术以近代科学观为内核。

在中国学术向近代转型的大趋势下，知识界把全面贯彻近代科学精神和科学方法作为学术追求近代性或曰先进性的应有之义。他们以西方科学为标尺，对中国学术做了深刻的反省，认为中西方在思维方式与学术研究方法上存在着很大的差异。对此，严复在 1909 年出版的《名学浅说》中指出：传统学术的缺陷，一是"不知求诸事实，一切皆资于耳食"；二是"但服膺于古人之成训，或同时流俗所传言，而未尝亲为观察调查，使自得也"。② 即传统学术缺乏注重观察和实验的方法，重演绎推理而忽视归纳推理的方法。随着 20 世纪初西方近代科学学说的大量引进，以及中国学术向近代转型的趋势，使新学界学者看到了中国学术所存在的这一缺陷，并且也认识到这一缺陷对于学术发展，尤其是对学术转型起了阻碍作用，因此对科学精神和科学方法的提倡、介绍方面可谓不遗余力。

---

① 梁启超：《保教非所以尊孔论》，《饮冰室合集·文集》之九，中华书局 1989 年重印本，第 56 页。

② ［英］耶方斯著、严复译：《名学浅说》，三联书店 1959 年版，第 58 页。

当新学界学者将学术的目的定为向客观世界求知,以满足人的理性渴求的时候,实际上已经在呼唤与这一目标相一致的科学的学术精神和学术方法了。王国维就指出:中国今日的学术研究中最需要的是"凡事物必尽其真,而道理必求其是"的科学精神①;最急需的学术人才,是"兼通世界学术之人,而不在一孔之陋儒";最急需的学问,"在授世界最进步之学问之大略,使知研究之方法"②;主张"治科学者,必有待于史学上之材料;而治史学者,亦不可无科学上之知识"③,亦即运用近代"科学上之知识"去研究中国古典文化的"材料",甚至把能运用科学精神和科学方法于学术研究中,作为中国学术"达自觉之地位"的标志。④

当然,王国维只是当时趋新学者中提倡和运用科学精神和科学方法的一个先进者。呼唤近代科学精神和方法是20世纪初中国学术界的一股大趋势,因此许多新学界学者也对此表现出很大的兴趣和积极性。他们都已觉悟到,传统的学术研究方法不仅无法应对层出不穷的新学科领域,即使古典学术领域要取得新发展,也必须掌握新的学术研究方法。例如章太炎指出,在学术研究的"验实"方面,是"西长而中短",中国应当向西方学习。⑤ 梁启超认为:"夫虚理非不可贵,然必藉实验而后得其真。"⑥所以他极力推荐在学术研究中运用培根的观察和实验方法:"人欲求得一真理,当先即一物而频频观察,反复试验,作一所谓无级度之表以记之。

---

① 王国维:《国学丛刊序》,姚淦铭等编:《王国维文集》(四),中国文史出版社1997年版,第365页。

② 王国维:《奏定经学科大学文学科大学章程书后》,姚淦铭等编:《王国维文集》(三),中国文史出版社1997年版,第71页。

③ 王国维:《国学丛刊序》,姚淦铭等编:《王国维文集》(四),中国文史出版社1997年版,第366页。

④ 王国维:《论新学语之输入》,姚淦铭等编:《王国维文集》(三),中国文史出版社1997年版,第41页。

⑤ 章太炎:《与人论〈朴学报〉书》,马勇编:《章太炎书信集》,河北人民出版社2003年,第158—159页。

⑥ 梁启超:《格致学沿革考略》,《饮冰室合集·文集》之十一,中华书局1989年重印本,第3页。

如初则有是事,次则无是事,初则达于甲之级度,次则达于乙之级度。凡如是皆一一考验记载无所遗,积之久,而一定之理出焉矣。"①即通过感观考察、科学实验和求证,以求得真理。即使是当时的一般学者,如吴稚晖在《新世纪》发表文章,认为"名理"之学(人文和社会科学)与"物质"之学(自然科学)都属于科学体系,但人文社会科学必须以"名数质力"之学"理董之"。即以逻辑学、自然科学的学理和方法做研究的指导,否则便只是"悬想",而不是能够"证实"的科学。② 马君武认为,西方科学之发达,是由于学术界能"发挥论理学(即逻辑学)之归纳法,主张以观察试验讲学术也"③。士大夫孙宝瑄也认为"以新理新法治旧学",方能"破除旧时一切窠臼障碍"。④ 因此,掌握、介绍和运用西方的科学方法于学术研究中,从而使学术成为以科学为灵魂的学术,这是本时期新学界学者学术活动的一项重要内容。

更重要的是运用。20 世纪初新学界学者已经逐渐抛弃了过去那种直观感悟的、冥心静思的或主观推理的方法,把这种旨在求真、求实,重视观察和实验,崇尚归纳的科学精神和方法落实到了学术研究的实践中。

近代科学精神和科学方法本来就寓于自然科学研究当中,因此新学界学者在学术研究中最早运用近代科学精神和科学方法的理所当然是在自然科学研究领域。例如当时许多省都建立的"农事试验场",就是较成功地运用科学方法的农业科技实验机构。其中如浙江农事试验场,至宣统年间已占地 360 多亩,试验场场部设有农艺化学科、作物科、蚕桑科、畜牧科等机构。成立之初即拟定了作物选种试验、播种时令试验、播种方法

---

① 梁启超:《近世文明初祖二大家之学说》,《饮冰室合集·文集》之十三,中华书局1989 年重印本,第 3 页。
② 燃:《书神州日报东学西渐篇后》,张枬、王忍之编:《辛亥革命前十年间时论选集》(三),三联书店 1977 年版,第 476 页。
③ 马君武:《论理学之重要及其效用》,莫世祥编:《马君武集》,华中师范大学出版社 1991 年版,第 181 页。
④ 孙宝瑄壬寅年五月五日日记,孙宝瑄:《忘山庐日记》(上),上海古籍出版社1983 年版,第 529—530 页。

试验、耕耘试验、灌溉试验、果树种类试验、土壤种类试验、蔬菜种类试验、病虫害预防及驱除试验、农产品制造试验、蚕种优劣试验、牛之饲养管理试验、家禽之饲养管理试验、养蜂养鱼试验、肥料化验等80个科学实验项目,分门别类做农学专科研究,并规定每年将研究、试验及调查成果印成报告,散发全省农界。① 这些科学试验、研究和推广性质的农业试验场,所收获和推广的不仅仅是农业技术,更有贯穿于这些研究之中的科学精神和科学方法。

在新兴的自然科学研究的带引下,在越来越大量传入的西方人文社会科学中蕴含的科学精神和研究方法的启导下,已有几千年古老传统的人文和社会科学研究也开始引入科学精神和方法。如王国维不仅从理论上把能否运用科学方法作为学术上是否"达自觉之地位"的标志,在实践上,也真正称得上是对近代学术"达自觉之地位"的先进者。在中国古典文化研究的实践当中,他就广泛地运用了从西方引进的"综括"和"分析"的科学方法。例如自1907年开始的中国古典戏曲的研究,他从史籍中发掘并搜集了大量的从先秦巫觋直至清代的"郁堙沈晦"数千年的戏曲史资料,然后运用"西欧学术精湛绵密"之方法,②对史料进行了缜密细致的考证、鉴别、筛选、梳理,以及精心的综合、归纳分析,即他自己所说的"究其渊源,明其变化之迹","观其会通,窥其奥窔",③先后撰写出了十余种戏曲史著述,给中国戏曲研究开辟了一条崭新的道路。而且他在戏曲史研究中采用的乾嘉考据学与西学的实证科学、归纳、演绎逻辑相结合的方法,后来被他运用于中国古代历史的研究中,并且被他发展为著名的以实证史、以史考实的"二重证据法"。蔡元培是近代学术的积极提倡者。他在伦理学研究中,自觉地运用近代科学方法(即他自己所强调的以自

---

① 《浙江农事试验场章程》,《浙江官报》宣统三年,第33期。
② 王哲安:《王静安先生遗书·序三》,《王国维遗书》第一册卷首,上海古籍书店1983年影印本。
③ 王国维:《宋元戏曲考·序》,姚淦铭等编:《王国维文集》(一),中国文史出版社1997年版,第307页。

然科学以为之基础,以论理学为思想言论之规则)去"整理中国的旧学说",并且是"以研究学理为的,各民族之特性及条教,皆为研究之资料,参伍而贯通之,以归纳于最高之观念,乃复由是而演绎之,以为种种之科条"①。可以说,"西洋科学的精神"贯穿了他的研究全过程。所著《中国伦理学史》,不仅是中国伦理学史研究的奠基之作,在运用"西洋科学的精神"来"整理中国的旧学说"方面也做出了开创性的贡献。梁启超则主张在史学研究中,应综合"内自乡邑之法团,外至五洲之全局;上自穹古之石史,下至昨今之新闻"等等经验证实的材料,而"比较之""观察之",从中"求得其公理公例",②等等。

不仅仅是这些学术大师,整个学术界都在朝着以"新理""新法"治学的方向发展。传统的以"子曰""书云"为前导、为依据的文章已被更大量的诸如《有机物原质之鉴别法》(谢洪赉著)、《中国地质之构造》(虞和钦著)、《植物与人生之关系》(黄孙著)、《泰西哲学流派考》(汪钦著)、《民法财产债权担保》(许壬著)、《江海渔业调查说》(洪炳文著)等这类以新理、新法研究客观世界的论著所取代。一个较普遍的现象是,即使是历史学、地理学、伦理学等由旧入新的学科,学者也时兴称之为"科学",个中缘由,除了他们从学术分类意义上理解的"分科之学"之意外,还有更内在的含义是,这些学科已经在学术思想和方法上向西方科学看齐。尤其是那些青年知识分子在研究中国社会问题时,不再是根据既定的"经义"或"天理",更不是基于主观冥想,而是自觉地运用了从西方传入的对客观事物考察、分析、实验和事实归纳的方法。也正是在这种重视事实、崇尚归纳,以及求真、求是的科学精神的追求中,中国学术从精神到方法、从形式到内容都在告别经学,走向近代。

### 3. 民族的新学术

1903年旧历正月,《浙江潮》创刊号上发表了署名飞生的《国魂篇》

---

① 蔡元培:《中国伦理学史》,中国蔡元培研究会编:《蔡元培全集》(一),浙江教育出版社1997年版,第467、583页。

② 梁启超:《新史学》,《饮冰室合集·文集》之九,中华书局1989年重印本,第10页。

和余一的《民族主义》，两篇文章不约而同地提出了一个词："特性"——国家与民族的特性。飞生在《国魂篇》中多处说道：一个民族之所以能立国于世界，一个国家之所以能够保持其独立性，"则必有一物焉，本之于特性养之"，"必有一物焉，挟其无上之力，以盘踞于国民脑质中，教育家乃能炯眼而灼见之，因其特性而发挥之"。这个"特性"就是"国魂"。①余一的《民族主义》则指出："民族的国家"之所以能成立，有两大"原质"在焉，其中之首要是"发扬固有之特性"。"故曰特性者，运用文明之活力也，种之强弱，视其文明；文明之高下，视其运用力"，这里所说的"特性"，是指"民族主义"精神。② 而无论是飞生的"国魂"说还是余一的"民族主义"精神说，都是指一个国家、一个民族生存于那个生存竞争、弱肉强食的世界上，必须有自己国家或民族的特立独行、独立不羁的民族主义精神。他们所强调的是，面临文化革新、输入新文明之际，在学习他人的先进文化之同时，必须坚定地维护本民族的文化自主性、独立性。这种文化自主性、独立性又来自保护和运用本民族的文化特性。所谓特性亦即本民族"固有"的优秀文化传统。失去了自己的文化特性，我们的国家和民族就不可能生存于这个世界上。

　　这并非无的放矢，自庚子、辛丑年间中国文化开始走出谷底而强劲反弹后，便呈现出一股矫枉过正的"欧化主义"的潮流，文化领域中"醉心欧化"之风甚烈。作为文化领域一部分的学术也不例外：20世纪初西学输入中国已成汹涌之势。而且，在西学可致富强的功效价值诱导下，西学被众人"哄抬"而身价日涨，甚至于"言非同西方之理弗道，事非合西方之术弗行"③。与此同时，"中国固有之学"则因国势衰微而与落后挨打捆绑在一起，遭到一些人愈演愈烈的贬斥，以至被一些人视如"土苴"而嫌弃，中国的固有学术越来越被边缘化，以至出现了青年学子"知有他国，而不知

---

① 飞生：《国魂篇》，《浙江潮》第1期，癸卯年正月。
② 余一：《民族主义论》，《浙江潮》第1期，癸卯年正月。
③ 鲁迅：《文化偏至论》，《鲁迅全集》第1卷，人民文学出版社1981年版，第44页。

有本国"①的文化现象。这的确是十分令人担忧的。那些民族主义学者注意到,一味追求"欧化",就会出现文化迷失和民族传统学术断绝的危险,认识到,"学"(民族学术)的存亡与"族""国"的存亡紧密相连,保存民族学术对民族和国家生存和发展至关重要,因而开始将如何保存和发展民族学术作为"今日一大问题"②来看待。

正是基于这种对民族学术、文化的传承和发展,以至国家、民族生存危机的深深忧虑,一批坚持民族主义立场的学者提出了"救学"——保卫和复兴民族学术的主张。不仅国粹派人士提出了"国粹保存主义"③等口号,其他一些爱国学者如梁启超也主张"固守国粹之性质"④。马叙伦则认为:"一国之成立,必经几何圣人、几何贤士之缔起经营,乃能越数千年而不亡。此圣贤之所缔造而经营者,是名国粹。"⑤他们都认为"国粹"是一个国家历史文化精华的累积,主张以民族学术作为中国学术走向近代的根基。

当然,民族主义学者并不像顽固派那样视西学如妖魔。他们非常愿意而且是自觉地去引进、运用来自西方的近代理性精神和科学方法作为治学的指导。因为他们认为,学术的生命力在于"从时势而变"。任何民族的学术要生存和发展下去,就必须引进新学术"以调和之、补助之",因而他们所采取的是"吸收与保存两主义并行"⑥的战略。但他们也并非凡是西学都引入,对西学同样有一个选择的问题,即"宜取彼之长补吾之

---

① 孙宝瑄丙午年九月二十二日日记,孙宝瑄:《忘山庐日记》(下),上海古籍出版社1983年版,第939页。

② 孙宝瑄丙午年九月二十二日日记,孙宝瑄:《忘山庐日记》(下),上海古籍出版社1983年版,第939页。

③ 黄纯熙:《国粹保存主义》,《政艺通报》壬寅第22期,1902年12月。

④ 梁启超:《致南海先生书》,丁文江、赵丰田编:《梁启超年谱长编》,上海人民出版社1983年版,第278页。

⑤ 马叙伦:《日儒加藤氏之宗教新说》,《新世界学报》1903年第11号(二月初一日)。

⑥ 高旭:《学术沿革之概论》,杨天石等编:《南社史长编》,中国人民大学出版社1995年版,第46页。

短,不宜醉心外国文物,并其所短亦取之,并我所长亦弃之"①。具体地说,当时的民族主义学者们所要引进的西学之长者主要有三:

一是补我之缺或短者,如自然科学各学科,以及哲学、社会学、经济学、法学、政治学等社会科学各学科。

二是泰西学术中的"新理精识"②,即西方科学理论和方法。前已述及,运用近代科学理论和方法来研究学术,已经在学界逐渐推广。其中非常明显的是,"以新理新法治旧学"③已成为一股学术趋势。例如王国维运用西方美学理论研究《红楼梦》,著《红楼梦评论》;刘师培运用西方政治学理论整理古学,著《中国民约精义》;梁启超运用西方哲学、经济学、政治学、伦理学理论,对墨子思想进行全面系统的阐发,著《子墨子学说》;曾鲲化运用社会进化论和西方的历史阶段划分法,打破王朝体系,著《中国历史》,等,都是运用西方科学理论和方法研究古学,运用西方观念诠释古学材料。

三是采用西方近代学科范畴整理中国传统学术。民族主义学者不仅接受了西方学术的学科分类方法,而且还采用西方学科范畴来整理中国传统学术。例如刘师培著的《周末学术史序》,完全打破了传统学术史的学案体裁,按照西学的16门类(心理学、伦理学、论理学、社会学、宗教学、政法学、计学、兵学、教育学、理科学、哲理学、术数学、文字学、工艺学、法律学、文章学)对诸子之学进行整合、归类,成为全新的学术史体系。又如国学保存会1907年拟设国粹学堂,打破了旧学术体系,将国学整合分类为21个学科:经学、文字学、伦理学、心性学、哲学、宗教学、政法学、实业学、社会学、史学、典志学、考古学、地舆学、历数学、博物学、文章学、音乐学、图画学、书法学、译学、武事学,④将古老的学术全部纳入其中,构建

---

① 黄纯熙:《国粹保存主义》,《政艺通报》壬寅第二十二期,1902年12月。
② 《国粹学报略例》,《国粹学报》第1期,1905年2月。
③ 孙宝瑄壬寅五月五日日记,孙宝瑄:《忘山庐日记》(上),上海古籍出版社1983年版,第529页。
④ 《拟设国粹学堂启》,《国粹学报》第26期,1907年3月。

了一个近代学术体系。

同时,民族主义学者也不是要全盘地、盲目地保存本民族旧有学术。因为他们既是坚定的民族主义者,同时又是近代理性观念的信徒。民族主义立场使他们坚决地拒绝了"欧化主义",坚持保存民族学术的立场;而近代理性观念的信仰和革新学术、政治的追求,又使他们摆脱了旧式士人对儒学经典的迷信和皇权主义、道德主义的视角,不再把旧的学术体系看作是一个高踞庙堂、不可割裂的信仰体系。无论是皇皇的"经",还是历来遭贬抑的诸子,无论是历代史,还是"本朝史",无论是中国固有的学问,还是西来的知识,都在理性原则下被检视、被整合,统统被还原为学术研究的对象——"学",而且都要接受理性的审视和区分。正是在这样的思想指导下,中国传统的"学"被明确地区分为"精英"和"糟粕"。[1] 国粹派的学人则进一步明确地将这个与"糟粕"相对的"精英"部分称为"国粹",即一国文化之精粹。作为国粹派重要骨干的黄节、邓实等人更是将中国传统学术的"糟粕"与"精英"之别概括为"君学"与"国学"之分。"君学"自然成为"弃"的对象,"国学"当然是要"保存"并发展的部分,而且被视为"国家成立之源泉"。[2] 因此也正是从这一时期(20世纪初)开始,"国学"一词渐渐为学界所接受并被推广,成为民族新学术的代名词。

所谓"国学",在很大程度上是20世纪初一批民族主义、理性主义学者为了回应"西潮"汹涌、"学亡"危机的文化局势,在存"精英"、弃"糟粕"原则下对中国传统学术所做的清理、整合的结果。可以理解,他们之所以要清理旧学并区分出"糟粕"与"精英"、"君学"与"国学",是为了去"渣"存"粹",整合本土学术资源以更好地对接西潮,迎接近代,使中国学术"不外于"世界和时代潮流;之所以要凸显"国学"、强调"国学",是为了筑起阻击"欧化主义"的防线,在世界学术之林中彰显中国新学术体系

---

[1] 高旭:《学术沿革之概论》,杨天石等编:《南社史长编》,中国人民大学出版社1995年版,第46页。

[2] 章士钊:《国学讲习会序》,章含之等编:《章士钊全集》(一),文汇出版社2000年版,第176页。

的民族特性,在中国学术脱传统之轨、入近代之轨的大转型过程中捍卫民族新学术体系的生存及发展。同时也是为了更好地引进西方学术:

> 大抵国粹愈微,则欧化之阻力愈大,而欧侮之排去愈难;国粹愈盛,则欧化之阻力愈小,而欧侮之排去愈易。①(宋恕)
> 真新学者,未有不能与国学相挈合者也。②(章太炎)

由此我们又可以做这样的理解:民族主义学者提倡国学、国粹、国故,并不是要排斥西学,而是要更好地接入并消化西学。因此他们认为最理想的学术建设方案是:"熔国粹、欧化于一炉",③亦即"国学"(它已不是过去那个泛泛而谈的"中学",而是经过清理、整合的"国粹")与西学的有机融合的、开放的学术体系。他们将国学比作苗圃,既要对原有的植物加以清理("芟夷而蕴崇之"),也需要从外面"移嘉木以植之"。这样的学术"虽非前日之所有,而要之有是地,然后有是华,不得谓非是地之华也。何也?国固吾国也,学即吾学也"④。即使是移入我国的外国学术,也可以化成为"吾学"——本民族的近代学术体系。

也正是为了构建本民族的近代学术体系,在更现实更突出的"学亡"危机形势下,民族主义学者在当时更着力于"救学",更注重的是新旧学术间的传承。在理论上,他们一再强调"有其国者有其学",即"与有国以俱来,本乎地理,根之民性,而不可须臾离"的国学。⑤ 在实践上,受欧洲文艺复兴运动的启发,他们认为中国也可以像古希腊那样借复兴古代学

---

① 宋恕:《上东抚请奏创粹化学堂议》,《宋恕集》上册,中华书局1993年版,第371、373页。
② 章太炎:《国学讲习会序》,《民报》第7号,1906年9月5日。
③ 宋恕:《上东抚请奏创粹化学堂议》,胡珠生编:《宋恕集》上册,中华书局1993年版,第372页。
④ 黄节:《国粹学报叙》,张枬、王忍之编:《辛亥革命前十年间时论选集》(二)上,三联书店1977年版,第44页。
⑤ 邓实:《国学讲习记》,《国粹学报》第19期,1906年8月。

术来振兴中国文化,因此他们打出了"复兴古学"的旗帜。在这一旗帜下,民族主义学者对古代学术做了发掘、整理和研究工作。在当时,民族主义学者们所致力的国学研究主要有四个方面:

一是子学研究。民族主义学者所提出的"复兴古学"主张,在很大程度上是指复兴子学。已具备近代学术眼光的学者认为,先秦时期的诸子之学,是尚未受到秦皇、汉武以后的专制"道统"污染的、最具理性的学术。于是他们把对儒学"道统"的不满转化为对子学研究的热忱。梁启超所说的"以复古为解放",实际上是指出了这一事实:民族主义、理性主义学者们试图以子学作为打破儒学道统,建设理性学术的知识和思想之历史资源。为了复兴子学,学者们通过中西学术的对照,从子学中发掘出与西学"义理"上的相通之处:"诸子之书,其所含之义理,于西人心理、伦理、名学、社会、历史、政法、一切声光化电之学,无所不包,任举其一端,而皆有冥合之处。""如墨荀之名学,管商之法学,老庄之神学,计然、白圭之计学,扁鹊之医学,孙吴之兵学,皆卓然自成一家言,可与西土哲儒并驾齐驱者也。"[1]"并驾齐驱"确是夸大之言,其真实目的是要通过发掘子学中具有近代精神的"义理",使中西学术从历史上的"冥合"转化为现实的联结。于是,学界呈现出子学复兴的局面。子学研究的著作纷然问世,其中著名的如刘师培的《周末学术史序》,章太炎的《诸子学略说》《庄子解诂》,严复的《庄子评语》《老子道德经评语》,王国维的《老子之学说》《列子之学说》《墨子之学说》《周秦诸子之名学》,梁启超的《子墨子学说》《墨子之论理学》等。

二是史学研究。民族主义学者认为,史学在国学中居最重要之地位,"为一代学术之总归"[2],"无史则无学"[3]。之所以如此,是与史学的学术

---

[1] 邓实:《古学复兴论》,张枬、王忍之编:《辛亥革命前十年间时论选集》(二)(上),三联书店1977年版,第59、57页。

[2] 刘师培:《古学出于史官论》,刘师培:《刘申叔遗书》(下),浙江古籍出版社1997年版,第1477页。

[3] 邓实:《国学微论》,《国粹学报》第2期,1905年3月。

功能分不开的。梁启超在1902年的《新史学》一文中指出,史学乃"国民之明镜也,爱国心之源泉也"。这里所谓的"国民之明镜",即史学在民族学术体系中可发挥知识资源的作用。梁启超又说,史学的任务是"叙述人群进化之现象,而求得其公理公例者也"。人们从历史中获得此"进化之公理公例"后,便可"循其理,率其例",以"导未来之进化者也"。[①] 不少学者便是本着这种开掘民族文化的知识资源、寻求社会进化之规律的目的来编撰新史学著作的。如这一时期曾鲲化旨在创作"调查历代国民全部运动进化之大势",以"激发现在社会之国魂"的《中国历史》;[②] 章太炎拟著《中国通史》,以"发明社会政治进化衰微之原理";[③] 刘师培为阐明"人群进化之理",著成《中国历史教科书》,[④]等。而所谓"爱国心之源泉",即史学在民族学术体系中作为民族精神之源泉的作用。民族主义学者认为,民族和国家的历史凝结着爱国主义和民族主义精神,研究历史,宣传历史知识,是为了让国人了解我们国家和民族的优秀传统,培养民族主义、爱国主义思想,如此,国人"那爱国爱种的心,必定风发泉涌,不可遏抑的"。而且,在当时的政治环境下,民族主义学者们很重视"用国粹激动种性,增进爱国热肠"[⑤],写出了大量的叙述民族历史以强调"种性"(民族主义)和"爱国"(爱国主义)的论著。如记叙民族历史的有黄节的《黄史》,刘师培的《中国民族志》《攘书》,陶成章的《中国民族权力消长史》等;表彰民族气节的如陈去病的《明遗民录》、黄节的《宋遗儒略论》、马叙伦的《啸天庐搜幽访奇录》,以及大量散见于各报刊上的岳飞、

---

① 梁启超:《新史学》,《饮冰室合集·文集》之九,中华书局1989年重印本,第1、10、11页。

② 转引自俞旦初著:《爱国主义与中国近代史学》,中国社会科学出版社1996年版,第77页。

③ 章太炎:《致梁启超书》,汤志钧编:《章太炎政论选集》上册,中华书局1977年版,第168页。

④ 刘师培:《中国历史教科书·凡例》,刘师培:《刘申叔遗书》(下),江苏古籍出版社1997年版,第2177页。

⑤ 章太炎:《东京留学生欢迎会演说辞》,汤志钧编:《章太炎政论选集》上册,中华书局1977年版,第276、269页。

文天祥、郑成功、陆秀夫、史可法等民族英雄的传记文,等等。既弘扬了历史上的民族精神,也是对时代潮流的呼应。

三是历史上的典章制度研究。民族主义学者在对封建专制制度进行批判的同时,对中国历史上的典章制度并未一概否定。他们认为,历史上的典章制度在一定程度上是根据中国国情设置的,"官制为什么要这样建置? 州郡为什么要这么分划? 军队为什么要这样编制? 赋税为什么要这样征调? 都有一定的理由,不好将专制政府所行的事,一概抹杀。就是将来建设政府,那项须要改良? 那项须要复古? 必得胸有成竹,才可以见诸施行。"①即中国历史上的典章制度有些是可以通过研究、鉴别而加以借鉴的。有的学者则从另一角度看到中国历史上典章制度的现代价值。他们认为中国古代(尤其是先秦)典制中,有不少是"与今泰东西各国所以致富强者,若合符契,……今人所指为西政之最新者,吾二千年前之旧政已发其端"。主张对古代典制中"与西政合者"进行研究并阐发之,以为借鉴。②总之,历史上那些合理的、具有现代价值的典章制度,是"国粹"的组成部分,应当加以继承,因而在当时的政治变革氛围的推动下,有关中国历代典章制度研究的著作也有不少。如孙诒让的《周礼政要》、汤寿潜的《宪法古义》、马叙伦的《古政述微》、刘师培的《春秋时代官制考》、陆绍明的《古政宗论》等。在全新的范式下,中国古代的典章制度史被重新发掘并获得了新的生命。

四是语言文字研究。民族主义学者认为,语言文字是一个民族、国家形成和发展历史的产物,因而在语言文字之上又附着了一个民族的"特别之礼俗政教"③。亦即凝聚着我们民族、国家几千年的历史文化。民族精神、民族文化与文字语言的关系是毛与皮的关系,"皮之不存,毛将焉

---

① 章太炎:《东京留学生欢迎会演说辞》,汤志钧编:《章太炎政论选集》上册,中华书局1977年版,第277、278页。
② 孙诒让:《周礼政要叙》,张宪文辑:《孙诒让遗文辑存》,浙江人民出版社1989年版,第363页。
③ 姚光:《国学保存论》,杨天石等编:《南社史长编》,中国人民大学出版社1995年版,第187页。

附？……语言文字亡,而性情节族灭"①,民族也就无法生存。所以,他们从捍卫民族文化及民族生存的立场,对当时的欧化主义、无政府主义者废汉字而用万国新语之说给以批驳。章太炎指出,各国在各自不同的民情风俗下有各自不同的、适合于本国国情、承载本民族文化的语言文字,就像不可能以中国文字取代欧洲字母一样,欧洲字母也不可能取代中国文字。从功用层面说,中国的语言文字是中国人用以"宣达职志,条畅性情"的工具,若改用他国文字,则"上不足以明学术,下不足以道情志",指责无政府主义者欲废弃中国文字语言是"令历史不燔烧而自断灭,斯民无感怀邦族之心"。② 同时他们也承认中国的语言文字存在着种种缺陷,如:方言歧出纷纭,口头语言与书面语言不统一,语言呈萎缩、僵化之象,以及难认、难写、难知等,已跟不上时代发展的需要。但他们认为这些完全可以在深入的学术研究的基础上对中国语言文字进行改造而加以克服。③ 正是出于改革和发展民族语言文字的目的,民族主义学者开展了近代语言文字学研究,成为当时国学研究的重要组成部分。影响较大的学术论著如刘师培的《中国文学教科书》《小学发微补》,汪荣宝的《新尔雅》,梁启超的《国文语原解》等。章太炎在民族语言文字学研究方面的贡献尤为突出,先后著有《论语言文字之学》《中国文字略说》《文始》《新方言》等语言文字学论著。这些学术论著或是通过文字的形体结构考察汉字的派生、分化、演变的程序,或是通过考证方言的语根推见语言之本始,或是通过文字故训、音韵的构成之研究探讨语言文字的本源及其历史演变,进而总结出民族语言文字产生和发展的规律,为建设新民族语言文字体系奠定学术基础。

这是一个近代学术民族化、民族学术近代化的过程:民族主义学者通

---

① 太炎:《规新世纪》,《民报》第24号,1908年10月。
② 章太炎:《驳中国用万国新语说》,刘梦溪编:《中国现代学术经典:章太炎卷》,河北教育出版社1996年版,第352页。
③ 章太炎:《驳中国用万国新语说》,刘梦溪编:《中国现代学术经典:章太炎卷》,河北教育出版社1996年版,第598页。

过"取他人之学食而化之"的战略,填平中西鸿沟,使中西学术"水乳交融";通过解构传统学术体系,整合"国学",建构起西方的近代模式、理性精神与本国固有的"精粹"及"国魂""特性"相结合的、努力于"青青于蓝、冰寒于水"的"一国之学"。①

### 4. 近代学术体制的初建

自觉的建设民族新学术活动的更重要的表现,是近代学术体制初步建立。

中国学术的内在变革(即学术研究的理性化,以及近代学术民族化、民族学术近代化)之同时,也向旧的学术体制提出了革新要求。因为学术的内在变革,使得关于学术的理念发生了根本性的变革:旧学术在本质上是蒙昧主义的,其中心内容是从主观到主观的内向的经学推阐;新学术在本质上是科学的,其中心内容是向客观世界做外向的探索。因而在社会日趋近代化,学术新旧更替的必然趋势下,学术体制的更新也成为必然。

具体而言,学术体制主要包括这两个方面:学科体系、学术研究体系。

当学术理念发生了变革,学术内容已在更新时,首当其冲的是那个旧的以经学为中心,以传统政治、伦理精神为原则的学科体系开始被人们抛弃。这当中,西方近代学术的启发固然是重要原因,但更为重要的则是为中国学术内在的近代转型的要求所推动。这主要表现在:近代以来,有识之士们逐渐走出了传统的"格物致知"说,即学术伦理化、研究主体与客体相混融的局限,越来越彻底地将研究客体(包括自然、社会及人自身)对象化、客观化,至20世纪初已基本完成了这一过程。梁启超的认识可为证明。他说:"凡学问必有客观、主观二界。客观者,谓所研究之事物也;主观者,谓能研究此事物之心灵也。和合二者,然后学问出焉。"②即研究客体被完全作为脱离主观世界,成为与研究主体相对立的、客观化的研究对象,从而使学术活动成为摆脱政治、伦理束缚的向客观世界探求新

---

① 张继煦:《湖北学生界·叙论》,张枬、王忍之编:《辛亥革命前十年间时论选集》(一)上,三联书店1977年版,第442页。

② 梁启超:《新史学》,《饮冰室合集·文集》之九,中华书局1989年重印本,第10页。

知的活动,或者说是完全以生产客观知识为目的的活动。于是,理性取代信仰,成为学术整合和发展的基本准则。根据客观事物的属性,而不是出自政治、伦理等主观意志来划分学科,进而建立学术体系,也就成为必然。而且,近代社会发展的总趋势是社会分工趋细,合作愈密。学术研究已不是政治、伦理的奴仆,而是社会的知识生产部门。同时学术研究的范围日益扩展,研究日益深化,在此总趋势下,学术研究已转变为专业行为,亦即成为分工趋细、专业化程度渐高、横向联系日益紧密的知识生产体系。

正是在这一趋势下,新型知识分子在对传统学术批判地继承的基础上,在近代以来兴西学和建构新知识体系的基础上,传承、改造、整合、移植并行,建立起全新的近代学科体系。

所谓传承与改造,即运用西方近代学术原理和方法,并参照西方国家的学科设置,把传统学术中依附于经学的旧学科改造成近代型的学术门类。其中如:

历史学:在"史界革命"的口号下,史学研究开始以国民中心史观取代帝王中心史观,以"民义""民事""民人社会之进退"[①]作为史学的中心内容,以"发明社会政治进化衰微之原理"[②]作为史学研究之主要目的,建立全新的近代历史学。梁启超《中国史叙论》(1901 年)、《新史学》(1902 年)的发表,曾鲲化《中国历史》(1903 年)的出版,是近代历史学产生的标志。

语言文字学:1906 年,章太炎在《国粹学报》第二卷 12 号上发表《论语言文字之学》,标志着近代知识分子已将传统的"小学"剥离经学仆从的地位,把语言文字还原为人类宣情达意之工具,民族文化之载具,并立足于语言文字改革的目标,做探源寻根,明晰流变,掌握其规律的学术探讨,创立了近代语言文字学学科。

伦理学:近代知识分子批判并摒弃了传统伦理学的"昧于伦理之原

---

① 陈黻宸:《独史》,陈德溥编:《陈黻宸集》上册,中华书局 1995 年版,第 562—563 页。

② 章太炎:《致梁启超书》,汤志钧编:《章太炎政论选集》上册,中华书局 1977 年版,第 168 页。

理,徒以克己断私之说,强人民以必从"①的特性,将伦理学改造成"以研究学理为的",作为"知识之径涂"②的近代学术门类。1904年以前,就有张鹤龄的《伦理学讲义》、马君武的《伦理学重要及其效用》出版。影响较大的则是1909年蔡元培译成的德人泡尔生著《伦理学原理》,较全面地介绍了西方近代伦理学概念、研究方法及基本范畴;次年著成的《中国伦理学史》,对中国传统伦理学说做了系统的整理及科学的分析与评价。这些都为近代伦理学在中国的建立奠定了基础。

法律学:中国传统学术中有律学一门,主要是熟读并解释律例,研习判案。近代知识分子所要创立的法律学,则是"普通科学之一",不仅要熟知本国法律条文,更要探讨"法律原理",于中外法律"当研厥精微,互相比较",以探其本原,明其得失,且"于本国法制沿革及风俗习惯,尤当融会贯通"③,即真正作为一门学术。1903年,清政府颁布《奏定学堂章程》,规定大学设政法科,法学进入高等教育。不仅法政类的译著大量出版,作为中国学者法学研究成果的法学著作也有问世,如1904年前出版的《法学约言》(黄群著)、《宪法法理要义》(汪鸿年著),1911年出版的《新编法学通论》(孟森著)等。

整合的学科主要是前此已引入的自然科学类。自19世纪50年代起,中国人的"师夷技""采西学""兴西学"活动,即以引进西方自然科学为主要内容,其中有算学、格致、声光化电之学、植物学、地学等。自19世纪末以来,中国人对近代自然科学各学科的了解与掌握得以不断扩大、加深,而且逐渐从"智"(经验知识)的层面提升到"学"(学术)的层面,对各个学科的学术内涵及本质特征有了较深入的了解。正是在这个基础上,近代知识分子将前此已"落户"中国的各个学科重新进行了整合。其中:

---

① 刘师培:《伦理教科书·序例》,刘师培:《刘申叔遗书》(下),江苏古籍出版社1997年版,第2025页。

② 蔡元培:《释"仇满"》,中国蔡元培研究会编:《蔡元培全集》(一),浙江教育出版社1997年版,第467页。

③ 伍廷芳:《奏请专设法律学堂折》,丁贤俊等编:《伍廷芳集》上册,中华书局1993年版,第272页。

"算学"已被学者定名为"数学",并且明确地将代数、几何、微积分、函数等归入数学科之下;

"物理学"一词自 1900 年王季烈翻译日人饭盛挺造原著的《物理学》一书后而被学界普遍接受,取代了旧的"格致学"名称,并且将声学、光学、电学、热学、汽学等归并到物理学之下;

化学学科知识的深化和更新已达到较高的程度,如化学元素周期律的翻译,世界最新化学研究成果(如钋和镭元素的发现)的介绍,等;

生物学这一学科名称也开始被人们接受,植物学、动物学被归并到这一学科;

地学作为一个学科而建立,它包含原来各自独立的地质学、地理学;

生理学前此曾被称为"全体学"。20 世纪初中国人对这一领域的知识大为深化,并定名为生理学。而且,译著、论著众多,被作为中高等学堂的重要课程。

还有不少学科是这一时期通过移植而建立的,其中主要有:

社会学:在此前一直沿用严复的译名:"群学"。1902 年,章太炎翻译了日本学者岸本能武太著的《社会学》,主张将社会作为一个有机整体来加以研究。1903 年又有吴建常译自日人市川源三著的《社会学提纲》、马君武节译斯宾塞的著作《社会学原理》问世,"社会学"一词被学界所接受。同时,自 1906 年京师政法学堂设置社会学课程后,社会学进入高等学校,社会学学科开始建立。而各地新型知识分子进行的较广泛的社会调查,则是社会学展开学术研究的一个表现。

哲学:1898 年黄遵宪的《日本国志》把"哲学"一词引入中国。20 世纪初,中国学者将前此的"心理学""心灵学""理学""心智之学"等统一定名为"哲学"。1901 年蔡元培发表论文《哲学总论》,将哲学定义为"原理之学""统合之学"[①],另一学者则将哲学解释为"以相当之法研究包举

---

① 蔡元培:《哲学总论》,中国蔡元培研究会编:《蔡元培全集》(一),浙江教育出版社 1997 年版,第 354 页。

宇宙与根本智识之原理之学也"①,从而确定了哲学的学科名称,也明确了哲学的学科概念。尽管张之洞主持制定的《奏定大学堂章程》排斥了哲学,但哲学学科仍在中国学者的学术自觉和对该学科的重视下得以建立。不仅哲学译著众多,如:1902年王国维翻译日本人桑木严翼的《哲学概论》,1903年王学来译日本人井上园了的《哲学原理》,国民丛书社翻译日本东京文学士著的《哲学十大家》,蔡元培译德国人科培尔著的《哲学要领》等;而且已有中国学者的哲学论著问世,如汪钦的《泰西哲学宗派考》、师孔的《哲学纲领》(连载于《浙江潮》),等。应当看到,哲学学科的移植和建立,是这一时期学术界最有意义的事之一。

政治学:20世纪初如火如荼的政治变革风潮,刺激起国人对近代政治学的高度关注,学者开始从学术研究的角度去认真探讨政治学的基本原理,使政治学呈现出空前兴盛的局面。"政治科"成为法定的大学专业,政法类的高等专科学校在全国遍地开花。《政法学报》和《法政杂志》这类专刊政治学论文的学术刊物纷纷创办。政治学的译著、论著成为当时新刊书籍的"主力军"。据《译书经眼录》统计,从1901年到1904年间,中国翻译出版西方政治学专著有66种。中国人编著的此类书籍则有《皇朝政治学问答》(文明书局编撰)、《精本政学》(恽福成著)、《政治学教科书》(杨廷栋著)、《政治思想篇》(杜士珍著)、《欧美各国政治详考》(单启鹏著)等,观察和了解西方和日本的政治制度,介绍近代法政理论,并对政治体制改革进行探讨。政治学的研究已达到了一定的学术深度。

逻辑学:20世纪初逻辑学研究在中国的开展,与严复的推动是分不开的。1900年,严复在上海开"名学会",讲授逻辑学。同时翻译了西方逻辑学著作《穆勒名学》和耶芳斯的《名学浅说》,影响很大,自此"论理学"(或曰"名学""辩学")风行国内,进入高等以及一些中等学校的课堂。1904年以前相继出版的逻辑学译著至少有4本(杨新杭翻译的日本日新丛编社编《名学》、田吴照译的日本十时弥著《论理学纲要》、汪荣宝译的日本高山林次郎著《论理学》、林祖同译的日本清野勉著《论理学达

---

① 公猛:《西腊古代哲学史概论·绪论》,《浙江潮》第4期,1903年5月。

旨》等）。至 1911 年,有王延直纂著的《普通应用论理学》问世,这是中国人较早的逻辑学研究成果。

经济学:前此曾被国人使用过的"计学""生计学""富学"等,20 世纪初开始被定名为经济学。而且,有识之士已认识到经济学"为邦国天下生食为用之经",是"察究财利之性情,贫富之因果,著国财所由出"的"专科之学",①开始受到学界的高度重视。清廷学部规定高等教育中设立经济学专业,且经济学的译著日渐增多,中国人自撰的经济学论著也有不少,如:上海作新社编著并出版的《最新经济学》(1903 年)、易奉乾著《经济学》(1904 年)、江苏师范生编《经济学大意》(1906 年)、李佐庭著《原论》(1907 年)等,说明经济学学科已在中国建立。

心理学:1902 年,田吴照译日本人高岛平三郎著的《初等心理学》,自此,中国人接受了这一译名,将前此的"心灵学"改为"心理学",并且把心理学作为中、高等学堂的重要课程,确立了其学科地位。

在近代知识分子的努力下,近代学术的各学科基本上都已经或开始在 20 世纪初的中国建立,而且,各个学科已被整合成一个学科体系。

这一时期学者整合学科体系的活动,已基本抛弃传统的政治或伦理的原则,基本上是按照理性原则,按照人的求知需要和客观世界的本来面目或规律来整合并建立学科体系。

具有典型意义的是启蒙学者杜亚泉提出的学科体系。杜氏对西方近代科学有较深的了解,他认为学术研究的对象应是客观的"宇宙间事事物物"的现象,而"宇宙之内觉性之中无非三象":物质、生命、心灵。它们为"一切学术之根据","一切学术,虽科目甚繁,皆可以此统之"。由于此"三象""各具特别性能,而又不可分离",因此研究宇宙间事物现象的应当是一个由各个相对独立,又相互联系的学科组成的学科体系:②

---

① 严复:《译斯氏计学例言》,王栻编:《严复集》(一),中华书局 1986 年版,第 97、98 页。

② 杜亚泉:《物质进化论》,田建业等编:《杜亚泉文选》,华东师范大学出版社 1993 年版,第 7—10 页。

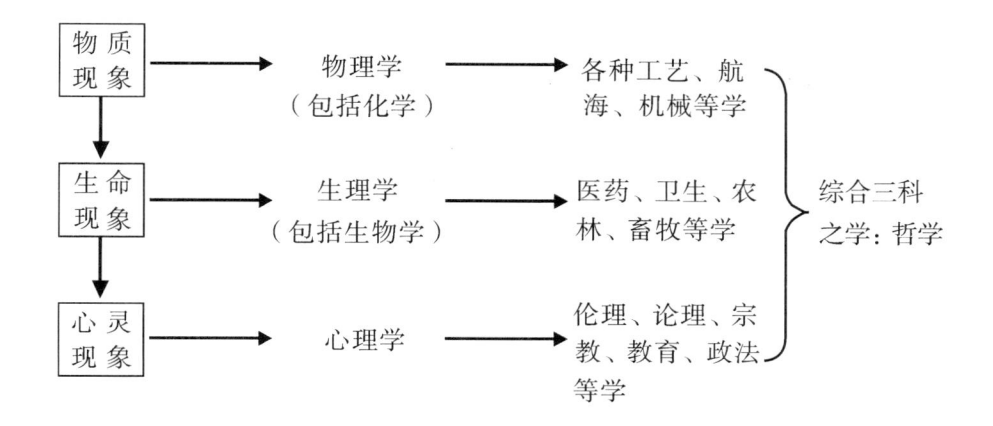

```
物质现象 → 物理学（包括化学） → 各种工艺、航海、机械等学  ┐
生命现象 → 生理学（包括生物学） → 医药、卫生、农林、畜牧等学 ├ 综合三科之学：哲学
心灵现象 → 心理学 → 伦理、论理、宗教、教育、政法等学        ┘
```

值得注意是,这个体系将人类已知的知识种类归纳到客观世界中这三个互相关联的、由物质到精神层级展开的三种现象之下,并且明确地将探究和描述这些现象作为治学目的。其学科分类不尽合理,但它足以说明,20世纪初中国知识精英们的学术观念已与传统完全剥离,对近代学术的深入认识和整体把握已达到相当高的水平,对近代学术以及作为学术研究对象的客观世界已有相当深入的了解。

整合并建立近代学科体系是创建民族新学术的必然需要,因此当时提出近代学科体系方案的并不只是杜亚泉,有众多的学者先后提出了新学科体系方案。1901年,蔡元培吸取日本学者的学术分科理论,将学术分为"有形理学""无形理学""道学"3形态,下分10部23科;[1]1902年,梁启超在《格致学沿革考略》中,将学术分为"形而上""形而下"(即社会科学、自然科学)二端,下分10科;[2]陈黻宸在《新世界学报叙例》中将学术分为18门。[3] 到第二年创办《经世文潮》时,陈黻宸将经学门剔出了学

---

[1] 蔡元培:《学堂教科论》,中国蔡元培研究会编:《蔡元培全集》(一),浙江教育出版社1997年版,第335、336页。

[2] 梁启超:《格致学沿革考略》,《饮冰室合集·文集》之十一,中华书局1989年重印本,第4页。

[3] 陈黻宸:《新世界学报叙例》,陈德溥编:《陈黻宸集》上册,中华书局1995年版,第528—529页。

术体系,而增入哲学等学科,定为 20 部 200 目;①1910 年,南社诗人周实认为"应治之学术"可分为 4 部 22 科,②等。学术分科方法以及学科类别不一,但他们的共同特点是,都认为学术研究的对象是客观世界,学术研究的目的是认识客观世界,创造人所需要的知识,因而学科分类及整合的依据都是按照人的认识对象,即客观事物的本来性质,按照人对客观世界认识的规律等总原则,完全出于建设民族新学术,构建学科群,整合学科体系的总目的而提出来的。

近代学科体系建设的制度化则是在 1903 年,清政府在《奏定大学堂章程》中提出了"学科统系图",将大学堂学科定为 8 学科(经学、政法、文学、医学、格致、农学、工学、商学)以及各科所属的 43 门类。③ 大学课程代表着一定时代学术研究的基本方向、科目及体系。因而这个学科统系图实际上是以高等教育学科设置制度的形式,确立了近代学术的学科体系。

新的学科体系必然要求新的学术研究体制,而且这个学术研究体制必须是以向客观世界做探索为主要内容,以创造知识为目的的。

实际上,建立一个以向客观世界做探索为主要内容,以创造知识为目的的学术研究体制,是当时有识之士的共同愿望,或曰共同努力的方向,成为学界的大趋势。学术大师章太炎对此做了概括。他非常形象地将开创近代科学的欧洲人比作"写信的人",将传播近代科学的中国学者比作"邮便局送信的人",将一般学习知识的人比作"接信的人",呼吁中国学者不要"总是在送信的地位",而要像李善兰、华蘅芳那样,"先做送信的人,后来又能写信的人",在前人的基础上"又发生自己的知识来",并且

---

① 陈黻宸:《经世文潮叙例》,见方汉奇等:《中国近代新闻史事编年》,《新闻研究资料》1982 年第 15 辑,第 231 页。
② 周实:《与邵肃廷书》,杨天石等编:《南社史长编》,中国人民大学出版社 1995 年版,第 179—180 页。
③ 清学部:《奏定大学堂章程·大学堂学科统系总图》,璩鑫圭等编:《中国近代教育史资料汇编·学制演变》,上海教育出版社 1991 年版,第 391—393 页。

希望"将来各项学问,都到写信的地位"。① 也就是说,中国人的学术活动应当从被动地学习和传播近代知识,转向主动地创造新知识。

当时的中国学界也的确是朝着"写信的人"的角色转型,即向构建创造知识的近代学术体制的方向前行。最主要的是表现在这三个方面:

第一,学术研究的职业化。近代学术体制形成的一个重要方面,是学术研究的主体从传统的"通人"转变为近代学术的"专家",而这一转变的关键则是学术研究的职业化。传统时代以"四部"为代表的知识结构是追求纵横博通的知识结构;以科举为导向的教育是培养"通人"的教育;传统社会最理想的人才是能博通经史,精研历算,且擅诗文,会书画,通医道的"通才"。而与此相关联的是,学术研究是在朝为官或在野为士者为了完成辅佐帝王、教化民众使命而必须兼具的一种文化素质,而不是一种专门的、借以谋生的职业。庚子以后,学科划分精细、教学专门化的新式学堂大量创办,相对独立的学术研究机构的产生,从事学术传播的报刊社、出版社、图书馆等机构的大量出现,以及由此带来的学术研究者的专业化,再加上研究人员的薪酬制和稿酬制度的建立,日渐近代化的社会对自然科学、人文和社会科学研究越来越增大的需求等,从体制上促进了学术研究活动的日益专门化和学术研究者的职业化。1906年科举制度废除,更从制度上促使学者摆脱"帝师王佐"的身份追求和"通人""通儒"的学问追求,成为相对独立、分工明确、学有专长的知识生产和传播者,成为生活于城市中,依托新式学堂或其他文化、学术机构或团体生存,以某一领域的知识生产、传播、积累为专门职业的、已平民化的职业群体。据统计,至1909年时,仅各省学堂教职员就有18万余人。他们以及留学生当中的许多人已开始从事专门化的学术研究,较著名的如地理学家张相文,地质学家章鸿钊、丁文江,物理学家何育杰,化学家俞同奎、虞和钦,植物学家钟观光,历史学家曾鲲化,药学家王焕文等,成为第一代以生产近代知识为职业的"专门家",或者说是近代学术的拓荒者。

---

① 独角:《庚戌会衍说录》,《教育今语杂志》第4册,1910年6月。

第二,学术研究团体和机构的建立,使学术研究开始从个人向集体转化。与传统的从书本到书本、从主观到主观的经学研究不同,近代学术是以探索客观世界为内容,因而研究者的群策群力成为必需。当时的学术研究者们也开始认识到这一点,认为西方科学之所以发达,是因为学者们"每遇困难学科,辄立学会,广招同志,共矢研究,故能交广见闻,拓张知识,其新理新器,日出不穷,多半由此"①。因而组织起各种学术研究团体。其中有国内知识分子组织的学术团体,如1905年邓实、黄节等人在上海成立"国学保存会",以"研究国学、保存国粹"为宗旨,刊行《国粹学报》。1907年京师大学堂毕业学生组织的"博物学会","以研究斯学原理,明其功用,而以本国之物产为主"。拟刊博物学杂志,设标本制造所。② 同年陆辛农等组织"生物研究会",创办手抄本《生物学杂志》。1909年张相文、白毓昆等人创立的"中国地学会",以"研究本国地学为宗旨"。1910年丁福保在上海发起成立的"中西医药研究会",并发行《中西医学报》。海外留学生组织的学术研究团体有1907年留日药科学生王焕文创办的"中国药学会",同年李景镐、曹志等在巴黎成立"中国化学会欧洲支部",1909年留英学生丁绪贤、程振钧等在伦敦发起成立"科学会"等。与戊戌时期的学术团体多由新派士绅发起成立、多以新知识传播为活动内容不同,20世纪初成立的学术团体大多是由那些经过专业训练的新型知识分子联络组织,表现出很强的学术研究取向和专业性特点,因此已经有较明显的学术研究成果。如"中国地学会",其成员除了会长张相文、编辑部长白毓昆这两位地学专家外,还包括陶懋立、韩怀礼、张伯苓、吴鼎昌、孙师郑等20多位专业人士。地学会很重视开展学术活动,常请名流学者做学术报告,组织学术讨论。学会成立一个月后的1909年11月14日,就邀请在北洋大学任地质课讲师的美国德瑞克博士报告《论地质之构成与地壳之变动》。还刊行中国第一个地理学术刊物《地学杂

---

① 《本会纪事·总理傅详请咨部立案》,《地学杂志》第1年第3号,1910年4月。
② 《各省教育汇志》,《东方杂志》第4年第7期,1907年9月。

志》，有《图迹》《论丛》《邮筒》《本会纪事》《图书介绍》等栏目，所刊载天文、气象、地质、矿产、地形、水利、交通、民族、人口、地图、探险、考古、旅游、方志、中外地理、人文地理、地理教育等方面的文章，代表了中国20世纪初的地学研究正从传统舆地学向现代地学发展的趋势。又如李煜瀛等留法学生创办的"远东生物学研究会"。该会成立后即购置试验器具，设立化学实验室，对中国植物各品进行研究。其中已取得成就的有两项研究：一是"以化学考验中国豆腐豆浆，证明与普通之牛乳同功"，并召集内地商股于巴黎创设豆腐公司；二是"以中药品数百种分类考究，或证明性质，阐发疗治之原理，或精求炼合辅助西药之方剂"。研究会受到清政府的褒奖和支持，在上海、天津等处设立分会。① 学术研究团体开始建立，意味着学术研究活动开始从个人向集体转化，为学者们提供了一个开展科学研究的平台，为学术研究的进一步发展提供了体制保障。

　　第三，形成学术研究成果的发表机制。20世纪初，中国学者所建立的是一个面向社会的开放的近代学术体系，因而他们需要与此相适应的学术成果发表机制。他们的学术研究成果的表述形式不再是传统的札记、语录，而多为论文、论著，它需要通过公开的、可交流的学术研究成果发表形式——学术期刊、近代出版机构等向外发表。与此相适应，期刊开始"脱译书时代而进于学问独立之时代"，即从多为介绍"他人之思想"，进至以"吾之思想发表"刊登学术研究成果为主，② 例如这一时期创办的《新世界学报》《普通学报》《湖南学报》《国粹学报》《北洋学报》《学报》《政法学报》《农桑学杂志》《学海》等，多有较高水平的研究论文发表。像《普通学报》上连载的蔡元培著《哲学总论》，杜亚泉著《心理学说略》；《教育世界》上刊载的王国维著《论叔本华之哲学及其教育学说》《周秦诸子之名学》等，罗振玉著《周官教育制度》《唐风楼金石文字跋尾》，蒋黼的《中国教育史资料》；《法政学报》上刊载的沈其昌著《国家原理》《论近世

---

① 《学部咨行各省文》，《浙江教育官报》第27期，1910年9月。
② 《改正体例告白》，《译书汇编》第2年第9期，1902年12月。

经济学派之趋势》；《政论》上刊载的蒋智由著《社会国家相关进化论》《立宪之二大原因论》等，单单从这些论文的题目看，就有一股新学术、新思想之风扑面而来。同时，出版社也增加很快。数十家像商务印书馆、广智书局、科学图书社、镜今书局、文明书局、作新书局、会文学社、科学书局、法政编辑社、神州国光社等新型出版机构，成为发表学术成果的重要园地。据顾燮光的《译书经眼录》统计，从 1902 年至 1904 年，中国人自著书即有 650 余种，而且这一时期中国人自著的学术论著遍及各学科领域，且有了一定的学术深度。历史学如夏曾佑的《最新中国历史教科书》、汪荣宝的《欧洲历史之新人种》，政治学如顾厚焜的《中国政治》、恽福成的《精本政学》，法律学如熊元楷的《民法总论》、瞿宗铎的《刑法总论》，教育学如汤振常的《论教育诸理》，经济学如无逸的《经济原理》，哲学如汪钦的《泰西哲学宗派考》、赣省效愚氏的《哲理新发明》，伦理学如刘师培的《伦理学教科书》，地理学如张相文的《地文学》，医学如丁福保的《医学纲要》，数学如刘泽桢的《中西数学通解》，物理学如陈用光的《物理学》，化学如科学仪器馆的《化学提纲》，地质学如蔡仲光的《地震说》，生物学如北洋学校司的《动物学》《植物学》，生理学如谢洪赉的《生理学》，等等。与此同时，中国学者的版权观念开始产生，最明显的是这一时期出版的书刊都有版权页，且都印上"版权所有，不准翻印"的字样。这就推动了稿酬和版税制度的建立。最早获得稿酬和版税的是严复。1902 年，严复获得《原富》一书的稿酬 2000 两银和占该书销售总额 20% 的版税。此举也推动版权制度建立。1910 年，清政府颁行《著作权章程》，对著作权实行保护，从而建立起学术研究的保护和激励机制。

自此，近代学术在中国产生，并且在新的体制下得以成长、壮大。

## 六、文化世俗化与民族新文化体系的初建

### 1. 文化建设的世俗化方向

中国近代文化运动在经历了前此的从局部到整体的调适、更新阶段之后，20 世纪初，在中西、新旧之争基本终结、知识正在全面更新的基础

上,作为近代文化运动的主要成果,近代文化事业的建设工作全面展开。

　　时代精神与社会要求既是这一时期文化事业建设的主要指向,也是这一时期文化建设的主要动力。就时代精神而言,20世纪初中国的时代主旋律是民族主义——祖国主义——国民主义,其根本指向则是政治问题,即国家的独立、民族的解放,而不是个体的独立与解放,但所引发的启蒙主义精神及启蒙运动,以及因强调整体的强固而呼唤个体的独立、权利和解放的社会进化论思路,同时也推动着整个文化体系朝着冲破儒家宗法性伦理束缚的人文主义方向演进;就社会要求而言,由于19世纪末以来工商经济的显著发展,市民阶层的日益壮大,传统的以皇权、家族和儒家伦理为本位的理念受到越来越尖锐的质疑和批判,人的权利开始受到尊重,以个人为本位的理念则被大力宣扬。社会关系中的商品关系、契约关系开始取代宗法关系,人的世俗欲望和权利得到肯定甚至弘扬。文化的核心开始从"民"向"人"过渡。

　　这就使得在这一时期的文化事业建设活动中,人文主义精神占据着核心地位,起了更显著的指导作用。由此,20世纪初的近代文化建设活动在仍然显现出因救国、强国而呼唤启蒙主义,启蒙主义以救国、强国为指向的理路之同时,也开始彰显注重个体权利、独立和解放的人文主义理路。因而这一时期除了所占地位和所取得的成果都很突出的政治文化、学术文化,以及观念形态的道德观念、各种思想观念和生活习俗等方面都有很大进展之外,各有形的教育、传媒、文学、艺术等方面,都在向世俗化方向发展。

　　所谓世俗化,从一般意义上说,即文化脱离神圣状态的束缚,面向国民、面向世俗生活、面向现实社会。而就中国近代文化运动而言,亦即文化从儒教的束缚下解放出来,以平民化取代贵族化;从以纲常伦理为本位,到以"民"——"人"为本位;从以发扬儒家"道统"为主要功能,到以弘扬人性为主要追求,以世俗生活的内容取代神圣信仰的内容,等等。简要言之,即文化的脱圣入俗。20世纪初的中国近代文化建设运动,正是朝着这一方向发展的。

可见，中国近代文化世俗化的总方向和基本内容是与近代西方大致相同的，而且中西近代文化世俗化的规律也是基本一致的。循着这一规律，通过以下途径，近代中国文化踏上了世俗化建设的道路：

首先是对儒教神圣性的批判和否定，这是近代文化世俗化建设的前提。在中国传统时代，文化领域完全是"圣人""圣经""圣教"统率一切，各个文化部门，或者只是作为儒教的一个科目，或者只是作为儒教的仆从而存在，都没有独立的地位。这就是一些启蒙主义者所揭露的，在传统文化体制下，上自政治、法律、伦理、思想理论，"下至洒扫应对进退之节，礼乐射御书数之文，无不根源于圣，而惟圣是准"，显然它是"荒诞无稽"的。① 因而启蒙主义者不仅揭露孔子"以儒教之宗，承帝王教法"，"准一人为言"，使儒教成为"帝王之教"，"以是因缘，文字著作之林，悉属宗门监视之下"，且"删《诗》定《礼》，夭阏国民思想之春华，阴以为帝王之右助，推其后祸，犹秦火也。夫孔子为中国文章之匠宗，而束缚人心，至于如此"。② 从理论上完全否定了儒教在文化领域的神圣地位，进而提出了"行孔丘革命，以破支那人迷信"，③以文化"自由"取代"教权专制"④的思想主张，而且在文化运动的实践中也进行了清除"教权专制"的行动。如：教育领域中在教学内容上否定了读经内容，在教育形式上摒弃了维护"圣教"的书院制度和科举制度；在文学领域否定了"载道""言志"的功能要求和以"典章"视诗文的模式；⑤在语言文字领域不再把文字视为不

---

① 凡人：《无圣篇》，张枬、王忍之编：《辛亥革命前十年间时论选集》（三），三联书店1977年版，第261、262页。
② 独应：《论文章之意义暨其使命因及中国近时论文之失》，张枬、王忍之编：《辛亥革命前十年间时论选集》（三），三联书店1977年版，第310、311页。
③ 绝圣：《排孔征言》，张枬、王忍之编：《辛亥革命前十年间时论选集》（三），三联书店1977年版，第209页。
④ 王国维：《奏定经学科大学文学科大学章程书后》，姚淦铭等编：《王国维文集》（三），中国文史出版社1997年版，第71页。
⑤ 周逵：《红星佚史序》，陈平原编：《二十世纪中国小说理论资料》第一卷，北京大学出版社1989年版，第232页。

可亵渎的"圣物";在艺术领域则呈现出"大雅论亡,正声寥寂"①的趋势,等。这种否定,实际上是使文化摆脱儒教束缚,并走下贵族圣坛,而走向民众,走向现实社会,实现文化的世俗化。

其次是吸收西方近代文化建设的成果,这同样是中国近代文化世俗化建设的一个重要条件。

如前所述,中国近代文化运动的主要动力并非来自内在的即"人"的觉醒及独立、解放的要求,而是外在的即西力东渐催逼下产生的时代精神的推动,以及西学东渐推动下西方近代观念启导下的结果。因为,早已跨入近代的西方文化,其重要特征之一,是从观念到成果的世俗化。而凝结着文化世俗化观念与成果的论著,在20世纪初纷纷被译介到中国。如译书汇编社翻译刊行的斯宾塞《教育论》、斯迈尔的《自助论》、卢梭的《教育论》、范迪吉译《美术新书》、张石漱译《西方音乐问答》、杨寿桐译《国民体育学》、商务印书馆编译所译《新闻学》、蒋方震译《修辞学》、顾厚焜译《各国艺学》,以及600余种翻译小说和剧作,众多的学堂教材,报刊上大量的介绍西方教育、新闻、图书馆、博物馆、体育、文学、艺术等文化事业的文章,等等,向中国人展现了来自近代西方的千姿百态的世俗文化图景。中国人不仅由此看到了新的面向世俗社会的文化形式,如面向平民的各类学校,给人以美的享受的西画,采用生活化对白的话剧,描写世俗生活的翻译小说和电影,以怡情悦性为目的的西乐、舞蹈,以"强身"和娱乐为追求的各种体育运动项目,面向大众的图书馆、博物馆及报刊等等,这些西方近代世俗文化的成果直接启导了中国近代文化的世俗化,也加快了中国近代文化的建设步伐。而且,中国人更从这些文化成果中看到了其中内含的文化世俗化的观念和价值指向,即文化不应当仅以追求"圣"化(如求"仁"、求"义"之类的伦理目标)为唯一,更应当是为世俗的,即不是为贵族的,而是为国民的、为"人"的,为人的各种世俗生活欲望的,因

---

① 古越高昌寒食生:《乘龙佳话·序》,阿英编:《晚清文学丛钞》下册(传奇杂剧卷),中华书局1962年版,第716页。

而文化内容不应当仅仅是"阳春白雪"的,更应当有"下里巴人"的。例如:来自西方教育学说中的"强迫教育"(义务教育)、"普及教育"主张得到充分的肯定,斯宾塞的重实用的功利主义教育理论被大力宣传,教育对象和教育内容的平民化已成为不可逆转的趋势;在西方文艺复兴以来的语言文字观念的启导下,以文字简化、汉字注音、白话文及"言文合一"等为内容的文字改革活动已积极而广泛地展开;作家们从"欧西文学史"中看到,"古语文学变为俗语文学"是文学发展的必然"轨道",文学作品之任务,在于反映人的"生活之欲",①并且从"欧西文思"中找到了"诗界革命""文界革命"之依据;②西方近代以来大众文化的模式,使中国人看到发展面向平民的图书馆、博物馆及平民化报刊的必要;西方美学的启发使得"境界""美之快乐"③成为各种艺术的追求,等等。当西方近代文化世俗化方向的示范、启导作用,与中国人对社会发展趋势、市民社会文化要求的初步感悟结合时,世俗化便迅速向各文化领域浸润、渗透,并成为中国近代文化发展的一股大趋势。

　　第三是文化产品的商品化。如前所述,19世纪末以来工商经济的发展,使中国社会从以伦理为本位逐步走向以个人为本位,在社会关系中,宗法关系逐渐被商品关系所瓦解,社会一切有形、无形的东西都在商品化。在这一必然趋势下,文化消费市场开始形成。因为资本主义工商业的发展推动了城市化进程,城市中,一大批全新身份的人——工商业者、买办、职员、新型官吏、洋学堂的教师和学生、工程技术人员、新型文化机构的文人学者等等,他们构成了全新的市民阶层。他们具有和传统士大夫阶层完全不同的价值观念、生活方式和审美情趣。因此,他们不仅有新型的物质产品消费的需求,也有新型的精神产品(包括休闲消遣、娱乐和

---

① 饮冰:《小说丛话》,王国维:《红楼梦评论》,陈平原编:《二十世纪中国小说理论资料》第一卷,北京大学出版社1989年版,第65、97页。
② 梁启超:《夏威夷游记》,《饮冰室合集·专集》之二十二,中华书局1989年重印本,第189—190页。
③ 佛雏:《介绍王国维的美学佚文——孔子之美育主义》,载《江海学刊》1987年第4期。

寻求新知等)的消费需求。在当时那个一切劳动产品都商品化的社会大趋势下,与物质产品的供与求一样,精神产品的供与求也越来越市场化。于是,在城市中"西式"的物质产品消费市场不断扩大的同时,也形成了一个为市民提供休闲消遣、怡情娱乐和汲取新知等精神产品的文化消费市场。而且,随着城市化程度的提高,这个文化市场也在不断地扩大。这种扩大不仅仅是量的扩大,更有如水渗地般的扩展,即文化产品的需求和供应越来越被纳入市场经济运作的范围。例如:清末,有许多原来流动于乡镇的戏曲班社进入了城市,并且越来越集中于营业性的剧场做商业化的演出。从《申报》《大公报》等报刊上这一时期几乎每日必有,且挤满广告栏的沪、苏、杭、津等城市各种"舞台""剧场""戏园"等的演出广告,以及广告上有关"头等""二等""三等"座的价目表,可以感受到戏曲商业化程度之深;光绪以后,城市市民对书画的需求不断增长,形成了规模在不断扩大的书画市场。一方是世俗化的书画需求者,购书画或用于家庭装饰,或用于悬挂店堂以提升档次,另一方是更为世俗化的"鬻画以自给"的职业画家,而不再是工于书画、自娱自乐的士大夫。供与求双方完全是"与以金,乃立应"①的买卖关系。每个职业画家都定有"润格","润格"之高低则依画品、依尺幅、依是否合市民的"胃口"而定。据说,当时上海一流画家画的4尺山水中堂每幅为50元,而二流画家所画的则为每幅12元。② 宣统间上海成立的书画善会还为会员们制定了统一的价目表,"书例:四尺内整张直幅壹羊(洋),四尺外加一尺加半洋,纸过六尺另议。……画例:照书例加倍。……其余书画各件另议"。③ 完全是商业化运作。20世纪初稿费制度在中国建立,并逐渐推广。19世纪末以后,报刊和出版机构越来越多,并且其运营越来越商业化,同时社会上形成了一

---

① 杨逸:《海上墨林》卷三,《上海滩与上海人丛书》,上海古籍出版社1989年版,第86、63页。
② 陈伯海主编:《上海文化通史》下卷,上海文艺出版社2001年版,第2060页。
③ 杨逸:《海上墨林》卷三,《上海滩与上海人丛书》,上海古籍出版社1989年版,第73页。

个人数逐渐增多的以写作为生计的职业文人阶层,于是付费购稿、按字付酬和卖稿收费、按字计酬也就成为必然。而且这种始于19世纪末的做法到20世纪初时,在新闻、出版、文学和学术研究等行业中已经制度化。在文学领域,写小说的稿费一般是千字2—3元,①翻译小说的稿费一般为千字2元②等。文学刊物《小说林》在创刊号上即明白标出"募集小说"的价码,"甲等:每千字五元;乙等:每千字三元;丙等:每千字二元"。③ 向来清高的学术著作也跻身市场,如严复译《原富》,明白地向出版商提出了"薪赡"问题,后书稿以2000两银出让给南洋公学译书院。④ 陈寿彭为汪康年编译《江海图志》,明确索要1500元"译费"。⑤ 报刊更是普遍实行了来稿付酬制,连那些政论杂志也不例外。如《河南》杂志向周树人兄弟约稿,约定计字付酬,而且欢迎长文,有"(文章)愈长稿费愈多"之说。⑥ 稿费制度的实行,使文学创作、学术研究等都进入了市场化运作。其他如报刊、出版、一些私立学堂等也都被时人看作"为糊口""为利薮"的行业,⑦都已成为文化市场的组成部分。文化产品的市场化、商品化是一根效力无比的指挥棒,在它的作用下,文化领域中由过去的士大夫与民众之间的教化者与被教化的关系,渐变为由金钱联结的市场买卖关系。这一变化,促使各文化事业纷纷告别了"载道""言志"职能,努力去迎合"世风""世

---

① 如吴趼人《恨海》的稿酬即千字3元。魏绍昌编:《吴趼人研究资料》,上海古籍出版社1980年版,第326页。
② 如周树人、周作人译《红星佚史》,包笑天译《三千里寻亲记》便是按此价计稿酬。周作人:《周作人文选·自传·回想录》,群众出版社1999年版,第186页;包笑天:《钏影楼回忆录》,香港大华出版社1971年版,第174页。
③ 小说林社:《募集小说》,陈平原等编:《二十世纪中国小说理论资料》第一卷,北京大学出版社1989年版,第237页。
④ 严复:《与张元济书》,王栻编:《严复集》(三),中华书局1986年版,第537—538页。
⑤ 陈寿彭函(二十一),上海图书馆编:《汪康年师友书札》(二),上海古籍出版社1986年版,第2040、2041页。
⑥ 周作人:《周作人文选·自传·回想录》,群众出版社1999年版,第195页。
⑦ 侯生:《哀江南》,张枬、王忍之编:《辛亥革命前十年间时论选集》(一)下,三联书店1977年版,第537页。

情"，去反映"俗态""俗情"，摆脱了对儒教的依附性，而获得了独立的价值，并且纷纷转而面向大众，向世俗化方向发展。

第四是文化创造者的平民化、职业化。在中国传统时代，文化的创造者是士大夫阶层。19世纪末以后，社会的发展、进步，促使各个文化领域（如学术、文学、艺术、教育等）相继脱离经学而独立，成为社会的文化生产部门。经学一元的文化体系已不复存在，士大夫一身兼任政治统治、伦理教化、学术研究、甚至艺术创作——即所谓"通人"的格局也不可维持了，文化领域的职业多元、分工精细成为必然。与此同时，社会价值的多元化、传统文化的前景日益暗淡、新文化的前途日显宽阔，这一事实更促使士大夫、士人阶层发生分化。像蔡元培不做翰林却去新式学堂当教师，汪康年身为进士却去办报，吴昌硕做了一个月的安东知县便辞官去上海以卖画为生，当过知县且有进士身份的汪笑侬"下海"当了"戏子"，同样当过知县的李伯元和举人曾朴不求仕途"上进"却以写小说为业，等等。像这样甘愿退出士大夫、士人圈子而为文化职业者的现象在当时相当普遍。同时，近代文化事业的发展，尤其是文化市场的形成，也在科举"上进"道路之外为读书人开辟了一方更为宽广的生存和发展的天地，科举失败者和鄙弃科举者完全可以另觅职业，而不必一生穷经，老死考场。如绍兴秀才杜亚泉乡试落第后遂投身教育和办报职业，海宁秀才王国维应乡试不中便转而做学术研究工作，桐乡人陆费逵自幼鄙弃旧学，通过自学新学而成为出版家，上海人沈心工弃科举成为音乐家，等等，这样的例子在当时已不在少数。尤其是科举制废除后，读书人彻底断绝了往士大夫圈子挤的念头，只能和人数日益增多的新式教育培养的学生（如：周树人、何育杰、章鸿钊、李叔同）一起，进入教育、新闻、出版、文学、艺术等部门，成为这些新兴的文化生产部门的脑力劳动者——近代意义上的知识分子。据有人估计，1909年时，仅上海一地从事新型文化职业者至少有

4000余人。①

　　这些新知识分子已从根本上区别于传统社会士大夫阶层。从社会分工的角度说,传统士大夫属于贵族阶层。他们自居于"圣人""圣经"之信徒的地位,背负着求"仁"践"义"的理想,匡扶世道人心的使命,进则在朝为官,退则掌教书院,教化地方,兼而研究经学、创作诗文、写字画画等。简单地说,他们是以传"经"授"道"者的身份充任社会文化的承担者的。而知识分子则是文化近代化和近代社会再分工的产物,是以某一文化领域为职业的谋生者。随着经学一元的文化格局被打破,原来被士大夫垄断的文化部门被分解成一个个相对独立的职业,并且从高不可仰视的教化人心、匡扶朝政的地位降至凡人中间,成为世俗生活所需的生产行业。与此相适应,传统知识者的"通人"模式被专而精的要求所取代,文化生产者的职业化、专业化和分工精细成为文化和社会发展的必然。在这个必然趋势下,知识分子各从事一业,或教书、或办报、或编印书籍、或书画、或演戏、或文学创作、或研究学术,等等。而且,这些既是他们专精的职业,也是他们谋生的手段。他们与其他劳动者的区别只在于劳动的方式——一种是体力劳动,一种是脑力劳动。这就决定了他们不可能再像士大夫们一样,一意追求脱凡入圣、超逸清高。就他们本人来说,文化创作就是为了谋生。就像清末时的作家周作人一样,对作品的字数须"一五一十仔细计算",若出版商付稿费时少算了字数,便会毫不客气地去信追补。② 画家胡恭寿接活时明白申明:"我不识何者为官,但须如我润格始画。"③与市场上的商品交易没有什么两样。他们也不再像士大夫那样完全以"道""义"作为文化创作的价值追求,取而代之的是市场需求指导下的金钱追求,因此他们的眼睛必须向下,关注市场行情,其文化产品必

---

① 熊月之:《略论晚清上海型文化人的产生与汇聚》,载《近代史研究》1997年第4期。
② 周作人:《周作人文选·自传·回想录》,群众出版社1999年版,第189页。
③ 《胡恭寿画嫌润少》,徐珂编撰:《清稗类钞》(九),中华书局1986年版,第4115页。

须符合世俗社会的品位和需求,即以"合时人嗜好"①,"使观听之人,为之兴感怡悦"②为主要目的。总而言之,这些新型文化创造者从里到外都已平民化、职业化。

正是通过对儒教神圣性的批判和否定,文化生产的商业化运作,以及文化生产者的职业化、平民化,推动着中国近代文化建设迅速向世俗化方向迈进。

所以,在20世纪初的中国近代文化运动中,文化产品呈现出很明显的世俗化的特征。这主要表现在:

其一,平民化,即文化产品从面向贵族转而面向平民大众。在传统时代,文化——教育、语言文字、书籍、文学、艺术等,几乎都属于贵族阶层所专有。自19世纪末以来,中国社会市民阶层的崛起,政治文化中"国民主义"的昂扬,以及西方近代文化的启发,促使文化逐渐地转向平民大众。例如教育不再是围绕科举考试,而开始致力于从德、智、体、美等方面培育合格的国民;文字语言的改革,是要"以世俗共解之文体,作文明之先导"③;贵族式的藏书楼演变为向公众开放的"公共图书馆";报刊不仅在形式上追求平民化——语言的"俗"化,内容也竭力亲近平民,且公开声明"专以代表平民为职志"④,成为真正意义的大众传媒;文学艺术方面,在形式上追求俗化(如文学语言多用"俗言"、戏曲形式上"雅部"衰微而"花部"兴盛,文人画渐演变为大红大绿的市民画等)的同时,内容上也力求逼真地描绘俗世、俗人、俗情、俗态,尽力去表现人的世俗欲望和世俗生活,肯定并赞美人的本性等。平民开始成为文化的主体。

其二,面向现实社会。旧文化的生存是以神化、圣化为前提,因而高

---

① 鲁迅:《中国小说史略》,鲁迅先生纪念委员会编:《鲁迅全集》(九),人民文学出版社1980年版,第434页。
② 鲁迅:《摩罗诗力说》,鲁迅先生纪念委员会编:《鲁迅全集》(一),人民文学出版社1980年版,第65页。
③ 张继煦:《湖北学生界·叙论》,张枬、王忍之编:《辛亥革命前十年间时论选集》(一)上,三联书店1977年版,第438页。
④ 《国民日日报发刊词》,《国民日日报》1903年8月7日。

踞圣坛而傲视现实是其必然。而新文化的生存和发展必须以蓬勃向前的现实社会为依据,扎根现实、并代表现实是其必须。因此19世纪末以后,在旧文化圣坛渐渐塌陷的同时,新文化则不断地从现实社会中汲取活力,顽强地为现实社会呐喊。教育呼唤"普及",旨在培养合格的"立宪国民",并且要"使人人谋生有具",以振兴农工商业；①文学艺术中《官场现形记》这类谴责小说、《瓜种兰因》这类时装新戏、《黑奴吁天录》这类"文明戏"、《同胞同胞需爱国》这类创作歌曲、《时局图》这类漫画等,无不以"醒齐民之耳目""作国民之向导"②为宗旨,以服务现实为一大追求；至于新闻、出版领域,众多的呼唤立宪、倡言革命的书籍、报刊,更是对现实政治生活的直接参与。也正由于文化亲近平民、贴近现实,便不再是苍白虚空,显得充实而有活力。

其三,追求娱乐性。旧文化泯没人性,它一味要求人们求"仁"成"圣",因而不承认人有谋求世俗幸福和快乐的权利。19世纪末以后,中国近代文化发展,人文主义精神得到弘扬,谋求世俗幸福与快乐成为20世纪初中国近代文化建设的必有之义。于是文化产品的功能便从匡世教化逐渐转向以消遣娱乐和汲取知识为主。且不论西乐、西画、舞蹈和"文明戏"、"电光戏"的引进；传统戏剧中民众喜爱的"花部"日益兴盛,并大规模进入城市；文学中小说的属性被定为"娱乐的",③《海上花列传》这类"狭邪"小说("言情"小说)大为流行；报刊上注重趣味性强的社会新闻、消闲文字、文艺作品,各城市出现了《游戏报》《消闲报》这类小报；即使教育也讲求要适合儿童心理,寓教于乐,课间要穿插游戏,每学年须安排郊游,课本讲求图文并茂,学生们所读的不再是冷冰冰的"子曰""诗云",而

---

① 《论谘议局少数议员之责任》,《时报》1909年10月13日。
② 衡南劫火仙:《小说之势力》,棠:《中国小说家向多托言鬼神最阻人群慧力之进步》,陈平原等编:《二十世纪中国小说理论资料》第一卷,北京大学出版社1989年版,第32、296页。
③ 觉我:《余之小说观》,陈平原等编:《二十世纪中国小说理论资料》第一卷,北京大学出版社1989年版,第310页。

是充满情趣的《蚕》《蜂》这类课文。① 总之,文化不再只是求"圣"的,而是为人的,为人的世俗生活的。或者说,文化已成为人们世俗生活内容的一部分。

可以说,平民化、贴近现实社会、追求娱乐性等世俗化特点,贯穿于20世纪初的整个近代文化建设过程中,体现于各个文化建设领域。

**2. 世俗化教育体制的形成**

进入20世纪初,作为文化事业主干的教育领域继续朝着戊戌时期开创的启蒙主义文化方向演进,而且在这一阶段,更为强烈的启蒙主义精神又融入了同样强烈的"国民主义"观念,使初建的近代教育事业表现出更加鲜明的世俗化倾向。这主要表现在:

其一,确立了教育世俗化的指导思想。进入20世纪初后,不仅民间人士进一步深化和丰富了"开民智"教育思想,提出了"国民教育"方针,并指出国民教育的宗旨应当是铸就"完全人格""养成国民之资格",以及造就世俗社会所需要的"才全德备"之人才,②清朝统治者也不再强调教育的"传道""教化"功能和造就"君子"及"选士"的目标,而是把教育的着眼点移向世俗社会的需要,主张教育"乃以开通民智为主,使人人获有普及教育,且有普通之知能,上知效忠于国,下得自谋其生。其才高者,固足以佐治理,次者亦不失为合格之国民"③,并且将这一主旨具体化、制度化——制定了"癸卯学制"。在"癸卯学制"中对各级教育做了这样的规定:

初等教育:"以启其人生应有之知识,立其明伦理、爱国家之根基,并调护儿童身体,令其发育为宗旨,以识字之民日多为成效。"

中等教育:"以施较深之普通教育,俾毕业后不仕者从事于各项实业,进取者升入各高等专门学堂均有根柢为宗旨,以实业日多,国力增长,

---

① 《最新国文教科书》第三册,第22、23课课文,商务印书馆编印。
② 《普及教育议》,《东方杂志》第3年第3期,1906年4月。
③ 袁世凯等:《会奏立停科举推广学校折》,璩鑫圭等编:《中国近代教育史资料汇编·学制演变》,上海教育出版社1991年版,第531页。

即不习专门者亦不至暗陋偏谬为成效。"

高等教育:"以谨遵谕旨,端正趋向,造就通才为宗旨","以学皆有专长","各项学术、艺能之人才足供任用为成效"。①

即教育的目的主要是使受教育者得到人生应有的知识和技能,造就合格的国民,满足社会对不同层次的人才的需要。从而使教育的指导思想从追求"圣"化、贵族化移向以世俗化的国民教育为主旨。

其二,建立世俗化的教育体制。传统的教育体制是一个以科举为核心的"官学"教育体制。此前的近代文化运动中,已在这个"官学"体制之外逐渐建成了一个近代教育体制的雏形。在此基础上,一方面,民间人士的兴学热潮进一步高涨,并且对近代教育的体制化形成巨大的推力;另一方面,在各种压力和推力之下,清政府把教育体制的改革作为新政的重要组成部分。在1902年的"壬寅学制"搁浅后,1904年1月(光绪二十九年十一月)颁布了"癸卯学制",按照国民教育主旨,将教育纵向分为四段七级,即学前教育(蒙养院)、初等教育(初等小学堂、高等小学堂)、中等教育(中学堂)、高等教育(高等学堂、大学堂、通儒院);横向则以普通教育为主干,另设有初等的艺徒学堂、实业补习学堂、初等实业学堂,中等的中等实业学堂、初级师范学堂,高等的高等实业学堂、优级师范学堂、译学馆等,从而建成了一个近代型的以造就国民、为社会培养不同层次之人才为目标的公共教育体系。至1906年,清政府取消了科举制度,这不仅是动摇了儒学的意识形态主导地位,切断了儒学传播的主渠道,还意味着教育体制从传统到近代的转换——世俗化的教育体制完全取代了旧的以追求"圣"化、造就"君子"为根本的官学体制。

其三,教育内容的世俗化。旧的官学体制既以追求"圣"化为目标,以培养"君子"为功能,其教学内容必然是"圣经贤传"。戊戌启蒙主义文化潮流开始将传播知识摆在教育的首位。至20世纪初,"开民智"教育

---

① 清学部:《奏定初等小学堂章程》《奏定中学堂章程》《奏定高等学堂章程》,璩鑫圭等编:《中国近代教育史资料汇编·学制演变》,上海教育出版社1991年版,第292、317、329页。

理论被进一步丰富和发展为以世俗化为方向的"国民教育"方针。按照前述的新教育指导思想,国民教育的培养目标是当时社会所需要的"合格之国民"及有"专长"之人才,这就决定了国民教育的内容必然是面向世俗社会的。从纵向说,它可分为两个层次:"人生应有之知识"与"各项学术、艺能",即"专长"之学;从横向说,它由德育、智育、体育三部分构成。① 这种世俗化的教育内容要求,充分体现在清政府教育管理部门对各级学校的课程规定上。1909年5月学部对学堂课程做了这样的规定:

初等小学:修身、读经讲经、国文、算术、体操、图画、手工、乐歌;

高等小学:修身、读经讲经、国文、算术、历史、地理、格致、图画、体操、手工、乐歌、农业、商业;

中学堂文科:读经讲经、国文、外国语、历史、地理、修身、算学、博物、理化、法制、理财、图画、体操;

中学堂实科:外国语、算学、博物、理化、修身、读经讲经、国文、历史、地理、法制、理财、图画、体操。②

整个课程安排,真正体现了学部在奏折中所标示的教育目标:小学"为养成国民道德之初基,开智识谋生计之根本"。中学则或"博通今古,以储治国安民之用;或令其研精艺术,以收厚生利用之功",使学生"将来谋生更易"。③ 当然,也符合现实社会的需要。

其四,教育对象的全民化。旧的官学体制是通过科举路径造就贵族,这就从根本上决定了教育对象不可能广泛。洋务教育旨在培养少数"西学为用"的"专才",教育对象也很有限。20世纪初,朝野官绅一致认为教

---

① 《初等小学国文教科书·凡例》,光绪三十二年学部编纂印行。

② 实际上在当时的政治环境下,读经课在许多学校确已"有名无实"。据说在湖北,"有中小学堂并无读经讲经功课者,甚至有师范学堂改定章程,声明不列读经专科者",甚至"有请废罢四书五经者"。张之洞:《创立存古学堂折》,《张文襄公全集》第二册,中国书店1990年影印本,第147页。

③ 清学部:《奏请变通初等小学堂章程折》《奏变通中学堂课程分为文科实科折》,李桂林等编:《中国近代教育史资料汇编·普通教育》,上海教育出版社1995年版,第543、552页。

育应当面向全体国民。清朝政府将"普及教育"写入了各项教育章程、宗旨中,明白宣示:"非教育普及,不足以养成国民之资格",应"令全国人民无人不学"。① 民间更是把教育看作是人的根本:"人之于教育,犹布帛菽粟,不可一日无,得之则生,弗得则死",②一再呼吁教育普及,"使人人读书识字,明白事理,完全人格,忠爱其国"。③ 因此,无论是清朝政府还是各地方人士,都积极从事兴办学堂的活动,努力扩大受教育者的范围。学堂数量迅速增加。1903年,全国有新学堂769所,在校学生31428人;至1909年时,学堂总数已跃升至59117所,在校学生达163万余人。④ 正是在这一过程中,西方的"义务教育"(也译为"强迫教育")思想被引进中国。不仅民间人士一再吁请实行"义务教育"制度,清政府也开始考虑将此作为新教育制度的一项内容。在"癸卯学制"的《学务纲要》中写有:"初等小学堂为养正始基,各国均任为国家之义务教育。东西各国政令,凡小儿及就学之年而不入小学者,罪其父母,名为强迫教育。"要求各地方官和绅富"集资广设"小学堂,⑤为实行义务教育制度做准备。1906年,清政府正式颁布了《强迫教育章程》十条,其中规定:各省城须设蒙学堂100处,各州县须设蒙学堂40处,各村须设蒙学堂一处。凡幼童7岁须令入学,否则罪其父母,⑥准备推行5年义务教育制度。但这只是表达了社会各界的一种良好愿望,因为在当时中国的社会条件下,实行义务教育还有许多实际困难。因此在这一时期,政府与民间为普及教育而积极采取各种补救措施。1904年,由直隶、湖南开端,各地创办半日学堂,"专收贫

---

① 清学部:《奏陈教育宗旨折》,璩鑫圭等编:《中国近代教育史资料汇编·学制演变》,上海教育出版社1991年版,第534页。

② 周家纯:《说夜学校》,《教育杂志》第1年第11期,1909年12月。

③ 《普及教育议》,《东方杂志》第3年第3期,1906年4月。

④ 据王笛:《清末新政与近代学堂的兴起》,载《近代史研究》1987年第3期。

⑤ 清学部:《奏定学务纲要》,璩鑫圭等编:《中国近代教育史资料汇编·学制演变》,上海教育出版社1991年版,第491页。

⑥ 《学部咨各省强迫教育章程》,李桂林等编:《中国近代教育史资料汇编·普通教育》,上海教育出版社1995年版,第36、37页。

寒子弟,不取学费,不拘年岁"。① 1907—1909 年三年间,全国创办的半日学堂共有 2317 所,学生 6 万余人。② 1910 年,清政府令各地遍设简易识字学塾,专收"年长失学及贫寒子弟无力就学者",实施免费教育。③ 至 1911 年,全国各地办有简易识字学塾 3 万所左右。④ 其他还有面向农民、工人的夜学和扫盲班性质的"四字讲社",等等(详见本章第三节)。在中国历史上,第一次真正使"有教无类"理论开始付诸实践。

### 3.大众传播体系的建设

戊戌时期,文字、语言、书籍等开始走出贵族化的圈子,报刊大量创办,大众传播机制开始建构,并发掘、发挥出传播信息和新知识、新观念方面的价值。至 20 世纪初,在近代文化运动的深化,以及政治民主化、经济工商业化和市场化、社会日趋开通的大趋势下,中国人开始充分认识大众传播的作用,并进行大众传播体制的建设。

所谓大众传播体制,至少应包括这两部分:大众传播机构(如:新闻机构、出版社、图书馆等),大众传播媒体(如:文字、语言、报刊、书籍等)。

从上一章的叙述可知,承担知识与信息传播的报刊、出版机构在戊戌时期即已产生,公共图书馆也已萌芽,但在这一时期,这些机构不仅数量有限,而且它们在很大程度上还只是作为功利性的新思想的宣传机构。进入 20 世纪初,大众传播机构在数量上大为增加,据统计,辛亥革命前十年全国各地创办的报刊社至少有 500 余家。⑤ 作为新闻传播事业发展的标志,1904 年在广州出现了一家私营的新闻通讯社——中兴通讯社;

---

① 《学部通行京外给事中刘学谦奏设半日学堂片》,璩鑫圭编:《中国近代教育史资料汇编·学制演变》,上海教育出版社 1991 年版,第 571 页。
② 《1907—1909 年各省半日学堂统计表》,李桂林等编:《中国近代教育史资料汇编·普通教育》,上海教育出版社 1995 年版,第 88—89 页。
③ 清学部:《奏遵拟简易识字学塾章程折》,璩鑫圭等编:《中国近代教育史资料汇编·学制演变》,上海教育出版社 1991 年版,第 572—573 页。
④ 《纪事·各省简易识字学塾之成绩》,《教育杂志》第 3 年第 6 期,1911 年 7 月。
⑤ 方汉奇:《中国新闻事业通史》(一),中国人民大学出版社 1991 年版,第 987 页。

1909年李盛铎、王慕陶等人在比利时创办了一家海外通讯社"远东通信社"。① 出版机构仅1906年在上海书业公所挂号的就有119家。② 全国各地建立的大型公共图书馆不下20所，并已向社会开放。一些县也建立了图书馆。③ 全国各地的官府、民间人士还在各地城乡开办了各类阅报所、讲报所。这些传播机构遍布全国各地，构成了一个知识和信息的传播网络。而且，这些传播机构在知识和信息的传播方面的确发挥了重要作用。据统计，仅《新闻报》1903年的发行量即有1万余份，仅商务印书馆1902—1911年间出版图书就有1001种。④ 民众从这些出版物中能及时获取中外各种信息，获得各种新知识、新观念。

同时，这些机构已是专业化、职业化的向大众传播知识和信息的机构。我们可以看到，这一时期的报社、杂志社、出版社、图书馆等，大部分都不再是依附于某个政治团体的宣传机构，而已回归本原，作为独立的、完全以编辑和出版报刊、书籍、流通图书为目的的组织机构。绝大多数报纸、杂志社、出版社都是产业化、市场化运营的文化企业，它们的生存和发展直接依赖于向大众传播知识和信息的业绩。同时，这些机构的从业人员都已职业化。"编辑员""访员""记者"等已是一种被社会承认的、相对固定的职业，并且还出现了不少报业、出版业的职业社团。如1905年3月上海《沪报》发起成立的"记者同盟会"，1908年广东报界同人组织的"报界公会"⑤，1910年9月10多个省35家报馆代表在南京集会并成立的"报界俱进会"⑥，1905年上海出版界成立的"书业公会"，等。而且，他

---

① 周元：《清末远东通讯社述略》，载《近代史研究》1997年第1期。
② 潘建国：《档案所见1906年上海地区的书局与书庄》，载《档案与历史》2001年第6期。
③ 见《清末主要官办公共图书馆一览表》，吴晞：《从藏书楼到图书馆》，书目文献出版社1996年版，第81页。
④ 秦绍德：《上海近代报刊史论》，复旦大学出版社1993年版，第116页；庄俞等编：《最近三十五年之中国教育》，商务印书馆民国二十年版，第273页。
⑤ 《各省报界汇志》，《东方杂志》第5年第6期，1908年7月。
⑥ 《报界俱进会大会纪事》，《申报》1910年9月7—10日。

们也都自觉地以向大众传播知识和信息为职志。1904年创刊的《时报》可为代表。该报创刊即登出《发刊例》，提出了九字方针："公"（不挟党见），"要"（凡所讨论必一国一群之大问题），"周"（凡国民注意者，必著之论说），"适"（言论必适于中国社会之程度），"博"（海内外遍置访事，使读者不出户而知天下），"速"（纪事迅速，使阅者先睹为快），"确"（风闻之事概不登录），"直"（忠实报闻，无所隐讳），"正"（屏绝轻薄、攻讦之言）等。[①] 即主张新闻机构应当及时向大众传播客观的、真实的、广博的、重要而有意义的信息和知识。其他如出版社、图书馆等，也都是通过编辑和出版图书、流通图书等活动，向大众传播知识和信息。

文字、语言、书籍，在这一时期进一步远离圣坛而贴近大众，与报刊一起成为大众传播媒介。

文字、语言方面，继续着19世纪末以来通俗化、平民化的改革方向，并进一步淡化了加载于文字、语言之上的思想、道德教化方面的功用和意义，更明确地凸显它们作为知识、信息的符号作用及意义。因此，社会对文字、语言通俗化、平民化的要求也就更加强烈。在文字改革方面，许多人指出，文字只是"代记忆，代语言"的工具，"苟名为人者无不当习之"。[②] 正因为人人都应当识字，有识之士主张采用并推广笔画简单易学的"俗体字"（即简化字）。[③] 更多的人进一步呼吁实行文字改革，"仿泰西诸国文字成法，别为切音字，以与固有之象形字相辅而行"，"济象形文字之穷"。[④] 在语言改革方面，众多学者要求语言文字合一，推广"世俗共解之文体"，[⑤]反对"偏重美术之文字"（即"典雅高古"之文言文），主张注重

---

① 戈公振：《中国报学史》，三联书店1955年版，第66—68页。
② 高凤谦：《论偏重文字之害》，《东方杂志》第5年第7期。
③ 陆费逵：《普通教育当采用俗体字》，《教育杂志》第1年第1期，1909年2月。
④ 汪荣宝：《上学部论卢赣章切音字母书》，《金薤琳琅斋文存》，台北文海出版社影印本，第68、69页。
⑤ 张继煦：《湖北学生界·叙论》，张枬、王忍之编：《辛亥革命前十年间时论选集》（一）上，三联书店1977年版，第438页。

"应用之文字"(即白话文),以期"文化之普及"。① 而且,文字语言通俗化、平民化的改革运动进一步深化。这主要表现在:文字语言的改革不仅有众多有识之士提出可供改革实践的方案(20世纪初,又有王照等十多人提出文字改革方案),更有章太炎、刘师培等学者对中国语言文字所做的学术探讨(见本章第五节),为文字语言的改革提供学术上的支持。表现在文字语言改革已进入实践并广泛推广阶段。其中具代表性的是王照的"官话合声字母",以及劳乃宣在此基础上提出的"合声简字",曾推广至十多个省,影响很大(见本章第三节)。无论是"官话合声字母"还是"合声简字"等,其指向都是:通过推广拼音,对下层民众进行识字教育;通过推广拼音,实现"语言与文字合一";通过推广拼音,推行以北京音为标准的"官话";还表现在文字语言改革已走向制度化建设。在学界日益高涨的改革语言文字呼声的压力下,清政府也开始朝这个方向行进。在1903年颁布的《学务纲要》中,要求"各学堂皆学官音","于国文一科内附入官话一门",实现以北京音为标准的"官音统一天下之语言"。② 在1910年召开的资政院会议上,议员们已将"国语之统一""国语之语法""官话简字"等作为重要议题。1911年,清朝学部召开"中央教育会议",通过了《统一国语办法案》,决定"以京音为标准音"统一"字音","以京话为标准语"统一"话法",并决定选择并制定"音标",做国语的"拼音"。③ 总之,使文字语言成为大众获取知识和信息的工具或曰传播媒介,已成为不可逆转的趋势。

书籍不仅在形式上发生了变化——刊印线装书逐渐被铅印平装书所取代,横排且运用新式标点的书籍也开始出现(如严复于1904年商务印书馆出版的《英文汉诂》),一些书籍还完全用白话写成(如启蒙通俗报社出版的《西国古时白话史》),更重要的是书籍所承载的内容发生了积极

---

① 高凤谦:《论偏重文字之害》,《东方杂志》第5年第7期,1908年8月。
② 清学部:《奏定学务纲要》,璩鑫圭等编:《中国近代教育史资料汇编·学制演变》,上海教育出版社1991年版,第499页。
③ 引自《倪海曙语文论集》,上海教育出版社1991年版,第171页。

的变化。冯绍霆先生对 1906 年前后上海一些书局编印的书目所做的统计,其中 4 家新型出版机构(即商务印书馆、广智书局、时中书局、科学图书社)出版物的类别及数量分别是:

|  | 总　数 | 旧　学 | 新　学 | 通俗日用 | 教科书 |
| --- | --- | --- | --- | --- | --- |
| 数量 | 1448 | 129 | 153 | 311 | 855 |
| 比率(%) | 100 | 8.91 | 10.57 | 21.48 | 59.04 |

(冯绍霆:《从清末上海几份书目说起》,辛亥革命与东南社会思潮学术讨论会[上海·2003 年]论文,未刊)

这组数字所说明的,不仅仅是新文化内容(依次是教科书类、通俗日用类、新学类)的书籍在新型出版机构已占出版数量上的绝对多数,更说明了这样一个事实:书籍已不只是属于贵族,不只是儒家经学学术的承担者,并且也不只是思想和伦理教化的工具,它在很大程度上已成为面向大众传播知识和信息的媒介物。因为在这组数字后面我们还可以看到,在当时出版的新书籍中,除了理论高深的学术类图书(如商务印书馆出版的《穆勒名学》、达文社出版的《培根文集》等)、观点新颖的思想宣传类图书(如镜今书局出版的《自由血》、中西编译局出版的《立宪与革命论之激战》等)及大量的学堂教科书之外,有不少是属于通俗日用类,即向平民大众传播新知识(如:新学会社的《养蚕必读》、广智书局的《卫生保寿术》、镜今书局的《西国历史歌》等)、传递信息(如商务印书馆的《中国现势论》、广智书局的《万国商业志》等),以及消遣娱乐(如:商务印书馆的《天方夜谭》、新民丛报社的《最新侦探集》、越社的《最新妇孺唱歌书》等)类的图书。

报刊的大众传媒地位和作用更加突出。在 20 世纪初的政治大变革潮流中,无论是力主革命或主张立宪的有识之士,都非常强调报刊"代表平民""代表舆论"的作用,认为:"报馆者非政府之臣属,而与政府立于平等之地位者也。不宁惟是,政府受国民之委托,是国民之雇佣也,而报馆

则代表国民发公意以为公言也。"①即报刊是具有独立地位的公共舆论之代表,"为舆论之母",②可以"转移社会,左右世界"。因为报刊可以凭借其传播媒介、贴近大众的优势,"图国民之事业","造国民之舆论",最大程度地凝聚民意,形成巨大的社会舆论力量,对政府形成压力,或对社会潮流的走向施加影响,实现"一纸之出可以收全国之观听,一议之发可以挽全国之倾势"③的作用,从而使这一时期的报刊初步形成了一个独立于专制政治之外,甚至可以说是与专制政治相对立的民间舆论势力。我们从清末十多年间政潮奔腾不息、社会潮流迭掀巨浪的历史过程中可以看到,报刊所代表的民间舆论势力日益强劲有力,它打破并瓦解了清朝统治者在思想和言论方面的专制,对牵制甚至制止清政府的逆行,抵制外国的侵略欺侮,以及推动政治变革,起了巨大的作用。

与此同时,戊戌时期一些有识之士对报刊的"通"——大众传媒之本质的认识,在这一时期更为清晰。一些人把报刊比作人的"耳目","人有耳目则灵明,人无耳目则冥闷",因此要多办报、多阅报,"中国今日多一阅报之人,即多一开通之士,人尽开通,何患不强,何患不富!"④所以报刊的大众传媒作用在这一时期也被大力发挥。报纸版面的和栏目设置变化就是这种作用之发挥的重要表现。1904 年创刊的《时报》首先将历来报刊的书本式改为对开大张、两面印刷的报版式,并且逐渐被各报所效仿,从而增加了报纸的知识和信息的容量。报纸的栏目设置更趋合理、细化且丰富。例如 1907 年创刊的《神州日报》,共 4 大张 16 版,除了 7 版广告外,其他 9 版分别设有:《宫门抄》《本社专电》《紧要新闻》《中央新闻》《直省新闻》《地方新闻》《本埠新闻》《商业新闻》《路透电报》《通信》《京师通信》《各省通信》《海外通信》《社论》《时事短评》《半哭半笑》《批评》

---

① 梁启超:《敬告我同业诸君》,《饮冰室合集·文集》之十一,中华书局 1989 年重印本,第 36 页。
② 鹤谷:《论中国书报不能发达之故》,《东方杂志》第 2 年第 1 期,1905 年 2 月。
③ 《国民日日报发刊词》,《国民日日报》,1903 年 8 月 7 日。
④ 《论报馆之有益于国》,《东方杂志》第 2 年第 4 期,1905 年 5 月。

《外论一斑》《调查》《问对》《列强政策》《欧美社会事情》《实业丛谈》《译丛》《学林》《小说》《词林》《文苑》《神州诗话》《神州学术片片录》《陆沉杂识》《杂俎》《要件》《来稿》《选稿》《纪事》《余录等栏目》，很注重报刊的信息传播功能和娱乐性。

可见在 20 世纪初年，中国社会已基本建立了一个近代型的信息和知识传播体系。这个体系对于当时中国社会的发展来说意义重大：它从体制上为社会成员自由、及时地获取信息和表达意愿提供了可能；它实现了跨时空的信息、知识和观念的传播，不仅是缩小了时空差距，更是加快了中国社会前进的速度；它沟通了不同阶层间的文化，把本属于上层的文化传播到下层，又将下层文化升华提升，从而缩小了阶层的差距，发展了中国社会文化。下面这两个资料可资证明：

1901 年 4 月，浙江象山一林姓读者写信给《中外日报》，曰：

> 某僻处海隅，见闻浅陋，幸光绪初报纸创行，藉阅各报，得知时事一切。今春以事至甬，阅上海各报，知各志士有集议电阻俄约并诸演说，欣幸之至！

表示要以实际行动参加拒俄运动。①

可以说，当时中国有不少人是像林姓读者一样，通过报刊了解国家、了解世界，从而加入社会潮流中。

1905 年《广益丛报》的一篇文章说：

> 上海各报林立，而《申报》为最先。自有《申报》以来，市肆之佣伙，多于执业之暇，手执一纸读之。中国就贾之童大多识字无多，文义未达，得《申报》而读之，日积月累，文义自然粗通，其高者兼可以

---

① 《浙江象山林君来函》，杨天石、王学庄编：《拒俄运动》，中国社会科学出版社 1979 年版，第 39 页。

稍知世界各国之近事。乡曲士人,未必能举世界各国之名号;而上海商店佣伙,则类能言之,不诧为海外奇谈。……平心而论,不得谓《申报》无益于启蒙也。①

当然,不只是《申报》,包括其他报刊、出版社和图书馆的书籍,都起了这种传播信息和知识的"启蒙"作用。正是在这些报刊的作用下,中国社会初显活力、初呈开通,并加快向前发展。

### 4. 文学艺术的世俗化

在传统文化体系中,文学艺术本身是没有独立地位的,如:诗、文、乐、文人画等,它们或从属于儒学,服务于儒家的"道",致力于把人引向儒家理想化的圣洁境界;如小说、音乐、美术、戏曲等,或者沦落为"下里巴人"的"艺",时时处处受到压抑摧折。至戊戌时期,启蒙的需要使文学艺术受到人们的关注,或是从儒学中逐渐分离出来,或是从沦落的地位得到提携。至20世纪初,文学艺术受到外在和内在两股动力的驱迫。所谓外在,即澎湃的时代潮流呼唤文学艺术参与现实社会和政治;所谓内在,即随着城市发展及市民阶层壮大而形成并拓展的文化市场,呼唤文学艺术大众化、商品化、产业化。随着观念领域中人性、人的世俗欲望进一步受到尊重并被张扬,而要求文学艺术淡化圣洁和功利,强化其娱悦功能。于是,文学艺术发生了根本性的变化。将诗、文、小说、音乐、美术、戏剧等包容在内的"美术"一词出现于20世纪初的中国,就是这一变化的集中体现。因为:第一,它意味着文学艺术在中国已成为完全独立的领域,而且"文"与"艺"一起进入社会文化的形而上范围。这还可以从那个时代人们对新小说、新诗歌、新文体、新音乐、新戏剧、新美术的呼唤和建设活动中,从王国维等人关于"纯粹美术"②观点的提出和阐释中得到证明。第

---

① 姚鹏图:《论白话小说》,陈平原等编:《二十世纪中国小说理论资料》第一卷,北京大学出版社1989年版,第134页。

② 王国维:《论哲学家与美术家之天职》,姚淦铭等编:《王国维文集》(三),中国文史出版社1997年版,第7页。

二,以"美术"来概括文学艺术,说明文学艺术正向其本质回归。许多人从人文主义的角度,指出所谓"美术"是人的"心之所希,根于至情,自然而流露","自心发之,亦以心受之",①即文学艺术是人的心灵的外化,同时人们可从中得到心灵的慰藉,满足人的美感需要。因而文学艺术的功用,"皆在使观听之人,为之兴感怡悦"②。所以这一时期的文学艺术在告别圣洁和崇高的同时,呈现出追随大众的审美情趣,追随文艺市场的价值指向,即脱雅入俗的文化趋势。第三,作为时代的文化、民族的文化,文学艺术也积极追随时代潮流,贴近并介入现实社会。许多人从时代和民族需要的角度,指出文学艺术的价值还在于"描摹旧世界之种种腐败,般般丑恶,而破坏之;撮印新世界之种种华严,色色文明,而鼓吹之是也"。因而文学艺术必须以现实主义精神,"一一写真,一一纪实"③的态度,真实地反映社会和时代,引导民众。可以说,这三个进步趋势在文学、音乐、戏剧、美术领域中都有充分的表现。如:

文学:

20世纪初,中国的文学家们已具有较鲜明的近代文学观念。这不仅表现在当时文学所表达的反对封建专制统治、宣传民主政治理念的思想内容上,更表现在文学家们对文学本体的全新认识上。他们已经认识到,文学绝非载"道"之"器",而且主要的也不是思想宣传工具。文学起源于人的审美需要,植根于人的本性。因为人生之一大目的是追求美,"文学则属于美之一部分"④。它发自"人心之美感",是"以其美术表之于文"

---

① 独应:《论文章之意义暨其使命因及中国近时论文之失》,张枬、王忍之编:《辛亥革命前十年间时论选集》(三),三联书店1977年版,第310页。

② 周树人:《摩罗诗力说》,鲁迅先生纪念委员会编:《鲁迅全集》(一),人民文学出版社1980年版,第65页。

③ 健鹤:《改良戏剧之计划》,《警钟日报》,1904年5月31日。

④ 黄人:《清文汇序》,《中国近代文论选》(下),人民文学出版社1959年版,第489页。

者。① 因此它是人的"游戏的事业也"②。它的功能在于满足人的美的享受。正因为如此,文学应当以"描写人生"③作为内涵,即文学的内容是描写人性,表现人的生命状态,包括人的情感,人的生活之欲,人的幸福和痛苦,人的生活等"人人共解之理,人人习闻之事"④。这就使文学从儒家"道"的范围中独立出来。而且,文学一旦脱离了儒学的"道"而以人生为内涵,以国家、民族为内涵,文学也就走出了贵族圈子而面向社会,面向平民大众,迅速地世俗化。

文学世俗化表现在形式上,是文学语言进一步通俗化。在戊戌时期"开民智"观点的基础上,文学家们又进一步提出了"以俗言道俗情"⑤的主张。在散文方面,贴近社会和平民的议论文、杂文和游记等更加盛行,其语言进一步"俗化"。即使像诗歌这样顽固的文学形式也在向这一方向变化。以辛汉作于1904年的《雪中行军》为例:

哥哥手巾好作旗,弟弟竹竿好作马,邻家兄弟拿枪来,去到山中演兵马。山中处处皆下雪,路上无人鸟飞绝,北风吹冻皮肉开,黑衣变成白衣色。我等不怕死,那怕风与雪,哥哥你做司令官,快步慢步由你说。⑥

真正是"以俗言道俗情"。更重要的是,文学的品类已不是士大夫框

---

① 金一:《文学上之美术观》,《国粹学报》第3年第3号,1907年5月。
② 王国维:《文学小言》,姚淦铭等编:《王国维文集》(一),中国文史出版社1997年版,第25页。
③ 王国维:《屈子文学之精神》,姚淦铭等编:《王国维文集》(一),中国文史出版社1997年版,第30页。
④ 楚卿:《论文学上小说之位置》,陈平原等编:《二十世纪中国小说理论资料》第一卷,北京大学出版社1989年版,第63页。
⑤ 吴曰法:《小说家言》,陈平原等编:《二十世纪中国小说理论资料》第一卷,北京大学出版社1989年版,第524页。
⑥ 郭长海:《试论近代白话诗向现代白话诗的过渡》,熊向东等编:《首届中国近代文学国际学术讨论会论文集》,百花洲文艺出版社1994年版,第181页。

定的诗与文。历来位居"小道""下流",只供世俗社会娱乐消遣品的小说登上了文学的大雅殿堂,渐渐取代诗文而居于文学殿堂的主座,并且借助于"开民智"思潮的推力,也借助于这一时期渐渐发达的传媒(包括快速发展的出版事业、各家报纸的文艺副刊和数十种文艺期刊等),小说数量猛增,晚清时期刊出的小说达千余种。① 1906年时,有人对这一现象形容道:十年前之"八股世界","近则忽变为小说世界"。② 这实际上是对小说兴盛背后的文化潮流颇有思想深度的概括。

文学的世俗化更表现在其内容上,尤其是小说的内容。清末,文坛出现了众多前所未有的小说类型,有所谓的政治小说、社会小说(即后人所谓的谴责小说)、哲理小说、历史小说、时事小说、冒险小说、科学小说、理想小说、教育小说、侦探小说、写情小说(即后人所指的言情小说)、翻译小说、军事小说、滑稽小说,等等。而在当时最受大众欢迎、因而是最流行、最能代表当时的文学潮流的则是社会小说、写情小说,其次是翻译小说、科学小说、侦探小说等。这是因为社会小说(谴责小说,如李伯元的《官场现形记》、吴趼人的《二十年目睹之怪现状》、刘鹗的《老残游记》、曾朴的《孽海花》等)纠弹时弊,讥刺官场腐败,反映了当时民众普遍对清朝统治不满以至愤恨的心声,因而"合时人嗜好"③;写情小说(即言情小说,如韩邦庆的《海上花列传》、孙玉声的《海上繁华梦》、陈蝶仙的《泪珠缘》、何诹的《碎琴楼》、张春帆的《九尾龟》等)在"狭邪"的幌子下,既反映了都市男女之间的所谓艳情、怨情、悲情、喜情、侠情、丑情等,也描绘了市井百态,都市芸芸众生的喜怒哀乐、日常生活;侦探小说(如吕侠的《中国女侦探》、吴趼人的《中国侦探案》等)、科学小说(如江荒钓叟的《月球殖民地小说》、徐念慈的《新法螺先生谭》等),更多的是为了满足人们探

---

① 郭延礼:《中西文化碰撞与近代文学》,山东教育出版社1999年版,第525页。
② 寅半生:《小说闲评》,陈平原等编:《二十世纪中国小说理论资料》第一卷,北京大学出版社1989年版,第182页。
③ 鲁迅:《中国小说史略》,鲁迅先生纪念委员会编:《鲁迅全集》(九),人民文学出版社1980年版,第434页。

索新知和休闲消遣的需要;翻译小说中最为著名的是林纾译法国小仲马著的爱情悲剧《巴黎茶花女遗事》、奚若译英国柯南·道尔的侦探小说《福尔摩斯再生案》、林纾译英国笛福著的探险小说《鲁滨孙漂流记》等,反映了中国人审美领域的拓展。总之,正是从20世纪初开始,文学(尤其是小说)欣赏成为中国平民大众精神生活的重要部分。

戏剧:

中国戏剧在清代中叶即经历了一次"花雅之争",自那以后,代表雅部的"雅音"昆曲渐渐衰落,而代表花部的"花杂不纯"之剧种(如京剧、秦腔等)渐渐兴盛。至清末,戏剧领域这一由雅而俗的进程更为明确而迅捷。具体而言,这一进程主要由这三个方面的内容组成:

一是花部、小戏的百花齐放。

清末,新兴的城市市民文化市场与当时激荡的时代潮流成为中国戏剧发展的强大推动力。在城市市民文化市场和时代潮流面前,文辞典雅,曲调婉转,节奏舒缓,轻歌曼舞的"雅音"昆曲彻底败退,而适合市民口味,适应时代潮流的一些旧剧种得以生存并发展,尤其是新剧种大量产生。在传统花部声腔体系中,那些唱腔高亢激昂,动作强烈夸张,风格质朴明快,适宜表达悲愤慷慨情绪的声腔及剧种获得了较显著的发展。除了已彻底取代昆曲地位的京剧外,又如由梆子、皮黄、乱弹、高腔等传统声腔系统演变而来的秦腔、川剧、直隶梆子(今河北梆子)、河南梆子(今豫剧)、金华戏(今婺剧)、绍兴乱弹(今绍剧)、广东梆簧(今粤剧)等,都呈现兴旺之象。至清末,这些民众喜爱的声腔体系中又衍生出一些新的剧种,如由梆子腔系统演变而来的山东梆子、山西梆子(今晋剧)、贵州梆子,由皮黄腔系演变而来的湖北汉剧等。这些剧种都先后进入城市并获得发展。这些剧种之所以能生存并发展起来,除了它们所代表的声腔系统本身具有的适合时代要求、适合民众对戏曲的美感要求等优点外,还在于它们不固守传统,能融会吸收别的声腔的优点,甚至吸收当地的一些民间曲调,使用当地方言,从而实现了本土化、平民化的变革。

清末更多的是由各地原本在乡镇走村串街的民间艺人、民间艺术演变而来的小戏。清代,各地乡村、市镇原本就活跃着不少滩簧(说唱曲艺)、歌舞表演、走唱"野调俗曲"的民间艺人。在清末新兴的工商城市文化市场的吸引下,他们纷纷进入城市卖艺谋生。在这一过程中,民间艺人渐渐职业化,并且渐渐由"坐唱""走唱"发展到仿效戏曲形式,区分角色,化妆登台演出,渐渐形成新的剧种。如由浙江嵊县落地唱书发展起来的越剧,由河北莲花落起家的评剧,由滩簧演变而来的沪剧、甬剧、锡剧,由琴书演变的吕剧,由扬州清曲发展起来的扬剧,以及由民间歌舞演变成的江西等地的采茶戏,湖南等地的花鼓戏,云、贵、川等地的花灯戏,山西、陕西、河北等地的秧歌戏等。这些小戏的文辞和表演都更为俚俗,曲调优美,风格朴实,富有生活情趣和乡土气息,很受民众欢迎,并渐渐发展成为影响一方、甚至全国性的剧种。可以说,清末是中国戏曲空前繁荣的时期。中国戏剧也由此完成了从以雅部为主体到以花部为主体的转换,亦即戏曲从贵族化向平民化的转换。

二是戏剧改良运动的进行。

在20世纪初整个文化革新潮流的带动下,戏剧领域也发起了改良运动。如果说前述的戏曲种类的俗兴而雅衰过程,基本上是戏曲本身发展之结果的话,那么,20世纪初的戏剧改良运动,则主要是戏剧外在因素推动下的结果。这在清末的戏剧改良理论和实践方面都有表现。

在戏剧改良理论方面,自1902年《新小说》报社提出了"欲继索士比亚(今译莎士比亚)、福禄特尔(今译伏尔泰)之风,为中国剧坛起革命军"[1]的主张之后,有识之士纷纷撰文提倡戏剧改良,并阐述了戏剧改良理论。著名者如柳亚子、陈去病创办戏剧杂志《二十世纪大舞台》(1904年),并且二人同时在该杂志第1期上发表了《二十世纪大舞台发刊词》和《论戏剧之有益》;同年蒋智由在《新民丛报》上发表了《中国之演剧界》;同年陈独秀在《安徽白话报》上发表了白话文《论戏曲》,次年又在

---

[1] 新小说报社:《中国唯一之文学报新小说》,陈平原等编:《二十世纪中国小说理论资料》第一卷,北京大学出版社1989年版,第46页。

《新小说》上发表了同题文言文文章；1907年王钟麒在《月月小说》上发表了《剧场之教育》等。他们都强调了这两点：第一，都指出了戏剧艺术的审美特征，即中国戏剧是一种融音乐、舞蹈和文辞为一体的视觉和听觉兼备的艺术，具有通俗易懂，易于感动人心的特点，无论士庶工商、妇孺老幼，观戏后"鲜不情为之动，心为之移，悠然油然，以发其感慨悲愤之思而不知"，因而深受下层民众喜爱，民众也从中受到是非、奸贤观念及知识的教育。① 第二，根据戏剧的这一审美特征，有识之士主张戏剧应当为现实服务，发挥学校那样的启迪民智的作用，亦即王钟麒所说的："欲无老无幼、无上无下，人人能有国家思想而受其感化者，舍戏剧未由。盖戏剧者，学校之补助品也。"②

这也正是当时戏剧改良实践的指导思想。在戏剧创作方面，据阿英编的《晚清戏曲小说目》统计，1896—1911年间所发表的戏剧剧本至少有162种。③ 其中有歌颂民族英雄以宣传爱国思想的，如描写郑成功抗清的《海国英雄》（浴日生著）、张苍水抗清的《悬山奥猿》（洪栋园著）、文天祥抗元的《爱国魂》（筱波山人著）；有取材于外国历史宣传爱国思想的，如：写波兰与土耳其开战兵败乞和的《瓜种兰因》（汪笑侬著），反映意大利烧炭党人斗争事迹的《新罗马传奇》（梁启超著），反映法国大革命的《血海花》；数量更多的是反映现实生活或事件的，如揭露沙俄侵华的《非熊梦》（陈季衡著），谴责美国迫害华侨的《海侨春》（南荃居士著），歌颂革命党人邹容的《革命军》，描写革命烈士徐锡麟、秋瑾事迹的《皖江血》（孙雨林著）、《轩亭冤》（萧山湘灵子），等等。无论是写历史还是写当下，写外国还是写中国，都立足于现实政治和生活的需要。

在舞台实践方面，当时的许多艺人和戏曲班社都积极演出"时事新剧""时装新戏"。京剧演员汪笑侬自编自演了许多新剧，如《哭祖庙》

---

① 陈去病：《论戏剧之有益》，周靖波编：《中国现代戏剧论》上卷，北京广播学院出版社2003年版，第9页。
② 天僇生：《剧场之教育》，《月月小说》第2卷第1期，1908年2月。
③ 阿英：《晚清戏曲小说目》一书统计，古典文学出版社1957年版。

《党人碑》《瓜种兰因》等，在各地演出时都获得了很大成功。又如上海新舞台，其全新的剧场布局、设备和管理制度改变了传统的剧场形式，促使戏曲表演形式和观赏形式发生了很大的变革。而且新舞台演出的剧目也是全新的。据统计，新舞台在1911年前后编演的改良新戏有《潘烈士投海》《黑籍冤魂》《国民大会》《越南亡国惨》《宦海潮》等50种以上。[①] 其他如北京的玉成班，广州的志士班，四川的三庆会等，都是当时积极从事新剧演出的著名班社。这些艺人和班社不仅演出的剧目一新，其表演形式也有很大的改革。为追求表演更贴近现实生活，他们吸收了西洋文明戏的表演形式，不仅在戏中穿插大段的念白，而且戏曲的语言、动作、服饰及道具等都尽可能生活化，甚至穿西装扬马鞭上台，或插入西洋歌曲，用西洋乐器伴奏。为再现生活场景，有的演出还使用绘有洋房、马路、花园的布景。因此无论是戏曲创作实践，还是舞台实践，都表现出写实的艺术风格和积极反映现实社会，为现实政治服务，从而贴近民众的趋向。

三是话剧的引进。

就在中国的文学艺术向世俗化方向演进的时候，来自西方的话剧引起了中国人的关注和兴趣。这不仅仅是中国人因为它来自西方而赶时髦，更因为这种完全是采用生活化语言和动作形态的戏剧更适宜于现实生活的写实要求。因此话剧刚引进中国，便表现出强烈的批判现实主义精神——1889年，上海的教会学校学生演出了"文明戏"（当时中国人称话剧为"新剧""文明戏"）《官场丑史》，讽刺清朝政治的腐败。1899年，上海南洋公学以"文明戏"演时事，演出了《六君子》《义和拳》等剧。此后，其他学校的学生也不时演出"文明戏"。

不过，这只是学生们课余偶尔为之，而且他们的演出还谈不上是完整意义的话剧。自觉地将话剧作为一个新剧种引进，并称得上是较完整意义之话剧的，发端于春柳社。

1906年冬，原上海学生演剧活动中的积极分子李叔同等东渡日本留

---

① 马少波：《中国京剧史》，中国戏剧出版社1999年版，第344页。

学。受日本"新派优伶"演艺活动的启发,当年,他与同学曾孝谷发起成立了由中国留日学生组成的综合性艺术团体"春柳社",下设演艺部。参加者除了李、曾二人外,还有陆镜若、欧阳予倩、吴我尊等。该社定有《春柳社演艺部专章》,宣称:春柳社演艺部"以研究学理,练习技能为的",以"开通知识,鼓舞精神"为宗旨,以研究"新派演艺",即今日欧美所流行的"以言语动作感人"的话剧为主。[1] 可见,这是一个力图从学理上研究话剧,进而引进话剧的艺术探索性团体。1907年2月,春柳社在中华基督教青年会在东京举办的赈灾游艺会上演出了法国作家小仲马的名著《茶花女》第三幕。同年又在东京大戏院公演了《黑奴吁天录》(今译《汤姆叔叔的小屋》)。参与演出的欧阳予倩回忆,这是一次自编的"有完整的剧本"、采用"纯粹的话剧形式"的演出。[2] 这两次演出都获得了很大的成功。

也在1907年,弃官从艺的王钟声到上海,在绅商们的支持下创办了"通鉴学校"。这是中国第一所培养话剧演员的学校。此后,又在此基础上建立了话剧团体"春阳社",这是国内产生的第一个话剧团。这年9月,春阳社在上海著名的兰心戏院公演了话剧《黑奴吁天录》。此后,王钟声还率春阳社先后到天津、北京、杭州演出话剧。

1907年春柳社和春阳社的成立及其话剧演出,是话剧在中国诞生的标志。以此为开端,新剧同志会、进化团、新民社、民鸣社等话剧团先后产生,话剧逐渐成为中国戏剧的重要组成部分。

音乐:

音乐与其他艺术门类不同,它并不是具体地描绘生活情景,而是通过按照一定结构组织起来的乐音,以直接表达或者呼唤、陶冶人的情感、意志。而当时(20世纪初)的中国社会也正需要这样的艺术形式来表达愈来愈凸显的民众对国家的忧虑、热爱之情,以及愈来愈张扬的世俗生活中

---

[1] 《春柳社演艺部专章》,周靖波:《中国现代戏剧论》上卷,第18页。
[2] 欧阳予倩:《回忆春柳》,《中国话剧五十年史料集》第一辑,中国戏剧出版社1958年版,第23页。

爱恨喜怒情感;需要这样的艺术形式来陶冶、或呼唤人们爱国、救国激情,和追求美好生活的热情。在这一时代和社会要求的映衬下,中国的传统音乐越来越成为人们批评指责的对象。1903年《浙江潮》发表了署名匪石的《中国音乐改良说》,在对中国传统音乐做了较全面深入研究的基础上,指出了中国古乐、今乐的四个"绝大之缺点":其一,"其性质为寡人的,而非众人的也",即音乐只为少数贵族服务,而不是面向大众;其二,"无进取之精神而流于卑靡也"。即传统音乐大多是曲调舒缓悠长,风格萎靡低落,情调悲凉哀怨,与当时的时代精神是相背离的;其三,"不能利用器械之力也",即相对于西洋乐器来说,中国乐器不仅显得粗笨窳劣,且音乐表现力不强;其四,"由于无学理也",即缺乏科学的音乐理论。总之,中国传统音乐与追求民主的、理性的、科学的、奋发进取的"国民精神"是相悖的。因此,作者提出了"音乐改良"的主张,而改良的途径是借鉴西方音乐:"吾对于音乐改良问题,而不得不出一改弦更张之词,则曰:西乐哉!西乐哉!"次年,著名音乐家曾志忞将中国"音乐改良"的目标确定为:"为中国造一新音乐",①即建设中国近代民族音乐。

当时,已有许多学者对"新音乐"做了初步的理论探讨。他们从人性论的角度肯定音乐在本质上是"人生自然之天籁",即音乐是人生的一种自然表达,为"人情所不能免,人道所不能废也"。同时,他们又指出,音乐在本质上是给人以美的感受的艺术:"乐之为物,可兴感,可怡悦","音乐者,能感动人心之历时的美术也",即音乐是通过"感动人心"的美的力量,让人在"怡悦"的同时,"动荡血脉,流动精神,而和正心也","闻悲壮之声,则令人激昂;闻哀怒之声,则令人短气"。② 代表了知识界对音乐开始有了深入本质的认识。当时的许多学者也都很重视发挥音乐的社会作

---

① 匪石:《中国音乐改良说》,张静蔚编:《中国近代音乐史料汇编》,第189—192、210页。

② 竹庄:《论音乐之关系》、梁启超:《中国诗乐之变迁与戏曲发展之关系》、曾志忞:《乐理大意序》、肖友梅:《音乐概说》、奋翮生:《军国民篇》、竹庄:《论音乐之关系》,张静蔚编:《中国近代音乐史料汇编》,人民音乐出版社2004年版,第211、217、142、228、184、214页。

用,例如王国维就对音乐概括了"(一)调和其感情,(二)陶冶其意志,(三)练习聪明官及发声器"①这三大作用。

为了发挥这样的作用,他们认为"新音乐"应当有美的"外形",要使"愚夫愚妇皆知其美";同时也应当有"实在内容":"实情的化身,生的具体也",即通过优美的旋律,表达人的情感和人的本性。他们还认为,"新音乐"应当是通俗的,应当"以最浅之文字,存以深意,发为文章。与其文也宁俗,与其曲也宁直,与其填砌也宁自然,与其高古也宁流利",使之"浅而有味"。②尽管这些理论探讨是比较粗浅而不很成熟的,但其中所表现出的是人文主义精神及世俗化的倾向。

关于建设中国"新音乐"的途径,此前即有人做了一些探索。如近代以来外国传教士的教堂音乐活动,19 世纪 80 年代海关总税务司赫德建立的交响乐队,19 世纪末清朝新军中建立的军乐队,这一时期一些新式学校建立的管弦乐队等。20 世纪初,一些知识分子也为向社会传播"新音乐"做了种种努力,如开音乐讲习会、举办西式音乐歌舞晚会等。但知识分子们很快便从这些实践活动中认识到,建设"新音乐"的最有效途径,是从"学校音乐"入手,"学校为风俗人心起源之地,则改良之著手,舍学堂速设唱歌科未由"。③

20 世纪初"新音乐"建设的确是以"学校音乐"(当时更多的人称为"学堂乐歌")为开端的。

1903 年后,各地中小学堂相继开设了"乐歌"(或称为"唱歌")课,教授新式歌曲和西方音乐常识,而这些新式歌曲("乐歌")基本上是那些留学日本、欧美的学生创作的。当时人一般将这些新式歌曲称为"学堂乐歌",其中有表达民众反对外国侵略、反对专制统治要求,宣传爱国自强

---

① 王国维:《论小学校唱歌科之材料》,姚淦铭等编:《王国维文集》(三),中国文史出版社 1997 年版,第 94 页。

② 曾志忞:《音乐教育论》、《告诗人——教育唱歌集序》,张静蔚编:《中国近代音乐史料汇编》,人民音乐出版社 2004 年版,第 199、208 页。

③ 竹庄:《论音乐之关系》,张静蔚编:《中国近代音乐史料汇编》,人民音乐出版社 2004 年版,第 214 页。

思想的歌曲,如《何日醒》《中国男儿》《黄河》《体操——兵操》《扬子江》《祖国歌》《男儿第一志气高》等;有宣传科学,反对迷信的歌曲,如:《辟占验》《格致》《地球》《电报》等;有宣传妇女解放的歌曲,如《勉女权》《女子体操》《缠足苦》《女国民》等;比较多的是适于青少年演唱的歌曲,如《勉学》《运动会》《开学礼》《赛船》《促织》《蚂蚁》《蝶与燕》《青蛙》《春游》《早秋》《送别》《竹马》等。据统计,清末民初创作的学堂乐歌至少有1300多首。[①]

和近代中国的其他新文化建设一样,新音乐也是从模仿、抄袭西方开始的。在清末的学堂乐歌中,多数是选用现成的曲调填词而成的。其中有选用外国歌曲的曲调填词而成的,如《何日醒》《中国男儿》就是选用了日本歌曲《木南公》《宿舍里的旧吊桶》的曲调;《送别》《勉学》是采用美国歌曲《梦见家的母亲》《罗萨·李》的曲调。也有采用中国民间音乐填词的歌曲,如用民间歌曲《孟姜女哭长城》的曲调填词的《缠足歌》、用民间器乐曲《老八板》填词的《祖国歌》等。完全中国人自己作词作曲的歌曲也开始产生,影响较大的如沈心工作曲、杨度作词的《黄河》,沈心工作词作曲的《革命必先格人心》《采莲曲》,李叔同作词作曲的《春游》《早秋》等。而无论是哪种学堂乐歌,从形式到内容都是大众化的。从内容上说,都是把民众现实社会生活中的情感生活,作为乐曲所要表达的广阔对象。从音乐形态说,这些乐歌大多都具有音调激越嘹亮,节奏铿锵鲜明,情调奋发昂扬、积极向上,歌词通俗,上口易唱等特点,深受学生和民众的喜爱,在当时社会广为传唱。

学堂乐歌运动不仅引进了西方近代音乐教育体系,更重要的是推动了中西音乐文化的交融,以及近代音乐向中国社会的传播。因为正是在学堂乐歌活动的带动下,一些音乐家和学者进行了近代音乐的普及工作。如出版基础音乐理论书籍,其中有曾志忞的《乐典大意》、沈彭年的《乐理概论》;创办音乐刊物,如1905年李叔同创办的《音乐小杂志》;组织音乐

---

① 张静蔚:《近代中国音乐思潮》,《音乐研究》1985年第4期。

普及活动,如 1902 年沈心工组织音乐讲习会、梁启超举办大同音乐会、1904 年留日学生组织亚雅音乐会、1905 年举办的国民音乐会,以及一些知识分子在一些州县城镇举办的音乐会、音乐讲习会等。为学堂乐歌课选编的唱歌集在全社会广为发行,如 1904 年后沈心工编的《学校唱歌集》1 至 3 集,1904 年曾志忞编的《教育唱歌集》,1905 年李叔同编的《国学唱歌集》、倪觉民编的《女子唱歌》,1906 年辛汉编的《唱歌教科书》等,更是将近代音乐形式、音乐知识向全社会广泛传播。一种全新的歌唱、娱乐形式开始在中国社会流行并扎根。而且,西方音乐观念、乐理知识、作曲技法、五线谱、简谱、西洋乐器、音乐表演形式、声乐和器乐的演唱、演奏法,以及各种音乐体裁等,正是通过学堂乐歌的渠道传向中国社会。中国"新音乐"——突破传统形态的近代民族音乐由此诞生。

美术:

传统的绘画、书法等由于一味因袭模仿古人,远离现实社会,脱离人民大众,至清代中叶已日趋衰败。至清末,新兴的市民社会及城市市民文化市场的引导,现实社会中政治变革潮流的激荡,以及西方美术思想和风格的影响,推动了美术领域的新陈代谢。因为面对城市以市民为主体的文化市场,已职业化了的画家笔下所画的画已是商品,他们不得不考虑市场的导向、市民的审美情趣,因而不得不弱化传统文人画的清高和超脱,而强化绘画题材、绘画风格的世俗性;面对风云激荡的现实社会,画家们只能从深山古寺的水墨烟云中走出来,从那种远离尘世的宁静、悠然、淡泊、孤傲的境界中走出来,让画笔描画现实社会中的事和物,贴近社会和时代;面对传统画坛的僵化和停滞,画家们积极地学习西洋画的写实风格及其画技,甚至引进西洋画种,不再把水墨"神韵"作为唯一的追求。

而世俗化、写实主义和融会中西,既可以说是清末画坛发展的总趋势,也可以说是中国画内在变革的活力。正是因为有这三股活力,20 世纪的中国画才得以走出模山范水的死胡同,向近代美术转型。

清末海上画派的兴起,及其对中国画的人物画、花鸟画、山水画所做的改革,正是这个趋势的代表。

海上画派主要活跃于上海。在这个通商都市中，西来的美术文化和城市的市民文化对画家们的熏陶和引导，要比其他城市更早些、更有力度些，因此海上画派的画家们能更早、更深入地将世俗化、融会中西和写实主义贯注于中国画的创作中。

在人物画方面，任伯年的作品可为典型。任伯年的人物画取材广泛，既有平民喜闻乐见的历史、神话故事和民间传说中的人物，也有现实社会中的真人。可贵的是，任伯年能将工笔与写意、文人画、民间绘画和西洋画的技法（如素描手法、透视法、明暗层次的转换等）交相运用，且特别重视对人物的外貌特征、气质及动态的观察和准确把握，使得他笔下的人物形象生动传神，各具个性特征。而且，他的人物画或具现实主义精神，如《苏武牧羊》中手持汉节，神态凝重威武的苏武，配上"身住十里洋场，无异置身异域"的题词，所表达的是现实的民族气节和爱国精神；或充满了生活情趣，那一幅幅具有生活化写实特征的河塘采菱、牧童放牧、村妇夜纺、儿童斗蟋蟀、市井玩鸟人等，让人倍感亲切，生动、活泼，洋溢着生活情趣。

最能代表海上画派创新成就的是花鸟画，其创新点之一是"俗物"入画，即花鸟画题材除了文人画中常见的梅、兰、竹、菊、松、石外，还将大量民众日常生活中习见的蔬菜瓜果、花鸟虫鱼入画；之二是把文人画的水墨意趣、民间绘画的色彩装饰性和西洋水彩画技法巧妙融合，获得雅俗共赏的效果。其中成就最为卓著的是海派大师吴昌硕。与其他海上画派的画家一样，吴昌硕绘花鸟画喜用浓艳的色彩，常用浓绿画叶，浓墨勾筋，且善于将书法、篆刻的功力贯通于绘画中。从他的《葡萄图》《荷花图》《桃花图》《紫藤图》等佳作看，作品无不透出一股豪气、逸气，而且浪漫艳丽的色彩与苍劲厚重的笔墨结合在一起，让人感到清新亮丽而又古朴典雅，具有装饰效果而又不失意趣。

中国画中最为顽固的山水画也有创新。最有代表的是吴庆云。史称吴氏"工山水，略参西画，独得秘法。丘壑幽奇，窅然深远，人物屋宇，点缀如真。画夏山雨景,渲染云气之法,莫窥其妙。画甚投时,粤人尤深喜之"。① 的确,从他创作的《风雨归村图》《时雨初晴图》《山水图》等作品看,他很善于将传统山水画法与西洋风景画的光影明暗与空间透视法相结合,对重叠的山峦、流动的烟云、或隐或显的屋宇桥梁无不渲染入微,画面烟雨迷蒙,空阔幽深,层次感强,意境高雅而富有生活情趣。

当然,清末做中国画创新努力的绝不只是海上画派,其他地区(如岭南地区)的画家们也对中国画进行了参用西法、脱雅入俗、形神兼顾、色墨并重的改革。正是在画家们的努力下,一个形式传统、精神近代、面向平民的中国画开始形成。

一些青年学子则掉头向"西",致力于引进西方美术。这一者是因为在当时那个学习西方以救国、强国的文化大潮中,西洋画也是西方富强的一个表现,或曰象征;二者是在20世纪初文学艺术的革新运动中,普遍存在着崇尚写实主义的现象,因而在中国画中水墨"神韵"的追求被淡化的同时,具有世俗真实性的油画、具有社会写实能力的漫画也就受到了青年知识分子们的欢迎。清末,广东人李铁夫、浙江人李叔同、上海人周湘等人先后出国学习西画。他们是近代中国最早出国学习西画的人。他们本人在学习西洋画方面取得了很大的成绩,如李叔同在日本留学期间就创作了油画《裸女》《自画像》、木炭画《素描女像》等多幅作品。更重要的是,他们成为当时中国传播西方美术的播种者,近代美术教育的开拓者。

近代美术教育产生于20世纪初。1902年后,各地中小学堂先后开设图画课,美术进入中国近代教育体系,并通过学校向社会传播近代美术知识。近代美术专业教育则发端于1906年南京两江优级师范学堂开设的图画手工科,教授西洋画(包括油画、水彩画、木炭画、铅笔画)和中国画,连续三届,培养了数十名学生,著名者有吕凤子、姜丹书等。其后,保定优级师范学堂、浙江两级师范学堂等也先后开办图画科。李叔同回国后担任了浙江两级师范学堂图画科的教师,培养了丰子恺、潘天寿、吴梦

---

① 杨逸:《海上墨林》卷三,上海古籍出版社1989年版,第87页。

非等美术人才。而最著名的是周湘在上海创办的美术专门学校——1908年的布景传习所、1910年的中西图画函授学堂、1911年的上海油画院等。这些学校都由周湘亲自任教,开设油画、木炭画、粉画、雕塑、木刻等课程。后来成为著名画家的刘海粟、丁悚、乌始光、陈抱一、汪亚尘、张聿光、丁健行、徐悲鸿等,都曾出自周湘的门下。所谓的"西洋画"——油画等,也正是在这一时期经由这些先驱者的播撒耕种,开始在中国落户,并成长、壮大的。

而漫画则是借助政治动力在中国发展起来的。

漫画在当时被称为"讽刺画""寓意画""讽喻画""谐画""笑画""滑稽画"等。这些名称的本身即说明了漫画产生的政治背景——面对黑暗政治的现实,响应政治变革潮流的召唤,美术承担起了讽刺现实政治的使命,绘画被注入了对抗现实的政治寓意。当20世纪初中国面临帝国主义的侵略和凌辱、清朝政治极度腐败的现实时,一些画家吸取西方美术的写实主义风格和艺术形式,创作了不少优秀的漫画,以通俗的艺术语言,或揭露帝国主义的侵略阴谋,或鞭笞清政府的丑恶政治,或讽喻社会的不良现象。最早是1903年12月15日《俄事警闻》刊登了产生广泛影响的漫画《时局图》,此后该报及改名后的《警钟日报》,几乎每天都刊登一幅直刺西方列强和清政府的漫画。其后,许多报刊都有漫画刊出。1909年,上海时事报馆还编辑出版了一本近80页的《寓意画》,这是中国最早的一本漫画集。这一时期的漫画思想内容积极进步,且紧密配合政治形势,也有较高的艺术水平。不少作品,如《现在汉奸之真相》《对内对外两种面孔》《各国联合龙灯大会》《官与民之负担》等,不仅在当时影响很大,至今仍被美术界、史学界所津津乐道。

通俗美术也在清末兴起。在西方写实主义美术风格和新闻思想的影响下,画家们以"画"新闻的方式,用画笔在画报上大量描绘现实生活中千姿百态的社会、国内外的新闻事件,或抨击侵略、或讽刺时政、或为民众伸张正义、或批评社会不良现象,等等。开其端者是1884年创刊、由吴友如主编的《点石斋画报》,所开创的"画"新闻方式受到民众的普遍欢迎。

其后又有多家画报问世。尤其是 20 世纪初,画报大量出现,如 1904 年的《时报插图》、1907 年的《时事报馆画报》《图画新闻》、1908 年的《当时画报》《蒙学画报》、1909 年的《图画日报》《民呼画报》《醒世画报》、1911 年的《时事新报星期画报》《民立画报》等,都从不同角度反映当时的社会,或宣传政治主张。可以说,漫画与画报的出现是美术通俗化、大众化,美术介入社会现实的具体表现。

2016 年元月　修改稿

# 后　记

　　文化史研究是20世纪80年代以后学术研究领域的一个热门课题,而中国近代文化史研究可说是热点中的热点。笔者也正是在这个时候,被许多名家论著激起兴趣,开始学习中国近代文化史,并在十多年前,试着撰写了《晚清文化史》,2005年由人民出版社出版。时间过去了十多年,期间中国近代文化史的论著多有推出,可谓后浪推前浪。虽说是"学如积薪,后来者居上",但笔者并不认为拙著所表述的文化及文化史的基本认识及观点已经过时,所叙述的晚清文化发展的主要内容仍然是有价值的。也就是说,我还是认为文化就应该这样表述,文化史——晚清文化史就应该说这些内容。感谢安徽文艺出版社社长朱寒冬、编辑张磊先生对这本《晚清文化史》中文化的表述、文化史内容的接纳,给了拙著重版的机会。

　　但拙著出版毕竟已经过去十多年了,"学如积薪,后来者居上"是必然规律。虽然对全书的基本框架、基本观点、基本内容,我依然不改初衷,认为没有必要改变,但随着这十多年来学术研究的进展(包括我自己对某些问题思考的深化和对学界对相关问题研究的新成果)而推进、而改变了的一些具体论述,还是做了不少的修改。就章节论,除了"绪论"做了删减外,改动最多的是第一章和第四章;就内容论,除了个别纠错和充实外,改动最多的是关于学术(包括科学技术)与文化的发展问题,文化视野下的国族、国家、国民问题的讨论等。有的节、目甚至是推倒重写。

　　本书初版后,蒙读者关注,既有推许奖掖之词,也有提出商榷之论。无论是推许或异见,我都应该借此机会表示感谢。尤其是后者,对拙著的修改提供了帮助。书的重版也意味着要再一次面临读者的评判。作为书的作者,也应该欢迎读者对拙著提出批评意见。包括本人坚持不变的基本框架、基本观点、基本内容是不是正确,书中的具体史实和论述有没有问题,欢迎行内方家、各位读者评论。

  本书重版,恰逢我的父亲 90 岁、母亲 88 岁大寿。虽然我自己也已进入华发萧萧、含饴弄孙的人生阶段,但没有父母就没有自己的一切这一道理,是永远不能淡忘的。更何况,我的爸爸、妈妈真正是辛苦操劳了一辈子,他们以普通工人的微薄收入,把我们八个兄弟姐妹拉扯大,一个接一个送到能在社会立足、为人父母的位置上,期间所付出的心血和汗水,所经历的艰难和困苦,是常人难以想象的。

  谢谢爸、妈!谢谢天下所有的父母!

汪林茂<br>
2016 年初秋